A. Jean Ayres

Bausteine
der kindlichen
Entwicklung

Die Bedeutung der Integration der Sinne
für die Entwicklung des Kindes

Mit Unterstützung von Jeff Robbins

Aus dem Amerikanischen übersetzt von
Dr. I. Flehmig und Dr. R.-W. Flehmig

Mit 4 Abbildungen

Springer-Verlag
Berlin Heidelberg NewYork Tokyo 1984

A. Jean Ayres, Ph. D.
Torrance, California, USA

Übersetzer:
Dr. med. Inge Flehmig
Dr. med. Rolf-W. Flehmig
Rothenbaumchaussee 209
D-2000 Hamburg 13

Titel der amerikanischen Originalausgabe
A. J. Ayres: Sensory Integration and the Child
Western Psychological Services 1979

ISBN 3-540-13303-8 Springer-Verlag Berlin Heidelberg New York Tokyo
ISBN 0-387-13303-8 Springer-Verlag New York Heidelberg Berlin Tokyo

CIP-Kurztitelaufnahme der Deutschen Bibliothek
Ayres, A. Jean:
Bausteine der kindlichen Entwicklung: d. Bedeutung d. Integration d. Sinne für d. Entwicklung d.
Kindes/A. J. Ayres. Aus d. Amerik. übers: von I. Flehmig u. R.-W. Flehmig. - Berlin; Heidelberg;
New York; Tokyo : Springer, 1984.
ISBN 3-540-13303-8 (Berlin . . .)
ISBN 0-387-13303-8 (New York . . .)

Dieses Werk ist urheberrechtlich geschützt. Die dadurch begründeten Rechte, insbesondere die
der Übersetzung, des Nachdrucks, des Vortrags, der Entnahme von Abbildungen und Tabellen,
der Funksendung, der Mikroverfilmung oder der Vervielfältigung auf anderen Wegen und der
Speicherung in Datenverarbeitungsanlagen, bleiben, auch bei nur auszugsweiser Verwertung,
vorbehalten. Eine Vervielfältigung dieses Werkes oder von Teilen dieses Werkes ist auch im
Einzelfall nur in den Grenzen der gesetzlichen Bestimmungen des Urheberrechtsgesetzes der
Bundesrepublik Deutschland vom 9. September 1965 in der Fassung vom 24. Juni 1985 zulässig.
Sie ist grundsätzlich vergütungspflichtig. Zuwiderhandlungen unterliegen den Strafbestimmungen
des Urheberrechtsgesetzes.

© Springer-Verlag Berlin Heidelberg 1984
Printed in Germany

Die Wiedergabe von Gebrauchsnamen, Handelsnamen, Warenbezeichnungen usw. in diesem
Werk berechtigt auch ohne besondere Kennzeichnung nicht zu der Annahme, daß solche Namen
im Sinne der Warenzeichen- und Markenschutz-Gesetzgebung als frei zu betrachten wären und
daher von jedermann benutzt werden dürften.

Satz und Bindearbeiten: Appl, Wemding; Druck: aprinta, Wemding
26/3145-8

Gewidmet
den Eltern von Kindern mit Entwicklungsproblemen
und den Kindern,
die diese Probleme haben

Vorwort

Mütter, deren Kinder Entwicklungsprobleme haben, tragen eine enorme seelische Last. Nur in wenigen Berufen haben Menschen Ähnliches zu ertragen, doch ist hier die Last von einer anderen Art. Die Väter neurologisch behinderter Kinder können sich von dieser Bürde ebenfalls nicht befreien, aber sie tragen sie anders als die Mütter.

Manchmal scheint die Last des Problems unerträglich zu sein. Sein Vorhandensein oder seine Schwere werden dann einfach geleugnet, um damit fertig werden zu können. Andere Eltern erkennen die Bedeutung des Problems und suchen immer wieder nach geeigneten Auswegen aus der schwierigen Situation.

Die Suche nach Lösungen wird dieses Buch nicht beenden können, da es nicht im Besitz aller Antworten ist. Aber es wird vielen Eltern die Möglichkeit bieten, ihr Kind besser zu verstehen. Je mehr ein Problem begriffen wird, desto wirkungsvoller kann man es lösen. Dieses Buch wurde geschrieben, um das Verstehen zu fördern.

A. Jean Ayres
Torrance, Californien
März 1979

Über die Autorin

Vor etwa 35 Jahren arbeitete A. Jean Ayres als Beschäftigungstherapeutin mit neurologisch gestörten Kindern und Erwachsenen.

Dabei fiel ihr auf, daß die schwachen Muskeln und die schlechte Koordination von Händen und Füßen ihrer Patienten nicht immer die wesentliche Behinderung darstellten. Einige Kinder konnten keine Puzzlespiele zusammensetzen, konnten sich nicht selbständig anziehen und waren unfähig, ihre Aufmerksamkeit länger als wenige Minuten einer Arbeit zu widmen. Gleichzeitig hatten sie große Schwierigkeiten, ihre Schularbeiten zu verrichten. Für Frauen ergaben sich Probleme bei der Handhabung einfacher Küchengeräte. Ein Ei aufzuschlagen, hinterließ eine Überschwemmung, und das Abräumen von Geschirr stellte für sie eine schwer zu lösende Aufgabe dar. Männer benötigten für das Zusammenfügen eines zwei- oder dreiteiligen Handwerkszeuges so viel Zeit, daß sie nur in einer geschützten Werkstatt untergebracht werden konnten. Diese Probleme ließen Jean Ayres vermuten, daß eine Störung der visuellen Wahrnehmung die Ursache der Behinderung sein könnte. Sie begann zu untersuchen, welche Hirnfunktionen nicht richtig ablaufen und forschte nach einer Lösung des Problems.

Sie richtete ihre Bemühungen auf Kinder mit Störungen der Wahrnehmung, des Lernvermögens und Verhaltens, die durch offenkundige Ursachen nicht erklärt werden konnten. Ihre Zielsetzung unterschied sich von derjenigen anderer Fachleute. Sie war überzeugt, daß die besten Antworten zu erhalten wären, wenn man die Zusammenhänge über die Wahrnehmungsverarbeitung im Gehirn besser verstünde – nicht nur der von Augen und Ohren stammenden Sinnesreize, sondern ebenso auch derjenigen von allen anderen Bereichen des Körpers.

Der Erwerb wissenschaftlicher Grade an der University of Southern California sowie Habilitationsarbeiten am

Hirnforschungsinstitut der University of California in Los Angeles halfen ihr, sich für diese Untersuchungen vorzubereiten. Sie war 20 Jahre an der Fakultät der University of California, Los Angeles tätig.

Jean Ayres Forschungen vermochten einige der Fragen zu beantworten. Sie konnte zeigen, daß die Beschäftigungstherapie Kindern, die Schwierigkeiten mit der Verarbeitung oder Integration von Sinnesempfindungen haben, helfen kann, die Anforderungen der Schule leichter zu bewältigen und mit sich selbst besser zurechtzukommen.

Ein beständiges Hindernis war jedoch die Schwierigkeit, Eltern, Lehrern und anderen Fachleuten die Erkennung einer Störung der sensorischen Integration zu vermitteln und ebenso auch die Tatsache, daß man etwas gegen diese Störung unternehmen könnte.

Als Dr. Ayres eine Privatklinik eröffnete, erschien ihr es schwierig, den Eltern die Ziele der Behandlung in kurzen Worten zu erläutern.

Ihr an Fachleute gerichtetes Buch „Sensory Integration and Learning Disorders", veröffentlicht 1973 von den Western Psychological Services, Los Angeles (Deutscher Titel: Lernstörungen, sensorisch-integrative Dysfunktionen, Springer-Verlag, Heidelberg) war dafür zu speziell gehalten.

Deshalb schrieb Jean Ayres gemeinsam mit Jeff Robbins das vorliegende Buch, um Eltern und Lehrern die Erkennung einer Störung der sensorischen Integration bei Kindern und ihre Behandlung verständlich zu machen.

Inhaltsverzeichnis

I. Die Integration der Sinne und das Gehirn 1
1. Was versteht man unter Integration der Sinne? . . . 3
2. Beobachtungen bei der Entwicklung
    der Wahrnehmungsintegration 16
3. Das Nervensystem von innen 36

II. Störungen der sensorischen Integration 69
4. Was ist eine Störung der sensorischen Integration? . 71
5. Störungen, die das Gleichgewichtssystem
    (vestibuläres System) betreffen 96
6. Entwicklungsbedingte Dyspraxie: Ein Problem der
    Bewegungsplanung 128
7. Taktile Abwehr 152
8. Störungen der visuellen Wahrnehmung, des Hörens
    und der Sprache 162
9. Das autistische Kind 173

**III. Was kann beim Auftreten solcher Störungen getan
    werden?** 185
10. Sensorische Integrationsbehandlung 187
11. Was können Eltern tun? 222
12. Einige Fragen, die Eltern stellen – und die
    Antworten 243

**Erläuterungen von Begriffen, die in diesem Buch benutzt
werden** 255

Sachverzeichnis 263

I. Die Integration der Sinne und das Gehirn

Kapitel 1

Was versteht man unter Integration der Sinne?

Einige Störungen, wie z. B. Masern, Knochenbrüche oder Fehlsichtigkeit sind offenkundig. Andere jedoch, welche z. B. mit schlechtem Lernvermögen oder Fehlverhalten einhergehen, sind nicht so offensichtlich. Schlechtes Lernen und Verhaltensstörungen bei Kindern werden oft durch unvollkommene Integration der Sinne verursacht. Diese Probleme der sogenannten sensorischen Integration fallen nicht ohne weiteres auf, und sind unter Kindern weit verbreitet. Sie können bewirken, daß sogar begabte Kinder Schulschwierigkeiten bekommen und auch Kinder mit intaktem Elternhaus und guter sozialer Umwelt verhaltensauffällig werden.

Da Störungen der Integration der Sinne nicht unmittelbar auffällig sind, jedoch Ursache von vielerlei Schwierigkeiten sein können, ist es nötig, daß man sie erläutert. Nur sehr wenige Menschen denken bei solchen Schwierigkeiten an das Gehirn als Ursache, und die Begriffe „sensorisch" und „Integration" sagen dem Leser wahrscheinlich nur wenig. Die Integration der Sinne[1] geschieht bei den meisten Menschen automatisch, und so nehmen wir das Funktionieren unserer Sinnesorgane als selbstverständlich hin – ebenso wie wir unseren Herzschlag oder unsere Verdauung als selbstverständlich empfinden.

Sofern die Störung nicht sehr ausgeprägt ist, wird ein Fehlverhalten in der Integration der Sinne von den meisten Menschen übersehen, mit Ausnahme derjenigen, die eine spezielle Schulung haben. Da die Kenntnisse über das Gehirn während des Medizinstudiums an der Hochschule gelehrt werden, könnte man meinen, daß die Ärzte etwas von Störungen der Integration der Sinne wissen müßten. Die meisten Kinderärzte, Hausärzte und auch die Psychiater erkennen Störungen der sensorischen Integration nicht, auch wenn sie vorhanden sind. Schulleiter und Lehrer realisieren nicht immer die wahre Natur des Problems. Denjenigen Eltern, die sich die Zeit nehmen, ihre Kinder gut zu beobachten, gelingt es oft, das Problem zu erkennen. Jedoch ohne die Zusammenhänge über das Zentralnervensystem zu kennen, ist es ihnen nicht möglich zu begreifen, was mit ihren Kindern wirklich los ist.

---

1 Eine Erklärung der Fachausdrücke befindet sich am Ende des Buches und wird Ihnen helfen, diese zu verstehen.

4   Die Integration der Sinne und das Gehirn

Da Sie es nicht gewöhnt sind, daran zu denken, daß das Gehirn die zentrale Steuerung für unsere körperlichen und geistigen Tätigkeiten ist, wird dieses Buch Sie zu einer neuen Betrachtungsweise von Lernen und Verhalten führen. Es wird Ihnen helfen, einige Aspekte vom „Menschsein" zu verstehen, welche die meisten Menschen niemals beachten. Wenn Sie sich erst einmal des Ablaufs der Integration der Sinne in Ihrem Kind bewußt geworden sind, werden Sie in der Lage sein, das Problem im Entstehen zu erkennen. In dem Maße, wie Sie aufgeschlossener gegenüber den Funktionen der Sinnesintegration bei Ihrem Kind werden, wachsen Ihre Möglichkeiten, Ihrem Kind zu helfen, mit diesen Problemen fertig zu werden und ein glücklicheres und erfolgreicheres Leben zu führen.

Einige Bemerkungen über Fachausdrücke

Worte benutzt man zum Zwecke der Kommunikation. Viele Worte bedeuten jedoch nur bestimmten Leuten etwas, und die gleichen Worte können für andere einen völlig anderen Sinn oder auch gar keinen Sinn haben. Wir wollen die Worte, welche wir benutzen, definieren, denn das wird Ihnen helfen zu verstehen, was wir meinen. Solange Sie den Sinn unserer Worte nicht verstehen, können Sie auch unsere Vorstellungen nicht begreifen.

In diesem Buch bezeichnen wir das Kind mit „es" und die Eltern, Lehrer und Therapeuten mit „sie". Wir machen dies, um die Sätze einfach und leicht lesbar zu halten. Natürlich können viele „es" Jungen oder Mädchen sein. Väter, die wir nicht extra kennzeichnen, können auch viel tun, um ihren Kindern zu einer guten Entwicklung zu verhelfen. Wenn wir von den „jungen Kindern" sprechen, meinen wir Kinder unter acht bis neun Jahren.

Das Nervensystem ist ein zusammengeschaltetes Netzwerk von Nervenzellen und über den ganzen Körper verteilt. Dicht gepackte Nervenzellen unter dem Schädeldach machen das Gehirn aus. Das Nervenbündel, welches im Wirbelkanal verläuft, ist das Rückenmark. Gehirn und Rückenmark zusammen machen das Zentralnervensystem aus. Außerhalb des Zentralnervensystems sind Nervenzellen in der Haut, in den Muskeln, Gelenken, inneren Organen und den Sinnesorganen des Kopfes verteilt. Wir sprechen vom Nervensystem, benutzen aber das Wort nervös nicht, da dieses Wort heutzutage einen Zustand von nervlicher Überbeanspruchung bedeutet. Stattdessen wird von Wissenschaftlern der Ausdruck „neural" gebraucht, wenn es sich um etwas handelt, was das Nervensystem betrifft.

Kapitel 1. Was versteht man unter Integration der Sinne? 5

Ein neuraler Prozeß ist etwas, was das Nervensystem in einer geordneten Reihenfolge tut. „Funktion" kommt von dem lateinischen Wort für „Durchführen" oder „Ausführen", und somit bedeutet eine neurale Funktion die Art und Weise, wie das Nervensystem etwas durchführt. Ein Hirnforscher ist jemand, welcher Laboratoriumsforschung über Teile des Nervensystems und ihre Funktionen vornimmt.

Empfindungen kommen durch Energien zustande, die Nervenzellen stimulieren, wodurch neurale Prozesse verursacht werden. Als Leser sind Sie in der Lage, dieses Buch zu lesen, da in Ihrem Auge durch Lichtwellen Nervenzellen erregt werden und einen Sinneseindruck in Ihrem Gehirn veranlassen. Schallwellen, Berührung der Haut und Gerüche, Muskelaktivität und der Zug der Schwerkraft sind weitere Energien, welche Empfindungen verursachen. Integration stellt eine Art von Sichorganisieren dar. Etwas zu integrieren heißt, die unterschiedlichen Teile zu einem Ganzen zusammenzubringen. Wenn etwas „integriert" ist, arbeiten alle seine Teile als Einheit zusammen. Das Zentralnervensystem und ganz besonders das Großhirn entwickelte sich, um zahllose „Bits" (Informationseinheiten) sinnlicher Wahrnehmung in eine umfassende Erfahrung überzuführen.

Wir benutzen das Wort „Sagen" in solchen Sätzen wie „Empfindungen sagen dem Gehirn, was der Körper tut" und „Das Gehirn sagt dem Körper, was zu tun ist", da Nervenzellen miteinander kommunizieren. Wissenschaftler würden dafür mehr technische Ausdrücke gebrauchen, aber solche Ausdrücke verwirren Menschen, die sie nicht im täglichen Gebrauch benutzen. Da dieses Buch besonders für Eltern geschrieben wurde, sollten wir eine möglichst täglich gebrauchte Umgangssprache und viele Analogien und bildliche Ausdrücke anwenden, ohne ungenau zu werden.

Das Wort „physikalisch" meint alles, was meßbar ist im Hinblick auf Masse, Energie, Raum und Zeit. Schwerkraft, Entfernung, Form, Licht, Schwingungen, Bewegungen und Berührung sind physikalische Begriffe. Gedanken und Erinnerungen sind nicht physikalisch, obwohl sie durch biophysikalische Aktivitäten im Gehirn hervorgebracht werden. In der physikalischen Umwelt haben Gegenstände die Eigenschaft, nach unten zu fallen. Schwere Gegenstände kann man nur mit Mühe bewegen. Zwei Gegenstände können nicht gleichzeitig am selben Platz liegen, scharfe Gegenstände schneiden, Gegenstände bewegen sich nur, wenn sie geschoben oder gezogen werden und Handlungen haben exakt definierbare Folgen. Physikalisches Aufeinanderwirken ist eine Beziehung, welche gesteuert wird von unabänderlichen physikalischen Gesetzen.

Ein Kind, welches ein Buch liest, hat sowohl eine physikalische als auch eine geistige Beziehung zu dem Buch. Das physikalische Zusammen-

6   Die Integration der Sinne und das Gehirn

spiel betrifft das Halten des Buches entgegen dem Zug der Schwerkraft, den Kopf aufrecht zu halten mit dem Ziel, die Augen auf die gedruckten Linien zu bringen, und das Bewußtwerden im Gehirn, daß dunkle Zeichen auf weißem Hintergrunde stehen. Seine geistigen Handlungen betreffen das Verwandeln dieser Zeichen in Buchstaben, Silben, Wörter und Sätze und ebenso das Nachdenken darüber, was diese Sätze bedeuten.

Sensorische Integration ist ...

Die Integration der Sinne ist das Ordnen der Empfindungen, um sie gebrauchen zu können. Unsere Sinne geben uns Informationen über den physikalischen Zustand unseres Körpers und über die Umwelt um uns herum. Empfindungen fließen ins Gehirn wie Ströme in einen See fließen. Zahllose „Bits" sinnlicher Wahrnehmung erreichen in jedem Augenblick unser Gehirn nicht nur von den Augen und den Ohren her, sondern auch von jedem Teil unseres Körpers. Wir verfügen über einen besonderen Sinn, der es uns gestattet, den Zug der Schwerkraft und die Bewegungen unseres Körpers relativ zur Erdoberfläche zu bemerken.

Regeln im Verkehr

Das Gehirn muß alle diese unterschiedlichen Empfindungen ordnen, damit sich ein Mensch normal bewegen und lernen kann, sich normal zu verhalten. Das Gehirn lokalisiert, sortiert und ordnet Empfindungen etwa so, wie ein Verkehrspolizist sich verhält, wenn er Autos leitet. Wenn Empfindungen in einer gut organisierten, d. h. gut integrierten Weise dem Gehirn zufließen, kann es diese Empfindungen nutzen, um daraus Wahrnehmung, Verhaltensweisen und Lernprozesse zu formen. Wenn der Fluß der Empfindungen unorganisiert erfolgt, wird das Leben ungeordnet ablaufen wie das Verkehrschaos in einer städtischen „rush-hour".

Versorgung des Gehirns

Sensorische Integration ist die wichtigste Art und Weise sinnlicher Verarbeitung. Sie wissen, daß Nahrungsmittel Ihren Körper versorgen. Zuvor müssen diese aber verdaut werden. Sie können sich Empfindungen so ähnlich vorstellen wie „Nahrungsmittel für das Gehirn". Sie bieten die Energie und das Wissen, die benötigt werden, um Körper und Geist zu steuern. Aber ohne gut organisierte sensorische Verarbeitung können Empfindungen nicht verdaut werden, um Ihr Gehirn zu versorgen.

Aus vielen Teilen ein Ganzes machen

Sensorische Integration resp. Verarbeitung von sinnlicher Wahrnehmung „bringt alles zusammen". Stellen Sie sich vor, Sie schälen und essen eine Orange. Sie empfinden die Orange ebenso über die Augen, die Nase, den Mund, wie über die Haut Ihrer Hand und an den Fingern. Und ebenso müssen Muskeln und Gelenke innerhalb Ihrer Finger, Hände, Arme und im Munde gefühlt werden. Woher wissen Sie, daß es sich um eine einzige Orange handelt und nicht um mehrere? Was veranlaßt Ihre zwei Hände und zehn Finger, diese gesamte Arbeit in gutem Zusammenspiel durchzuführen? Alle Sinneseindrücke von der Orange und alle Wahrnehmungen seitens der Finger und Hände werden im Gehirn zusammengesetzt – integriert –, und dieses Zusammenfügen einzelner Impulse ermöglicht dem Gehirn, die Orange als ein Ganzes zu erkennen und Ihre Hände und Finger beim Schälen der Orange koordiniert zu gebrauchen.

Empfindungen und ihre Bedeutung

Empfindungen sind Ströme von elektrischen Impulsen. Biochemische Prozesse sind in die Erzeugung von Impulsen einbezogen. Diese Impulse müssen integriert werden, damit sie eine Bedeutung erhalten. Die Integration führt Empfindung in die Wahrnehmung über. Wir nehmen unseren Körper, andere Personen und Gegenstände wahr, weil unser Gehirn die Sinnesimpulse, die wir von ihnen erhalten, in bedeutungsvolle Formen und Beziehungen überführt hat. Wenn wir eine Orange ansehen, verarbeitet unser Gehirn die Empfindungen unserer Augen, so daß wir Farbe und Form erkennen können. Wenn wir eine Orange berühren, dann wird die Empfindung von unseren Fingern und Händen so verarbeitet, daß wir wissen, daß diese Frucht außen rauh und innen feucht ist. Die Integration von Empfindungen der Nase sagt uns gleichzeitig, daß die Orange den Geruch einer Zitrusfrucht hat.

Sensorische Integration im Leben

Das Zusammenspiel der Sinne beginnt bereits im Mutterleib, da das kindliche Gehirn Bewegungen des mütterlichen Körpers empfindet. Eine Menge an sensorischer Integration ist erforderlich, damit das Kind lernt, zu krabbeln und aufzustehen. Und all dieses erfolgt bereits im 1. Lebensjahr des Kindes. Das *Spielen in der Kindheit* fördert die sensorische Integration, da das Kind die Empfindungen seines Körpers und der Schwerkraft mit Wahrnehmungen seitens der Augen und Ohren verbindet. Das

8   Die Integration der Sinne und das Gehirn

Lesen z. B. verlangt eine sehr komplexe Wahrnehmungsverarbeitung von optischen Impulsen; Augen und Halsmuskeln sowie die speziellen Gleichgewichtsinnesorgane im Innenohr müssen hierfür gut zusammenarbeiten.

Tänzer und Turner entwickeln eine sehr gute Wahrnehmungsverarbeitung ihres Körpers und der Schwerkraftempfindung, so daß ihre Bewegungen elegant werden. Artisten und Handwerker müssen sich auf die ungestörte sinnliche Verarbeitung von Wahrnehmungen ihrer Augen und Hände verlassen können. Menschen, die zufrieden und glücklich erscheinen, sind dies gewöhnlich wegen der guten Integration ihres Nervensystems. Die meisten von uns haben von Haus aus eine durchschnittliche Begabung zur Verarbeitung ihrer sinnlichen Wahrnehmung.

Die Gene der menschlichen Spezies geben uns ein Minimum an Fähigkeit zu sensorischer Integration mit auf den Lebensweg. Obwohl jedes Kind mit dieser gewissen Grundfähigkeit geboren wird, muß es seine sensorische Integration durch beständige Auseinandersetzung mit vielen Dingen in dieser Umwelt entwickeln und seinen Körper und sein Gehirn an viele körperliche Anforderungen während der Kindheit adaptieren. Die umfassendste Entwicklung der Verarbeitung sinnlicher Wahrnehmungen erfolgt während einer sogenannten Anpassungsreaktion.

Anpassungsreaktionen

Eine Anpassungsreaktion ist eine sinnvolle, zielgerichtete Antwort auf eine sinnliche Erfahrung. Ein Baby sieht eine Rassel und versucht, diese zu erreichen. Die Hand danach auszustrecken, ist die Anpassungsreaktion. Ziellos die Hände zu bewegen, ist dagegen keine Anpassungsreaktion. Eine komplexere Anpassungsreaktion findet statt, wenn das Kind wahrnimmt, daß die Rassel zu weit entfernt liegt, und wenn es vorwärts krabbelt, um sie zu erreichen.

Bei einer Anpassungsreaktion überwinden wir die Herausforderung, die sich uns stellt, und lernen etwas Neues hinzu. Zur gleichen Zeit hilft diese Anpassungsreaktion dem Gehirn, sich zu entwickeln und weiter zu organisieren. Die meisten Erwachsenen glauben, es handele sich *nur um reines Spielen*. Dieses Spielen jedoch besteht aus zahllosen Anpassungsreaktionen, welche die Verarbeitung sinnlicher Reize ermöglichen. Ein Kind, welches lernt, sein Spiel zu organisieren, kann später seine Schularbeiten leichter bewältigen und wird ein geordneter Erwachsener.

Kapitel 1. Was versteht man unter Integration der Sinne?

Eine sensorische „Verarbeitungsmaschine"

Bis zum Alter von sieben Jahren ist das Gehirn vorwiegend eine „Verarbeitungsmaschine" sinnlicher Wahrnehmungen. Das bedeutet, daß es Dinge fühlt und deren Bedeutung direkt über die Empfindungen erfaßt. Ein junges Kind macht sich nicht viele Gedanken und Ideen über Gegenstände; es ist vorwiegend damit beschäftigt, sie zu fühlen und seinen Körper in Beziehung zu diesen Empfindungen reagieren zu lassen. Seine Anpassungsreaktionen gehen eher von den Muskeln als vom Verstande aus. Sie sind viel eher motorisch als geistig konzipiert. Und deshalb nennt man die ersten sieben Jahre im Leben eines Kindes die Jahre der *sensomotorischen* Entwicklung.

Wenn das Kind älter wird, ersetzen geistige und soziale Reaktionen einen Teil der sensomotorischen Aktivitäten. Trotzdem sind geistige und soziale Funktionen auf sensomotorischen Prozessen aufgebaut. Die sensorische Integration, die sich beim Bewegen, Reden und Spielen vollzieht, ist die Grundlage für die komplexere sensorische Integration, die nötig ist für Lesen, Schreiben und gutes Verhalten. Wenn die Prozesse der Sensomotorik in den ersten sieben Jahren des Lebens gut geordnet worden sind, wird es das Kind später leichter haben, geistige und soziale Fähigkeiten zu erlernen.

Spaßhaben

Wenn die Fähigkeit zur sensorischen Integration des Gehirns ausreicht, die Forderungen der Umwelt zu erfüllen, ist die Reaktion des Kindes sinnvoll, kreativ und befriedigend. Ein Kind, das Erfahrungen mit Anforderungen macht, auf die es sinnvoll reagieren kann, hat Spaß. Im gewissen Sinne ist Spaßhaben ein Inbegriff für gute sensorische Integration des Kindes. Die Möglichkeit, Sinneswahrnehmungen sinnvoll ordnen zu können, vermittelt uns Befriedigung, und die Befriedigung wird noch größer, wenn Empfindungen auch mit angepaßten Reaktionen beantwortet werden können, die reifer und komplexer sind als alles, was uns zuvor begegnete. Das ist das, was man unter „Wachsen mit seinen Aufgaben" versteht.

Der Mensch ist dafür geschaffen, sich über Dinge zu freuen, die die Entwicklung seines Gehirns fördern. Darum suchen wir auch ganz natürlich nach Empfindungen, die uns helfen können, unser Gehirn zu ordnen. Das ist auch einer der Gründe, warum Kinder es lieben, hochgenommen, geschaukelt und umarmt zu werden. Darum lieben sie zu laufen, zu springen und auf Spielplätzen oder am Strand zu spielen. Sie möchten sich bewegen, weil das Erlebnis der Bewegungen ihr Gehirn stimuliert und es mit „Nahrung" versorgt.

Schlechte sensorische Integration ist ...

Sensorische Integration ist nicht eine Sache des Entweder-Oder. Man hat nicht eine vollständig perfekte sensorische Integration oder aber gar keine. Niemand von uns ordnet seine Empfindungen perfekt. Glückliche, produktive und gut koordinierte Menschen mögen dieser vollkommenen sensorischen Integration am nächsten kommen. Manche Menschen haben eine gute sensorische Integration, andere eine mittelgradige, manche eine schlechte.

Wenn das Gehirn die sinnliche Wahrnehmung schlecht verarbeitet, führt dieser Umstand im Leben des betreffenden Menschen zu den verschiedensten Schwierigkeiten. Er muß sich mehr anstrengen und hat häufiger Probleme als andere und andererseits trotz aller Bemühungen auch weniger Erfolg und Befriedigung. Ungefähr 5 bis 10% oder mehr der Kinder in unserem Lande (Nordamerika) haben so große Schwierigkeiten in ihrer Verarbeitung sinnlicher Wahrnehmungen, daß sie zu *langsamen Lernern* werden oder aber Verhaltensprobleme haben. Darüber hinaus erscheinen sie jedoch in jeder Hinsicht normal und besitzen oft eine durchschnittliche bis überdurchschnittliche Intelligenz.

Diagnose

Zur Zeit bestehen keine Möglichkeiten, eine Störung im Gehirn nachzuweisen. Eine Beeinträchtigung der Verarbeitung sinnlicher Wahrnehmungen ist nicht als Krankheit im medizinischen Sinne aufzufassen. Chemisches Ungleichgewicht, virale Infektionen oder Abweichungen der Zusammensetzung des Blutes sowie Organerkrankungen kann man im Laboratorium nachweisen. Ein Problem der sensorischen Integration dagegen kann nicht so leicht abgegrenzt werden. Wir können das Kind nur beobachten, und zwar sowohl in seinen normalen Bewegungen als auch während eines Testes zur Diagnostik der sensorischen Integration und danach versuchen, seine Gehirnfunktion zu beurteilen. Aber nur ein gut ausgebildeter Beobachter kann die feinen Unterschiede erkennen, die zwischen dem Verhalten, welches auf guter sensorischer Integration basiert und demjenigen, welches durch schlechte Integration verursacht wird, bestehen.

Die meisten Ärzte werden das Kind mit medizinischen Hilfsmitteln testen und den Eltern sagen, daß nichts von der Norm abweiche. Ist die Störung nicht sehr ausgeprägt, merken die Eltern erst dann etwas davon, wenn das Kind zur Schule geht und Schwierigkeiten mit dem Lesen und

Kapitel 1. Was versteht man unter Integration der Sinne?   11

Schreiben hat. Eine Mutter, die schon andere Kinder aufgezogen hat oder eine, die sehr intuitiv veranlagt ist, kann zwar oft beobachten, daß manches nicht ganz richtig bei ihrem Kind abläuft, aber sie kann nicht sagen, um was es sich handelt. Sie kann sich beispielsweise fragen: „Wie kann mein Kind bloß so viel Schwierigkeiten haben, wenn da nichts falsch zu sein scheint?" Oder: „Warum weint es so leicht?" Oder „Warum ist es so stur?" Eine mit sensorischer Integration gut vertraute Beschäftigungstherapeutin oder eine Krankengymnastin[2] kann manchmal helfen, solche Fragen zu beantworten.

Einige Frühsymptome

Manche Säuglinge mit Problemen der sensorischen Integration können sich nicht drehen, kriechen, sitzen oder aufstehen, wie das andere Kinder in ihrem Alter tun. Später können sie Probleme haben, ihre Schuhe zuzubinden oder auf einem Fahrrad zu fahren, das keine Hilfsräder hat.

Andere Kinder mit sensorischen Integrationsproblemen scheinen sich zunächst normal zu entwickeln und lassen die Probleme erst erkennen, wenn sie älter geworden sind. Sie können sich dann z. B. nicht so leicht und elegant bewegen wie andere. Wenn sie weglaufen, sieht dies ungeschickt aus. Sie können tolpatschig sein und oft fallen oder stolpern. Nicht jede Tolpatschigkeit ist durch Störungen der sensorischen Integration verursacht. Jedoch sind manche Menschen tolpatschig, weil einige motorische Nerven und Muskelgruppen nicht gut genug arbeiten.

Bei einem Kinde mit einer Störung der sensorischen Integration können Nerven und Muskeln normal arbeiten, aber das Gehirn hat Schwierigkeiten, sie koordiniert zusammenarbeiten zu lassen. Bevor diese Kinder in die Schule kommen, beobachtet man oft, daß sie nicht so geschickt spielen wie andere. Obwohl sie sehen, hören und fühlen können, gelingt es ihnen nicht, adäquat zu reagieren, weil sie die Information ihrer Augen, Ohren, Hände und des Körpers nicht ohne Störungen integrieren können. Vielleicht merken Sie als Mutter, daß Ihr Kind einzelne Details beim Spielen mit anderen nicht mitbekommt, oder es begreift nicht oder nur langsam, wie die anderen Kinder das Spiel durchführen. Es kann z. B. auch sein, daß Ihr Kind Spielsachen, die dem Alter entsprechend von anderen Kindern benutzt werden, nicht anrührt, weil sie z. B. zu viel Feinarbeit verlangen und dadurch zu große Anforderungen stellen. Es zerbricht häufiger Dinge und hat öfter Unfälle als andere Kinder.

---

2 Anmerkung d. Übersetzer: beziehungsweise ein speziell ausgebildeter Kinderarzt oder Kinderneurologe.

12   Die Integration der Sinne und das Gehirn

Ein sehr häufig zu beobachtendes Problem stellt die Entwicklungsverzögerung der Sprache dar. Sie ist ein frühzeitiger Hinweis dafür, daß das Gehirn nicht gut genug arbeitet. Manche Kinder hören nicht gut zu, obwohl sie keine eigentlichen Hörprobleme haben. Man hat den Eindruck, daß die Worte zwar gehört werden können, aber auf dem Weg zum Gehirn verlorengehen. Andere Kinder wissen zwar, was sie sagen möchten, können aber ihren Mund nicht zu den richtigen Worten formen.

Ohne klare Information der Hände und Augen kann ein Kind keine Zeichnung bunt ausmalen, kein Puzzle-Spiel zusammensetzen, mit Scheren nicht genau schneiden und keine Papierstreifen sauber zusammenkleben. Bei jeder dieser kleinen Tätigkeiten fällt auf, daß es die Dinge schlechter tut als seine gleichaltrigen Kameraden. Für ein solches Kind ist jede Tätigkeit schwieriger und verwirrt es deshalb leichter. Erwachsene haben dann den Eindruck, daß es eben nicht interessiert sei. Diese vermeintliche Interesselosigkeit beruht jedoch darauf, daß seine Empfindungen und Reaktionen ihm nicht sinnvoll erscheinen und deshalb nicht befriedigend sind.

Einige dieser Kinder können die Gefühle, die ihnen die Hautoberfläche vermittelt, nicht ordnen. Sie werden ängstlich oder auch wütend, wenn andere Menschen sie berühren. Oft genügt es sogar, wenn sie ihnen nur zu nahe stehen. Die heutzutage oft zu beobachtende Überaktivität von Kindern hat ihre Ursache oft darin, daß sie eine mangelhafte sensorische Integration haben. Manchmal irritieren bereits Licht oder Geräusche das Kind und lenken es ab. Wenn man genau beobachtet, kann man die Irritation am Gesichtsausdruck des Kindes bemerken.

Schulschwierigkeiten

Es gibt Kinder, die im häuslichen Milieu alles ganz richtig machen oder aber eben gerade so gut, daß die Probleme von den Eltern nicht bemerkt werden. Sobald sie jedoch in die fremde Umgebung der Schule kommen, gibt es unter Umständen große Schwierigkeiten. Die Lehrer bezeichnen Lesen, Schreiben und Rechnen als Grundlagenfächer. In Wirklichkeit handelt es sich aber bei diesen Lehrstoffen bereits um sehr komplexe Prozesse, die sich nur bei einer einwandfreien geistigen Verarbeitung der durch die Sinnesorgane aufgenommenen Wahrnehmung erlernen lassen. Eine Verarbeitungsstörung, die in der frühen Kindheit des betroffenen Kindes als minimal bezeichnet wurde und zu keiner nennenswerten Auffälligkeit führte, kann ein sehr großes Problem werden, wenn das Kind in die Schule kommt.

Eltern und Lehrer erwarten von dem Schulkind wesentlich mehr, als

Kapitel 1. Was versteht man unter Integration der Sinne? 13

dies beim Kleinkind der Fall war. Nicht nur, daß das Kind eine erhebliche
Vielfalt von neuen Dingen lernen muß, es wird auch gezwungen, mit seinen Klassenkameraden und dem Lehrer auszukommen. Ein Kind, dessen
Gehirn Empfindungen und Wahrnehmungen jeglicher Art nicht gut genug ordnen kann, wird Schwierigkeiten haben, Freundschaften zu schließen und diese aufrechtzuerhalten. Die Schule stellt an ein solches Kind
stärkere Forderungen als an die anderen, da das Kind für dieselben Aufgaben intensiver arbeiten muß als seine Klassenkameraden. Viele Kinder
mit mangelhafter sensorischer Integration fühlen sich deshalb in der Schule hilflos und ängstlich.

Es gibt eine Menge kleiner Dinge, die das Kind in der Schule zu machen hat. Ein Kind mit schlechter sensorischer Integration hat es schwer,
z. B. schon die Schnürsenkel zu binden oder einen Bleistift richtig zu halten, ohne daß die Mine abbricht, von einer Arbeit zu einer anderen
überzuwechseln oder Verkehrszeichen auf dem Weg zur Schule richtig zu
erkennen und viele andere Dinge mehr. Hinzu kommt der Wettkampf im
Sport mit Kindern, die eine wesentlich bessere sensomotorische Fähigkeit
haben. Da ein solches Kind den anderen wegen seiner gestörten Wahrnehmungsverarbeitung unterlegen ist, verliert es sehr oft die Freude am
Sport.

Die Schule bringt jedoch noch andere Probleme. Das Kind muß in einem Raum aufmerksam sein, der viele Menschen enthält, obwohl es kaum
aufmerksam sein kann, wenn es allein mit einer Person oder seinem Lehrer ist. Es wird von ihm erwartet, Dinge möglichst schnell zu tun, wenn es
in Wirklichkeit Dinge nur langsam machen kann. Oder aber es wird verlangt, etwas langsam zu tun, wenn es leichter ist, sich dabei schneller zu
bewegen. Es muß zwei Dinge auf einmal tun, wie z. B. bei der Aufforderung: „Steck Dein Buch weg, und hol Deinen Bleistift heraus." Dabei ist
es für ein solches Kind oft schwer, eine einzige Anweisung zu verstehen
und auszuführen.

Im Klassenraum wird ein solches Kind leicht von den verschiedenen
Geräuschen, vom Licht und dem Durcheinander von vielen Menschen ab-
gelenkt. Sein Gehirn ist überstimuliert und reagiert deshalb mit einer ver-
mehrten Aktivität. Das überaktive Kind springt im ganzen Klassenzimmer
umher, nicht weil es das etwa so möchte, sondern weil sein Gehirn ihm
völlig aus der Kontrolle gerät. Überaktivität ist eine zwanghafte Reaktion,
die es weder in geordnete Bahnen lenken noch völlig abschalten kann. Die
Konfusion in seinem Gehirn macht es ihm unmöglich, sich zu konzentrieren und bei einer Sache zu verweilen. Es kann deshalb nicht verstehen,
was sein Lehrer ihm beizubringen versucht.

Steht es in einer Reihe mit anderen und wird aus Versehen angestoßen,

14   Die Integration der Sinne und das Gehirn

so reagiert es ärgerlich und schlägt zurück. Der Ärger und das Zurückschlagen haben jedoch nichts mit einer persönlichen Beziehung oder Ablehnung des Betreffenden zu tun. Sie stellen eine automatische Reaktion auf Empfindungen dar, die das Kind nicht ertragen kann.

Das Kind kann weder über diese Probleme sprechen noch kann es verstehen, was da passiert, da das Problem nicht im Bewußtsein des Kindes, sondern in Hirnprozessen seinen Ursprung hat, die unterhalb der Bewußtseinsebene und der Kontrolle liegen. Es wäre völlig sinnlos, ihm zu sagen, daß es sich selbst besser kontrollieren oder konzentrieren solle. Belohnungen wie Bonbons oder goldene Sterne oder Bestrafungen machen es für ein solches Gehirn nicht leichter, die einströmenden Wahrnehmungen besser zu ordnen. Erwachsene machen das Problem des Kindes oft schlimmer, indem sie Forderungen stellen, die es nicht erfüllen kann.

Nachdem einige Jahre mit diesen Erfahrungen verstrichen sind, realisiert das Kind, daß es anders ist als die meisten Kinder. Es kann ihm dann plötzlich bewußt werden, daß es in mancher Hinsicht immer anders sein wird als seine Mitmenschen. Ohne die fürsorgliche Hilfe der Eltern bleibt es dann nicht aus, daß es in dem Gedanken aufwächst, es wäre dumm oder schlecht, besonders dann, wenn andere Kinder ihm so etwas erzählen. In einem solchen Fall ist es nicht genug, ihm nur in Worten zu sagen, daß es nicht dumm oder schlecht sei. Worte oder Gedanken können seinem Gehirn nicht helfen, sich besser zu organisieren. Lediglich erlebte Empfindungen und Anpassungsreaktionen können seine Selbstachtung aufbauen. *Eine Störung der Integration sinnlicher Wahrnehmung ist eine schwere Last für jedermann, der sie zu tragen hat.*

Man muß daran denken, daß jedes Kind mit schlechter sensorischer Integration ein unterschiedliches Spektrum auffälliger Symptome bieten kann. Selbst normale Kinder können dann und wann einige dieser Auffälligkeiten zeigen. Erst wenn das Kind mehrere dieser Probleme aufweist oder sie sich öfters einstellen, sollten die Eltern beunruhigt sein. Sobald Sie vermuten, daß Ihr Kind ein Problem der sensorischen Integration haben könnte, bringen Sie es nach Vorstellung bei einem Kinderarzt zu einer Beschäftigungstherapeutin oder Krankengymnastin, die Erfahrung in der Vermittlung sensorischer Integration hat (s. Kap. 11). Mit Hilfe einer geeigneten Therapie und verständnisvoller Eltern, die dem Kind jede Unterstützung geben, wird es ihm wahrscheinlich möglich sein, ein praktisch normales Leben zu führen. Es kann sich an sozialen Beziehungen freuen und seinen Beitrag am gesellschaftlichen Leben leisten, obwohl seine persönliche Entwicklung niemals ganz optimal sein wird.

Beobachten Sie einmal alle Erwachsenen, die Sie kennen, so werden Sie feststellen, daß jeder von ihnen gewisse Schwierigkeiten des Lernens

Kapitel 1. Was versteht man unter Integration der Sinne? 15

und der Anpassung hat. Wir alle können, wenn es sein muß, auch mit einem nicht 100%ig perfekten System der Wahrnehmungsintegration auskommen.

Warum dieses Buch geschrieben wurde

Wir hoffen, daß dieses Buch Eltern helfen wird, die Schwierigkeiten der Wahrnehmungsintegration bei ihren Kindern zu erkennen, zu verstehen, was dabei abläuft und etwas zu tun, um ihrem Kind zu helfen. Schließlich sollten Sie auch verstehen und wissen, was eine sensorische Integrationsbehandlung für Ihr Kind leisten kann. Um dieses zu erreichen, müssen Sie an Ihre eigenen Körperempfindungen denken und an diejenigen, die von der Schwerkraft ausgelöst werden, ebenso auch an Eindrücke Ihrer Augen und Ohren, die alle gemeinsam von Ihrem Gehirn verarbeitet werden müssen, um Körper und Geist steuern zu können.

Darüber hinaus muß man Kinder unbeeinflußt beobachten und darauf achten, welche Dinge sie gern tun und in welcher Weise sie diese Dinge tun. Zu Anfang wird man nur wenige Anzeichen, welche die Wahrnehmungsintegration betreffen, bemerken können. Nach einiger Zeit der Beobachtung jedoch werden Sie zahlreiche Hinweise sehen können. Doch selbst nach vielen Jahren der Beobachtung solcher Prozesse bei Kindern fallen Therapeuten, die eine sensorische Integrationsbehandlung durchführen, immer wieder neue Aspekte sensorisch integrativer Schwierigkeiten bei Kindern auf. Die Übergänge zum Normalen sind durchaus fließend.

Im nächsten Kapitel werden wir erst einmal die Aktivitäten normaler Säuglinge und Kleinkinder beobachten und sehen, wie sich die Wahrnehmungsintegration entwickelt. Im dritten Kapitel werden wir uns mit dem Gehirn beschäftigen, da dort die Probleme, die uns interessieren, auftreten, und wir werden sehen, was die Behandlung dabei ändern kann. Im vierten bis neunten Kapitel erklären wir die verschiedenen Arten von Integrationsstörungen der sinnlichen Wahrnehmung im Detail. Im 10. Kap. beschäftigen wir uns eingehend mit der Behandlung dieser Störungen, und das letzte Kapitel soll Ihnen zu Hause dienlich sein, um Ihrem Kind und seinem Nervensystem helfen zu können.

Kapitel 2

Beobachtungen bei der Entwicklung der Wahrnehmungsintegration

In den ersten sieben Jahren lernt ein Kind seinen Körper und seine Umwelt zu erfühlen, es lernt, sich aufzurichten und sinnvoll zu bewegen. Es erfaßt die Bedeutung unterschiedlicher Geräusche und lernt, wie man spricht. Es lernt, mit den physikalischen Kräften unseres Planeten fertig zu werden sowie mit einer unerschöpflichen Anzahl von Möbeln, Kleidungsstücken, Schuhen, Eßutensilien, Spielzeug, Bleistiften, Büchern und natürlich auch mit vielen anderen Menschen. Jedes dieser Dinge und jeder Gegenstand gibt ihm einige sinnliche Wahrnehmungsinformation, und es muß in seinem Gehirn eine Integration dieser sinnlichen Wahrnehmungsprozesse entwickeln, um die ankommenden Informationen gebrauchen und sinnvoll einsetzen zu können.

Die Integrationsfunktionen der sinnlichen Wahrnehmung entwickeln sich in einer natürlichen Reihenfolge, wobei jedes Kind die gleichen Grundstufen absolvieren muß. Einige Kinder entwickeln sich schneller und andere langsamer. Aber alle gehen ungefähr den gleichen Weg. Kinder, die von dieser normalen Reihenfolge der Entwicklung ihrer Wahrnehmungsintegration stärker abweichen, können später mit manchen Umständen ihres Lebens Schwierigkeiten bekommen.

In diesem Kapitel beschreiben wir in großen Zügen die hauptsächlichen Entwicklungsschritte der sensorischen Integration, wie man sie bei einem normalen Kind erkennen kann. Man braucht keine berufliche Qualifikation, um zu sehen, wie ein Kind seine sensomotorischen Prozesse ordnet. Alles, was man dazu benötigt, ist die Bereitschaft, sein Kind und andere Kinder im Verlaufe des Tages zu beobachten. Das Gehirn selbst kann man nicht sehen, aber man kann das Verhalten des Kindes beobachten, welches die Aktivität des Gehirns widerspiegelt.

Grundprinzipien der Kindesentwicklung

Es gibt bestimmte grundsätzliche Prinzipien, die wir immer wieder bei jedem Kind feststellen können. Die wichtigsten Prinzipien haben etwas mit Organisation, mit Ordnenwollen von Eindrücken von innerhalb und außerhalb des kindlichen Organismus zu tun. Die meisten Aktivitäten in den

Kapitel 2. Beobachtungen bei der Entwicklung der Wahrnehmungsintegration   17

ersten sieben Lebensjahren sind Teil eines einzigen Prozesses: Der Prozeß der Organisation, d.h. der Einordnung von Empfindungen und Eindrücken im gesamten Nervensystem.

Das neugeborene Kind kann bereits hören und sehen, und es empfindet seinen Körper, aber es kann diese Empfindungserlebnisse nicht gut genug einordnen, und so bedeuten zahlreiche Empfindungen dem Säugling nur wenig. Er kann noch nicht sagen, wie weit Dinge von ihm entfernt sind oder was ein Geräusch bedeutet oder welches die Form eines Gegenstandes in seiner Hand ist oder wo sich sein Körper in Beziehung zu einem anderen Gegenstand befindet. Da das Kind Erfahrungen mit diesen Empfindungen macht, lernt es allmählich, sie in seinem Gehirn zu ordnen, und es findet nach und nach heraus, was sie bedeuten. Es lernt, seine Aufmerksamkeit auf besondere Eindrücke zu richten und andere Dinge zu ignorieren.

Bewegungen, die im Säuglingsalter unbeholfen und ausfahrend waren, werden im Kindesalter eleganter und zielgerichteter. Das Kind erlernt die komplizierten Muskelbewegungen der Zunge, Lippen und Stimmbänder, die zum Sprechen erforderlich sind. Indem es seine Sinneswahrnehmungen im Gehirn ordnen lernt, gewinnt es Einfluß auf die Beherrschung seiner Gefühle. Und es ist nun in der Lage, für einen längeren Zeitraum in diesem Zustand des Geordnetseins zu verbleiben. Manche Situation, die im Kleinkindalter das Kind aus der Fassung bringen konnte, gibt einem älteren Kind neue Erkenntnisse und dadurch Befriedigung.

Organisation durch Anpassungsreaktionen

Die stärkste Beeinflussung der sensomotorischen Gliederung des Gehirns geschieht während einer Anpassungsreaktion auf bestimmte Empfindungen des Organismus. Eine Anpassungsreaktion ist eine Reaktion, bei welcher die betreffende Person mit ihrem Körper und ihrer Umwelt in einer kreativen oder sinnvollen Weise handelt. Wir hören z.B. ein Geräusch und wenden unseren Kopf in die betreffende Richtung, um zu sehen, was passiert ist. Oder jemand stößt uns an, und wir verlagern unser Gewicht, um unser Gleichgewicht wiederzugewinnen.

Wenn wir ein Kind auf den Bauch legen, so wird dieses den Kopf hochheben und ihn zur Seite drehen, damit es besser atmen kann. Für ältere Kinder enthalten das Anziehen der Kleidung, das Spielen mit Spielzeug oder das Fahren auf einem Fahrrad zahlreiche Anpassungsreaktionen. Wir reagieren auf Gefühle. Bevor unser Körper jedoch eine entsprechende Anpassungsreaktion vornehmen kann, müssen wir die Empfindungen, die uns unser Körper und unsere Umwelt vermitteln, ordnen. Wir können uns nur an eine bestimmte Situation anpassen, wenn unser Gehirn *weiß,* wie die augenblickliche Situation ist. Wenn ein Kind in einer angepaßten Weise reagiert, wissen wir, daß sein Gehirn in der Lage ist, seine Empfindungen zweckmäßig zu gliedern.

Zusätzlich führt jede Anpassungsreaktion zu einer weiteren Integration von Empfindungen, die durch diese Reaktion entstanden sind. Eine gut organisierte Anpassungsreaktion führt das Gehirn in einen besser gegliederten Zustand über. Um Empfindungen besser zu integrieren, wird das Kind versuchen, sich an diese Empfindungen erneut anzupassen. Ein Kind auf einer Schaukel wird sich beispielsweise so bewegen, daß sich sein Körper in Übereinstimmung mit den Empfindungen der Erdschwere und der Schaukelbewegung befindet. Seine Bewegungen helfen dabei dem Gehirn, sich mit diesen Empfindungen ordnend auseinanderzusetzen.

Niemand kann für dieses Kind eine Anpassungsreaktion durchführen; es muß sie selbständig tun. Glücklicherweise sind Kinder dafür geschaffen, Aktivitäten zu lieben, die sie zur Erfahrung neuer Empfindungen herausfordern und die neue Bewegungsfunktionen entwickeln. Es bereitet dem Kind Vergnügen, Gefühlseindrücke zu verarbeiten und entsprechende Anpassungsreaktionen zu bilden.

Beobachten Sie ein Kind beim Radfahren, und sie werden erkennen, wie die Stimulierung der Sinnesorgane zu entsprechenden Anpassungsreaktionen des Kindes führt und wie diese Anpassungsreaktionen die Integration der Sinneseindrücke fördert. Um sich selbst und das Fahrrad im Gleichgewicht zu halten, muß das Kind sowohl den Zug der Schwerkraft als auch die Bewegungen seines eigenen Körpers empfinden.

Immer wenn der Körper sich außerhalb des Schwerpunktes bewegt und zu fallen droht, formt das Gehirn das Gefühl des Fallens und erzeugt eine Anpassungsreaktion. In diesem Falle besteht die Anpassungsreaktion in einer Verlagerung des Körpergewichts durch eine Gegenbewegung, bis das Gleichgewicht auf dem Fahrrad wieder erreicht worden ist. Kommt diese Anpassungsreaktion nicht zustande oder wird sie zu langsam durchgeführt, fällt das Kind mit dem Fahrrad hin. Ein Kind, das diese Anpassungsreaktionen nicht durchführen kann, weil es keine guten und genauen Informationen über seinen Körper und den Gleichgewichtssinn hat, wird vermeiden, weiterhin Rad zu fahren.

Zusätzliche Anpassungsreaktionen werden nötig, um das Fahrrad zu lenken, so daß es dahin fährt, wohin das Kind es haben will. Um beispielsweise zu wissen, wo das Kind und sein Fahrrad sich in Beziehung zu einem Baum befinden, muß sein Gehirn optische Eindrücke mit Empfindungen seines Körpers und den Schwerkrafteinwirkungen zusammenset-

Kapitel 2. Beobachtungen bei der Entwicklung der Wahrnehmungsintegration   19

zen. Dann muß es diese Empfindungen benutzen, um einen Weg um den Baum herum zu planen. Je schneller das Fahrrad fährt, desto größer werden die sinnlichen Reizeinwirkungen auf das Kind, und desto exakter müssen seine Anpassungsreaktionen ablaufen. Fährt das Kind gegen den Baum, bedeutet dies, daß sein Gehirn die Eindrücke überhaupt nicht oder aber nicht schnell genug verarbeiten konnte.

Bei einem Kind, das nach einer erfolgreichen Radfahrt von seinem Fahrrad steigt, ist das Gehirn um die Erfahrung der Schwerkraft und des Raumes um seinen Körper herum und um das Wissen, wie sich sein Körper bewegt, reicher geworden. Und so wird ihm das Radfahren von Mal zu Mal leichter werden. Dies ist der Weg, wie sich sensorische Integration durch die Verarbeitung innerer und äußerer Sinnesreize bei jedem Kind entwickelt.

Der innere Drang

Bei jedem Kind besteht ein ausgeprägter innerer Drang, um seine Erlebniswelt zu entwickeln. Wir müssen ihm nicht sagen, daß es krabbeln oder aufstehen oder klettern soll. Die Natur steuert das Kind von innen heraus, es zu tun. Beobachten Sie, wie ein Kind seine Umgebung auf Gelegenheiten hin untersucht, um sich fortzuentwickeln, und wie es immer wieder das gleiche versucht, bis es Erfolg hat.

Ohne diesen inneren Drang zu einer immer besseren Reizverarbeitung hätte sich niemand von uns entwickeln können. Da dieser innere Antrieb so groß ist, nehmen wir die meisten Zustände der sensomotorischen Entwicklung einfach als gegeben hin. Die Natur sorgt automatisch für sie.

Die Bildung von „Entwicklungsbausteinen"

Das Kleinkind benutzt in seinen einzelnen Entwicklungsstufen jede Aktivität, um „Bausteine" zu entwickeln, die jeweils das Fundament für eine komplexere und reifere Entwicklung bilden. Es ist ständig damit beschäftigt, seine Tätigkeiten zu vervollkommnen, um damit höher geordnete Funktionen zu entwickeln. Es übt und übt eine Handlung immer wieder, um jedes sensorische und motorische Element, das darin enthalten ist, meistern zu lernen. Manchmal kehrt das Kind wieder um und übt auf einer früheren Entwicklungsstufe, ehe es zu etwas Neuem übergeht. Die Bausteine, die zum Laufen führen, sind relativ einfach zu erkennen. Der Kopf des Kindes muß in aufrechter Position gehalten werden können, bevor es zum Sitzen kommen kann, und das Kriechen auf allen Vieren erfolgt, bevor das Kind auf zwei Beinen läuft. Obwohl es viel schwieriger zu sehen ist, entwickeln sich auch die Sinne synchron mit diesen Bausteinen. Zuerst entwickelt das Kind seine Sinne, die ihm etwas über den eigenen Körper und seine Beziehungen zum Gravitationsfeld der Erde sagen. Und danach werden mit diesen Erfahrungen weitere Bausteine gebildet, um ihm zu helfen, die Sinne für das Sehen und Hören zu entwickeln, die ihm dann etwas über Dinge aussagen, die entfernt von seinem Körper sind.

Die optische Wahrnehmung, die man zum Lesen benötigt, ist das Endprodukt vieler solcher Bausteine, die sich während der sensomotorischen Aktivitäten in der Säuglingszeit und frühen Kindheit geformt haben. Dasselbe gilt für alle akademischen Fähigkeiten und auch für Verhalten und emotionales Wachsen. Alles beruht auf einer sensomotorischen Grundlage.

Jetzt wollen wir die hauptsächlichen Schritte auf dem Wege der sensorischen Integration aufzeigen. Wir wollen ihnen folgen vom ersten Lebensmonat nach der Geburt bis zum Alter des Kindes von sieben Jahren.

Die einzelnen Entwicklungsschritte des Kindes

Der erste Monat

Berührung. Ein Neugeborenes kann bereits einige Empfindungen seines Körpers deuten und mit Reflexbewegungen darauf reagieren. Seine Sinnesorgane für Berührungsreize haben während mehrerer Monate im Mutterleib schon ganz gut gearbeitet. Wenn man seine Wangen leicht berührt, dreht es gern seinen Kopf zur Hand hin. Dieser Reflex ist eine Anpassungsreaktion, um dem Baby zu helfen, seine Mahlzeit zu finden.

Legt man über das Gesicht ein Tuch, während das Kind auf dem Rücken liegt, wird es versuchen, sich durch Bewegungen des Kopfes und der Arme von diesem Tuch zu befreien. Obwohl solche angeborenen Reaktionen automatisch ablaufen, müssen zuvor Empfindungen in den Reflexablauf eingegangen sein, um eine sinnvolle und zweckgerichtete Handlung entstehen zu lassen.

Das Spüren einer nassen Windel ruft beim Kind das Gefühl eines Mißbehagens hervor, während die Berührungen durch die Hand der Mutter Behagen erzeugen. Allerdings kann das Kind in diesem Alter noch nicht zum Ausdruck bringen, wo es berührt wurde, da sein Gehirn noch nicht in der Lage ist, einen Punkt von einem anderen zu unterscheiden. In diesem Alter ist die Berührungsempfindung wichtig als Quelle für emotionale Befriedigung. Das Berühren zwischen einem Baby und seiner Mutter ist von Bedeutung für dessen Hirnentwicklung und die Ausbildung einer

Kapitel 2. Beobachtungen bei der Entwicklung der Wahrnehmungsintegration   21

guten Mutter-Kind-Bindung. Während des ersten Monats greift das Kind automatisch nach jedem Gegenstand, welcher die Innenseite seiner Hand berührt. Dieser angeborene „Greifreflex" soll dem Kind helfen, sich anklammern zu können, so daß es nicht ungewollt herabfällt. Da das Neugeborene noch nicht die Fähigkeit hat, seine Hand willentlich zu öffnen und die Finger zu strecken, bleibt die Hand in den ersten Lebenswochen in einer leichten Fausthaltung geschlossen.

Schwerkraft und Bewegung. Das Neugeborene zeigt bereits Reaktionen auf Schwerkrafteinwirkungen und Bewegungsabläufe, die von seinem Innenohr – also dem Gleichgewichtsorgan – stammen. Wenn man es z. B. fest in seinen Armen hält und plötzlich einen Fuß oder eine andere Extremität des Kindes losläßt, wird es eine Art von Alarmreaktion zeigen, und seine Arme und Beine bewegen sich nach außen, als ob sie nach etwas greifen wollten. Die Information seines Innenohrs vermittelt ihm den Eindruck, daß es fällt und daß es etwas tun sollte, um sich selbst zu schützen. Die Klammer- oder Beugebewegungen des gesamten Körpers sind das erste Ganzkörperbewegungsmuster des Neugeborenen.

Man könnte annehmen, daß das menschliche Baby keine automatischen Reaktionen benötigt, um sich zu schützen oder seine Mahlzeiten zu finden, da es von seiner Mutter betreut wird. Bei niederen Tieren jedoch müssen diese Reflexe auslösbar sein, damit ihre frisch auf die Welt Gekommenen überleben können. Die Evolution vollzieht sich sehr langsam, und die Natur ist nicht bereit, Verhaltensweisen wieder aufzugeben, die ihr das Überleben für Jahrmillionen gesichert haben. Die Aktionen unseres Nervensystems basieren auf diesen Bedürfnissen niederer Tiere, von denen der Mensch abstammt, und den Reaktionen, denen der Mensch unterlag, bevor er zivilisiert wurde. Diese vorprogrammierten Reaktionen stellen Bausteine für die Entwicklung immer besserer Fähigkeiten zur Verfügung.

Legt man bei einem aufrechtgehaltenen Kind im Alter von einem Monat dessen Kopf auf die Schulter der Mutter, wird es zeitweilig versuchen, den Kopf zu heben. Dies erfolgt, weil der Zug der Schwerkraft denjenigen Teil des Gehirns stimuliert, welcher beim Drehen die Nackenmuskulatur dazu aktiviert, den Kopf zu heben. Im Verlaufe der nächsten Wochen, wird diese Anpassungsreaktion sich verbessern, so daß das Baby auch dann seinen Kopf heben kann, wenn es auf dem Bauch liegt. Derselbe neurale Mechanismus hält beim Erwachsenen den Kopf ohne besondere Schwierigkeiten in aufrechter Position. Im Alter von einem Monat jedoch ist diese Reaktion noch unreif, so daß der Kopf hin- und herpendelt und manuelle Unterstützung benötigt.

22   Die Integration der Sinne und das Gehirn

Jede Mutter lernt schnell begreifen, daß Geschaukelt- oder Getragenwerden ihrem Kind Behagen bereitet und es gewöhnlich auch beruhigt. Die Einwirkungen leichter Körperbewegungen helfen dem Gehirn, sich zu ordnen. Dies ist auch der Grund, warum der Anblick einer Wiege so viele Grunderinnerungen in uns wachruft. Zusätzlich zur Beruhigung des Babys bringt das Gefühl des Getragen- oder Geschaukeltwerdens Empfindungen hervor, die wesentliche Bausteine für andere Erlebnisse und selbstgewählte Körperbewegungen liefern. Obwohl man nicht unmittelbar sehen kann, wie dieses alles im Gehirn abläuft, kann man trotzdem leicht bemerken, daß das Kind getragen und geschaukelt werden will. Empfindungen, die das Kind glücklich machen, fördern seine Wahrnehmungsintegration.

Muskel- und Gelenkempfindungen. Im Alter von etwa einem Monat schmiegt sich ein Baby gut den Armen und dem Körper der haltenden Person an. Es fühlt bereits, wie es dies mit Hilfe seiner Muskeln und Gelenke erreichen kann. Später werden ihm dieselben Muskeln und Gelenke Information über die Art und Weise geben, wie es ein Messer oder eine Gabel benutzen kann und wie es an einer Sprossenwand hochklettern kann. Das Kind muß viel üben und zahllose Bewegungen einordnen lernen, um die Fähigkeiten von Erwachsenen zu erreichen.

Im ersten Lebensmonat macht ein Kind viele Bewegungen, die ziellos und zufällig zu sein scheinen, die jedoch erforderlich sind, damit später gut geordnete Bewegungen gemacht werden können. Wenn es auf dem Rücken liegt, streckt es seine Arme und Beine spielerisch aus. Auf seinem Bauch liegend macht es alternierende Krabbelbewegungen. Diese Bewegungen entstehen, weil die Informationen von den Muskeln und Gelenken und den Gleichgewichtsorganen im Innenohr sein Nervensystem zur Auslösung solcher Bewegungen stimulieren. Zwischenzeitlich verhilft dem Kind sein innerer Drang, etwas unternehmen zu müssen, dazu, diese Empfindungen und Bewegungen sinnvoll einzuordnen, d. h. zu integrieren.

Sinnesorgane in den Muskeln und Gelenken informieren das Gehirn, wenn der Kopf zu einer Seite gedreht wird. Dadurch wird eine Reaktion aktiviert, die man als *tonischen Nackenreflex* bezeichnet. Dabei wird ein Arm auf der einen Seite gestreckt, während der andere Arm die Tendenz hat, sich im Ellenbogengelenk zu beugen. Beachten Sie bitte den Ausdruck „die Tendenz hat", denn es ist nur eine Tendenz für dieses Verhalten gegeben und ereignet sich durchaus nicht immer, wenn der Kopf des Kindes sich dreht.

Während der ersten Lebenswochen spielt dieser Reflex eine sehr wich-

Kapitel 2. Beobachtungen bei der Entwicklung der Wahrnehmungsintegration   23

tige Rolle, um Armbewegungen zu verursachen. Oft schaut das Kind, wenn es auf dem Rücken liegt, zu seinem gestreckten Arm, während der Hinterkopf dem gebeugten Arm zugewendet ist. Obwohl dieser tonische Nackenreflex den Muskeltonus in unseren Armen während unseres ganzen Lebens beeinflußt, sollte er vom sechsten Lebensjahr an nurmehr eine zu vernachlässigende Rolle spielen. Bei Kindern mit schlechter sensorischer Integration ist dieser Reflex oft überschießend vorhanden. Beschäftigungstherapeutinnen und Krankengymnastinnen betrachten einen zu starken tonischen Nackenreflex deshalb als ein Zeichen für schlechte sensorische Integration.

Sehen. Bei einem Baby im Alter von einem Monat ist der Sinn des Sehens noch nicht sehr gut geordnet, obwohl es das Gesicht der Mutter und andere wichtige Gegenstände erkennt. Sein Fixieren erfolgt nur sehr vage, und das Baby kann komplexere Formen oder Farbkontraste nicht differenzieren. Der Säugling kann Gefahr, die sich ihm nähert, aufgrund einer Bewegung oder Berührung erahnen, aber noch nicht vom Sehen her erkennen. Sein erster Schritt, Sehen zu entwickeln, besteht darin, daß er lernt, einen bewegten Gegenstand oder eine Person zunächst mit den Augen und später mit dem ganzen Kopf zu verfolgen.

Diese Anpassungsreaktion verlangt Informationen seitens der Netzhaut und der Sinnesorgane in den Augenmuskeln sowie der Nackenmuskulatur im Zusammenwirken mit der Schwerkraft und den dadurch ausgelösten Impulsen von den Gleichgewichtsorganen im Innenohr. Achten Sie einmal darauf, wie aufmerksam und glücklich das Kind wird, wenn es Bewegungen bei Menschen und Tieren oder Gegenständen und Spielzeug bemerkt und es in der Lage ist, denselben mit seinen Augen zu folgen.

Geräusche. Im Alter von einem Monat reagiert das Kind auf das Geräusch einer Rassel oder Glocke ebenso wie auf die menschliche Stimme, obwohl es nicht verstehen kann, was diese Geräusche bedeuten. Es kann seinen Kopf drehen oder lächeln. Auf ein Geräusch zu reagieren, stellt den ersten Baustein zur Entwicklung von Sprache dar. Es benutzt auch bereits kleine Kehllaute, das sind Muskelkontraktionen im Rachen, die diese Geräusche verursachen. Sie bewirken Empfindungen, welche dazu beitragen, das Sprachzentrum im Gehirn anzuregen.

Geruch und Geschmack. Der Geruchssinn ist bei der Geburt sehr gut entwickelt. Er dürfte während der ersten Lebensmonate eine wichtige Rolle spielen. Wie der Sinn für Schwerkraft, Bewegung und Berührung scheint auch der Geruchssinn in der Evolution, von welcher der Mensch

24   Die Integration der Sinne und das Gehirn

abstammt, schon sehr frühzeitig aufzutreten. Der Geruchssinn nimmt mit dem Alter des Kindes nicht zu, wie dies beim Sehen und Hören der Fall ist. Das Kleinkind hat auch einen sehr gut ausgeprägten Geschmackssinn. Das Saugen stellt eine Anpassungsreaktion auf Reize dar, die vom Geschmacks- und Geruchssinn ausgelöst werden. Gewöhnlich besteht der Saugreflex bereits unmittelbar nach der Geburt.

Wie man sehen kann, ist im Alter von 1 Monat bereits eine beträchtliche Anzahl von Anpassungsreaktionen auf Empfindungen seines eigenen Körpers und Reaktionen auf die Schwerkrafteinwirkungen beim Säugling vorhanden. Viele dieser Reaktionen werden bereits vor der Geburt entsprechend der erreichten Reife des Nervensystems aufgebaut, so daß sie bei entsprechenden Reizeinwirkungen seitens der Schwerkraft, Berührung oder Bewegung in Gang gebracht werden können. Ohne die Integration, die sich bereits in diesen simplen sensomotorischen Aktivitäten ausbildet, wäre im späteren Leben eine entsprechende Entwicklung der dann wesentlich umfassenderen Aktivitäten nicht möglich.

Der 2. und 3. Monat

Die Augen und der Nacken. Die motorischen Funktionen des Säuglings entwickeln sich vom Kopf ausgehend zu den Zehen. Die Augen- und die Nackenmuskulatur sind die ersten Teile des Körpers, die der Säugling beherrschen lernt. Kopf und Augen stabil zu halten, ist eine fundamentale Fähigkeit, die einen bedeutenden Überlebenswert hat. Optische Wahrnehmung umfaßt mehr als das Blicken auf einen Gegenstand. Die Augen müssen zusätzlich das Bild des Gegenstandes konstant aufrechterhalten. Die Nackenmuskulatur muß den Kopf konstant halten, um zu vermeiden, daß der Gegenstand verschwommen und sich hin- und herbewegend erscheint. Ähnlich wie ein Foto unscharf erscheint, welches durch eine Kamera aufgenommen wurde, die nicht ruhig gehalten wurde.

Neben der Reizaufnahme durch die optischen Sinnesorgane in der Netzhaut muß das Gehirn zusätzlich drei Arten von Wahrnehmungsimpulsen integrieren:

1. Die Schwerkrafteinwirkung und Bewegungsempfindungen aus dem Innenohr.
2. Die Empfindungen von seiten der Augenmuskeln, um über die Stellung der Augen orientiert zu sein.
3. Die Muskelempfindungen von seiten der Nackenmuskulatur, welche dem Gehirn Information über die Stellung des Kopfes zum Körper des Kindes und den Raum, in dem es sich befindet, geben.

Kapitel 2. Beobachtungen bei der Entwicklung der Wahrnehmungsintegration   25

Das Gehirn bringt diese drei Arten gleichzeitig zusammen, um darüber informiert zu sein, wie Augen- und Nackenmuskulatur konstant gehalten werden können.

Wenn das Kind den umgebenden Raum abtastet und auf Leute und Gegenstände blickt, ist das Gehirn emsig damit beschäftigt, Impulse, die vom Innenohr, den Augenmuskeln und den Nackenmuskeln bei ihm eintreffen, zusammenzusetzen. Durch diesen Prozeß des Zusammenfügens unterschiedlicher Impulseinwirkungen lernt der Säugling, ein klares Bild von seiner Umgebung aufzunehmen, selbst wenn sein Kopf oder sein ganzer Körper in Bewegung sind. Die Entwicklung und Ausbildung dieser Fähigkeiten wird sich für mehrere Jahre fortsetzen und stellt einen vitalen Baustein für das Erlernen des Lesens dar. Darüber hinaus hilft sie dem Kind, die Aufrechterhaltung des Gleichgewichtes sowie Körperbeherrschung zu lernen.

Sich aufrichten. Wenn man bedenkt, wie stark und beständig die Erdanziehung ist, kann man sich vorstellen, wieviel inneren Antrieb ein Kind haben muß, um sich innerhalb eines Jahres zu einer Standposition aufzurichten. Nachdem das Kind gelernt hat, seinen Kopf mit Hilfe der Nackenmuskeln aufrechtzuhalten, benutzt es die Muskeln im Schulterbereich und in den Armen, um seine Brust vom Boden abzuheben. Dies geschieht in Bauchlage mit dem Gesicht fußbodenwärts. Daß es das Kind so relativ eilig hat, seine Brust anzuheben, stammt vorwiegend von den Schwerkrafteinwirkungen, welche das Hirn veranlassen, die Muskeln der oberen Rückenabschnitte zu kontrahieren. Wenn man die unteren Rückenpartien des Kindes unterstützt, lernt es sehr schnell, aufrecht mit guter Kopfkontrolle zu sitzen. Etwas Herausforderung ist für jede Art von Lernen notwendig. Wenn man den ganzen Rücken unterstützt, wird diese Herausforderung dem Kinde genommen. Gibt man hingegen gar keine Unterstützung im unteren Rückenbereich, ist die Anforderung für ein Kind dieses Alters zu groß, um sich aufsetzen zu können.

Greifen. Bei einem 3 Monate alten Kind sind die Hände die meiste Zeit über offen. Es greift nach Gegenständen und Personen, doch fehlt ihm noch die Augen-Hand-Kontrolle, die nötig ist, um den gewünschten Gegenstand akurat zu erreichen. Sobald es seine Körperempfindungen mit dem kombinieren kann, was es sieht, findet es sehr schnell heraus, wie es sein Ziel zuverlässig erreichen kann.

Beim Greifen benutzt das Kind noch nicht Daumen und Zeigefinger, sondern hält Gegenstände mit der Handinnenfläche und den drei gegenüberliegenden Fingern fest. Auf diese einfache Weise ergreift das Kind eine Rassel, und sein Tastsinn gibt Informationen an das Gehirn, welche ihm helfen, das Objekt festzuhalten. In diesem Alter ist das Greifen noch ein automatischer Vorgang, der durch die Tastsinnesorgane der Handfläche ausgelöst wird, und das Kind kann nicht willentlich das Festhalten der Rassel unterbrechen. In den nächsten Monaten lernt das Kind, diese Berührungsempfindungen mit Impulsen von den Muskeln und Gelenken der Hand zu integrieren, und schrittweise entwickelt sich eine zweckmäßigere Greifbewegung zwischen dem Daumen und den übrigen Fingern.

Vom 4. bis zum 6. Monat

Arme und Hände. Jetzt kann das Baby schon große Bewegungen durchführen, wie z. B. mit einem Löffel gegen den Tisch schlagen und dabei die Freude der Erfahrung eines Zusammenstoßens mit der körperlichen Umwelt zu haben. Diese sehr simple emotionale Befriedigung ist wiederum ein Baustein für reifere Gefühlsausdrücke, die sich später entwickeln.

Das Baby fängt an, seine Hände zu berühren und anzuschauen und entwickelt dabei ein Bewußtsein, wo sich seine Hände im Raum befinden. Es benötigt Berührungs- sowie Muskel- und Gelenkreize zusammen mit dem Sehen, damit es lernt, seine Hand korrekt in Verbindung mit dem, was es sieht, zu gebrauchen. Es muß in seinem Gehirn die Reize, die ihm das Sehen vermittelt, mit denjenigen koordinieren, welche seine Hände und Arme fühlen. Es beginnt, Daumen und Zeigefinger zu benutzen doch fehlt seinem Griff noch die Genauigkeit. Es ist in der Lage, mit einer Hand zuzufassen, und tut dies häufiger als mit beiden zusammen, da es seinen ursprünglichen Drang, etwas greifen zu müssen, zu zügeln gelernt hat.

Einer der bedeutsamsten Entwicklungsschritte dieses Alters ereignet sich, wenn es dem Kind gelingt, seine Hände spontan vor dem Körper zusammenzubringen, so daß sie sich beide berühren. Ein weiterer wichtiger Entwicklungsschritt erfolgt einige Wochen oder Monate später, wenn es in jeder Hand ein Spielzeug hält und beide zusammenschlägt. Diese Handlung benötigt eine wichtige Art von sensorischer Integration, welche sich, lange bevor das Kind in der Lage ist, rechts und links zu unterscheiden, entwickelt haben muß. Kinder, welche ihre Hände nicht zusammenbringen und Spielzeug aneinander schlagen können, zeigen wenn sie älter werden oft die Anzeichen einer schlechten sensorischen Integration.

Mit ungefähr 6 Monaten kann das Kind das Handgelenk drehen, so daß es jetzt seine Hand wenden und damit Gegenstände besser handhaben und auf ganz neue Art und Weise spielen kann.

Die meisten Bewegungen in den ersten sechs Monaten liefen automatisch ab. Aber nun beginnt das Kind, Dinge zu tun, die es vorher planen

Kapitel 2. Beobachtungen bei der Entwicklung der Wahrnehmungsintegration   27

muß. Jede dieser neuen Spielaktivitäten beansprucht mehr geplante Betätigung und entsprechend auch besseres Zusammenwirken der einzelnen Sinnesorgane.

Das Kind kann jetzt schon eine kurze Zeit allein sitzen, ohne sein Gleichgewicht zu verlieren. Die automatischen Muskelreaktionen, die es dabei aufrechterhalten, werden durch Einflüsse der Schwerkraft, der Eigenbewegungen und des Sehens gelenkt. Sind diese Reizempfindungen nicht genügend im Gehirn integriert, wird das Kind mit dem Sitzen Schwierigkeiten haben oder es versucht es gar nicht erst.

Die Flugzeughaltung. Mit ungefähr 6 Monaten wird das kindliche Nervensystem in Bauchlage besonders empfindlich gegenüber Einflüssen der Erdschwere auf seinen Kopf. Diese Empfindlichkeit erzeugt einen ausgeprägten Drang, Kopf, Schultern, Arme und Beine gleichzeitig anzuheben. Das Baby balanciert seinen ganzen Körper auf dem Bauch, und das macht etwas den Eindruck eines Flugzeugs. Therapeuten sprechen in diesem Zusammenhang von einer *Bauchstreckhaltung*. Diese Position stellt einen vitalen Schritt für die Ausbildung von Muskeln dar, die für das Drehen, Aufstehen und Gehen wichtig sind. Ältere Kinder, welche diese Position nicht einnehmen können, haben des öfteren Probleme, Schwerkrafteinwirkungen und Körperbewegungen in Einklang zu bringen.

Die Freude, bewegt zu werden. Das 6 Monate alte Kind hat es gern, wenn man es schaukelt, aufrechthält und in der Luft schwingt, sich überschlagen läßt sowie hin- und herbewegt. Das sind mit die befriedigendsten Erfahrungen der Kindheit. Die Freude daran kommt von dem Erlebnis gesteigerter Schwerkraft- und Bewegungseinwirkungen, welche das Kind jetzt zu integrieren vermag. Wenn die Bewegungen zu stark sind oder aber das Kind diese Empfindungen nicht in Einklang bringen kann, beginnt sein Nervensystem sich zu desorganisieren, und das Kind fängt an zu schreien.

6.–8. Monat

Fortbewegung. Einer der wichtigsten Aspekte der Entwicklung während dieser Zeit ist die Fortbewegung resp. die Bewegung von einem Ort zum anderen. Fortbewegung steigert die Anzahl von Dingen und Orten, die das Kind nun erforschen kann, erheblich. Krabbeln und Kriechen auf Händen und Knien steuern viele Sinneseindrücke bei, die integriert werden müssen, und geben dem Kind das Gefühl von sich selbst als einem *unabhängigen* Wesen.

Zunächst muß es sich hierfür einmal in die Bauchlage bringen. Ein Re-

28   Die Integration der Sinne und das Gehirn

flex, welcher als *Halsstellreflex* bekannt und seit Geburt vorhanden ist, hilft ihm dabei, sich vom Rücken in die Bauchlage zu drehen. Es ist dies der gleiche Reflex, der es einer Katze erlaubt, auf den Füßen zu landen, selbst wenn sie mit dem Rücken nach unten und gen Himmel gerichteten Pfoten fallengelassen wird. Die Empfindungen, die diesen Reflex aktivieren, kommen sowohl von der Schwerkraft als auch von den Muskeln und Gelenken des Nackens. In diesem Alter wird der Halsstellreflex überwiegend durch die Empfindungen der Schwerkraft und der Nackenmuskulatur ausgelöst, so daß der normale Säugling die Tendenz hat, die meiste Zeit des Tages auf dem Bauch zu liegen.

Raumwahrnehmung. Fortbewegung gibt dem Kind Erfahrung über den Raum und den Abstand zwischen ihm selbst und den Gegenständen seiner Umwelt. Um Entfernungen abschätzen zu können, ist es nicht ausreichend, Dinge zu sehen, sondern das Gehirn muß darüber hinaus die Art des Abstandes durch die Eindrücke der Körperbewegungen „fühlen". Durch Krabbeln und Kriechen von einem Ort zum anderen lernt das Kind die physikalische Struktur des Raumes kennen, und das hilft ihm, besser zu verstehen, was es sieht. Eine gute Entfernungsschätzung hilft dem Kind auch zu wissen, wie groß Gegenstände sind. Ein Kind, das in diesem Alter Schwierigkeiten hat, die Eindrücke des Krabbelns und Kriechens zu verarbeiten, kann es später schwerhaben, Abstände und Größen von Gegenständen abzuschätzen.

Die Finger und die Augen. Das Kind kann jetzt seinen Daumen und den Zeigefinger in einem Scheren- oder Kneifzangengriff gebrauchen und damit kleine Gegenstände aufnehmen oder an einem Faden ziehen. Es kann auch seinen Zeigefinger in ein Loch stecken. Das Tastgefühl und die Empfindungen von seinen Muskeln und Gelenken liefern hierfür die Grundinformation und leiten die Bewegungen.

Für feinere Handbewegungen benötigt das Kleinkind jedoch genauere Information durch die Augen. Er muß eine sehr gute Augenmuskelkontrolle haben, um seine Augen exakt auf den Ort zu richten, den es zu sehen wünscht. Um die genaue Augenkontrolle zu entwickeln, bedarf das Kind der einfachen Augenkontrolle, die es bereits entwickelte, als es noch auf dem Bauch lag und den Kopf hob, als es krabbelte und in seiner Umwelt herumkroch.

Motorisches Planen. In diesem Alter beginnt das Kind, seine Handbewegungen zu planen, und zwar gut genug, um eine Glocke klingeln zu lassen, einfache Dinge zusammenzustecken oder sie beiseite zu legen. Bewegun-

Kapitel 2. Beobachtungen bei der Entwicklung der Wahrnehmungsintegration   29

gen müssen innerhalb des Gehirns geplant werden, um Handlungsab-
folgen in einer genauen Ordnung vollbringen zu können. Körperempfindungen sind die Voraussetzung für die Information, die notwendig ist, um
Bewegungen planen zu können.

Es ist dies auch das Alter, in dem das Kind anfängt, nach Gegenständen Ausschau zu halten, die bedeckt wurden oder die aus seinem Sicht-
bereich gefallen sind. Durch Berührung und Sich-um-den-Gegenstand-
Herumbewegen lernt das Kind zu begreifen, daß diese Gegenstände noch
vorhanden sind, auch wenn es sie nicht mehr sehen kann. Dies ist der Beginn der geistigen Fähigkeit, sich Dinge vorstellen zu können.

Babbeln. Ein 8 Monate altes Kind hört auf Geräusche gut genug, um Details zu erkennen. Es erkennt vertraute Worte wieder und weiß, daß manche Geräusche etwas Bestimmtes bedeuten und andere etwas anderes.
Einfache Silben, wie „Ma" und „Da" kann es wiederholen, obwohl das
noch keine regelrechte Sprache darstellt. Babbeln bringt dem Gehirn Informationen vom Kiefergelenk, von Muskeln und der Haut des Mundes.
Je mehr von diesen Eindrücken im Gehirn verarbeitet werden, desto komplexere Geräusche lernt es zu formen. Ein Kind, das Schwierigkeiten mit
dem Babbeln hat, kann auch solche beim Erlernen der Sprache bekommen.

9.–12. Monat

Dies ist die Zeit für wichtige Veränderungen in der Art und Weise, wie das
Kind sich zur Erde und dem Raum, der seinen Körper umgibt, verhält. Es
kriecht jetzt über längere Entfernungen und erforscht mehr Orte in seiner
Umwelt. Das stimuliert sein Nervensystem durch zahlreiche Empfindungen von seiten der Muskeln, welche Kopf und Körper aufrechthalten und
der Knochen, die das Körpergewicht unterstützen und ebenso natürlich
auch von der Schwerkraft der Erde. Diese Einflüsse helfen ihm, die beiden
Seiten seines Körpers miteinander zu verknüpfen und zu lernen, wie man
seine Bewegungen planen muß. Sie fördern seine optischen Wahrnehmungen.

Das Kind verbringt viel Zeit damit, lediglich Gegenstände anzusehen
und herauszufinden, um was es sich dabei handelt. Je unterschiedlichere
Dinge es bei seinem Herumstreifen erforscht, desto mehr Übung erfährt es
im Verarbeiten von Wahrnehmungen und im Formen von Anpassungsreaktionen zu diesen Wahrnehmungen.

Spiel. Schauen Sie ihrem Kind zu, wenn es Dinge aneinanderschlägt, sie

30   Die Integration der Sinne und das Gehirn

von einem Tisch herunterzieht, sie durcheinanderwirft usw., und versuchen Sie, die Bedeutung dessen, was Ihr Kind tut und fühlt, zu erkennen. Sehr oft greift eine Hand über die Mittellinie auf die andere Seite des Körpers. Diese Bewegungen entwickeln seine Fähigkeit, die Mittellinie zu überkreuzen. Dies ist eine sehr wichtige Fähigkeit, die manchmal bei Kindern mit schlechter Integration nur ungenügend ausgebildet ist. Jedes Mal, wenn es irgend etwas zusammenlegt oder auseinandernimmt, lernt sein Gehirn Bewegungssequenzen in einer geordneten Reihenfolge zu planen und auszuführen. Jedes Mal, wenn es sein Essen mit dem Löffel durcheinanderrührt oder mit einem Bleistift kritzelt, lernt es etwas über Gegenstände und Werkzeuge hinzu und wie man sie benutzt.

Aufstehen. Eines der größten Ereignisse in der frühen Kindheit ist das Alleinaufstehen. Nur wenige Erwachsene können noch nachempfinden, wie wichtig diese beachtliche Fähigkeit ist und was sie für die Selbsterfahrung des Kindes bedeutet. Das Allein-aufstehen-können ist das Endprodukt der Verarbeitung aller Informationen, die von der Schwerkraft, den Bewegungen des Kindes, den Muskel- und Gelenkempfindungen in den voraufgegangenen Monaten erfolgte. Aufstehen erfordert die Integration von Empfindungen aus jedem Teil des Körpers einschließlich der Augen- und der Nackenmuskeln, welche auch weiterhin wichtig sind. Aufstehen ist eine wahre Herausforderung, da ein relativ großer Körper auf zwei schmalen Füßen sein Gleichgewicht finden muß. Für das Kind ist es das beste, wenn man ihm erlaubt, das Aufstehen selbst zu üben, so daß es diese Aufgabe selber zu meistern lernt.

Worte. Das Kind kann jetzt einen großen Anteil von dem verstehen, was seine Eltern ihm sagen. Selber sprechen kann es aber nur einige einfache Worte, wie „Mama" und „Dada". Es scheint so zu sein, daß Reize, die aus den Körperbewegungen des Kindes stammen, im Gehirn Zentren anregen, die für die Erzeugung solcher Laute zuständig sind.

Das 2. Jahr

Das Kind lernt jetzt zu gehen, zu sprechen und komplexe Handlungen zu planen und sie erfolgreicher durchzuführen. Es ist ganz sicher, daß ohne all die sensorische Integration, die im 1. Lebensjahr stattfand, es für das Kind wesentlich schwieriger wäre, diese Dinge jetzt zu lernen, und entsprechend kann man sagen, daß ohne die zunehmende Reizverarbeitung, die im 2. Lebensjahr erfolgt, die Entwicklung der folgenden Jahre sehr schwierig würde.

Kapitel 2. Beobachtungen bei der Entwicklung der Wahrnehmungsintegration   31

Lokalisation von Berührung. Die Fähigkeit, Bewegungen zu planen, hängt von der Exaktheit der Tastempfindlichkeit des Kindes ab. Bei der Geburt wußte das Kind zwar, daß es berührt wurde und daß diese Berührung sein Wohlbefinden ansprach; es wußte aber nicht genau, an welcher Stelle es berührt worden war. Es bewegte seinen Kopf als Antwort auf eine Berührung, aber dieses war mehr ein automatischer Reflex als eine bewußt gerichtete Aktion.

Vom 2. Lebensjahr an kann das Kind ungefähr angeben, wo es berührt worden ist und kann seine Reaktionen willentlich in eine bestimmte Richtung lenken. Wir können sehen, daß Gestreicheltwerden das Kind in eine angenehme Verfassung versetzt, so daß es bereit ist, Gegenstände festzuhalten. Diese Empfindungen, die es vom Sehen her nicht erfahren würde, informieren das Gehirn auf dem Umweg über die Berührung. Das Erlebnis seiner Haut ermöglicht ihm zu begreifen, wo sein Körper beginnt und wo er aufhört. Diese gefühlserlebte Bewußtheit des Körpers ist wesentlich fundamentaler als das optische Wissen über seinen Körper.

Kinder, welche diese Empfindungen nicht in der richtigen Weise verarbeiten können, sind nicht in der Lage, exakt zu empfinden, wie ihr Körper strukturiert ist und was jeder Teil für sich tut. Als Folge davon haben sie später Schwierigkeiten im Umgang mit Gegenständen. Zwar können diese Kinder lernen zu sitzen, aufzustehen und auch in der richtigen Weise zu laufen, aber sie haben Probleme, mit Spielzeug zu spielen oder Gegenstände wie Knöpfe, Reißverschlüsse oder Küchengeräte zu handhaben. Wenn Sie beobachten können, daß ein Kind an Sachen „herumfummelt" oder sie häufiger fallenläßt, als das andere Kinder in seinem Alter tun, kann man annehmen, daß es vermutlich keine gute Tastempfindungsinformationen von seinen Händen bekommt.

Bewegung. In diesem Jahre übt das Kind zahllose Varianten der Bewegungen, um zusätzliches Sinnesbewußtsein, wie sein Körper funktioniert und in welcher Weise die physikalische Umwelt handelt, zu erhalten. Es hebt Dinge auf, wirft sie weg, zieht und drückt an Spielsachen, geht die Treppen auf und ab, erforscht sein Heim und die Welt außerhalb des Hauses und steigt in alles hinein – oft zum Entsetzen seiner Eltern. Trotzdem sollten die Eltern eher unglücklich sein, wenn ihr Kind nicht versucht, in alles hineinzusteigen. *Ein Kind braucht ebenso Gelegenheit, mit seiner physikalischen Umwelt umgehen zu lernen, wie es Zuwendung und Ernährung nötig hat.*

Die „Landkarten" des Körpers. In diesem Alter freuen sich Kinder herumzutoben, auf dem Rücken der Eltern zu reiten und zu schaukeln. Diese

32   Die Integration der Sinne und das Gehirn

Aktivitäten geben ihnen eine Menge sinnlicher Information über ihren Körper und die Schwerkrafteinwirkungen auf die Gleichgewichtssinnesorgane im Innenohr. Bei diesem Herumtoben fühlt das Kind den Einfluß der Schwerkraft, es fühlt die verschiedenen Teile des Körpers sich bewegen und wie sie untereinander zusammenwirken, es fühlt auch die Grenzen dessen, was sie nicht tun können. Es fühlt, was ihm guttut, was verletzt und was unbequem wirkt.

Alle diese sinnlichen Wahrnehmungen formen ein inneres Vorstellungsbild des Körpers innerhalb des Gehirns. Wir bezeichnen dies als „Körperschema". Um dieses Körperschema zu verstehen, kann es hilfreich sein, an einen Weltatlas zu denken, der Karten von jedem Teil der Welt aufweist. Wenn sich das Kind bewegt und Erfahrungen über die Konsequenzen dieser Bewegung sammelt, mißt es seinen Körper aus. Sein Gehirn speichert unzählige Informationseinheiten (Bits), die das Kind später zum „Navigieren", also zum Steuern und planen seiner Körperbewegungen benutzen kann.

Klettern. Kinder haben einen inneren Antrieb, den Raum nicht nur in horizontaler, sondern auch in vertikaler Richtung zu erforschen. Sie besteigen allerlei Dinge, bevor sie überhaupt laufen können. Wenn das Kind die Absicht hat zu klettern, muß es gut geordnete Empfindungen über Schwerkraft und Körperbewegungen haben, und das Klettern selbst ergänzt diese Empfindungen durch zusätzliche Körperempfindungen und visuelle Informationen. Das Klettern benötigt eine ausgeprägte „sensomotorische Intelligenz" und ist ein wichtiger Schritt in Richtung auf die Entwicklung für eine visuelle Raumwahrnehmung.

Die Zweijährigen lernen ebenfalls, Aufforderungen und Hinweise zu verstehen und zu befolgen. Die meisten Kinder lernen in diesem Alter die Bezeichnung für eine große Zahl von Dingen, die anderen warten, bis das folgende Jahr ihnen den größten Teil der Sprachentwicklung bringt.

Selbstgefühl. Wenn die Informationen von seinem Körper dem Kind das Gefühl vermitteln, daß es sich wie ein sicheres und zuverlässiges Individuum verhält – ein Wesen, das frei und unabhängig von seiner Mutter und jeder anderen Person oder jedem anderen Ding existieren kann – dann ist es richtig auf dem Weg zur Entwicklung eines befriedigenden Selbstwertgefühls. Die Entwicklung des Selbstwertgefühls ist für jedes Kind im Alter von etwa 2 Jahren eine wichtige Aufgabe. Es ist eine individuelle Person, da es seinen Körper als eine physikalische Einheit empfindet und ihn und sich selbst frei bewegen kann.

Das Kind ist nicht länger der Erdschwere passiv unterlegen; es kann

Kapitel 2. Beobachtungen bei der Entwicklung der Wahrnehmungsintegration   33

senkrecht stehen, große Entfernungen überbrücken, kleine Berge überwinden sowie springen und klettern. Es kann sich verstecken und wiedererscheinen, da es die Dimensionen seines Körpers beherrscht. Das Versteckspiel ist in diesem Alter eine sehr wichtige Aktivität. Durch den Einfluß, den es auf seine Umwelt hat, fördert es sein Selbstwertgefühl; es vergnügt sich deshalb mit dem Herausziehen von Töpfen und Pfannen aus dem Küchenschrank, auf Dingen herumzuklopfen, Kritzeln mit dem Bleistift und Malen.

Wenn das Kind sich dem 2. Geburtstag nähert, beginnt es zu fühlen, daß es sein eigener Herr sein kann, und es läßt dies die anderen auch wissen. Viele Kinder dieses Alters benutzen das Wort „Nein", um ihre neugewonnene Unabhängigkeit zum Ausdruck zu bringen. Es mag dies für die Eltern frustrierend sein, aber es ist eine notwendige Stufe der Entwicklung sozialer Eigenschaften. Es benötigt eine Menge Geduld und Einsicht, diese Notwendigkeit des Kindes, den elterlichen Wünschen zu widersprechen, gutzuheißen.

Das Kind kann nur in dem Ausmaß Herr über sein eigenes Leben sein, wie seine Körperwahrnehmung ihm erlaubt, sich frei und sinnvoll zu bewegen. Sein Leben besteht nach wie vor hauptsächlich aus Gefühl und Bewegungen in Ergänzung zu Essen, Schlafen und Kontaktaufnahme mit den übrigen Familienangehörigen. Die richtige Verarbeitung seiner Sinneswahrnehmungen birgt die Grundlage für gute Beziehungen zu den Mitmenschen. Wenn ein Kind schlechten Kontakt zu anderen Menschen hat, kann dies seine Unfähigkeit, mit seinen Eindrücken fertig zu werden, widerspiegeln.

Obwohl das Kind jetzt die ersten Schritte zu seiner Selbstverwirklichung getan hat, ist es noch weit davon entfernt, ein eigenständiges Wesen zu sein. Es braucht eine Menge von Unterstützung, Ermunterung und Wohlbefinden. Ein großer Einfluß geht dabei davon aus, wie zärtlich man mit ihm umgeht, es auf den Schoß nimmt, schaukelt, schmust und küßt. Angenehme Empfindungen fördern die Integration von Sinneswahrnehmungen und helfen dem Kind, sich zu organisieren, wenn es vorübergehend aus der Fassung geraten ist.

3.–7. Lebensjahr

Während dieser 5 Jahre wird das Kind ein – sensomotorisch betrachtet – reifes Wesen, welches sprechen und zu vielen Menschen Kontakt aufnehmen kann. Höhere intellektuelle Funktionen entwickeln sich erst nach dem Alter von sieben Jahren, und sie werden sich leichter und besser entwickeln, wenn die sensomotorischen Funktionen gut vorbereitet sind. Die

34   Die Integration der Sinne und das Gehirn

Kinder im 3.-7. Lebensjahr befinden sich in einer kritischen Periode ihrer sensorischen Integration. Von Natur aus ist dies die Zeit, in welcher das Gehirn gegenüber Wahrnehmungseinwirkungen am aufnahmefähigsten ist und die besten Voraussetzungen hat, diese zu gliedern. Der innere Antrieb des Kindes veranlaßt es, aktiv zu sein, und es lernt eine Menge zu tun, auch viele Dinge mit seinem Körper. Seine Anpassungsreaktionen an Umwelteinwirkungen sind zunehmend komplexer, und jede Anpassungsreaktion erweitert die Fähigkeit des Kindes für mehr Wahrnehmungsverarbeitung.

Schauen Sie sich an, wie ein Kind rennt, springt, hüpft, seilspringt, rollt, ringt, klettert und schaukelt. Es tut alle diese Dinge, weil sie ihm Spaß machen; und sie machen Spaß, da sie zusätzliche Wahrnehmungsintegration ermöglichen. Beachten Sie auch die Fortschritte im Gleichgewichthalten, in der Augen-Hand-Kontrolle und im Planen von Bewegungsabläufen. Achten Sie auch darauf, wie ein Kind versucht, Dinge zu tun, die gefährlich sind, damit es lernen kann, die Grenzen seiner sensomotorischen Fähigkeiten auszuloten. Beachten Sie auch, wie es sich selbst gegen die Schwerkraft fallen läßt und allmählich lernt, mit dieser mächtigen und unnachsichtigen Kraft fertig zu werden.

Spielplätze sind bei Kindern wegen ihrer Schaukeln, Rutschen, Rundläufe, Wippen, Affenschaukeln, Tunnel und Sandkästen beliebt, welche das Bedürfnis des Kindes nach Komplettierung seines Nervensystems befriedigen.

Benutzung von Werkzeug. Im Alter von 3-7 Jahren lernt das Kind, einfache Werkzeuge, wie Messer, Gabeln, Schaufeln, Eimer, Nadel und Faden, Schere, Bleistifte, Federhalter und Papier, Schnürsenkel, Reißverschlüsse, Knöpfe und all die anderen Dinge zu gebrauchen, die ein Zuhause bietet. Jede Arbeit benutzt die sinnliche Wahrnehmungsverarbeitung, die das Gehirn bereits bei früheren Aktivitäten gespeichert hatte. Erwachsene nehmen es als selbstverständlich hin, aber Körperempfindungen sind unbedingt notwendig, um dem Gehirn die Information zu geben, wie man ein Paar Pantoffeln anzieht, wie man Butter auf ein Stück Brot streicht oder wie man ein Loch in die Erde gräbt.

Am Ende dieser Periode sieht man besonders bei den Mädchen ein abschließendes „Aufpolieren" motorischer Fähigkeiten durch möglichst komplizierte Spiele, wie z. B. Himmel-und-Hölle-hüpfen, Hula-Hopp und andere Spiele. Jungen betreiben in diesem Alter lieber Kraftspiele oder Sport.

Nunmehr ist das Kind acht Jahre alt geworden, und seine Sinnesorgane sind etwa so reif, wie sie für den Rest des Lebens sein werden. Das

Kapitel 2. Beobachtungen bei der Entwicklung der Wahrnehmungsintegration   35

Kind kann nahezu in allen Fällen mit größter Genauigkeit sagen, wo es berührt wurde. Sein Gefühl für Erdschwere und Körperbewegung ist ebenfalls vollständig. Es kann sich auf einem Fuß im Gleichgewicht halten und auf einer schmalen Oberfläche gehen. Die meisten seiner Muskel- und Gelenkempfindungen sind gut integriert, und seine Fähigkeit, Handlungsabläufe zu planen, ist gut, obwohl sie sich im Laufe der nächsten Jahre noch verbessern wird. Es versteht und spricht Sprache im ausreichenden Maße, um seine Bedürfnisse und Interessen auszudrücken.

Jean Piaget, der bekannte Psychologe und Beobachter von Kindern, stellte fest, daß die Kinder mit abstraktem Denken und Diskutieren nicht vor dem siebenten oder achten Lebensjahr beginnen. Piaget vermutet, daß das menschliche Gehirn erst, wenn es eine „konkrete" Kenntnis seines Körpers, der Welt und der physikalischen Kräfte besitzt, in der Lage ist, abstrakte Vorgänge zu verarbeiten. *Sieben oder acht Jahre des Sichbewegens und Spielens sind notwendig, um einem Kind die sensomotorische Fähigkeit zu vermitteln, die als Grundlage für seine intellektuelle, soziale und persönliche Entwicklung dienen kann.*

Doch manchmal läuft diese Entwicklung nicht den Weg, den die Natur vorgesehen hat. Wir können bei dem betroffenen Kind nicht sagen, warum gewisse Dinge falsch laufen, aber wir wissen inzwischen, wie ein Kind sich verhält, dessen Gehirn Schwierigkeiten mit der Reizverarbeitung hat. Wir können nicht die Arbeit der Natur übernehmen und alles wieder in Ordnung bringen, aber wir können einige Dinge tun, um dem Kind zu einer besseren Selbstorganisation zu verhelfen. Die Fähigkeit, einem Kind zu helfen, daß es sein Gehirn besser gliedern kann, stammt von der Beobachtung von Kindern, welche ihrem eigenen inneren Antrieb hinsichtlich sensorischer Integration folgten. Je mehr Sie Ihr Kind beobachten, desto mehr werden Sie in der Lage sein, ihm zu helfen.

Literatur

Piaget Jean (1969) Das Erwachen der Intelligenz beim Kinde. Ernst-Klett Verlag, Stuttgart

Kapitel 3

Das Nervensystem von innen

Die Verhaltensweisen und die Lernfähigkeit Ihres Kindes sind der sichtbare Ausdruck unsichtbarer Aktivitäten in seinem Nervensystem. Lernen und Verhalten sind sichtbare Aspekte der Wahrnehmungsverarbeitung von Sinnesreizen. Um die Integration sinnlicher Reizeindrücke besser verstehen zu können, muß man etwas über die Struktur und Funktion des Nervensystems wissen. Dieses Kapitel soll Ihnen helfen, die neuralen Prozesse zu verstehen, welche die Ursache dafür sind, daß Ihr Kind sich in der ihm angemessenen Weise verhalten und lernen kann.

Eine kurze Übersicht

Die Strukturen des Nervensystems umfassen die zwei Großhirnhemisphären, das Kleinhirn, den Hirnstamm, das Rückenmark und eine Anzahl von Nerven, die jeden Körperabschnitt erreichen. Diese Strukturen kann man in der Abb. 1[1] sehen. Jede Struktur enthält viele Nervenzellen, welche Neuronen genannt werden. Jedes Neuron hat eine Faser, die elektrische Impulse entlang ihrer gesamten Länge senden kann. Neuronen, die Impulse vom Körper zum Gehirn befördern – also Empfindungen aller Art – nennt man *sensorische* Neuronen. Diejenigen, die Impulse vom Gehirn zu den Muskeln und den inneren Organen leiten, werden *motorische* Neuronen oder auch Motoneuronen genannt.

Die Hauptaufgabe der Neuronen besteht darin, uns über unseren Körper und unsere Umgebung zu informieren, Handlungen und Gedanken entstehen zu lassen und sie in die richtigen Wege zu leiten. Jeder Teil unseres Körpers besitzt Empfangsorgane für Sinneseinwirkungen, sogenannte Rezeptoren, welche Energie von dem betreffenden Körperteil in ähnlicher Weise aufnehmen, wie ein Rundfunkempfänger Radiowellen aus der umgebenden Atmosphäre entnimmt.

Die Rezeptoren für die Augen empfangen Lichtwellen, die Rezeptoren der Nase nehmen Gerüche auf, und die Rezeptoren in den Muskeln füh-

---

1 Siehe S. 39.

Kapitel 3. Das Nervensystem von innen   37

len die Streckung oder Kontraktion der Muskeln. Jeder Rezeptor wandelt die einfallende Energie in elektrische Impulse um, welche durch sensorische Nervenfasern zum Rückenmark und dem Gehirn fließen. Die Ströme elektrischer Energie, die zum Gehirn fließen, nennen wir den sensorischen Input (Nervenerregung durch Sinneseindrücke)[2].

Rückenmark, Hirnstamm, Kleinhirn und die Großhirn-Hemisphären benutzen diesen sensorischen Input, der von den Rezeptoren in den einzelnen Organen ausgeht, um Bewußtsein, Wahrnehmung und Wissen zu entwickeln. Darüberhinaus die Körperhaltung und die Körperbewegungen aufrecht zu erhalten, sowie die Planung und Koordination von Bewegungen, von Gefühlen, von Gedanken, aber auch der Erinnerung und Lernfähigkeit zu steuern. Über 80% des Nervensystems sind an der Verarbeitung oder Gliederung der sinnlichen Wahrnehmung oder des sensorischen Inputs beteiligt. Demzufolge ist das Gehirn in erster Linie eine „Verarbeitungsmaschine" sinnlicher Eindrücke. Die Verarbeitung von Sinneswahrnehmungen im Gehirn ist ein extrem komplexer Vorgang, da die unterschiedlichen Arten sensorischer Wahrnehmung sich untereinander über das ganze Gehirn verteilt mischen.

Diese sehr komplexe Wahrnehmungsverarbeitung produziert im Gehirn eine entsprechende Informationsreaktion, welche von den Motoneuronen zu den betreffenden Organen des Körpers übertragen wird. Jeder Muskel enthält zahlreiche Motoneuronen. Elektrische Impulse in den Motoneuronen veranlassen den Muskel, sich zu kontrahieren. Zahlreiche Muskelkontraktionen müssen kombiniert werden, um z. B. die Augen oder den Kopf in eine bestimmte Richtung zu bringen, damit man etwas sehen kann, um Finger und die Hände sich so bewegen zu lassen, daß ein Gegenstand geschickt gehandhabt werden kann oder aber um den Körper insgesamt von einem Ort zum anderen zu bewegen.

Um zu erreichen, daß die Muskelkontraktionen harmonisch zusammenarbeiten und wirksam sind, müssen die Aktivitäten im Gehirn geordnet ablaufen. *Sensorische Integration ist der Prozeß des Ordnens und Verarbeitens sinnlicher Eindrücke (sensorischen Inputs), so daß das Gehirn eine brauchbare Körperreaktion und ebenso sinnvolle Wahrnehmungen, Gefühlsreaktionen und Gedanken erzeugen kann. Die sensorische Integration sortiert, ordnet und vereint alle sinnlichen Eindrücke des Individuums zu einer vollständigen und umfassenden Hirnfunktion.* In dem Moment, wo die Hirnfunktionen vollständig und ausgewogen ablaufen, erreichen die Körperbewegungen ihr höchstes Maß an Anpassung, ist Lernen eine relativ einfache Aufgabe und richtiges Verhalten ein ganz natürlicher Zustand.

---

2 Ergänzung der Übersetzer.

38   Die Integration der Sinne und das Gehirn

Nun wollen wir die Strukturen und Funktionen des Gehirns im Detail besprechen.

Bestandteile des Nervensystems

Das Neuron

Es ist die Grundeinheit des Nervensystems. Jeder Mensch besitzt im Durchschnitt etwa 12 Milliarden Neuronen. Diese Zahl, die dreimal größer ist als die Gesamtbevölkerung auf dieser Erde, gibt uns einige Vorstellungen darüber, wie komplex Nervenfunktionen sind. 12 Milliarden ist die Anzahl von Sekunden in 380 Jahren.

Jedes Neuron besteht aus einem Zellkörper und einer Faser, welche sich in zahlreiche Äste aufteilt, von welchen wiederum kleinere Fasern nach Art von Ästen und Zweigen sich abtrennen. Manche dieser „Zweige" eines Neurons haben Kontakt zu einer Anzahl bestimmter Punkte eines anderen Neurons. Die meisten Fasern haben Tausende von Zweigen, und das ermöglicht die Herstellung von Verbindungen von Tausenden von Neuronen untereinander. Die Äste und Zweige all dieser Neuronen sind ineinander verschlungen wie die Zweige von Bäumen in einem Urwald, zeigen jedoch eine wesentlich größere Vielfalt.

Die Signale pflanzen sich in jedem Neuron nur in einer Richtung fort. Doch einige Impulse können evtl. zurückkommen und bei dem ersten Neuron Rückwirkungen auslösen. Dieser Strom elektrischer Signale durch das komplizierte Netzwerk stellt die Voraussetzung für unsere Lernfähigkeit und unser Verhalten dar.

Nervenfasern übertragen Hunderte von Impulsen pro Sekunde, und diese Impulse verzweigen sich und fließen in vielen Richtungen gleichzeitig. Man hat feststellen können, daß in einer einzigen Sekunde ein Impuls sich in bis zu einer Million Neuronen in unterschiedlichen Teilen des Gehirns ausbreiten kann. Das ist die Ursache, wieso ein einzelner Klang oder eine Berührung des Fingers Aufmerksamkeit, Vorstellung, Gedanken, Gefühle, Lernfähigkeit und Verhalten – alles im gleichen Moment – veranlassen kann. Die Aktivität innerhalb des Nervensystems gerade jetzt in diesem Moment und in jedem Moment unseres Lebens ist wesentlich komplizierter, als sich jeder von uns nur vorstellen kann. Ordnung in diese Aktivität zu bringen, ist ein wahres Kunststück.

Wenn Sie dieses Buch lesen, stellen Sie sich dabei einmal die ungeheure Komplexität der Welt innerhalb Ihres Kopfes vor. Und wenn Sie Ihrem Kind zuschauen, wie es sich zu lernen bemüht, mit dem Schnürsenkel eine

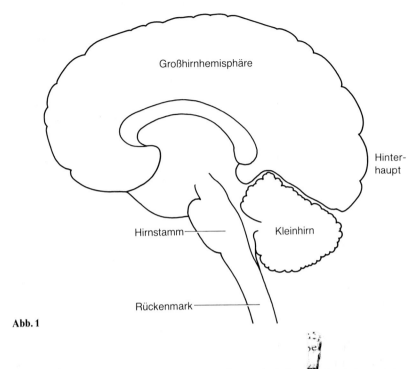

Abb. 1

Schleife zu binden oder wie es sich ausgelassen bei einer Geburtstagsparty freut, dann denken Sie einmal an die zahllosen Ströme elektrischer Impulse, die alles das in Ihrem Gehirn erzeugen, was Sie erleben.

Nervenbahnen und Kerne

Zahlreiche Neuronen sind in dünne Nervenbündel zusammengefaßt, welche man Nervenbahnen nennt. Die meisten dieser Nervenbahnen übertragen nur eine Art von Sinnesimpulsen oder motorischen Reaktionen von einem Ort des Nervensystems zu einem anderen. Manche übertragen mehr als eine Reizart. Die regelrechte Anordnung dieser Nervenbahnen ist die Voraussetzung, damit Informationen individuell getrennt und ohne sich gegenseitig zu stören transportiert werden können. Es gibt Nervenbahnen für visuelle Eindrücke, für Geräusche, für das Riechen und für jedes weitere Sinnesorgan.

Die Nervenkerne sind Zusammenballungen von Nervenzellen, welche als eine Art Schaltzentrale für sensorische und motorische Prozesse dienen. Sie nehmen einen sinnlichen Reiz wahr, ordnen die Information neu,

40 Die Integration der Sinne und das Gehirn

verfeinern sie und leiten sie zur weiteren Information innerhalb des Nervensystems weiter. Eine optische Information von den Augen z. B. passiert die Hirnstammkerne, welche diese Information neu ordnen und verbessern und mit anderen Arten sinnlicher Wahrnehmung verknüpfen. Diese integrierte Information wird dann bestimmten Stellen der Großhirnhemisphären zugeleitet. Die Großhirnhemisphären verbessern die Information nochmals zu feineren Details und leiten sie weiter an motorische oder andere Zentren, welche eine entsprechende Reaktion vorbereiten oder organisieren. Jedes Zentrum fügt mehrere Arten von Informationen zusammen, wodurch diese immer vollständiger werden.

Das Rückenmark

Das Rückenmark enthält zahlreiche Nervenbahnen, die sensible Informationen dem Hirn zuführen und andere Nervenbahnen, die motorische Informationen zu den Nerven bringen, welche diese Impulse an die Muskeln und Organe weiterleiten. Einige dieser Aktivitäten, die das Rückenmark benutzen, bestimmen die Haltung und Bewegung des Körpers, andere von ihnen regulieren die Funktionen der inneren Organe. Ein Teil der Verarbeitung von Sinneseindrücken erfolgt bereits im Rückenmark, doch die hauptsächliche sensorische Integration findet im Gehirn statt. Das Gehirn ist besser für diese sensorische Integration geeignet, da die Hirnnervenzellen die größte Anzahl von Verbindungen untereinander haben. Störungen der sensorischen Integration ereignen sich deshalb im Gehirn und nicht im Rückenmark.

Der Hirnstamm

Der Hirnstamm ist ein kleiner Nervenzylinder, der sich etwa in Höhe der Ohren befindet. Die sensorischen Nervenbahnen des Rückenmarks setzen sich in den Hirnstamm fort, welcher darüber hinaus zahlreiche, sehr wichtige und umfangreiche Kerne aufweist. In mehreren dieser Kerne kommen zwei oder mehr Arten von Informationen zusammen. Der Hirnstamm ist beispielsweise derjenige Ort, in dem die verschiedenen Eindrücke von der Orange, über die wir im früheren Kapitel sprachen, zu einem geschlossenen Eindruck des Begriffs, was eine Orange ist, zusammengefaßt werden. Die Aktivitäten im Hirnstamm laufen zum größten Teil automatisch ab und erfolgen ohne unseren Willen und ohne daß wir überhaupt daran denken.

Der zentrale Kern des Hirnstamms besteht aus einer Gruppe von Neuronen und Kernen, die mit einem verwirrenden Fischnetz verglichen werden können. Wissenschaftler, welche das Nervensystem unter hoch auflösenden Mikroskopen untersucht haben, bezeichneten diesen Bezirk als die retikuläre Formation (Formatio reticularis). Das Wort „retikulär" bedeutet so viel wie netzförmig, und die retikuläre Formation ist tatsächlich komplexer und verwirrender aufgebaut als das übrige Gehirn. Sie enthält Nervenfasern, die sie mit jedem sensiblen System verbinden, darüber hinaus auch mit vielen motorischen Neuronen und den meisten anderen Stellen des Großhirns. Diese Verbindungen ermöglichen der Retikular-Formation eine wichtige Rolle in der Verarbeitung und Integration von sensomotorischen Aktivitäten zu spielen.

Der netzförmige Kern des Hirnstamms enthält autonome Nervenkerne, welche Informationen vom Blutkreislauf und den lebenswichtigen Organen verarbeiten und diese Information dazu verwenden, um den Herzschlag, die Atmung und die Verdauung zu steuern. Andere Kerne der Formatio reticularis wirken als Weckzentren für das gesamte Nervensystem; diese Zentren wecken uns auf, beruhigen oder erregen uns.

Noch andere retikuläre Kerne spielen eine wichtige Rolle in der Einordnung von Aktivitäten der Großhirnhemisphären, und diese Ordnungen ermöglichen es uns, unser Augenmerk von einem Gegenstand zum anderen zu lenken. Wenn die retikulären Prozesse nicht gut genug gegliedert sind, kann die betreffende Person ihre Aufmerksamkeit nicht auf einen bestimmten Punkt richten, und schon die kleinen Alltagsereignisse bergen die Gefahr, sie zu überfordern.

Vermutlich stellen Sie sich das Gehirn als etwas Hochwissenschaftliches vor, das unserer täglichen Erfahrung fernsteht. Eine Aktivität der Formatio reticularis stellt ein gutes Beispiel für eine Hirnfunktion dar, die Sie jeden Tag benutzen. Die Formatio reticularis im Hirnstamm „dreht auf" am Morgen, wenn Sie aufwachen, und „dreht ab" nachts, wenn Sie einschlafen. Allerdings sind es Reizempfindungen, welche die Formatio reticularis anregen oder bremsen können. Deshalb wecken sich Menschen morgens durch das Geräusch eines Weckers oder durch kaltes Wasser oder einen Klapps ins Gesicht auf. Sie laufen oder rennen außerhalb des Hauses herum oder suchen andere Formen einer verhältnismäßig starken sensorischen Reizung. Diese Reize erregen ihrerseits die Formatio reticularis, und diese weckt das gesamte Gehirn auf. Auf der anderen Seite wünschen wir nachts, daß die Formatio reticularis abgeschaltet wird. Aus diesem Grund liegen wir möglichst bewegungslos in einem warmen, weichen Bett in einem dunklen, ruhigen Raum. Der Mangel an Reizen von außen erlaubt es uns einzuschlafen.

42   Die Integration der Sinne und das Gehirn

Vestibuläre Kerne und Kleinhirn

Der Hirnstamm enthält auch eine Ansammlung von unvorstellbar komplexen Kernen, welche die Informationen, die von den Rezeptoren der Erdschwere und der Körperbewegung im Innenohr stammen, verarbeiten und diese Information dazu verwenden, um die vertikale Haltung, das Gleichgewicht und zahlreiche andere automatische Funktionen aufrechtzuerhalten. Die vestibulären Kerne im Hirnstamm verarbeiten auch einen großen Teil der Information von allen anderen Sinnesorganen, ganz speziell von den Rezeptoren in den Gelenken und Muskeln, also der Tiefensensibilität, Eigenwahrnehmung oder Propriozeption.

Das Kleinhirn befindet sich an der Rückseite des Hirnstammes. Ursprünglich einmal war das Kleinhirn ein Auswuchs vestibulärer Kerne, und deshalb ist eine der Funktionen des Kleinhirns eine Ausweitung dessen, was die vestibulären Kerne tun. Das Kleinhirn verarbeitet alle Arten von Empfindungsreizen, ist jedoch ganz besonders wichtig für die Gliederung der Einflüsse der Erdschwere, der Körperbewegung, der Muskel- und Gelenkempfindungen und sorgt deshalb dafür, daß die Körperbewegungen gleichmäßig und korrekt ablaufen.

Großhirnhemisphären

Die Hauptmasse des Gehirns besteht aus den zwei Großhirnhemisphären, von denen sich auf jeder Seite des Kopfes eine befindet. Diese Halbkugeln vollbringen die umfassendste Organisation sinnlicher Einwirkungen einschließlich ihrer Verarbeitung, welche uns präzise und bis ins kleinste Detail reichende Vorstellungen von Empfindungen geben.

Die Großhirnhemisphären enthalten auch Zentren, welche an der Planung und Durchführung von Handlungen unseres Körpers beteiligt sind. Innerhalb dieser Großhirnhemisphären befindet sich das sogenannte *Limbische System,* welches eine Ansammlung neuraler Strukturen darstellt, die für unser auf emotionaler Basis beruhendes Verhalten von Bedeutung sind. Diese „Gefühlszentren" empfangen sinnliche Wahrnehmungsreize, die ihnen helfen, emotionale Reaktionen und emotionale Reifung zu regulieren.

Großhirnrinde

Die äußere Schicht der Großhirnhemisphären wird die Großhirnrinde genannt. Beim Menschen ist die Hirnrinde hochgradig spezialisiert. Es gibt ein Zentrum, das nur für visuelle Wahrnehmung zuständig ist, ein anderer

Bezirk verarbeitet die Interpretation von Geräuschen aus der Umgebung, ein weiterer dient dem Sprachverständnis. Große Zentren sind vorhanden für die Deutung von Körperempfindungen und mehrere Zentren für die willensmäßige Kontrolle des Körpers und der Augenbewegungen.

Die Zentren für Körpergefühle und willentliche Bewegungskontrolle sind wiederum unterteilt in kleinere Bezirke, welche mit bestimmten Körperabschnitten in Kontakt stehen. Obleich es für jeden Körperteil Zentren gibt, sind die Zentren für Finger-, Hand- und Sprachmuskeln wesentlich ausgedehnter als diejenigen für den übrigen Körper.

Daraus ergibt sich, daß die Hirnrinde besonders wichtig für das Fühlen und exakte Dirigieren komplexer Hand- und Fingeraktionen ist – beispielsweise solcher wie des Gebrauches von Messer und Gabel oder eines Bleistiftes – und gleichzeitig auch für die Sprache. Obwohl viele dieser Rindenzentren für eine ganz bestimmte Information spezialisiert sind, die nur von einem Sinnesorgan stammt, empfängt jedes Zentrum zusätzliche Informationen von den anderen Sinnesorganen. Beispielsweise verarbeitet das optische Rindenzentrum auch Teile von Geräusch-, Tastsinn- und Bewegungserlebnissen. Sehr häufig reagiert das gleiche Rindenneuron auf zwei oder mehrere Arten von Empfindungen und beantwortet nicht nur einen Typ allein. Auf diese Weise vollbringt die Hirnrinde die Integration aller Arten von Empfindungen und bildet unsere Assoziationen zwischen den verschiedenen Arten von Gefühlen aus.

Die Hirnrinde enthält auch die sogenannten *Assoziationsareale*. Die Muster elektrischer Aktivität in diesen Bezirken vermögen die verschiedensten Arten sinnlicher Eindrücke zu einem einheitlichen Ganzen zu verarbeiten. Optische Eindrücke werden im Hirnstamm bewußt gemacht, sie werden jedoch erst in den Sehzentren der Hirnrinde scharf abgebildet. Diese Impulse laufen dann zu den optischen Assoziationszentren, wo die visuellen Eindrücke mit den Erinnerungen von anderen visuellen Erfahrungen verknüpft werden. Von hier aus gehen sie weiter zu anderen Assoziationsarealen, die eine geistige Überprüfung und Bewertung vornehmen und manchmal eine entsprechende Willkürreaktion veranlassen.

Wenn ein Kind einen Puzzle-Stein befühlt, werden die Tastempfindungen der Finger im Hirnstamm gegliedert; die Einzelheiten werden in den Gedächtniszentren der Hirnrinde verarbeitet und mit anderen Puzzle-Steinen verglichen, die in Assoziationsarealen gespeichert sind. Diese Sinnesverarbeitung hilft dem Gehirn zu entscheiden, was mit dem betreffenden Puzzle-Stück geschehen soll.

Da diese Rindenbezirke so wichtig für die sensorische Verarbeitung auf höchstem Niveau sind einschließlich der Ebenen, derer wir uns in unseren Gedanken bewußt werden, könnte man vermuten, daß Wahrneh-

44 Die Integration der Sinne und das Gehirn

mungs- oder Lernprobleme in der Hirnrinde ihren Ursprung haben. Soweit die Hirnforschung gezeigt hat, spielen jedoch tiefer gelegene Hirnzentren bei diesem Problem eine wesentlich größere Rolle. Die höhere Rindenorganisation hängt von der sensorischen Ordnung in jedem darunter gelegenen Niveau ab. Wenn die Hirnrinde nicht genau arbeitet, kann das Problem schon bei den niedrigeren Hirnbezirken liegen, die ihre Arbeit nicht korrekt vornehmen.

Lateralität (Seitigkeit)

Die zwei Hemisphären vollführen weder exakt die gleichen Dinge, noch vollziehen sie diese auf die gleiche Art und Weise. Bestimmte Funktionen sind nur in einer Hemisphäre lokalisiert. Das nennt man Lateralität – von dem lateinischen Wort für „Seite". Der Vorgang der Lateralisation ist seit mehreren Jahrzehnten ein Diskussionsthema zwischen Fachleuten, die sich besonders mit Sprache- und Lernproblemen befassen. Ihre Bedeutung ist noch unklar.

Sensorische und motorische Funktionen sind in der frühen Kindheit lateralisiert. Die meisten sensorischen und motorischen Informationen kreuzen im Hirnstamm auf ihrem Weg zur Hirnhemisphäre auf die andere Seite. Empfindungen von der rechten Seite des Körpers kreuzen zur linken Hemisphäre, und die linke Hemisphäre ist die hauptsächliche Kontrollinstanz für die rechte Seite des Körpers. Die rechte Hemisphäre bearbeitet die Sinneswahrnehmungen und die motorischen Abläufe der linken Körperhälfte.

Jede Hemisphäre ist jedoch auch für ganz bestimmte Funktionen spezialisiert. Bei Rechtshändern ist die linke Hemisphäre besser in der Ausführung feinmotorischer Tätigkeiten wie z. B. Schreiben, und deshalb schreibt eine solche Person mit der rechten Hand. Diese linke Hemisphäre steuert auch die Sprache, während die rechte eingehender mit Raumwahrnehmungen neben visuellen und Berührungsempfindungen zu tun hat.

Einige Linkshänder haben die gleiche Lateralität für Sprache wie die Rechtshändigen, während es bei anderen Individuen umgekehrt sein kann. Für umfassendere Funktionen werden beide Hemisphären benötigt und arbeiten zusammen. Eine gute Funktionsspezialisierung führt zu einer zufriedenstellenden Wirksamkeit der Hirnprozesse, während eine schlechte Spezialisierung öfters Sprachentwicklung und Lernvermögen behindert. Eine gute Lateralität ist wahrscheinlich das Endprodukt einer normalen Hirnentwicklung und -reifung. Es gibt eine Anzahl unterschiedlicher Erscheinungsbilder von Hirnschwäche, welche zu einer mangelhaften Lateralisation führen können.

Kapitel 3. Das Nervensystem von innen   45

Detailreiche Raumwahrnehmung, Sprache und Sprechvermögen sowie kognitives Denken sind mit die umfassendsten Funktionen des Gehirns. Sie erfordern sehr exaktes Handeln der beiden Hirnseiten. Die Hirnhälften können jedoch nur gut zusammenarbeiten, wenn der Hirnstamm einwandfrei funktioniert. Gut abgestimmte Zusammenarbeit beider Hirnhälften geschieht bei den meisten Menschen automatisch, ohne daß sie sich dessen bewußt werden. Wenn diese Zusammenarbeit bei einem Kind oder Erwachsenen jedoch nicht gut genug erfolgt, sehen wir die Effekte beim Lernen und im Verhalten des Betreffenden.

Die Sinneswahrnehmungen

Empfindungen sind „Futter" oder auch „Nahrung" für das Nervensystem. Jeder Muskel, jedes Gelenk, jedes lebenswichtige Organ, jeder kleinste Hautabschnitt und die Sinnesorgane am Kopf senden ihre sensorischen Reize zum Gehirn. Jede einzelne Empfindung ist eine Form der Information. Das Nervensystem benutzt diese Information, um Reaktionen auszulösen, die Körper und Geist an diese Informationen und die mit ihnen verbundenen neuen Situationen anpassen. Ohne einen ausreichenden Bestand an Empfindungen der unterschiedlichsten Art kann sich das Nervensystem nicht adäquat entwickeln. Das Gehirn bedarf eines beständigen Informationszuflusses mannigfaltiger Empfindungen als sensorische „Nahrung", um sich entwickeln zu können und in der richtigen Weise zu funktionieren.

In diesem Abschnitt des Buches wollen wir die verschiedenartigen Typen der Empfindungsqualitäten besprechen: zuerst die Sinne, die uns vorwiegend die bewußte Wahrnehmung unserer Umwelt ermöglichen, und dann diejenigen, die wir zumeist als gegeben hinnehmen, da ihre Verarbeitung im Gehirn zum großen Teil erfolgt, ohne daß sie unsere Bewußtseinsschwelle überschreitet.

Sehen

Die Netzhaut des Auges ist das Sinnesorgan für die Aufnahme der Lichtwellen, die aus unserer Umwelt stammen. Lichtwellen erregen die Netzhaut zur Abgabe optischer Sinneseindrücke an die optischen Verarbeitungszentren im Hirnstamm. Diese Zentren verarbeiten die Impulse und setzen sie in Beziehung zu anderen Typen von Sinnesinformationen, besonders denen der Muskeln und Gelenke und des Gleichgewichtssystems.

46   Die Integration der Sinne und das Gehirn

Diese im Hirnstamm erfolgende Zusammenfügung von Informationen formen unsere Grundkenntnis über unsere Umgebung und die Lokalisation der Gegenstände in ihr.

Die Hirnstammkerne senden danach die Impulse weiter zu anderen Abschnitten des Hirnstamms und des Kleinhirns, damit sie mit motorischen Reizen, die zu den Muskeln der Augenbewegungen und der Nackenmuskulatur ziehen, verbunden werden. Dieser Nervenprozeß ermöglicht es uns, bewegten Objekten mit unseren Augen und unserem Kopf zu folgen.

Einige von diesen Impulsen werden zu mehreren unterschiedlichen Formationen innerhalb der Hirnhemisphären zwecks zusätzlicher Ordnung, Verbesserung und Integration mit anderen Arten von Gefühlserregung weitergegeben. Ein Teil der Information erreicht auch die Sehzentren in der Hirnrinde, wo die exakte Unterscheidung optischer Details stattfindet, wiederum mit Hilfe von Informationen, die von anderen Sinnesorganen stammen. Exaktes Funktionieren aller Hirnebenen und Zusammenfügung der verschiedensten Arten von Gefühlserregungen einschließlich optischer Einflüsse sind notwendig, um das Wesentliche innerhalb einer Umgebung zu erkennen, besonders auf einem Stück Papier oder auf den Seiten eines Buches.

Hören

Akustische Schwingungen in der Luft reizen die Hörzellen im Innenohr, welche Impulse zu den Hörzentren im Hirnstamm senden. Diese Kerne verarbeiten die Hörimpulse zusammen mit Impulsen, die vom Gleichgewichtssystem und den Muskeln sowie der Haut stammen. Die Zentren für die akustische Reizverarbeitung liegen im Hirnstamm sehr dicht bei denjenigen, die auch für die Verarbeitung optischer Prozesse zuständig sind. Diese beiden Zentren können Information austauschen. Ähnlich wie bei der optischen Information ziehen auch von den akustischen Impulsen einige weiter zu anderen Abschnitten im Hirnstamm und im Kleinhirn, um mit anderen Gefühlserregungen oder motorischen Befehlen integriert zu werden. Die mit anderen Sinneswahrnehmungen kombinierte Hörinformation wird daraufhin zu verschiedenen Abschnitten der Großhirnrinde weitergeleitet.

Wenn die Hörinformation nicht mit anderen Arten sensorischer Information auf jedem Hirnniveau kombiniert würde, hätten wir Schwierigkeiten, die Bedeutung dessen zu erkennen, was wir gerade hören. Eine Kombination von Integration mit Gleichgewicht und Impulsen anderer Sinnesorgane ist nötig, um den Inhalt des Gehörten zu verstehen. Auf jedem Hirnniveau wird die ankommende Nachricht deutlicher und genauer. Die beschwerlichste und komplizierteste Leistung dieses Prozesses ist die Umdeutung bestimmter Laute zu sinnvollen Silben und Worten.

Berührung oder Tastempfinden

Die Haut besitzt zahlreiche unterschiedliche Sorten von Sinnesorganen für die Gefühlsqualitäten von Berührung, Druck, Strukturbeschaffenheit, Hitze oder Kälte, Schmerz sowie der Bewegung der Haare auf der Haut. Obwohl wir oft nicht über die Bedeutung der Rolle von Berührungen in unserem Leben nachdenken, ist das taktile System das ausgedehnteste Sinnesorgan unseres Körpers und spielt eine vitale Rolle im menschlichen Verhalten, sowohl physisch als auch geistig.

Tastsinnesorgane unterhalb des Halses geben ihre Reizimpulse an das Rückenmark, von wo aus sie aufwärts zum Hirnstamm ziehen. Tastsinnesrezeptoren in der Haut am Kopf senden ihre Impulse direkt zum Hirnstamm durch Kopfnerven. Vom Hirnstamm wird die Tastinformation breit über das ganze Gehirn gestreut. Viele dieser Tastimpulse erreichen niemals die Zentren in der Hirnrinde, die uns diese Empfindungen bewußt machen. Stattdessen werden sie auf niedrigeren Hirnniveaus verwandt, um uns zweckmäßig zu bewegen, um die Wecksysteme in der Formatio reticularis abzustimmen, um Gefühlsäußerungen zu beeinflussen und anderen Arten von Gefühlserregungen ihren Sinn zu geben.

Die Kerne im Hirnstamm, welche taktile Reize verarbeiten, können uns darüber informieren, daß irgend etwas die Haut berührt, und können auch feststellen, daß dieses „Etwas" schmerzhaft, kalt, heiß, feucht, kratzig oder sonstwie geartet ist. Im allgemeinen ist es die Aufgabe des Hirnstamms zu erkennen, ob ein Reiz gefährlich ist. Die Hirnstammkerne können uns jedoch nicht exakt sagen, an welcher Stelle der Haut der Berührungsreiz erfolgte und welche Form er hat. Einzelheiten über Lokalisation und Form kommen erst in den sensorischen Bezirken der Hirnrinde zum Bewußtsein. Taktile Reize gehen praktisch zu allen Zentren des Gehirns.

Hinzu kommt, daß das taktile System das erste sensorische System ist, welches sich im Mutterleib entwickelt und das bereits voll funktioniert, wenn optische und akustische Systeme sich erst zu entwickeln beginnen. Aus diesen Gründen ist der Berührungsreiz von großer Bedeutung für die gesamte nervale Organisation. Ohne ausreichende taktile Stimulierung des Körpers tendiert das Nervensystem dazu, aus dem „Gleichgewicht" zu kommen.

Propriozeption (Eigenwahrnehmung, Tiefensensibilität)

Das Wort Propriozeption weist auf diejenige sensorische Information hin, die durch Kontraktion oder Streckung von Muskeln oder aber Hängen, Dehnen, Ziehen und Drücken von Gelenken zwischen den Knochen verursacht ist. Gewebe, welche die Knochen umhüllen, und auch die Knochenhäute enthalten ebenfalls Propriozeptoren. Das sind die Sinnesorgane, die auf diese beschriebenen Reize ansprechen. Der Ausdruck kommt von dem lateinischen Wort „proprius", was soviel bedeutet wie „der Eigene". Die Empfindungen des „eigenen" Körpers erfolgen vorwiegend während der Bewegung, aber auch, wenn wir stillstehen. Muskeln und Gelenke schicken konstante Informationen zum Großhirn, um dieses über unsere Stellung zu informieren. Da es sehr viele Muskeln und Gelenke in unserem Körper gibt, ist das propriozeptive System fast genauso ausgedehnt wie das taktile.

Propriozeption wird durch das Rückenmark und den Hirnstamm dem Kleinhirn zugeleitet. Ein Teil der Information erreicht auch die Großhirnhemisphären. Die meisten propriozeptiven Impulse werden in Hirnregionen verarbeitet, die nicht mit unserem Bewußtsein zusammenhängen. Deswegen empfinden wir die Gefühle aus unseren Muskeln und Gelenken eigentlich nur, wenn wir ganz spezielle Aufmerksamkeit darauf richten. Selbst wenn wir versuchen, uns dieser Gefühle bewußt zu sein, empfinden wir nur einen geringen Anteil all der propriozeptiven Vorgänge, die während einer Bewegung ablaufen.

Die Propriozeption ermöglicht es uns zu bewegen. Hätten wir weniger Propriozeption zur Verfügung, wären unsere Körperbewegungen langsamer, ungeschickter und benötigten zu ihrer Durchführung mehr Anstrengung. Wenn die Eigenwahrnehmung Ihrer Hand nicht ausreichend wäre, um Ihnen genau zu sagen, was Ihre Hände tun, wäre es für Sie sehr kompliziert, einen Knopf zuzumachen, irgend etwas aus Ihrer Tasche herauszuholen, einen Verschluß von einem Topf zuzuschrauben oder sich zu erinnern, in welcher Richtung der Wasserhahn auf- oder zuzudrehen ist.

Ohne eine adäquate Eigenwahrnehmung von Ihrem Rumpf und Ihren Beinen würde es für Sie sehr schwierig sein, in ein Automobil ein- oder auszusteigen, Treppen abwärts zu laufen oder irgendeinen Sport zu betreiben. Sie wären dann auf optische Information angewiesen, indem Sie mit Ihrem Körper sehr nahe an alles herantreten, um sehen zu können, was vor sich geht. Kinder mit schlechter Propriozeption bekommen immer dann ausgesprochene Schwierigkeiten, wenn sie das betreffende Ereignis nicht mit ihren Augen erfassen können.

Kapitel 3. Das Nervensystem von innen   49

Gleichgewichtssinn (vestibuläres System)

Das Innenohr befindet sich beiderseits im Schläfenbein. Es besitzt eine sehr komplexe knöcherne Struktur. Diese Struktur nennt man das Labyrinth, von dem griechischen Wort für einen Irrgarten. Das Labyrinth enthält sowohl die Sinnesorgane für das Gehör (*akustische Rezeptoren*) als auch zwei Arten von Rezeptoren für den Gleichgewichtssinn (*vestibuläre Rezeptoren*).

Die eine Art von Rezeptoren reagiert auf die Schwerkraft. Diese Rezeptoren enthalten dünne Kalziumcarbonatkristalle, die mit haarförmigen Neuronen verbunden sind. Die Erdschwere zieht diese Kristalle nach unten, und die dadurch ausgelöste Bewegung der haarförmigen Zellen aktiviert die entsprechende Nervenfaser des Gleichgewichtsnerven. Dieser Nerv leitet die von den Kristallen ausgelösten vestibulären Informationen zu den vestibulären Kernen im Hirnstamm.

Da die Erdschwere auf unserem Planeten konstant vorhanden ist, senden die Gleichgewichtsrezeptoren einen Dauerstrom von Gleichgewichtsinformationen während des ganzen Lebens an die vestibulären Zentren. Wenn der Kopf zu einer Seite gewendet wird oder sich nach oben resp. unten oder in irgendeiner Richtung bewegt, welche die Einwirkung der Schwerkraft auf die Calziumcarbonat-Kristalle ändert, beeinflußt diese Erregung der Schwerkraftrezeptoren die Information des vestibulären Systems. Die Schwerkraftrezeptoren sind auch empfindlich für Knochenvibrationen, welche die Kristalle entsprechend erschüttern.

Die zweite Art vestibulärer Sinnesorgane befindet sich in sehr kleinen halbkreisförmigen Röhren, die man Bogengänge nennt. Diese Bogengänge sind mit einer Flüssigkeit gefüllt. Es gibt drei verschieden angeordnete Bogengänge im Innenohr. Der eine läuft von oben nach unten, der zweite von links nach rechts und der dritte von vorn nach hinten. Wenn sich der Kopf in einer Richtung bewegt, bleibt die Flüssigkeit aufgrund ihrer Trägheit in einem oder mehreren der Bogengänge etwas zurück und reizt dadurch die in diesem Kanal befindlichen Sinnesorgane. Wenn die Bewegung abgebremst wird, bleibt die Flüssigkeit nicht sofort stehen, sondern bewegt sich geringfügig weiter, wodurch auch dieses Mal ein Reiz auf den betreffenden Rezeptor ausgeübt wird. Der Druck der nachhinkenden Flüssigkeit in den Bogengängen reizt die entsprechenden Rezeptoren, die innerhalb des Kanals liegen.

Die Rezeptoren ihrerseits erzeugen Impulse, welche durch den Vestibularnerven zu den vestibulären Kernen im Hirnstamm geleitet werden. Diese Sinneswahrnehmung ändert sich jedes Mal, wenn der Kopf Geschwindigkeit oder Richtung seiner Bewegung ändert. Und deshalb nen-

50　Die Integration der Sinne und das Gehirn

nen wir auch die Erregung, die von den Bogengängen ausgeht, den „Bewegungssinn." Technisch ausgedrückt könnte dieser Sinn auch heißen: der Sinn der „Kopfbeschleunigung" oder „Kopfverlangsamung".

Die Kombination der Informationen von den Schwerkraftrezeptoren und denjenigen der Bogengänge ist sehr präzise und teilt uns exakt mit, wo wir uns in Beziehung zur Erdschwere befinden, ob wir uns bewegen oder stillstehen und wie schnell wir uns bewegen, ferner die Richtung unserer Bewegung. Es wird uns kaum bewußt, daß diese Information in unserem Gehirn laufend verarbeitet wird. Diese Information ist jedoch von so grundsätzlicher Bedeutung, daß man sich kaum vorstellen kann, was passieren würde, wenn diese Verarbeitung vestibulärer Sinneseindrücke einmal nicht stattfindet.

Das Vestibularsystem ist so empfindlich, daß Richtungs- und Bewegungsänderungen einen sehr starken Effekt auf unser Gehirn haben. Und dieser Effekt ändert sich mit der nur geringsten vorstellbaren Veränderung der Richtung oder Bewegung. Dieser Effekt beginnt sehr frühzeitig im Fetalleben; die vestibulären Kerne erscheinen etwa neun Wochen nach der Konzeption und beginnen in der zehnten bis elften Woche zu funktionieren. Im fünften Schwangerschaftsmonat ist das Vestibularsystem sehr gut entwickelt und zusammen mit dem Tastsinn und den viszeralen Systemen[3] stellen diese Systeme nahezu die gesamte Sinneswahrnehmung des fetalen Gehirns dar. Während der meisten Zeit der Schwangerschaft stimuliert die Mutter das vestibuläre System ihres Föten durch ihre Körperbewegungen.

Vestibuläre Eindrücke werden vorwiegend von den vestibulären Kernen und im Kleinhirn verarbeitet. Beide Informationen werden abwärts in den Hirnstamm und das Rückenmark geleitet, wo sie eine kräftige integrative Rolle spielen. Einige vestibuläre Impulse werden vom Hirnstamm zu den Großhirnhemisphären weitergeleitet. Die Informationen, welche das Rückenmark passieren, treten in Kontakt mit anderen sensorischen und motorischen Impulsen und helfen uns bei der Aufrechterhaltung unserer Körperhaltung, des Gleichgewichtes und der Bewegung. Diejenigen Informationen, die zu höheren Ebenen des Großhirns laufen, treten in Verbindung mit taktilen, propriozeptiven, optischen und akustischen Impulsen und vermitteln uns Raumwahrnehmung sowie Kenntnis über unsere Stellung und Orientierung innerhalb des Raumes.

Gleichgewichtsinformationen werden uns nur relativ selten bewußt – ausgenommen, wenn wir uns im Kreise drehen und dabei die vestibuläre Information so intensiv wird, daß wir uns schwindlig fühlen und die Welt um uns herum sich zu drehen beginnt. Besonders wenn eine Überstimulie-

---

3　= autonomes Nervensystem für die nervale Steuerung der inneren Organe (s. S. 261).

rung des vestibulären Systems besteht und uns seekrank macht, fühlen wir diese Probleme mehr innerhalb unseres Körpers als in unseren Innenohren.

Die Bogengänge geben uns im wesentlichen die gleiche Information wie der Kreiselkompaß in einem Flugzeug oder Raumschiff. Wenn der Kreiselkompaß in einem Raumschiff defekt ist, besteht keinerlei Möglichkeit mehr zu erkennen, in welche Richtung sich das Schiff bewegt oder ob sich diese Richtung ändert, und das Raumschiff würde ohne diese Information relativ schnell verloren sein.

Flugzeugpiloten haben versucht, ohne einen Kreiselkompaß nur mit Hilfe der Beobachtung der Erde mit den Augen zu fliegen. Doch endete dieses Fliegen meist in Kreisen oder Spiralen. Optische Information ist so lange unbrauchbar, wie man kein Bezugssystem findet, an dem man sich orientieren kann. Erst die Bogengänge und die Schwerkraft geben uns ein physikalisches Bezugssystem, das uns eine richtige Vorstellung über das Gesehene vermittelt.

Viszeraler Input (Informationen aus den inneren Organen und Blutgefäßen)

Es gibt Sinnesorgane in den inneren Organen und den wichtigsten Blutgefäßen. Bewegungen und Aktivität dieser Organe, die Blutströmung und die chemische Zusammensetzung des Blutes können diese Sinnesorgane stimulieren und diese versorgen den Hirnstamm mit Informationen, die benötigt werden, um den Körper gesund zu erhalten. Die Information der Sinnesorgane aus den inneren Organen erlaubt es, den Blutdruck zu regulieren, ferner die Verdauung, die Atmung und die anderen Funktionen, welche durch das autonom arbeitende sogenannte *vegetative Nervensystem* gesteuert werden.

Die viszerale Information teilt dem Gehirn darüber hinaus mit, wieviel Nahrung und Flüssigkeit in unserem Körper benötigt wird. Andere Sinnesorgane, besonders der Tastsinn und der Gleichgewichtssinn, beeinflussen ebenfalls das vegetative System. Das ist der Grund, weshalb die Verdauung durch Drehbewegung durcheinander gebracht werden kann und schmerzhafte Stiche im Brustkorb unter Umständen die Atmung unterbrechen können. Obwohl das viszerale Nervensystem lebenswichtig für das Überleben und die Gesundheit ist, wollen wir uns in diesem Buch nicht im Detail mit ihm befassen.

52   Die Integration der Sinne und das Gehirn

Empfindungen und das gesamte Gehirn

Die Fähigkeit des Nervensystems, die Aktivitäten eines sinnlichen Wahrnehmungssystems in eine größere Ordnung überzuführen oder verschiedene Wahrnehmungssysteme auf einer höheren Stufe miteinander zu verknüpfen, stellt ein Funktionieren in einer mehr „holistischen" (ganzheitlichen) Art und Weise dar. Wenn ein Kind quer durch den Raum krabbelt oder ein anderes Kind einen Hindernislauf meistert, arbeitet jeweils sein gesamter Körper als eine im Gleichgewicht befindliche Einheit zusammen. Die Empfindungen von diesen, den ganzen Körper betreffenden, Anpassungsreaktionen erzeugen ein wohlgeordnetes und ausgeglichenes Aktivitätsmuster im Großhirn. Solange der Körper mit all seinen Sinnen als ein Ganzes zusammenwirkt, sind Anpassung und Lernen für das Gehirn mühelos zu bewerkstelligen.

Der Gleichgewichtssinn ist dabei das alles vereinende Bezugssystem. Er formt die Grundbeziehungen, die ein Mensch zur Schwerkraft und seiner physischen Umwelt hat. Alle anderen Arten von Empfindungen werden unter Bezug auf diese grundlegende vestibuläre Information verarbeitet.

Die Aktivität im vestibulären System stellt den Rahmen für die anderen Aspekte unserer Erfahrung dar. Die vestibuläre Information scheint das gesamte Nervensystem zu einer wirkungsvollen Funktion anzuhalten. Sobald das vestibuläre System nicht in einer konstanten und korrekten Weise funktioniert, wird die Verarbeitung der anderen Empfindungen unregelmäßig und unexakt, und das Nervensystem hat Schwierigkeiten, „gut in Gang zu kommen".

Entwicklung des Nervensystems

Die Erforschung des Gehirns ist für den Wissenschaftler keine leichte Aufgabe. Es ist vollständig von den Schädelknochen eingeschlossen und für Experimente am Menschen nicht unmittelbar zugängig. Der größte Teil der Hirnforschung wurde an niederen Tieren durchgeführt. Obwohl sich das menschliche Gehirn in einigen Strukturen und Funktionen von diesen niederen Tieren unterscheidet, gibt es trotzdem einige grundsätzliche Übereinstimmungen.

Das menschliche Gehirn ist das Endprodukt einer 500 Millionen Jahre währenden Entwicklung der Vertebraten. Die Vertebraten sind Tiere, die eine Wirbelsäule haben, z. B. die Fische, Hunde, Affen und die Menschen. Alle Vertebraten haben ein zentrales Nervensystem – mit Rückenmark und Gehirn – in welchem Empfindungsreize zusammenkommen und Reaktionen erzeugt werden.

Eine Qualle ist ein Beispiel für einen Nichtvertebraten, also ein wirbelloses Wesen, das zwar Nervenzellen, aber kein zentrales Nervensystem besitzt und nur geringe Möglichkeiten hat, seine Empfindungen zusammenzufügen, zu integrieren. Seine Nervenzellen sind zu einem Nervennetz zusammengesetzt und über den gesamten Körper ausgebreitet. Wird die Qualle an einer Stelle berührt, so läuft der Empfindungsreiz durch das gesamte Netzwerk, welches dann die Qualle veranlaßt, sich zusammenzuziehen.

Die ersten Vertebraten waren primitive Fische, die eine sehr einfache zentral-nervöse Struktur besaßen, mit deren Hilfe sie nur wenige Empfindungsreize integrieren konnten. Diese primitiven Fische waren die Vorfahren der heutigen Fische, der Amphibien, Reptilien, Vögel und der Säugetiere.

Die ersten Strukturen und Funktionen des Gehirns, die sich entwickelten, haben sich im Laufe der Zeit nicht sehr verändert. Während der Hirnentwicklung haben sich neue Strukturen und Funktionen an diese fundamentalen Elemente angelegt, die älteren Teile des Gehirns funktionieren jedoch heutzutage in der gleichen Art und Weise, wie sie schon bei unseren Vorfahren Millionen von Jahren zuvor funktionierten. Während seiner Entwicklung hat das individuelle Gehirn eines jeden Lebewesens entsprechend bestimmter zeitloser Prinzipien gehandelt. Diese Prinzipien zu studieren, hilft uns, die Funktionen unseres Gehirns verstehen zu lernen. Wenn man so die Entwicklung des Nervensystems studiert, wird auch einiges über das Nervensystem, wie es sich bei den Kindern entwickelt, klar.

Die Anpassungsreaktionen

Als sich die Tierwelt entwickelte, haben diejenigen Tiere, die sich erfolgreich an die Naturbedingungen anpassen konnten, überlebt und ihre Gene auf ihre Nachkommen übertragen können. Diejenigen Tiere, die sich den Umweltforderungen nicht anpassen konnten, haben nicht lange genug gelebt, um sich fortzupflanzen. In der Tierwelt ist Anpassung die Fähigkeit, seinen Körper und die Umwelt zu empfinden, diese Gefühle richtig zu interpretieren und eine geeignete motorische Reaktion zu erzeugen, um z. B. eine Mahlzeit zu bekommen, zu verhindern, eine Mahlzeit für andere Tiere zu werden oder auch, um mit den rauhen Umweltbedingungen der Natur fertig zu werden.

Die Evolution umfaßte viele Zeitabschnitte, in denen Tiere sich in einer Umwelt befanden, wo Nahrungsmittel knapper, Feinde häufiger und die Lebensbedingungen wesentlich rauher waren als jetzt. Die Tiere, die sich angepaßt und überlebt haben, waren wegen ihrer guten sensomotorischen Funktionen dazu in der Lage.

54   Die Integration der Sinne und das Gehirn

Bei den frühen Tieren bis vor ungefähr 100 Millionen Jahren bestand das Gehirn vorwiegend aus dem *Hirnstamm*, einem sehr rudimentären *Kleinhirn* und angedeuteten *Großhirnhemisphären*. Diese Tiere – wie Fische und Eidechsen heutigen Tages – konnten nur wenig mehr als ihre unmittelbaren sensorischen und motorischen Funktionen erfüllen. Um den Forderungen der Umgebung gerecht zu werden, mußten diese Tiere zum Überleben ihre sensorischen und motorischen Funktionen in eine die Nervenreize vereinende und ausbalancierende Struktur integrieren. *Der Hirnstamm des Menschen agiert auch heute noch in der gleichen Weise mit seinen sensorischen und motorischen Funktionen, wie er dies bei den frühen Tieren tat.*

Funktionsniveaus

Das Nervensystem der frühesten Wirbeltiere umfaßte nicht wesentlich mehr als das Rückenmark. Schrittweise entwickelten sich neue Strukturen am vorderen Ende des Rückenmarks. Die neuen „höheren" Strukturen verrichten zwar dieselben Dinge, wie die älteren „niederen" Strukturen, jedoch vollbringen sie dieses auf einem etwas komplexeren Wege. Ein einfaches Rückenmark kann Berührung mit einer Körperbewegung beantworten, jedoch nur in einer diffusen und undifferenzierten Weise. Der Hirnstamm kann eine Berührung schon etwas besser deuten und darauf reagieren, aber erst die Hirnrinde der Großhirnhemisphären kann eine wirklich präzise Interpretation des Reizes sowie eine entsprechende Antwort geben. Voraussetzung ist, daß der Hirnstamm gut genug arbeitet und die sensorische Information richtig übermittelt.

Obwohl jede neue Struktur sich weiterentwickelt, bleibt ihre Funktion im gewissen Sinne von den älteren Strukturen und Funktionen abhängig. Im Geschäftsleben wird ungefähr dasselbe Prinzip benutzt, wenn ein Zweitgeschäft eröffnet wird. Das neue Büro hängt von dem älteren, etablierten Büro ab. Die Hirnrinde entwickelte sich aus den niederen Niveaus der Großhirnhemisphären, und deshalb basieren Hirnrindenprozesse auf niedrigeren Prozessen der Großhirnhemisphären und auch auf dem Hirnstamm. Solange der Hirnstamm die fundamentalen taktilen, optischen und akustischen Informationen nicht in geeigneter Weise verarbeitet hat, kann die Hirnrinde keine präzise taktile, visuelle oder auditive Wahrnehmung ausbilden.

Das sensorische System

Die Art und Weise, wie sich das sensorische System im Rahmen der Evolution gebildet hat, beeinflußt auch heute noch beim Menschen ihre Entwicklung und Funktion. Die Hirnevolution stellt einen etwa 500 Millionen Jahre dauernden Prozeß der Verbesserung von Assoziationen der sensorischen Systeme dar. Beim Menschen kommunizieren sämtliche sensorischen Systeme untereinander, und sie funktionieren in uns miteinander viel intensiver, als den meisten bewußt wird.

Schulen machen den Fehler, daß sie versuchen, die optischen und akustischen Systeme der Kinder unabhängig von den anderen Sinnesorganen zu trainieren. Die Eltern können diesen Fehler zum Teil wieder korrigieren, indem sie Kindern erlauben, so viele taktile, vestibuläre und propriozeptive Erfahrungen zu machen, wie sie wünschen und benötigen.

Die Evolution des Tastsinnes. Bereits Einzeller, wie z. B. die Amöben, reagieren auf Berührung. Sehr primitive Tiere haben drei Schichten von Körperzellen; die äußere entwickelte sich später sowohl zum Nervensystem der Vertebraten als auch zur Haut. In gleicher Weise besteht ein menschlicher Embryo wenige Wochen nach der Befruchtung aus drei Zellschichten, von denen die äußere sowohl das Nervensystem als auch die Haut entwickelt. Da sowohl das Nervensystem als auch die Haut von der gleichen Gewebeschicht stammen, spielen Berührungsreize eine primäre Rolle für die neurale Organisation. Berührungsreize setzen sich durch das gesamte Nervensystem fort und beeinflussen jeden neuralen Prozeß in einem gewissen Ausmaße. Daraus läßt sich erklären, warum das taktile System, der Tastsinn im weitesten Sinn, an den meisten Erkrankungen des menschlichen Gehirns beteiligt ist.

Für Jahrmillionen war der Tastsinn das wichtigste Erkennungsmittel von Gefahr. Berührungsreize - ausgenommen diejenigen, die durch Selbstberührung des Tieres oder aber durch die Mutter beim Berühren ihres Nachkommen ausgelöst werden - scheinen in der Lage zu sein, ein Tier vorzubereiten, sich durch Kampf oder Flucht auf ein Ereignis einzustellen. Der Tastsinn teilt dem Tier auch mit, ob die Unterlage unter seinen Füßen ein sicherer Platz zum Stehen ist oder nicht. Berührungsempfindungen in der Mundregion helfen dem Tier, zu erkennen, was es kaut und wie es das betreffende Nahrungsmittel in seinen Mund hinein bewegen muß. Viele dieser Empfindungen werden im Hirnstamm verarbeitet.

Mit der Entwicklung höherer Tierstämme brauchte diese detailliertere Informationen von ihrer Haut, um Dinge fühlen und mit ihren Tatzen manipulieren zu können, um Löcher zu graben und auf Bäume klettern zu können. Die Forderung nach diesen Fähigkeiten führte zur Entwicklung von Nervenbahnen, die präzisere Tastinformationen aufnehmen und den Zentren in den Großhirnhemisphären zur Verarbeitung zuschicken konnten. Als der Tastsinn dann weiterentwickelt wurde, ermöglichte der Zugewinn an taktiler Information den Affen und frühen Menschen, primitive Werkzeuge sinnvoll einzusetzen.

Berührung und Gefühlsreaktionen. Im Laufe der Evolution wurde der Tastsinn mit emotionalen und sozialen Funktionen assoziiert. Dr. Harry F. Harlow und seine Mitarbeiter an der Universität von Wisconsin demonstrierten dieses sehr eindrucksvoll mit ihren Studien an jungen Affen. Sie nahmen die neugeborenen Äffchen ihren Müttern weg und erzogen sie mit künstlichen „Müttern", die aus einem Drahtgestell mit Samtstoffüberzug hergestellt waren. Harlow fand, daß diese Äffchen schmusten, sich anklammerten und auf der Samtoberfläche hochkletterten, als ob es eine echte Mutter wäre. Und sie bildeten auch eine gefühlsbezogene Bindung an diese künstlichen Mütter. Die Berührung von Samtstoff gab ihnen die Selbstsicherheit, die sie brauchten, um ihre Umgebung zu erforschen, und sie beruhigte sie, wenn sie durch irgend etwas erschreckt waren.

Andere Äffchen, deren „Mütter" nur aus reinem Draht gefertigt worden waren, konnten diese gefühlsbezogene Bindung nicht aufbauen, selbst wenn diese vollständig aus Draht angefertigte „Mutter" eine Milchflasche hielt. Diese „Mutter" war unangenehm zu berühren und befriedigte nicht die emotionalen Bedürfnisse des Affenjungen. Harlow schloß daraus, daß angenehme Berührungsempfindungen ein kritischer Faktor für emotionale Bindung des Kindes an seine Mutter sind.

Harlow's Schlußfolgerungen scheinen für alle Säugetiere zuzutreffen, besonders aber für die höherentwickelten, welche sich eine relativ lange Zeit nach der Geburt noch nicht selbst versorgen können. Die Natur hat das Menschenkind für eine relativ lange Zeit von seiner Mutter abhängig gemacht. Während dieser Jahre der Abhängigkeit benötigt das Kind vielfältige Berührungsempfindungen, um seine emotionale Sicherheit zu entwickeln, die es für die spätere eigene Unabhängigkeit braucht.

Mütter wissen seit jeher, daß Schmusen und Streicheln das Weinen eines Kindes beenden können. Es gab eine Zeit, in der Leute, die nur wenig über das Gehirn und die sensorische Integration wußten, den Müttern erklärten, daß sie ihre Babies ruhig schreien lassen sollten, da sie sonst möglicherweise verwöhnt werden würden und später zu sehr an ihnen hingen. Heute wissen wir, daß es besser ist, ein Kind aufzunehmen und zu streicheln, weil dies ihm helfen wird, seine emotionalen Vorgänge im Gehirn zu entwickeln und zu ordnen, so daß es später als ein unabhängiger Erwachsener besser funktionieren kann.

Die Evolution des Gleichgewichtssinnes und des Gehörs (vestibuläres und auditives System). Jedes Lebewesen – gleichgültig ob Pflanze oder Tier – unterliegt der Schwerkraft der Erde. Die Erdschwere ist die konstanteste und universellste Kraft in unserem Leben. Durch die ganze Evolution hindurch gibt es diesen enormen Antrieb, den Zug der Schwerkraft der Erde zu überwinden, und unsere aufrechte Haltung stellt den Höhepunkt dieses Strebens dar. Wir können dieses Bestreben auch bei einigen Schellfischen beobachten, welche Sandkörner in eine Aussparung an ihrem Kopf geben, so daß sie den Zug der Schwerkraft auf diese Sandkörner spüren können und wissen, wo oben ist. Der Zwang zu schnellem sinnvollen Schwimmen gab den Anreiz zur Entwicklung des Gleichgewichtssystems bei den frühen Fischen.

Dieses erste Gleichgewichtssystem war bereits so wirksam, daß es in den wesentlichen Grundzügen bei Amphibien, Reptilien, Vögeln und Säugetieren beibehalten wurde. Einige Verbindungen von Motoneuronen haben sich bei den einzelnen Tierarten geändert, um Bewegungen in ihrer spezifischen Weise zu ermöglichen. Jedoch sind die sensorischen Funktionen des Gleichgewichtssinnes der Fische bereits so ideal konzipiert, daß die Natur sie auch bei den Tieren an Land, auf den Bäumen und in der Luft beibehielt. *Kein anderes Sinnesorgan hat einen solch breitgestreuten Einfluß.*

Die frühen Fische hatten haarförmige Sinnesorgane an den Seiten ihres Kopfes. Diese Sinneszellen informierten den Fisch über Wellenkräuselungen, die Gefahr bedeuten konnten. Später entwickelten sich dünne Häutchen, welche die Sinneszellen umhüllten und Bogengänge formten sowie Schwerkraftrezeptoren und die Sinnesorgane für das Gehör. Die Bewegungen, die der Fisch durchführte, bewegten ihrerseits die Flüssigkeit innerhalb der Säckchen und Bogengänge, die die haarförmigen Sinneszellen reizten und dem Fisch ein Gefühl seiner eigenen Bewegungen durch das Wasser vermittelten. Als die Nachkommen der frühen Fische sich an ein Landleben angepaßt hatten, entwickelten sich akustische Rezeptoren aus den primitiven Schwerkraftempfängern. Beide Sinnesorgane – sowohl der Gleichgewichtssinn als auch das Gehör – waren ursprünglich mehr als ein Sinnesorgan für Berührungsempfindung von Vibrationen aufzufassen.

Harvey Sarnat und Martin Netsky sind der Evolution dieser Vibrationssinnesorgane nachgegangen. Sie stellten fest, daß die ersten Landtiere mit dem Kopf auf der Erde lagen, wodurch die Schädelknochen die Vibrationen des Erduntergrundes aufnahmen. Diese Fähigkeit, Bodenvibrationen zu „hören", besitzt der Mensch noch heute. (Sie haben sicherlich Filme gesehen, in welchen Cowboys oder Indianer sich auf den Bo-

58   Die Integration der Sinne und das Gehirn

den legen, um die Annäherung von Pferden zu hören). Als sich die
Amphibien entwickelten, ermöglichte ein System, das dafür sorgte, daß
die Bodenvibrationen durch die Knochen ihrer vorderen Extremitäten zu
den Gleichgewichtsorganen übertragen wurden, daß sie ihre Köpfe vom
Erdboden abheben konnten.

Die Fähigkeit, Bewegungen von Tieren in der Nähe zu erfühlen, war
für das Überleben so bedeutsam, daß die Natur nach neuen Wegen suchte, um die Informationen dem Innenohr zuführen zu können. Bei Säugetieren und Vögeln konnten die Vorderglieder die Vibrationen nicht gut
genug vom Erdboden aufnehmen, und so entwickelten sich Vibrations-
aufnahmeorgane, welche die Vibrationen direkt aus der Luft aufnehmen
konnten.

Wenn die Natur erst einmal bestimmte Kontakte innerhalb des Nervensystems hergestellt hat, werden diese nur selten wieder aufgegeben.
Anstatt sie aufzugeben, werden sie an einen evtl. neuen Zweck angepaßt.
So kommt es, daß die alten Verbindungen auch noch bei den Wirbeltieren
einschließlich des Menschen vorhanden sind, wobei jedoch die später entwickelten Nervenverbindungen, die sich in den höheren Hirnzentren befinden, die feinere Verarbeitung der sinnlichen Wahrnehmungen durchführen. Deshalb ist das Hörsystem nach wie vor mit dem Gleichgewichtssystem räumlich eng verbunden, und beide Systeme sprechen auf Vibrationsreize an.

Therapeuten, welche die sensorische Integration zu fördern versuchen,
stimulieren deshalb das Gleichgewichtsorgan mittels Bewegungen oder
Vibrationen, um die Verarbeitungsprozesse für das Gehör und die Sprache
zu verbessern. In ähnlicher Weise erfolgten solche Verbesserungen durch
die schon entwicklungsgeschichtlich sehr alten Verbindungen zwischen
den Sinnesorganen für den Gleichgewichtssinn und das Gehör.

Die Evolution des Sehens. Bereits seit es die ersten Wirbeltiere gibt, sind
Gleichgewichtssinn und Sehvermögen eng miteinander verbunden. Bei
Fischen und Amphibien ist das optische System nur so weit entwickelt,
daß es auf Bewegungsimpulse reagieren kann. Jeder Angler weiß, daß sein
Köder bewegt werden muß, damit der Fisch ihn beachtet. Insekten bewegen sich unentwegt, und die Frösche brauchen deshalb keine Fähigkeit zu
entwickeln, um stationäre Objekte gut zu sehen. Stiere werden nicht von
der roten Farbe des Überhangs des Stierkämpfers geärgert, sondern sie
interessieren sich nur für dessen Bewegungen. Selbst Katzen und Hunde
können Dinge besser sehen, die sich bewegen.

Das Gleichgewichtssystem muß ausreichend funktionieren, um die
Augen auf ein bewegtes Objekt richten zu können und dies auch dann zu

Kapitel 3. Das Nervensystem von innen 59

tun, wenn das Tier sich selbst bewegt. Die Bewegung von Dingen wahrzunehmen, ist eine der ältesten Funktionen des Gehirns, und sie beruht auf der Sinnesverarbeitung im Hirnstamm.

Die Fähigkeit, ein kleines, sich nicht bewegendes Objekt erkennen zu können, entwickelte sich erst wesentlich später, als die Großhirnhemisphären entstanden, und setzt eine gute Sinnesverarbeitung, also eine gute sensorische Integration voraus. Wie dies auch bei allen anderen sensomotorischen Funktionen der Fall ist, kann sich die Großhirnkontrolle nicht entwickeln, solange die Verarbeitung im Hirnstamm nicht vorhanden ist. Ein Kind, welches zu lesen lernt, führt manchmal seinen Finger unter der Linie des Wortes entlang, das es liest. Es tut dieses, weil es für das Kind leichter ist, dem sich bewegenden Finger zu folgen, als seine Aufmerksamkeit auf die unbewegten Buchstaben zu richten. Dies ist ein gutes Beispiel, um zu erkennen, wie der innere Antrieb des Kindes ihm Hilfsmittel in die Hand gibt, die seinem Gehirn beim Funktionieren helfen können.

Das Sehvermögen ist unser wichtigster Sinn im Hinblick auf den uns umgebenden Raum geworden, jedoch müssen Gleichgewichtssinn, propriozeptive und Berührungssinnesorgane zur Entwicklung und Funktion des Sehvermögens beitragen.

Die Evolution einiger Anpassungsreaktionen. Die Anpassungsreaktionen der Wirbeltiere halfen, die Empfindungen der Erdschwere und des Körpers zu ordnen. Die grundlegendsten und dauerhaftesten Anpassungsreaktionen erfolgten zum Erreichen der Bauchlage. Die Bauchlage ist diejenige Stellung, aus der heraus sich Bewegung entwickeln konnte. Sie ist auch die Stellung, aus der heraus die Tiere aufstehen konnten, zunächst auf vier, und später auch auf zwei Beinen zu laufen lernten. Die Bauchlage schützt die Weichteile des Körpers vor Gefahr. Sobald man ein Tier auf seinen Rücken legt, bedingt sein Halsstellreflex, daß es um Rückkehr in die Bauchlage kämpft.

Da die Gleichgewichtssinnesorgane in drei verschiedenen Raumrichtungen angeordnet sind, bestimmt die Kopfhaltung, welche Sinnesorgane jeweils angesprochen werden. Sämtliche Wirbeltiere schwimmen, liegen, laufen oder fliegen mit ihrem Gesicht in Richtung Erdboden, und das kann möglicherweise damit zusammenhängen, daß die Bauchlage für die Gleichgewichtsinformation sorgt, welche für das sensomotorische Wachstum so wichtig ist. Deshalb ist das Liegen auf dem Bauch von lebenswichtiger Bedeutung für die Entwicklung einer normalen sensorischen Wahrnehmungsverarbeitung.

Nachdem die Amphibien sich aus dem Wasser begeben hatten, waren sie genötigt, auf dem Lande zu kriechen. Reflektorische Reaktionen auf

60   Die Integration der Sinne und das Gehirn

die Erdschwere führten zunächst zur Anhebung des Kopfes, später des oberen Rumpfes. Danach half das vestibuläre System bei der Koordination der rechten und linken Gliedmaßen. Diejenigen Amphibien, die am erfolgreichsten zu kriechen gelernt hatten, entwickelten sich zu Reptilien.

Beobachten Sie einmal, wie eine Eidechse schnell über den Erdboden kriecht, und beachten Sie die vollendete Ordnung der Bewegung der Glieder und des Rumpfes. Sarnat und Netsky sagen, daß diese Bewegungen nahezu vollständig durch das Gleichgewichtsorgan und die vestibulo-spinalen – also zum Rückenmark ziehenden – Nervenbahnen durchgeführt werden.

Da die Säugetiere längere Extremitäten und komplexere Bewegungen entwickelten, mußten ihre Muskeln und Gelenke auch komplexere propriozeptive Informationen dem Gehirn zuführen. Aus diesem Grunde entwickelte sich das propriozeptive System später als der Tastsinn und das Gleichgewichtssystem und hat deshalb weniger ausgeprägte Kontakte zu den anderen Sinnesorganen. Das propriozeptive System ist in seiner Funktion spezifischer als die anderen.

Die frühesten Wirbeltiere lebten auf Bäumen, wo Sehvermögen und gutes Gehör wichtig sind, um Futter zu finden und die anderen Tiere zu meiden. Das war die Zeit, in der die visuellen und auditiven Systeme ihre ausgedehnteste Entwicklung durchmachten. Gleichzeitig setzten das vestibuläre und das propriozeptive System ihre Entwicklung hinsichtlich Auf- und Abklettern sowie Balancehalten auf schmalen Unterlagen fort. Das Leben auf Bäumen führte zu vielen wichtigen Anpassungsreaktionen und einer entsprechend großen Anzahl von sensorischen Wahrnehmungsverarbeitungen. Aus ähnlichen Gründen lieben Kinder das Klettern.

Primitive Reptilien – wie heutzutage noch die Eidechse – können ihre Extremitäten nicht zusammenbringen. Die ersten Wirbeltiere – wie unsere heutigen Eichhörnchen – konnten die vorderen Extremitäten zwar schon zusammenbringen, konnten jedoch nicht die eine Pfote für die andere Körperhälfte benutzen. Erst mit der Entwicklung der Affen lernten sie, die Mittellinie des Körpers mit den Extremitäten zu überkreuzen, und diese verbesserten Greifmöglichkeiten erlaubten ihnen, mit den Forderungen ihrer Umwelt besser fertig zu werden. Ziehen, drücken, Dinge aufnehmen, um sie wegzutragen, etwas zusammenraffen und sich an Baumäste hänger zu können, waren nützlich für das Überleben, und so wurden die Gene, welche diese Fähigkeiten ermöglichten, von einer Generation auf die nächste vererbt.

Mit zunehmender Entwicklung der Hand und Übertragung präziserer Informationen auf das Gehirn lernten die Affen auch den Umgang mit primitivem Werkzeug. Das Sehvermögen wurde damit immer wichtiger

Kapitel 3. Das Nervensystem von innen   61

für das Überleben, da das Nervensystem keine Instinktreaktionen zum Benutzen eines Stockes besitzt, um damit ein Loch in die Erde zu bohren. Dabei hat der Affe das Gefühl des Werkzeugs in seiner Hand erlebt, und die Notwendigkeit bei seinem Gebrauch, Gleichgewicht halten zu müssen. Auf diese Weise wurde die optische Information des Stockes mit dem Gleichgewichtssinn und den propriozeptiven Informationen vom Körper integriert.

Die Empfindungen, die durch die von den Händen bewegten Objekte ausgingen, verursachten in der Hirnrinde die Entwicklung ausgedehnter Bezirke zur Verarbeitung dieser Empfindungen und führten ihrerseits zu immer umfassenderen Handfertigkeiten. Nach vielen Jahren des Gebrauchs von Werkzeug ermöglichten dem frühen Menschen diese Handempfindungen, den Daumen in Opposition zu den Fingern zu benutzen. Die sinnvolle Handlung zwischen Daumen und den übrigen Fingern machte eine Technologie möglich, und die gesteigerten sinnlichen Wahrnehmungen und Fähigkeiten zur Ausbildung immer komplexerer Anpassungsreaktionen verursachten weitere Evolutionen im sensorischen und motorischen Bereich der Hirnrinde.

Wie das Nervensystem lernt, Empfindungen miteinander zu verknüpfen

Ein Kind geht in die Schule, um zu lernen, doch tatsächlich hat sein Nervensystem bereits begonnen, lange vor seiner Geburt etwas zu lernen. In der Schule lernt das Kind ganz spezifische Lernstoffe kennen. Wesentlich früher in seinem Leben bereits hatte das Gehirn die Voraussetzungen und Fähigkeiten zum Erlernen spezifischer Dinge, wie Lesen und Rechnen entwickelt. Ein großer Teil dieser Lernvoraussetzung und -fähigkeit ist die Möglichkeit, sinnliche Wahrnehmungen in der richtigen Weise miteinander zu verbinden, d. h. sensorische Information zu integrieren.

Bei der Geburt ist das Gehirn in der Lage, einige wenige Grundempfindungen des Tast- und Gleichgewichtssinnes sowie der propriozeptiven Empfindungen sinnvoll zu verarbeiten, und deshalb kann das Neugeborene auf Reize reagieren, wie wir im vorangegangenen Kapitel beschrieben haben. Im gleichen Kapitel haben wir geschildert, zu welchen Leistungen das menschliche Nervensystem geschaffen wurde; jetzt wollen wir versuchen, ein Bild der Ereignisse zu zeichnen, die innerhalb des kindlichen Nervensystems ablaufen, wenn es zu funktionieren lernt. Niemand weiß ganz genau, wie das Lernen im Nervensystem vonstatten geht, aber einige Fakten von allgemeiner Bedeutung sind uns bekannt.

Die Verbindungswege der nervlichen Reizübertragungen

Alle Nervenreize müssen zwei oder mehrere Neuronen passieren, um eine Empfindung, eine motorische Reaktion oder einen Gedanken zu erzeugen. Je komplexer eine Funktion ist, desto mehr Neuronen sind an der Übertragung der entsprechenden Nervenbotschaft beteiligt. Jedes Neuron fügt neue Elemente zur Erfahrung und Reaktion der betreffenden Person hinzu. Das gesamte menschliche Nervensystem funktioniert in bestimmter charakteristischer Weise, und deshalb empfinden und reagieren wir alle in vieler Hinsicht ähnlich.

Wie lernt jeder von uns, was verschiedene Empfindungen bedeuten und was man mit ihnen macht? Warum kommen bestimmte Botschaften bei einigen von uns bis zur Bewußtseinsschwelle durch und bei anderen nicht? Warum erfahren wir nicht alles, was unser Nervensystem stimuliert? Was bewahrt uns vor Überreaktionen?

Stellen Sie sich vor, Sie berühren einen heißen Ofen mit Ihren Fingern. Die Hitze aktiviert Schmerzrezeptoren in der Haut Ihrer Finger, und diese erzeugen Schmerzreize, welche durch die sensorischen Nervenbahnen in Ihrer Hand, Ihrem Arm, Ihrer Schulter bis in das Rückenmark geleitet werden. Die Nervenbahn für diese Empfindung endet im Rückenmark und erzeugt hier eine chemische Substanz in dem mikroskopisch kleinen Zwischenspalt, den man Synapse nennt. Die chemische Substanz trägt die elektrische Energie durch die Synapse in eine Gruppe von Motoneuronen. Diese Motoneuronen leiten die Impulse zurück zu den Muskeln im Arm, in der Hand oder in den Fingern. Die motorischen Impulse veranlassen die Muskeln, sich zusammenzuziehen in einer Weise, welche dazu führt, daß Ihre Hand vom Ofen weggezogen wird.

Die Synapse

Synapsen sind Orte, wo Neuronen elektrochemische Kontakte herstellen. Sie sind Brücken oder Bindeglieder, welche Impulse von einem Neuron zum anderen übertragen. Diese „Brücken" befinden sich zwischen den verzweigten Ästen der Hauptnervenfasern oder des Zellkörpers eines Neurons. Neuronen wirken aufeinander durch die Synapsen. Die physikalische Struktur der meisten Neuronen ändert sich nicht mehr nennenswert nach der frühen Kindheit. Jedoch ändert sich die Fähigkeit der Synapse, nervöse Impulse zu vermitteln. Diese Änderungen in der Leitfähigkeit der Synapse stellen die Basis für Lernen einschließlich des Lernens in der Schule oder im Beruf dar.

Der Reflexbogen, welcher Ihre Hand von einer Schmerzursache zurückziehen läßt, läuft nur über wenige Synapsen. Komplexe Erfahrung, die motorische Koordination sowie Gefühle und Gedanken mit einbezieht, verlangt eine gemeinsame Interaktion vieler Neuronen durch zahllose Synapsen. Zusätzlich zur Reizung der entsprechenden Motoneuronen werden die Schmerzimpulse, welche durch einen heißen Ofen ausgelöst wurden, durch Synapsen hindurchgeführt und erreichen Neuronen, welche im Rückenmark bis zum Hirnstamm ziehen. Vom Hirnstamm fließen Impulse von einem Neuron zum anderen durch zahlreiche Synapsen und erzeugen Wirkungen in verschiedenen Bezirken des Großhirns. Diese Wirkungen umfassen das Bewußtsein von Schmerz, Gefühlsreaktionen, willentlichem Verhalten (z. B. sich von diesem heißen Ofen wegzubegeben), Gedanken, Erinnerungen und Entscheidungen (z. B. den heißen Ofen niemals mehr berühren zu wollen).

Jede Nervenbotschaft verteilt sich durch Tausende oder sogar Millionen von Synapsen im Bruchteil einer Sekunde. An jeder Erfahrung oder Aktivität im Leben sind eine unendlich verwirrende Anzahl von Neuronen und Synapsen beteiligt. Um eine entsprechende Wahrnehmung oder ein sinnvolles Verhalten zu erzeugen, muß der Nervenreiz auf dem richtigen Weg bleiben. Wenn sensorische Reizung keine angepaßte Wahrnehmung oder Reaktion hervorruft, wissen wir, daß irgendwo im Nervensystem Synapsen den Reiz nicht weiterleiten. Diese Informationen gehen im Labyrinth des Nervensystems verloren.

Zahlreiche Impulse von unterschiedlichen Körperregionen einschließlich des Gehirns enden bei einer Synapse und bringen hier ihre elektrische und chemische Energie zur Wirkung. Diese Impulse müssen sich mit jedem anderen in den Synapsen vermischen. Damit eine Botschaft eine Synapse durchquert und in einen anderen Teil des Nervensystems weitergeleitet werden kann, müssen die Impulse eine ausreichend elektrische Stärke aufweisen, oder es muß ihnen mit Hilfe anderer Impulse „hindurch" geholfen werden.

Bahnung und Hemmung

Einige Teile im Gehirn senden Botschaften, welche dazu beitragen, andere Informationen durch die einzelnen Synapsen hindurchzubringen. Man spricht in diesem Zusammenhang von *Bahnung oder Fazilitation.* Diese Botschaften nennt man auch Erregungen. Andere Abschnitte des Gehirns geben Informationen, welche den Nervenfluß durch die Synapse behindern. Man spricht von *Hemmung oder Inhibition.* Die Kombination von Bahnung und Hemmung verursachen die *Modulation oder Feinabstimmung,* welche den Prozeß der Selbstorganisation des Nervensystems be-

64   Die Integration der Sinne und das Gehirn

wirkt. Wir verändern den Ton, der aus einem Radiogerät kommt, indem
wir die Lautstärke laut oder leise stellen. Das Nervensystem stimmt sich
selbst ab, indem es die Energie bestimmter Sinneseindrücke anhebt und
diejenige anderer entsprechend reduziert.

So werden z. B. durch Botschaften von den vestibulären Kernen motorische Impulse durch das Rückenmark gebahnt, wodurch unser Muskeltonus und die Körperhaltung aufrechterhalten werden. Zur gleichen Zeit ist
jedoch die Aktivität der vestibulären Kerne durch Impulse vom Kleinhirn
gehemmt, und diese Hemmung verhindert, daß die vestibuläre Aktivität
überschießend wird. Jeder sensorische oder motorische Prozeß enthält ein
komplexes Geschehen von bahnenden Kräften, welche nützlichen Botschaften den Informationsfluß zum Gehirn erleichtern, und hemmenden
Kräften, welche die Zahl der unwichtigen Impulse reduzieren.

Ohne ausreichende Hemmung würden sensorische Impulse sich wie
ein Steppenbrand durch das Nervensystem ausbreiten und nichts zustande bringen. Die betreffende Person würde von ihren Gefühlen überwäl-
tigt. Bahnung und Hemmung sind beide gleich wichtige Teile der sensorischen Integration. Die Fähigkeit, seine Gefühle zu modulieren, ist ein
Prozeß, den das junge Kind erst noch lernen muß, damit es später in der
Lage ist, mit vielfältigen Sinnesreizen fertig zu werden.

Das Wachstum der Nervenverbindungen

Das Neugeborene hat die meisten der Neuronen bereits angelegt, die es
für sein ganzes Leben benötigt. Einige zusätzliche Neuronen entwickeln
sich in den ersten Lebensjahren. Bei der Geburt bestehen jedoch nur sehr
wenige Kontakte oder Synapsen zwischen den Neuronen. Anhäufungen
von Zwischenverbindungen wachsen während der Kindheit zwischen den
Neuronen aus. Wenn ein Kind mit seiner Umwelt oder mit Teilen seines
Körpers in Aktion tritt, veranlassen die sensorischen und motorischen Impulse, die seine Nerven durchströmen, die Nervenfasern zur Ausbildung
von Ästen und Zweigen, welche zu anderen Neuronen Verbindungen aufnehmen.

Neuronen müssen gereizt werden, um Brücken auszubilden. Ein sensorisches System kann sich nur dann entwickeln, wenn es den Kräften, die
seine Sinnesorgane aktivieren, ausgesetzt wird. Es muß Licht und etwas zu
sehen vorhanden sein, damit das visuelle System seine Zwischenverbindungen ausbildet, die es für die entsprechende visuelle Wahrnehmung benötigt. Und es muß Klang und Geräusch für das Gehörsystem zu seiner
Entwicklung vorhanden sein sowie Körperbewegung für die vestibulären
und propriozeptiven Systeme.

Das Auswachsen neuer Verbindungen entwickelt zusätzliche Möglichkeiten für nervliche Kommunikation. Jede neue Kontaktstelle fügt neue Elemente zu den sensorischen Wahrnehmungen und motorischen Möglichkeiten des Kleinkindes hinzu. Je mehr Nervenverbindungen eine Person hat, desto größer ist ihr Lernvermögen. Und das macht die wahre Intelligenz aus.

Reizung der Sinnesorgane und Bewegungsaktivität während der Jahre der frühen Kindheit regen die Neuronen und die Zwischenverbindungen an, sensorische und motorische Verarbeitung durchzuführen, welche für den Rest des Lebens der betreffenden Person relativ konstant erhalten bleiben. Da das Kleinkind noch genügend Plätze zur Verfügung hat, um neue Nervenverbindungen aufzubauen, ist es auch sehr beweglich in seinen Wahrnehmungen und Verhaltensweisen und lernt verhältnismäßig rasch und leicht. Die sensorischen und motorischen Anteile des Nervensystems bleiben während der ganzen Kindheit annähernd gleich elastisch. Im Alter von zehn Jahren ist das Wachstum sensorischer Verbindungen im Gehirn abgeschlossen oder zumindest fast abgeschlossen. Ältere Kinder und Erwachsene können nicht mehr so leicht neue sensorische Verbindungen in ihrem Gehirn aufbauen.

Lernen älterer Kinder und Erwachsener

Je mehr ein Muskel benutzt wird, desto stärker wird er – natürlich nur bis zu einer gewissen Grenze. Ein nicht benutzter Muskel wird schwach. In ähnlicher Weise wird eine Synapse, die gebraucht wird, kräftiger und wirksamer. Wie bei einem Muskel, macht auch bei der Synapse der häufige Gebrauch diese Synapse besser durchgängig, während eine nicht benutzte Synapse schlechter wird. Jedes Mal, wenn eine Nervenbotschaft die Synapse durchquert, passiert etwas in den Neuronen und ihren Synapsen, was es der Synapse für die Zukunft erleichtert, ähnliche Botschaften weiterzuleiten.

Jedes Mal, wenn es zu einer Wiederholung eines sensorischen oder motorischen Prozesses kommt, wird weniger Nervenenergie verbraucht, um diesen Prozeß beim nächsten Mal auszuführen. Das ist es, was in Tausenden oder Millionen von Synapsen gleichzeitig erfolgt, wenn wir eine uns bekannte Telefon-Nummer wählen oder eine sonstige motorische Fähigkeit ausnutzen. Der wiederholte Gebrauch der Synapsen gibt uns ein Gedächtnis für die Telefon-Nummer, er steigert unsere Handfertigkeit, und schließlich laufen diese Dinge sogar automatisch ab.

66   Die Integration der Sinne und das Gehirn

Lernen, wie man lernt

Die gegenseitigen Beziehungen der sensorischen und motorischen Systeme mit Hilfe ihrer zahllosen Zwischenverbindungen sind die wesentliche Voraussetzung zur Deutung von Empfindungen und für die Zweckgeordnetheit unserer Bewegungen. Das vestibuläre und das taktile System liefern hierfür die breiteste Basisinformation. Als nächstes folgt das propriozeptive System, das ebenfalls wesentliche Informationen beisteuert. Diese drei Sinnesorgane geben dem Gesehenen Sinn, indem sie der optischen Information diejenige hinzufügen, die durch Bewegung und Berührung erfahren wurde. Optische Hilfen sind sinngebend für das Gehörte, wie akustische Hilfen sinngebend sind für das Sehen. Diese Deutungen, die aus einer Vielzahl von Empfindungen hervorgegangen sind, helfen uns schließlich, um abstrakte und kognitive Gedanken zu formen.

Ohne Auseinandersetzung mit der physikalischen Umwelt ist Lernen ein sehr schwieriger Prozeß. Der größte Teil dessen, was wir lernen, muß in erster Linie durch Verknüpfung unserer sinnlichen Wahrnehmungssysteme erfolgen. Zu einem späteren Zeitpunkt kann mehr intellektuelles und akademisches Lernen in der Großhirnrinde erfolgen. Gegenseitige sensomotorische Beeinflussung liefert das Grundgerüst für spätere geistige Leistungen. Man könnte den Eindruck haben, daß ein Kind, während es spielt, nichts lernt, tatsächlich jedoch lernt es etwas sehr Grundlegendes: *Es lernt, wie man lernt.*

Lernen ist eine Funktion des gesamten Nervensystems. Ein Kind hat große Schwierigkeiten, lesen zu lernen, wenn ihm nicht alle seine sensorischen Systeme behilflich sind, um die Schriftzeichen auf der Lesebuchseite zu verarbeiten. Je mehr seine sensorischen Systeme zusammenarbeiten, desto mehr kann es quantitativ lernen, und desto leichter fällt es ihm.

Das Lernen beginnt mit der Schwerkraft und dem Körper. In aufrechter Stellung zu sitzen oder aber eine Rassel zu schütteln oder Treppen abwärts zu gehen oder einen Bleistift zu halten, fördern die Aufnahmefähigkeit des Gehirns, um komplexere Dinge lernen zu können.

Mit der auf dem sensomotorischen Niveau entwickelten Aufnahmefähigkeit des Gehirns ist das Kind dann besser vorbereitet zu lernen, wie man zwei Zahlen addiert oder wie man einen Satz schreibt, aber auch wie man Beziehungen zu Freunden aufnimmt.

Der Lernprozeß in der Therapie

Bei Durchführung der sensorischen Integrationsbehandlung möchten wir, daß das Kind so viele Synapsen wie möglich benutzt, soweit sein Wohlbefinden es erlaubt. Wir möchten vor allem, daß die Synapsen in seinem Hirnstamm angesprochen werden, in welchem so viele Empfindungen zusammenströmen. Das Kind kann den Eindruck machen, als ob es lediglich spiele, aber in Wirklichkeit arbeitet es dabei. Es kann sein, daß man das Gefühl hat, daß es mit seinen Problemen nicht besser fertig wird, aber es lernt dabei, wie es sein Gehirn wirkungsvoller und leichter benutzen kann. Wenn das Kind noch jung genug ist, wachsen möglicherweise noch neue nervliche Kontaktstellen. Dann wird die Besserung seines Zustandes sehr rasch erfolgen. Wenn es sich um ein älteres Kind handelt, kann die Therapie ihm beibringen, bestimmte nervale Botschaften besser zu bahnen und andere zu hemmen, Informationen auch an die richtigen Stellen in seinem Gehirn oder seinem Körper zu lenken und alle nervalen Informationen zu sinnvollen Wahrnehmungen und Verhaltensweisen zusammenzufassen.

Seine Behandlung besteht nicht darin, spezifische Fähigkeiten, wie z. B. Lesen oder Schreiben zu lernen. Es soll lernen, sein Gehirn zu ordnen, so daß es besser arbeiten kann. Das versetzt es wesentlich besser in die Lage, Lesen und Schreiben zu lernen und noch viele andere Dinge dazu.

Literatur

Harlow Harry F. (1959) Love in infant monkeys. Sci Am 200: 68–74
Harlow Harry F. (1958) The nature of love. Am Psychol 13: 673–685
Sarnat Harvey B, Netsky Martin G. (1974) Evolution of the nervous system. Oxford University Press, New York

II. Störungen der sensorischen Integration

Kapitel 4

Was ist eine Störung der sensorischen Integration?

Eine Störung der sensorischen Integration ist für das Gehirn dasselbe wie eine Verdauungsstörung für den Verdauungskanal. Das Wort Störung bedeutet soviel wie schlechtes Funktionieren. Das heißt nichts anderes, als daß das Gehirn nicht in seiner natürlichen, wirkungsvollen Weise funktioniert. Sensorisch bedeutet in diesem Zusammenhang, daß die ungenügende Leistung des Gehirns besonders die Sinnesorgane betrifft. Das Gehirn ist nicht in der Lage, den Zustrom sensorischer Impulse in einer Weise zu verarbeiten und zu ordnen, die dem betreffenden Individuum eine gute und genaue Information über sich selbst und seine Umwelt ermöglicht.

Wenn das Gehirn Sinneseindrücke nicht richtig verarbeiten kann, ist es auch gewöhnlich nicht in der Lage, sinnvolle Verhaltensweisen zu bestimmen. Ohne eine gute sensorische Integration fällt einem das Lernen schwer, und das betreffende Individuum fühlt sich des öfteren unzufrieden mit sich selbst und kann nicht gut genug mit alltäglichen Forderungen oder Streßsituationen fertig werden.

Wir können das Gehirn mit einer großen Stadt vergleichen und die nervlichen Prozesse mit dem Straßenverkehr in dieser Stadt. Gute Verarbeitung der Sinneswahrnehmung ermöglicht allen Nervenimpulsen, unbehindert abzulaufen und ihr Bestimmungsziel rasch zu erreichen. Störungen der sensorischen Integration sind eine Art Verkehrschaos im Gehirn. Einige der sensorischen Informationen werden durch den Verkehr aufgehalten und erreichen nicht die entsprechenden Hirnpartien, welche die Information nötig haben, um ihre Arbeit leisten zu können. Ein anderer Begriff für diese Art von Problemen ist Unordnung der sensorischen Integration. Wenn Sie einmal während einer rush-hour im Verkehr steckengeblieben sind, wissen Sie, was eine solche Unordnung bedeutet.

Ein Ereignis, das gewöhnlich zu einer schlechten sensorischen Verarbeitung führt, stellt der *Hirnschaden* dar. Bei den meisten Kindern mit Störungen der sensorischen Integration besteht wahrscheinlich kein wirklicher Schaden in der Hirnstruktur. Verdauungsstörung bedeutet nicht unbedingt, daß der Magen oder die Eingeweide geschädigt wurden. Es besagt lediglich, daß diese Organe die Nahrung nicht regelrecht verarbeiten können. Ein Verkehrschaos bedeutet auch nicht, daß die Straßen beschädigt sind.

72 Störungen der sensorischen Integration

Das Wort „Störung" wird benutzt, um auszudrücken, daß es eine gewisse Möglichkeit gibt, das Problem rückgängig zu machen. Die Formulierung „minimale Hirnfunktionsstörung" zeigt an, daß das Problem nur mild ausgebildet ist und zumindest teilweise durch die Behandlung wieder ausgeglichen werden kann. Es gibt Wege, um Hirnfunktionsstörungen zu vermindern in gleicher Weise, wie es Mittel gibt, um eine Verdauungsstörung oder ein Verkehrschaos zu beseitigen.

Obwohl eine Störung der sensorischen Integration durch unregelmäßige Aktivität im Gehirn verursacht wird, werden die meisten Neurologen (Ärzte, welche sich speziell mit Erkrankungen des Nervensystems befassen) nichts Auffälliges an einem Kind mit sensorischer Integrationsstörung finden. Neurologen suchen gewöhnlich nach einem Hirnschaden oder irgend etwas, das falsch läuft, z. B. eine Hirnerkrankung oder eine Geschwulst. Störungen der sensorischen Integration lassen sich durch solche Untersuchungen nicht nachweisen. Es handelt sich nicht um eine Krankheit. Das Leiden verschlimmert sich nicht, wenn auch die Effekte der Störung im Laufe des Lebens des Kindes zunehmen können. Kinderneurologen fangen allmählich an, minimale Hirnstörungen zu erkennen, und so werden sie in der Lage sein, die Probleme des Kindes zu diagnostizieren.

Eine minimale Hirnfunktionsstörung kann die Ursache für zahlreiche unterschiedliche Probleme sein. Eins davon ist eine schlechte sensorische Integration. Sie kann – und das geschieht öfters – in eine Aphasie (Schwierigkeiten im Sprechvermögen und manchmal auch Schwierigkeiten im Verstehen dessen, was andere Leute sagen), ferner in schwerere Verhaltensstörungen und andere psychologische Probleme einmünden. Einige dieser Kinder mit leichten Hirnfunktionsstörungen müssen eine gut überwachte Diät einhalten, da ihr Gehirn bestimmte biochemische Substanzen nicht in der gleichen Weise wie die Gehirne anderer Menschen verarbeiten kann.

Leichte Hirnfunktionsstörung ist nicht dasselbe wie geistige Entwicklungsverzögerung, und ebensowenig stellt sie eine Störung der sensorischen Integration dar. Viele Kinder mit Problemen der sensorischen Integration haben normale oder sogar überdurchschnittliche Intelligenz. Wenn ein Kind in mehreren Hirnregionen eine schlechte Verarbeitung von Sinneswahrnehmungen hat, wird es Schwierigkeiten im Umgang mit Ideen, Verallgemeinerungen und anderen intellektuellen Tätigkeiten haben, so daß auf diesem Wege ein sehr stark ausgeprägtes sensorisches Verarbeitungsproblem ein Kind geistig verlangsamt machen kann. Doch die meisten Kinder mit sensorischer Integrationsstörung haben nicht so ausgeprägte Probleme.

Kinder mit Störungen der sensorischen Integration entwickeln sich oft

Kapitel 4. Was ist eine Störung der sensorischen Integration? 73

ungleichmäßig. Da das Problem nur minimal ist, funktioneren nur einige Abschnitte ihres Nervensystems ungeordnet und unregelmäßig. Die anderen Abschnitte haben normale Funktion, so daß das Kind in einigen Leistungen altersentsprechend erscheint, in anderen unterhalb der Altersgruppe. Andererseits hat das geistig verlangsamte Kind die Fähigkeit, leidlich gut in allen anderen Bereichen zu funktionieren. Sein Urteilsvermögen und die Fähigkeit, etwas zu verstehen, sind schlechter als seine motorischen Fähigkeiten. Das Kind mit Störungen der sensorischen Integration hat dagegen eher Probleme mit dem motorischen Planen und weniger mit dem Urteilsvermögen und dem Verstand.

Intelligenz ist die Fähigkeit, Beziehungen mit der physikalischen Umwelt oder mit Gedanken und Ideen aufzunehmen. Um dies zu ermöglichen, benötigt das Kind eine Menge gut geplanter Zusammenarbeit zwischen Milliarden von Neuronen. Das Ausmaß der Intelligenz scheint mit der Anzahl der Neuronen im Gehirn übereinzustimmen und besonders mit der Anzahl von Kontakten zwischen diesen Neuronen. Da die meisten Kinder mit Störungen der sensorischen Integration etwa genauso viele Neuronen besitzen wie normale Kinder, liegt ihr Problem in den Kontaktstellen, welche auf unvollständige Weise arbeiten.

Lassen Sie uns diesen Punkt durch einen Analogieschluß illustrieren! Stellen Sie sich ein kleines Geschäft mit vier Angestellten und ein ähnliches Geschäft mit acht Angestellten vor. Unter der Voraussetzung, daß alle Dinge in gleicher Weise vorhanden sind, erwartet man, daß das Acht-Personen-Geschäft mehr leistet. Wenn man nun annimmt, daß an einem Tag jedoch vier der Mitarbeiter des Acht-Personen-Unternehmens abwesend waren, während die vier Personen des anderen Geschäfts an der Arbeit waren, so leuchtet ein, daß – obwohl beide Geschäfte mit vier Mitarbeitern besetzt waren –, dasjenige mit dem voll eingespielten Vier-Personen-Geschäft wahrscheinlich eine bessere Arbeit vollbringt als dasjenige, bei dem nur der halbe Mitarbeiterstab vorhanden ist. In Analogie dazu muß das Gehirn, um seine volle Intelligenz ausspielen zu können, die Gesamtzahl seiner verfügbaren Neuronen zu einer reibungslosen Zusammenarbeit zur Verfügung haben.

Allerdings ist hierbei zu berücksichtigen, daß eine Störung der sensorischen Integration eine schlechtere Funktion und nicht das Fehlen einer Funktion darstellt. Der Acht-Personen-Mitarbeiterstab kann eine schlechte Arbeit leisten, wenn die einzelnen Mitarbeiter nicht miteinander kommunizieren und ihre Anstrengungen koordinieren. Ein Acht-Personen-Mitarbeiterstab, in dem die einzelnen nicht zueinander Kontakt aufnehmen, kann keine so gute Arbeit leisten wie ein Vier-Personenstab mit reibungsloser Kommunikation. Das Kind mit einer Störung der sensorischen Integration hat zwar einen „vollen Stab" von Neuronen, aber diese Neuronen sprechen zu bestimmten Zeiten nicht miteinander. Sie arbeiten nicht als ein Ganzes zusammen, so daß manches, was sie tun, entweder nutzlos oder aber übertrieben ist.

Zahlreiche Menschen begreifen allmählich, daß bei einem Kind mit Lernproblemen etwas mit seiner Hirnfunktion nicht in Ordnung sein dürfte. Sie verstehen jedoch nicht, daß Verhaltensprobleme ebenso im Gehirn ihre Wurzel haben. Selbstverständlich sind zahlreiche Umwelteinflüsse extrem wichtig, um zu bestimmen, wie sich eine Persönlichkeit entwickelt und selbstverwirklicht. Lernen kann dort nicht stattfinden, wo es nichts zu lernen gibt, und eine Persönlichkeit kann sich nicht entwickeln, wenn das Kind sich nicht mit den Lebensverhältnissen auseinandersetzt.

Die Fähigkeit eines Kindes zur Kontaktaufnahme ist jedoch von der Art seiner Hirnfunktion abhängig. In gleicher Weise, wie es Gehirne gibt, welche mit Algebra nicht fertig werden, gibt es andere, die nicht mit Streß oder mit plötzlichen Änderungen von Plänen fertig werden oder aber aufmerksam zu sein oder mit anderen etwas zu teilen oder eben nur stillsitzen zu können.

Allerdings sind nicht alle Schulprobleme durch eine Störung der sensorischen Integration verursacht. Wenn jemand blind ist, bekommt er keine optische Information. Blindheit ist somit eher ein Mangel an sensorischer Eingabe als an sensorischer Integration. Wenn im Gehirn derjenige Abschnitt geschädigt ist, welcher die Muskelfunktion bestimmt – wie das bei der Cerebralparese der Fall ist – kann sich das Kind nicht gut bewegen, doch ist dies ein neuromuskuläres Problem und nicht ein Problem der sensorischen Integration.

Ein Kind, das sehr stark belastet wird, kann ärgerlich werden oder sich zurückziehen, aber seine Probleme basieren auf etwas anderem als auf seiner schlechten sensorischen Integration. Die meisten Kinder mit sensorischen Integrationsstörungen haben normales Sehvermögen und Gehör. Jedoch die Empfindungen, die daraus hervorgehen, haben keine klare Bedeutung für sie. Die meisten dieser Kinder haben es nicht schwerer gehabt als die anderen. Aber die Störung in ihrem Gehirn hat ihr emotionales Wachstum behindert.

Wenn die Störungen ingesamt nur schwach ausgebildet sind, kann es sein, daß die einzige sichtbare Schwierigkeit des Kindes im Lernen besteht, und zwar sowohl im Erlernen des Lesens als auch des Rechnens. In diesen Fällen sagen die Lehrer und Psychologen, daß es sich um eine Lernschwierigkeit handelt. Viele Lernprobleme sind jedoch das Ergebnis schlechter sensorischer Integration, und die meisten Kinder mit Lernschwierigkeiten weisen einen geringen Grad der Störung sensorischer Integration auf.

Kapitel 4. Was ist eine Störung der sensorischen Integration? 75

Manche Leute vermuten, daß Kinder mit Lern- oder Verhaltens-
schwierigkeiten langsame Entwickler sind. Es gibt zweifellos Unterschiede in der Wachstumsgeschwindigkeit, die man beachten muß. Jedoch die
meisten Personen, die sich beruflich mit diesen Problemen befassen, haben festgestellt, daß ein Kind niemals vollständig aus seinen Schwierigkeiten herauswachsen wird. Viele Kinder lernen, ihre Probleme auf irgendeine Art zu kompensieren, Aufgaben zu vollenden, indem sie einfach
etwas intensiver arbeiten, als es andere Leute tun müssen, oder aber indem
sie ihre Probleme in einer anderen Weise ausdrücken. *Es ist sehr gefährlich
anzunehmen, daß ein Kind aus seinen Problemen herauswachsen wird.
Denn diese Einstellung verhindert, daß das Kind in dem Alter, in dem es ihm
nützen könnte, fachliche Hilfe bekommt.*

Die Symptome und ihre möglichen Ursachen

Was verursacht das Problem?

Wir wissen weniger über die Ursache der Störung der sensorischen Integration als über die Art und Weise, was wir dagegen tun können. Einige
Forscher vermuten, daß bestimmte Kinder eine angeborene Veranlagung
für bestimmte Typen eines gering ausgebildeten Hirnschadens haben. Viele denken, daß die Zunahme von Umweltgiften, wie z. B. Luftverschmut-
zung, zerstörerische Gifte oder andere Chemikalien, die wir in unseren
Körper aufnehmen, zu diesen Störungen im Gehirn beitragen können. Ge-
netische und chemische Faktoren können bei manchen Kindern zweifellos gemeinsam vorhanden sein. Das Nervensystem entwickelt sich bereits
während des Lebens im Mutterleib, und das Gehirn ist bekanntlich in dieser Zeit sehr leicht verletzbar. Bei manchen Kindern können unter Umständen diese genetischen Faktoren teilweise an einer stärkeren Verletz-
barkeit des Gehirns als bei den anderen schuld sein. In diesem sehr
empfindlichen Stadium können Umweltgifte die Entwicklung der sensorischen Integration beeinträchtigen.

Das Gehirn ist auch während der Entbindung sehr verletzlich, und
manchmal bekommen Kinder während der Geburt nicht genug Sauer-
stoff. Dr. W. F. Windle führte Untersuchungen durch, wobei er bei Affen
einen ähnlichen Grad von Sauerstoffmangel während der Geburt erzeugte. Diese Affen wiesen die Anzeichen einer schlechten sinnlichen Verarbeitung auf, obwohl sie später normal zu sein schienen. Bei einigen dieser
Affen wurden Hirnuntersuchungen vorgenommen, wobei sich in denjeni-

76   Störungen der sensorischen Integration

gen Bezirken des Gehirns Schädigungen zeigten, welche akustische und taktile Reize zu verarbeiten haben. Die Ergebnisse der Untersuchungen von Dr. Windle und anderer Forschungen haben einige Menschen zu der Annahme geführt, daß die natürliche Entbindung die Häufigkeit des Auftretens minimaler Hirnschädigungen reduzieren könnte.

Kinder, die ein sehr reduziertes Leben führen, indem sie wenig Kontakt mit anderen Menschen und Dingen haben, entwickeln keine altersentsprechenden sensorischen, motorischen oder geistigen Funktionen. In manchen Heimen wächst das Kind in einem reduzierten Raum mit nur wenig Gelegenheit für Bewegung oder Spielen und nur wenig sensorischer Stimulation auf, wie sie normalerweise von den Eltern ausgeht. Diese sensorische Mangelsituation führt zu einer schlechten Entwicklung der Kinder. Dr. Lawrence Casler verabfolgte einigen so institutionalisierten Kindern zusätzliche Berührungsreize durch leichten Druck auf die Hautoberfläche und konnte feststellen, daß diese den Kindern zu einer besseren Entwicklung verhalfen im Vergleich mit denen, die keine zusätzlichen Berührungsreize empfingen.

Im vorigen Kapitel hatten wir die Untersuchungen Harlows mit Affenjungen, die ihrer mütterlichen sensorischen Stimulation beraubt waren, besprochen. Diejenigen Affen, die eine künstliche „Mutter" lediglich in Form eines Drahtgestells angeboten bekamen, konnten nicht die angenehmen Berührungsempfindungen entwickeln, welche sie für ihr emotionales Wachstum benötigten. Diese Affen wuchsen mit schweren Störungen auf und zeigten ähnliche reizmangelbedingte Verhaltenssymptome, die bei Kindern in Heimen allgemein bekannt sind.

Dr. Seymour Levine fand, daß Ratten, die während ihrer frühen Jugendzeit nicht berührt und entsprechend hantiert wurden, einen Mangel an hormonalen Reaktionen entwickelten, die normalerweise eine geordnete Hirnaktion bei Streßsituationen aufrechterhalten. Diese Ratten fürchteten sich, eine ihnen unbekannte Umgebung zu erforschen, und reagierten in ihnen unbekannten Situationen übertrieben.

Ähnlich wie bei den Affen, die Dr. Harlow untersuchte, scheint das Problem auf einem Mangel an Berührungsreizen während der Periode, in der das Gehirn diese Empfindungen zu einer geordneten Entwicklung benötigt, zu beruhen. Da diese Ratten jedoch niemals aufgenommen oder bewegt wurden, war in diesen Fällen der Mangel an vestibulärer Stimulation ebenso schädigend wie der Mangel an Berührungsreizen bei den Äffchen.

Dr. W. A. Mason und Dr. G. Berkson führten ähnliche Experimente durch wie Dr. Harlow mit dem Unterschied, daß die eine Gruppe Affen mit einer künstlichen samtbekleideten „Mutter" aufwuchs, welche sie

Kapitel 4. Was ist eine Störung der sensorischen Integration? 77

schaukelte und hin- und herbewegte, verglichen mit einer Gruppe, die ähnliche „Mütter" hatten, welche sich jedoch nicht bewegten. Dabei zeigte es sich, daß die Affenjungen mit unbeweglichen „Müttern" abnorme Verhaltensmuster entwickelten, während die Äffchen, deren Mütter schaukelten, die Abnormalitäten nicht erkennen ließen.

Dr. W. R. Thompson und Dr. Ronald Melzack an der McGill Universität zogen einige Scotch-Terrier in Käfigen auf – jeweils einen Hund in einem Käfig – und zwar so, daß diese Hunde nichts außerhalb ihres Käfigs sehen konnten. Im Alter von 7 bis 10 Monaten verglichen die Forscher diese Hunde mit umherstreunenden Terriern, die unter normalen Bedingungen aufgewachsen waren. Beiden Gruppen von Hunden wurden fremde Objekte vorgeführt. Während die normalen Hunde einfach wegliefen, sprangen die in den Käfigen aufgewachsenen Hunde aufgeregt hin und her und liefen in ihrer Verwirrung teilweise sogar in diese Gegenstände hinein. Unter anderen Bedingungen verhielten sie sich völlig wild und ziellos. Sie hatten Schwierigkeiten, sich an Umgebungswechsel anzupassen und sinnvolle Tätigkeiten zu vollführen. Sie konnten sich nicht daran erinnern, wo sich ihr Futter befand. Sie fanden ihren Weg in fremder Umgebung nicht und konnten sich auch nicht gut genug in ihre Umgebung einfügen. Obwohl diese Hunde von Geburt her ein völlig normales Gehirn aufwiesen, hatte der Mangel an Sinnesreizung und entsprechenden Anpassungsreaktionen ihrem Gehirn eine schlechtere Entwicklungschance geboten.

Mangel an Sinnesreizen kann das Gehirn selbst bei normalen und gesunden Erwachsenen noch durcheinander bringen. Wissenschaftler beobachteten vorübergehende Verhaltens- und Persönlichkeitsstörungen bei Piloten von Düsenflugzeugen nach langen Flügen, während der sie sich nicht von ihren Sitzen bewegen konnten und auch bei Menschen, welche in Schutzhütten während eines arktischen Winters Zuflucht fanden. Falls Sie die Erfahrung hinter sich bringen konnten, längere Zeit an ein Krankenbett gebunden zu sein oder lange Automobilreisen durchzuführen, während derer Sie sich nicht bewegen konnten, dann können Sie eine gewisse Vorstellung davon gewinnen, welche Unbehaglichkeit und leichte Irritierbarkeit durch den Mangel an vestibulärer und propriozeptiver Reizung und den Anpassungsreaktionen an diese Empfindungen verursacht wird.

Einige Forscher entwarfen Kammern, in denen sämtliche Umweltreize ausgeschaltet sind, um zu sehen, was sich bei normalen Erwachsenen ereignet, wenn deren Sinne nicht beansprucht werden. Es ist praktisch unmöglich, ein lebendes Nervensystem seiner eigenen Empfindungen zu berauben, jedoch kann man Personen vor Empfindungen, die sich in ihrer

Qualität ändern, bewahren. Man tut dies, indem man alle Gefühlseinwirkungen mit Ausnahme monotoner Empfindungen, die das Gehirn nur wenig beanspruchen, fernhält. Nach einer kurzen Weile verarbeitet das Gehirn diese monotonen Eindrücke – beispielsweise das Ticken einer Uhr – nicht mehr, und auf diese Weise stellen diese Empfindungsqualitäten keine „Hirnnahrung" mehr dar.

In einigen dieser Kammern befand sich lauwarmes Wasser, welches nach einer relativ kurzen Zeit die Haut vor allen Reizempfindungen bewahrte. In anderen befanden sich die Testpersonen in einem Anzug, der vom Kopf bis zum Fuß reichte und jegliche Berührungsstimulation und Körperbewegung verhinderte. Den Versuchspersonen wurden die Augen zugebunden, oder aber sie befanden sich in einem konstanten Bereich weißen Lichtes. Die Ohren waren verstopft oder einem monotonen „weißen Geräusch" ausgesetzt.

Nach einigen Stunden fingen bei diesen Versuchspersonen die Hirnfunktionen an, sich zu desorganisieren. Sie entwickelten abnorme Ängste sowie optische und akustische Halluzinationen. Wenn das Gehirn einem Mangel an sinnlicher Wahrnehmung ausgesetzt wird, zerfallen die Verarbeitungsprozesse für normale Reizwahrnehmung. Selbst wenn die betreffende Versuchsperson die reizfreie Kammer verlassen hatte, wiederholten sich diese halluzinatorischen Erscheinungen noch eine Zeit lang.

Diese oben angeführten Untersuchungen zeigen, welche Bedeutung vollständiger Mangel an Sinneseinflüssen auf die Verarbeitung sinnlicher Wahrnehmung hat. Allerdings ist der vollständige Mangel an Sinneswahrnehmung in unserem Land nicht die normale Ursache für Störungen der sensorischen Integration. Die meisten Kinder mit leichten Unregelmäßigkeiten der Hirnfunktion haben in ihrer Kindheit ganz normale Sinneswahrnehmungen erfahren. Ihre Eltern oder Betreuer sorgten für ausreichende Möglichkeiten, um ihnen eine normale Hirnentwicklung zu erlauben. Wenn in diesen Fällen nicht eine nervliche Störung vorhanden gewesen wäre, hätte sich das Kind in gleicher Weise wie die anderen Kinder entwickelt. Weder unfreiwillig noch zufällig haben seine Eltern die Störung verursacht.

Auch wenn die meisten Kinder mit Störungen der sensorischen Integration nicht dem vollständigen Mangel an Sinneseindrücken ausgesetzt waren, die in Einrichtungen oder Experimenten, wie sie Harlow durchgeführt hat, bestanden, können ihre Schwierigkeiten das Ergebnis einer internen Mangelsituation sinnlicher Wahrnehmungsreize sein. Bei diesen Kindern kann durchaus die sensorische Reizung in der Umwelt vorhanden gewesen sein, aber in irgendeiner Weise erreichten die Sinnesreize nicht jeden Abschnitt des Gehirns in dem Ausmaße, wie es das Gehirn für

Kapitel 4. Was ist eine Störung der sensorischen Integration? 79

seine Entwicklung benötigte. Die Sinnesreize traten zwar in das Gehirn ein, aber einige von ihnen kamen nicht bei den Neuronen und Synapsen an, für deren Weiterentwicklung sie nötig waren. Diese innere Mangelsituation an sinnlicher Wahrnehmung verhindert, daß das Gehirn die Funktionen entwickelt, die auf einer vollständigen Reizverarbeitung beruhen. Die Eltern realisieren gewöhnlich nicht, daß die Schwierigkeiten, die das Kind beim Lernen und seinem Verhalten erkennen läßt, die Folge einer nervlichen Störung sind, die das Kind nicht von sich aus beeinflussen kann. Sie denken, daß das Kind sinnlose Dinge tut, und deshalb reagieren sie in einer Weise, welche das Leben des Kindes noch schwerer gestaltet, als es ohnehin schon ist. Der Schaden, der durch diese falsche Beurteilung beim Erziehen des Kindes entsteht, tritt dadurch gewöhnlich noch stärker hervor. Das Problem war bereits längst im Gehirn, bevor die Eltern irgend etwas falsch machten. Anstatt sich schuldig zu fühlen, sollten sie besser irgend etwas tun, das dem Kind hilft, sein Nervensystem besser zu ordnen. Zumindest aber sollten sie ihm helfen, daß es sich in seiner Haut etwas wohler fühlt.

Die Symptome

Störungen der sensorischen Integration wären einfacher zu erkennen und zu behandeln, wenn die Probleme bei jedem Kind die gleichen wären. Therapeutinnen, die sich mit sensorischer Integration befassen, haben deswegen eine relativ verwirrende Diagnostik durchzuführen, da jedes Kind, welches sie zu sehen bekommen, seine eigene Symptomatik aufweist. Manche Symptome treten oft genug gemeinsam auf, so daß man sie als Syndrome zusammenfassen kann. Aber die meisten Kinder passen nicht genau in diese Kategorien.

In den nächsten vier Kapiteln werden wir diese Symptome im Detail besprechen und ihre Bedeutung erklären. Die folgenden Abschnitte stellen einen kurzen Überblick über die Symptome in allgemein verständlichen Ausdrücken dar.

Überaktivität und Ablenkbarkeit. Da sie so auffallend und unharmonisch wirkt, ist die Überaktivität oder Zappeligkeit häufig das erste Zeichen einer Störung der sensorischen Integration, das den Eltern auffällt. Es stellt auch die hauptsächliche Ursache, sich zu beklagen, dar. Das Kind ist praktisch die ganze Zeit über in Bewegung. Es pflegt zu rennen, anstelle zu laufen, und viele seiner Aktivitäten sind nicht zweckmäßig. Still zu sitzen und sich auf irgend etwas zu konzentrieren, ist nahezu unmöglich. Ablenkbarkeit ist ein Hauptproblem in der Schule. Da das Kind Geräusche

80 Störungen der sensorischen Integration

und Lichteindrücke und die Verwirrung, die verursacht wird, wenn viele Menschen unterschiedliche Dinge tun, nicht „abschalten kann", arbeitet es niemals bis an seine Leistungsgrenze heran. Als Kleinkind ist es „überall und nirgends". Wenn es älter wird, kann es vielleicht einiges von seinem Umherlaufen unterdrücken, doch die gleiche überschießende nervliche Aktivität behindert es, sein Zimmer in Ordnung zu halten, eine Aufgabe zu Ende zu bringen oder in die Schule zu gehen mit all den Sachen, die es dazu benötigt.

Die Eltern stellen oft fest: „Wenn er an seinen Pullover denkt, vergißt er, sein Frühstück einzupacken, und wenn er sein Frühstück einpackt, vergißt er seine Bücher." Oder: „Sie kann ihre Handlungen nicht zusammenbekommen." *Solange ein Gehirn Sinneseindrücke und motorische Handlungen nicht richtig ordnen kann, ist es ebensowenig in der Lage, einen Schrank, der voll von Kleidern ist oder einen Ranzen mit Büchern, Heften und Bleistiften in Ordnung zu halten.*

Verhaltensprobleme. Ein Kind mit einer leichten Hirnschädigung bereitet seinen Eltern mehr Schwierigkeiten als andere Kinder. Es ist weniger glücklich – die Dinge in seinem Inneren laufen halt nicht richtig ab. Es ist verwirrt und kann sich nicht daran freuen, mit seiner Familie zusammen zu sein oder mit anderen Kindern zu spielen. Ein Spiel zu verlieren, ist sehr erschreckend für sein schwach entwickeltes Selbstbewußtsein, und so zerstört es das Spiel lieber vorher. Sein Spielzeug oder seine Nahrung mit jemanden zu teilen, bereitet ihm Schwierigkeiten. Es versucht unentwegt, sich das Gefühl zu verschaffen, erfolgreich und bedeutend zu sein, und deshalb kann es nicht an die Bedürfnisse anderer Leute denken. Da sein Gehirn in einer anderen Weise reagiert, handelt es oft anders, als die Umstände es erfordern. Es ist überempfindlich, und seine Gefühle sind oft verletzt. Es kann mit den täglichen Belastungen nicht fertig werden, ebenso wenig auch mit neuen oder nicht vertrauten Situationen.

Da andere Menschen sein Verhalten nicht mögen, lieben sie das Kind auch nicht besonders und bereiten ihm Schwierigkeiten. Kinder können sehr gemein zueinander sein, und Eltern können ebenso die Kontrolle über ihr Verhalten verlieren. Ein schädlicher Kreislauf von zu wenig Selbstbewußtsein, unangenehmen eigenem Verhalten und falschen Verhalten der anderen hält das Kind in einer elenden Situation.

Nicht nur, daß das gestörte Kind mit seinem Hirnschaden fertigwerden muß; es muß darüber hinaus auch mit Menschen umgehen, die es nicht mögen und es wegen seines Verhaltens zurückweisen. So wird es das Bedürfnis haben, entweder nur mit jüngeren Kindern zu spielen, welche für es keine Herausforderung darstellen oder aber nur mit älteren, die es bereits verste-

Kapitel 4. Was ist eine Störung der sensorischen Integration? 81

hen können und seine Störung akzeptieren, oder aber es hält sich ausschließlich an Erwachsene.

Sprachentwicklung. Da Sprache und Sprechvermögen auf zahlreichen Integrationsprozessen sinnlicher Wahrnehmung beruhen, sind sie besonders geeignet, Entwicklungsverzögerungen aufzuweisen, wenn es zu irgendeiner Unregelmäßigkeit bei Prozessen der Sinnesverarbeitung kommt. Die Gesellschaft legt große Bedeutung auf die Sprache als Ausdrucksmittel der zwischenmenschlichen Beziehungen, und so kommt es, daß viele Eltern eher Sprach- und Artikulationsstörungen beobachten, bevor ihnen die anderen Symptome auffallen.

Muskeltonus und Koordination. Sinnesreize, die vom vestibulären und propriozeptiven System ausgehen, steuern den Muskeltonus, welcher den Körper aufrecht und in der erforderlichen Spannung hält. Kinder mit Störungen der sensorischen Integration haben oft einen niedrigen Muskeltonus, wodurch sie schwächlich erscheinen. Sie müssen eine große Energie aufbringen, um den Kopf und den Körper entgegen der Schwerkraft aufrechtzuhalten, und deswegen ermüden sie sehr rasch. Da diesen Kindern ein entsprechender Muskeltonus auch in der Nackenmuskulatur fehlt, stützen sie den Kopf auf die Hände oder den Arm, während sie am Tisch sitzen. Oft lehnen sie sich auch gegen eine Wand oder an eine Stange, weil das Stehen ohne Unterstützung für sie zu viel Anstrengung bedeutet.

Wenn das vestibuläre, propriozeptive und das taktile System nicht in der richtigen Weise arbeiten, hat das betreffende Kind eine schlechte motorische Koordination. Es kann leicht sein Gleichgewicht verlieren und stolpern. Es läßt seinen Federhalter öfter fallen als die anderen Kinder. Manche Kinder fallen sogar von ihren Stühlen, weil sie nicht fühlen können, wo sie sitzen.

Tolpatschige Bewegungen werden oft durch eine schlechte Verarbeitung von Körper- und Schwerkraftgefühlen im Gehirn verursacht. Sie können natürlich auch durch andere neurologische Störungen hervorgerufen werden. Ein sehr häufiges Zeichen einer Störung der sensorischen Integration ist auch eine gewisse Unreife beim Spielen des Kindes. *Ein Kind, das keine Türme bauen, nicht richtig mit Spielzeug umgehen und keine Puzzlespiele zusammensetzen kann, hat wahrscheinlich ein Problem mit seiner sensorischen Integration.*

Lernen in der Schule. Im Falle einer nur geringfügigen Störung im Gehirn scheint bei dem Kind alles in Ordnung zu sein, bis es mit den Schulaufga-

82   Störungen der sensorischen Integration

ben konfrontiert wird. Lesen, Schreiben und Rechnen fordern ein großes Maß an sensorischer Integration und stellen sehr komplexe Forderungen an das Gehirn. Ein vorhandenes Problem mit der sensorischen Integration kann direkt in die Lernprozesse im Gehirn eingreifen, oder es kann ein schlechtes Verhalten verursachen, welches die Schularbeiten behindert, selbst wenn das Kind eine normale Lernfähigkeit hat. Wird die Schularbeit zu entmutigend für das Kind, kommt es zum Sitzenbleiben und vielleicht sogar zum Verlassen der Schule.

Lesen und Schreiben zu lernen, kann ein Hauptproblem werden. Das Kind muß sich daran erinnern, ob der Buchstabe „M" nach oben oder nach unten geht und ob bei einem „P" der Bogen nach links oder nach rechts geschrieben werden muß. Dieses Wissen beruht auf einer Art von visuellem und motorischem Gedächtnis, das für die meisten Menschen sich automatisch einstellt. Wenn aber diese Aktivität im Gehirn nicht entsprechend geordnet ist, kann das Kind diese Erinnerung nicht „finden", wenn es sie braucht.

Von einem Kind im Kindergartenalter zu verlangen, daß es bereits Lesen lernt, bevor sein Gehirn für diese Tätigkeit vorbereitet ist, erscheint unter diesen Gesichtspunkten nicht nur unproduktiv, sondern es hält auch das Kind von sensomotorischen Aktivitäten ab, die sein Gehirn jetzt benötigt, um sich so organisieren zu können, daß es im späteren Alter in der Lage ist, lesen zu lernen.

Manche Kinder mit ganz bestimmten Typen sensorischer Integrationsstörungen empfinden ihr Leben lang das Schreiben als kompliziert. Für manche Kinder ist es besonders schwierig, Worte zu hören und sie dann niederzuschreiben. Sie können die akustischen Eindrücke nicht mit den Empfindungen von ihren Fingern und Händen zusammenbringen. Ein solches Kind sagt dann: „Ich weiß zwar, was Du willst, aber ich kann es nicht niederschreiben."

Ganz allgemein haben Kinder mit Störungen der sensorischen Integration Schwierigkeiten, sich in dem Raum, der sie umgibt, zurechtzufinden. Sie rempeln Menschen an oder laufen in Dinge hinein, da sie nicht abschätzen können, wo sich diese Dinge im Raum befinden und wo ihr eigener Körper steht. Sie sind – wörtlich gesprochen – „im Raume verloren".

In der Schule kann dieses Problem dazu führen, daß sie Schwierigkeiten haben, Worte, die an der Wandtafel stehen, in ihr Heft zu übertragen. Da ist einmal die Schwierigkeit, die das Kind mit dem räumlichen Abstand zwischen sich und der Wandtafel hat, und dann kommen noch größere Schwierigkeiten mit der räumlichen Einteilung der Buchstaben beim Schreiben auf das Papier hinzu. Seine Buchstaben werden unterschiedlich groß oder schief angeordnet.

Kapitel 4. Was ist eine Störung der sensorischen Integration?

Teenager-Probleme. Im Laufe der Zeit erreicht das Kind mit Störungen der sensorischen Integration das Jugendalter, und es hat recht und schlecht gelernt, mit den Anforderungen der Schule fertig zu werden. Wenn das nicht der Fall ist, verläßt es wahrscheinlich die Schule vorzeitig. Viele jugendliche Straftäter waren ursprünglich Kinder mit Störungen der sensorischen Integration, die ihren Erfolg in der Schule entsprechend negativ beeinflußten.

Wenn die Störung nur gering ausgeprägt ist, zeigen sich entsprechend geringere Probleme, z. B. gelegentliches Drehen nach einer falschen Seite oder Schwierigkeiten, sich an Zahlenfolgen – wie Telefon-Nummern – zu erinnern oder aber schlechtes Nachrechnen beim Erhalten von Wechselgeld. Solche Teenager vermeiden wahrscheinlich zu tanzen und haben es schon schwer genug, einen einfachen Rhythmus im richtigen Takt zu schlagen. Man kann leicht einsehen, daß solche Probleme einen Teenager unglücklich machen können.

Eine der hauptsächlichsten Klagen der Eltern von Teenagern, die sensorische Integrationsstörungen haben, ist ihr Mangel an Ordnung. Ein Gehirn, das Schwierigkeiten hat, seine Empfindungen richtig zu ordnen, ist genauso wenig in der Lage, andere Dinge in richtiger Weise zu ordnen. Sich auf eine Arbeit zu konzentrieren, z. B. einen Raum zu reinigen oder eine Erzählung niederzuschreiben, fällt schwer.

Für einen solchen Teenager ist es ganz besonders schwierig, eine Reihe von Aufgaben zu planen, genauso wie es für ihn während seiner Kindheit schwer war, eine Reihe von Buchstaben oder Nummern zu begreifen. Er weiß nicht, womit er beginnen soll und wie lang jede einzelne Handlung dauern wird. Wenn er bei seiner Arbeit unterbrochen wird, vergißt er, was er gerade im Begriff war zu tun. Es gibt Tage, an denen es für ihn unmöglich ist, sich auf eine Sache zu konzentrieren und sie zu Ende zu bringen.

Die Störung der sensorischen Integration als solche

Die bisher besprochenen Symptome sind nicht das wirkliche Problem; sie sind die Endprodukte einer unzulänglichen und unregelmäßigen Verarbeitung von Sinneseindrücken im Gehirn. Um uns zu zeigen, in welchem Ausmaß die Störung der sensorischen Integration diesen Symptomen unterliegt, haben wir eine Tabelle zusammengestellt (Abb. 2), welche die unterschiedlichen Arten sensorischer Information aufzeigt, die zusammenkommen müssen, um die Funktionen auszubilden, die ein Kind benötigt, damit es in seinem Leben erfolgreich und glücklich werden kann. Es ist zweckmäßig, sich beim Lesen der späteren Kapitel dieses Buchs an die Tabelle zu erinnern.

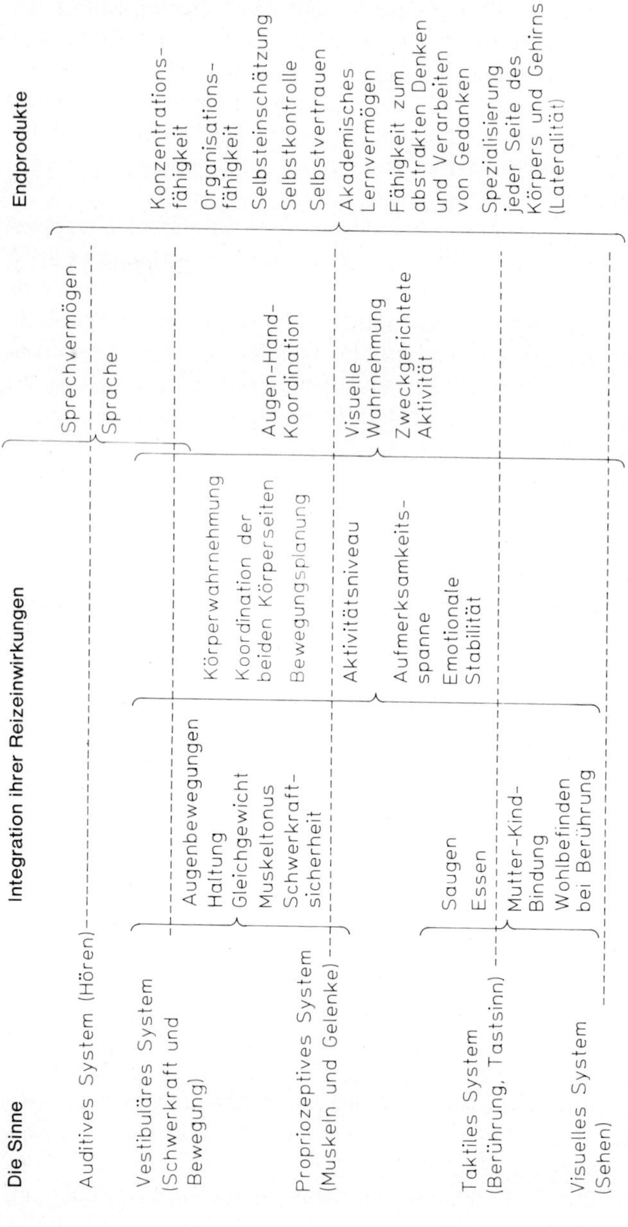

Die Sinne | **Integration ihrer Reizeinwirkungen** | **Endprodukte**

Auditives System (Hören)

Vestibuläres System (Schwerkraft und Bewegung)

Propriozeptives System (Muskeln und Gelenke)

Taktiles System (Berührung, Tastsinn)

Visuelles System (Sehen)

Augenbewegungen
Haltung
Gleichgewicht
Muskeltonus
Schwerkraftsicherheit

Saugen
Essen
Mutter-Kind-Bindung
Wohlbefinden bei Berührung

Körperwahrnehmung
Koordination der beiden Körperseiten
Bewegungsplanung
Aktivitätsniveau
Aufmerksamkeitsspanne
Emotionale Stabilität

Sprechvermögen
Sprache
Augen-Hand-Koordination
Visuelle Wahrnehmung
Zweckgerichtete Aktivität

Konzentrationsfähigkeit
Organisationsfähigkeit
Selbsteinschätzung
Selbstkontrolle
Selbstvertrauen
Akademisches Lernvermögen
Fähigkeit zum abstrakten Denken und Verarbeiten von Gedanken
Spezialisierung jeder Seite des Körpers und Gehirns (Lateralität)

Abb. 2. Die Sinne, Integration ihrer Reizeinwirkungen und ihre Endprodukte

Kapitel 4. Was ist eine Störung der sensorischen Integration?   85

Ganz rechts in der Abbildung sehen wir als Endergebnis die Dinge aufgeführt, die eine Person benötigt, um mit seiner Familie und seinen Freunden guten Kontakt zu haben, um seine Schulbildung zu absolvieren und als Erwachsener in seinem Beruf erfolgreich tätig sein zu können. Mit seiner normalen Lernfähigkeit, seiner gesunden Persönlichkeit und Fähigkeit, sinnvolle Entscheidungen zu treffen, kann ein Mensch „seinen Weg gehen". *Diese Dinge stellen sich bei einem Menschen jedoch nicht automatisch ein. Sie sind das Endergebnis vieler Jahre der Entwicklung und der Reizverarbeitung im Gehirn.*

Was braucht ein Kind, um dieses Stadium zu erreichen? Was ist falsch gelaufen bei den Kindern, die nicht dahin gelangen?

Ganz links in der Abbildung sehen wir die wichtigsten Sinnesorgane. Die erste Voraussetzung ist eine entsprechende Reizung dieser Sinnesorgane und ein guter Reizfluß von den Empfangsorganen der Sinne zum Gehirn. Ein Kind mit Störungen der sensorischen Integration erfüllt diese Voraussetzungen im allgemeinen. Die Störung besteht in der Unfähigkeit, diese Sinnesimpulse im Gehirn richtig zu verarbeiten.

Klammern kennzeichnen die vier verschiedenen Niveaus, in denen die sensorischen Verarbeitungsprozesse ablaufen. Der Nachteil der Abbildung ist, daß sie nicht die im wirklichen Leben fließenden Übergänge dieser Prozesse darstellt. Die Funktionen, die in der Abbildung aufgeführt sind, entwickeln sich nicht in großen Sprüngen, die von flachen Strecken abgelöst werden. Alle entwickeln sich gemeinsam, aber einige Funktionen leiten zu anderen über.

Die Bedeutung der Klammern ist genau so, wie sie gezeichnet wurden: Viele Dinge kommen in einem zusammen. Die Klammer nach dem Wort „taktil" zeigt, daß Berührungsreize von jeder Stelle der Haut für unterschiedliche Zwecke zusammenkommen: einmal, um dem Kind zu helfen, daß es saugen und essen kann, zum anderen, um eine „Mutter-Kind-Bindung" herzustellen. Die Klammer, welche die Begriffe „vestibulär" und „propriozeptiv" verbindet, faßt beim Kind gut geordnete Augenbewegungen, regelrechte Haltung und Gleichgewichtsfähigkeit, Muskeltonus und die Sicherheit, sich innerhalb der Erdschwere zu bewegen, zusammen.

Das nächste Entwicklungsniveau wird erreicht, wenn die drei Grundsinne – taktil, vestibulär und propriozeptiv – in das Wahrnehmungsschema des Körpers einbezogen sind und wenn die Koordination der beiden Körperhälften, die motorische Planung, die Aufmerksamkeitsspanne, konstantes Aktivitätsniveau und Gefühlsstabilität erreicht sind. Die Klammer zeigt auch, daß optische und akustische Sinneseinwirkung keinen nennenswerten Beitrag zur Entwicklung der genannten Funktionen lie-

86   Störungen der sensorischen Integration

fern. Das Kind kann sehen und hören, aber die Grundordnung seines Nervensystems beruht mehr auf den grundlegenden Sinneseinwirkungen, die von vestibulären, propriozeptiven und taktilen Sinnesreizen ausgehen.

Auf der dritten Ebene der sensorischen Integration werden auditive (akustische) und visuelle (optische) Empfindungen in den Verarbeitungsprozeß einbezogen. Akustische und vestibuläre Empfindungen kommen mit dem Körperschema und verwandten Funktionen zusammen, um das Kind in die Lage zu versetzen, daß es sprechen lernt und Sprache versteht. Optische Empfindungen werden mit den drei Grundsinneseinwirkungen zusammengebracht, um dem Kind eine exakte und Einzelheiten aufzeigende visuelle Wahrnehmung sowie eine Augen-Hand-Koordination zu ermöglichen. Sobald diese dritte Ebene erreicht wird, ist das Kind in der Lage, zweckmäßige Dinge zu tun, z. B. mit einem Löffel oder einer Gabel zu essen, zu zeichnen oder Dinge zusammenzusetzen und sie wieder auseinanderzunehmen.

Auf der vierten Ebene kommen alle diese Dinge zusammen, um die Tätigkeiten des gesamten Gehirns zu bilden. Alles, was auf diesem Niveau stattfindet, ist das Endprodukt sämtlicher sensorischer Verarbeitungen, die in den drei ersten Niveaus stattgefunden haben. Die Fähigkeit, etwas zu ordnen und konzentriert durchzuführen, ist ein Teil der Fähigkeit, etwas auf der Schule oder der Universität zu lernen.

Selbstachtung, Selbstkontrolle und Selbstvertrauen entwickeln sich in dem Bewußtsein, daß der Körper als ein zuverlässiges sensomotorisches Gebilde existiert, und rühren von einer guten Integration des Nervensystems her. Wenn es erst einmal erreicht ist, daß die beiden Körperhälften zweckmäßig gemeinsam handeln können, entwickelt sich eine ganz natürliche Zuordnung der beiden Seiten des Körpers zu denen des Gehirns.

Keine dieser Funktionen entwickelt sich in einem bestimmten Alter. *Das Kind betätigt sich während der gesamten Kindheit auf jeder Ebene seiner sensorischen Integration.* Im Alter von 2 Monaten arbeitet sein Nervensystem vorwiegend auf der ersten Ebene der Integration, etwas weniger auf der zweiten und fast gar nicht auf der dritten. Mit einem Jahr sind die erste und zweite Ebene am wichtigsten, und die dritte Ebene gewinnt an Bedeutung. Im Alter von 3 Jahren funktioniert das Nervensystem noch auf der ersten, zweiten und dritten Ebene der Abbildung 2, und die vierte wird langsam miteinbezogen. Im Alter von 6 Jahren sollte die erste Ebene abgeschlossen, die zweite annähernd komplett sein, die dritte Ebene ist aktiv, und die vierte wird zunehmend wichtiger. Ein Kind lernt die gleichen Dinge immer und immer wieder, zunächst beim Krabbeln, dann beim Laufen, später beim Radfahren und anderen Fertigkeiten.

Kapitel 4. Was ist eine Störung der sensorischen Integration?   87

Die erste Ebene der Integration

Etwas berühren und berührt werden sind wichtige Vorgänge für das Kleinkind, und zwar für sein gesamtes Leben. Berührungsempfindungen helfen ihm zu saugen und später zu kauen und Nahrung herunter zu schlucken. Neugeborene mit einem schlecht funktionierenden Tastsinn können Schwierigkeiten beim Saugen haben, und später mögen sie feste Nahrung wegen ihrer Beschaffenheit nicht essen.

Ein Kind benötigt Körperkontakt mit seiner Mutter oder einer Bezugsperson, die es versorgt, und sein Gehirn muß diese Berührungsempfindungen richtig deuten, um die ersten und grundlegenden Gefühlsbindungen zu entwickeln. Harlow zeigte, daß diese Gefühlsbindungen in erster Linie durch Berührungsreize ausgelöst werden. Einige Leute haben diese durch Berührungsreize ausgelöste Gefühlsbindung die „Mutter-Kind-Bindung" genannt. *Und diese Bindungen geben dem Neugeborenen sein erstes Bewußtsein über sich selbst als ein körperliches Wesen.*

Die Haut ist die Grenze seiner Selbst, und deshalb ist die Verarbeitung von Berührungsreizen eine erste Quelle des Gefühls der Sicherheit für das Kind. Harlow zeigte dieses, indem er seine Äffchen in Räume mit einer fremden Umgebung brachte. Die Äffchen, die mit einer „Stoff-Mutter" aufgewachsen waren, erforschten den Raum und seine Gegenstände ungezwungen, wobei sie, wenn sich ihre „Mutter" mit in dem Raum befand, gelegentlich einen Blick auf sie warfen, um sich ihrer Anwesenheit zu versichern. Die Äffchen dagegen, die mit einer unbequemen „Drahtmutter" aufgewachsen waren, konnten es nicht ertragen, in einer für sie unbekannten Umgebung zu sein.

Selbst wenn eine Mutter ihr Kind küßt und mit ihm schmust, kann der dadurch ausgelöste Berührungsreiz nicht ausreichend sein, um die Bedürfnisse des Kindes zu befriedigen, wenn eine schlechte sensorische Integration die Verarbeitung der Berührungsreize verhindert. Wenn diese ersten Beziehungsaufnahmen unvollständig sind, wird es im späteren Leben für das Kind wesentlich schwieriger sein, Gefühlsbeziehungen aufzubauen. Ohne die taktile Sicherheit durch eine Mutter-Kind-Bindung wächst das betreffende Individuum mit weniger emotionaler Sicherheit auf. Kinder mit Störungen der Berührungswahrnehmungen haben sehr oft Schwierigkeiten, gefühlvoll zu sein, obwohl sie selbst mehr Gefühlszuwendung benötigen als ein normales Kind. Sie reagieren oft überschießend bei ganz alltäglichen Forderungen des Lebens. Sie haben auch oft Schwierigkeiten, Dinge von sich aus zu tun.

Die richtige Verarbeitung von vestibulären und propriozeptiven Sinnesreizen ermöglicht dem Kind die Kontrolle über seine Augenbewegun-

88   Störungen der sensorischen Integration

gen. Ohne den führenden Einfluß dieser Sinnesreize ist es für das Kind
schwierig, einen Gegenstand anzublicken und ihn mit den Augen zu verfolgen, wenn er sich bewegt. Im späteren Leben kann ein solches Kind
Schwierigkeiten bekommen, mit seinen Augen einer Buchstabenreihe zu
folgen. Lesen kann dann so anstrengend werden, daß es einfach die Mühe
dazu scheut.

Sofern vestibuläre und propriozeptive Systeme noch nicht miteinander
ausreichend verbunden sind, ist das Kind in der Entwicklung von Haltungsreaktionen verzögert; z. B. das Sichdrehen von der Bauchlage in die
Rückenlage und umgekehrt oder aber in eine Kriechposition zu kommen.
Dadurch fehlen ihm die notwendigen Vorstadien für Stehen und Laufen.
Auf diese Weise lernt das gestörte Kind niemals eine richtige Haltungsan-
passung, die bei den meisten Menschen automatisch erfolgt, und deshalb
werden seine Bewegungen steif und ungleichmäßig. Es hat ein schlechtes
Gleichgewichtsvermögen und einen herabgesetzten Muskeltonus. Auch
wenn das Kind im späteren Alter diese Probleme unter Umständen überwinden lernt, erscheint es doch immer irgendwie verlangsamt und leicht
ermüdbar.

Berührungsreize sind eine der wichtigsten Quellen für Wohlbefinden
und Sicherheitsgefühl. Eine andere Grundbeziehung des Sicherheitsge-
fühls stellt die Schwerkraft dar. Die Erdschwere vermittelt uns das Gefühl,
fest mit der Erde verbunden zu sein und auf ihr immer einen sicheren Platz
zu finden. Dieses Vertrauen stammt von der Empfindung des Zugs der
Erdschwere, wodurch in alle diese Gefühle eine gewisse Ordnung kommt,
so daß man sich „auf freundschaftlichem Fuße" mit der Schwerkraft befindet.

Sind die Sinnesinformationen vom Innenohr und von Muskeln und
Gelenken – also die vestibulären und propriozeptiven Impulse – im
Gehirn nicht ausreichend miteinander integriert, wird es für das Kind
schwierig, bis es erkennt, wo es sich im Raum befindet und wie es sich
bewegt. Während dieser Zeit ist es in einer dauernden Angst, daß es hinfällt oder in die Luft geschleudert werden könnte. Da seine Beziehungen
zur Schwerkraft unsicher sind, ist es auch in seiner gesamten Persönlichkeit unsicher. Wenn dieses Kind keine entsprechende Gefühlssicherheit
hat, die durch gute Berührungsverarbeitung entsteht, kommt es zu einer
schweren Beeinträchtigung seiner emotionalen Entwicklung. Keiner von
uns kann sich vorstellen, was für Mißempfindungen ein Kind hat, das die
einfachsten Berührungsreize und Gleichgewichtsempfindungen nicht in
richtiger Weise zu verarbeiten vermag.

Die zweite Ebene der sensorischen Integration

Berührungsreize, vestibuläre und propriozeptive Funktionen sind die Bausteine unserer emotionalen Stabilität. Solange diese drei sensorischen Systeme nicht in angepaßter Weise funktionieren, wird das Kind wahrscheinlich nur ungenügend auf seine Umgebung reagieren. Manche Kinder werden scheu und zurückhaltend und geben sich große Mühe, anderen zu gefallen. Andere Kinder sind überaktiv und reagieren auf jeden akustischen und optischen Reiz, der ihren Weg kreuzt.

Jedoch sind in diesem Falle visuelle und auditive Empfindungen nicht das Grundproblem; das Kind ist überaktiv, weil ihm die Stabilität fehlt, die durch die richtige Verarbeitung der grundlegenden sensorischen Prozesse – taktil, vestibulär und propriozeptiv – erreicht wird. Obwohl es sehr aktiv ist, kann es dem, was es tut, keine Aufmerksamkeit schenken, und so vollendet es praktisch nichts. Das Kind kann sein Gehirn nicht auf eine bestimmte Tätigkeit konzentrieren. Es ist deshalb ein recht schwieriges Kind sowohl zu Hause als auch im Klassenzimmer.

Es handelt sich dabei um ein Kind mit einem schlecht geordneten Körperschema. Das Körperschema besteht aus einzelnen Landkarten des Körpers, die im Gehirn gespeichert sind. Diese Landkarten enthalten Informationen über jeden Abschnitt des Körpers, die Beziehungen zwischen den einzelnen Teilen und all den Bewegungsmöglichkeiten, die jeder einzelne Körperabschnitt durchführen kann, herstellen. Dieses Körperschema wird im Gehirn als Folge der Empfindungen von der Haut, den Muskeln, den Gelenken, der Erdschwere und den Bewegungssinnesorganen, die bei den täglichen Aktivitäten des Kindes im Gehirn sortiert und geordnet wurden, entwickelt. Ein gut geordnetes Körperschema ermöglicht es dem betreffenden Menschen, jederzeit zu fühlen, was sein Körper in jedem Moment tut, ohne daß er hinsehen oder ihn mit den Fingern berühren muß. Die optische Information ist für das Körperschema nicht von Wichtigkeit. *Wenn ein Kind zu stark auf das Ansehen der Gegenstände angewiesen ist, hat es wahrscheinlich ein schlechtes Körperschema.*

Solange das Körperschema nicht eine Menge guter und klarer Informationen über die Beziehungen zwischen der rechten und der linken Seite des Körpers besitzt, hat das Kind Schwierigkeiten, Dinge zu tun, welche beide Hände und beide Füße gleichzeitig beanspruchen. Trommeln oder Tanzen sind dann besonders schwierig durchzuführen. Eine schlechte Koordination der beiden Körperhälften kann man oft bei Kindern mit Störungen des Gleichgewichtssinns beobachten.

Solange das Gehirn keine genauen Landkarten der einzelnen Körperabschnitte gespeichert hat, kann es nicht richtig „navigieren", was soviel

90   Störungen der sensorischen Integration

heißt wie Körperbewegungen planen. Die meisten Erwachsenen können eine Gabel benutzen oder ein Hemd ohne nachzudenken anziehen. Das junge Kind dagegen muß diese Aktionen durch einen „Bewegungsplan" lernen. Bewegungsplanung ist derjenige sensorische Verarbeitungsprozeß, der es uns ermöglicht, uns an ungewöhnliche Arbeiten anzupassen und danach allmählich zu lernen, daß diese Aufgabe automatisch abläuft.

Der Schlüssel zu einer geordneten Bewegungsplanung beruht auf einem Körperschema, das exakte taktile, propriozeptive und vestibuläre Informationen besitzt. Solange ein Kind keine guten „Landkarten" seines Körpers hat, kann es ungewohnte Bewegungen nicht einleiten und braucht viel Zeit dazu, um diese durchführen zu lernen. Bis es dies gelernt hat, treibt ihn sein schlecht geordnetes Nervensystem in zahlreiche falsch geplante Bewegungen. Daduch hat es Schwierigkeiten, mit Spielsachen umzugehen, und macht sie oft kaputt. Obwohl es nicht die Absicht hat, die Spielsachen zu zerbrechen, fühlt es nicht in der richtigen Weise, wie man sie handhaben muß, und so zieht oder drückt es halt zu stark.

Die Ordnung eines kindlichen Gehirns kann man sehr gut am Ausmaße seiner Aufmerksamkeitsspanne und seinem Aktivitätsgrad sehen. Sofern Empfindungen außer Kontrolle geraten, ist das Kind nicht in der Lage, seine Aufmerksamkeit oder Tätigkeit auf etwas zu richten. Akustische und optische Reize werden das Kind dann ablenken oder übererregbar machen, und gewöhnlich erfolgt dies, wenn die Eigenwahrnehmung des Körpers und die Einflüsse von der Schwerkraft der Erde nicht gut geordnet sind.

Die dritte Ebene der sensorischen Integration

Sensorische Integration ist ein ständig fließender Prozeß, und jedes erreichte Integrationsniveau macht erst die nächste Integrationsebene möglich. Bevor das Kind ein Wort verstehen kann, muß es aufmerksam zum Sprecher sein. Bevor es selber Worte formen kann, muß es eine gute sensorische Information von seinem Munde haben. Das akustische Sprachzentrum im Gehirn benötigt darüber hinaus auch Empfindungen des vestibulären Systems. So läßt die Abb. 2 erkennen, daß Sprache und Sprechvermögen auf der Integration akustischer Reize mit dem vestibulären System beruhen.

Wie wir im vorhergehenden Kapitel feststellten, sind das akustische und das vestibuläre System eng miteinander verbunden. Selbstverständlich ist es für das Sprachverständnis und die Sprachentwicklung wichtig, daß man Leuten, die miteinander sprechen, zuhört, aber das vestibuläre System muß bei der Verarbeitung des Gehörten mitwirken.

Kapitel 4. Was ist eine Störung der sensorischen Integration?   91

Kinder mit bestimmten vestibulären Störungen sind in ihrer Sprachent-
wicklung verlangsamt, obwohl die Sprache, wenn sie erst einmal kommt,
oft normal ist.
Die Wortaussprache erfordert alle drei grundlegenden sensorischen
Systeme – taktil, vestibulär und propriozeptiv. Selbst ein einfaches einsil-
biges Wort wie „Loch" oder „Haus" benötigt eine sehr genaue Stellung
der Zunge und der Lippen. Viele Kinder mit Störung der sensorischen Integration können nicht genau fühlen, wo ihre Zunge ist und wie ihre Lippen sich berühren, so daß man ihre Worte nur schwer verstehen kann.

Wie Sprechen und Sprache ist auch die visuelle Wahrnehmung ein
Endprodukt der voraufgegangenen sensorischen Integration. Visuelle
Wahrnehmung bedeutet, den Sinn von etwas, das man sieht, zu verstehen.
Die einfachste visuelle Wahrnehmung ist das Erkennen eines Objektes.
Eine etwas fortgeschrittenere Wahrnehmung stellt das Sehen eines Gegen-
standes in Beziehungen zu anderen Gegenständen und dem Hintergrund
der Gegenstände dar. Visuelle Raumwahrnehmung informiert uns über
vielerlei Dinge in der Welt: Ist die obere Seite einer Tasse unten oder die
rechte Seite oben? Paßt der Zapfen in die entsprechende Vertiefung im
Baustein? Paßt dieser Puzzle-Stein an diese Stelle? Wie stecke ich eine
Karte in den Umschlag, so daß die Adresse durch das Fenster im Umschlag erkennbar wird?

Es ist offensichtlich, daß wir, um etwas richtig erkennen zu können, bereits die Antwort auf die Frage benötigen. Aber das Sehvermögen allein ist
dazu nicht ausreichend. Man muß eine Menge Erfahrung haben, die man
gewinnt, indem man Gegenstände berührt und hält, sie bewegt und ihr
Gewicht durch die Muskeln und Gelenke prüft sowie die Einwirkungen
der Schwerkraft und des Schwunges erlebt, um eine echte visuelle Wahrnehmung zu entwickeln.

Reizempfindungen seitens des vestibulären Systems sind zum Teil für
diese Entwicklung von Bedeutung, und deshalb haben Kinder mit Gleichgewichtsstörungen oft Schwierigkeiten, die Bedeutung dessen, was sie sehen, zu erkennen. Wenn die Gleichgewichtsfunktion schlecht ausgebildet
ist, hat das Kind auch nur eine schlechte räumliche Tiefenwahrnehmung,
so daß es Probleme beim Benutzen von Treppen oder beim Steigen auf
Anhöhen hat. Wenn in diesen Fällen auch noch der Tastsinn und das propriozeptive System schlecht arbeiten, werden Tätigkeiten, wie z.B. Milch
aus einem Krug gießen oder einen Tisch richtig decken zu können, bereits
Schwierigkeiten bereiten.

Die Beschäftigungen des Kindes werden auf der dritten Integrationsebene sehr viel zweckmäßiger. Es kann jetzt Aufgaben beginnen, sie durchführen und beenden, und es kann diesem Prozeß folgen, bis es seinen

92   Störungen der sensorischen Integration

Zweck erreicht hat. Sich nach einer Rassel ausstrecken und sie erreichen, einen Zapfen in ein Loch stecken oder an etwas hochklettern, sind sinnvolle Aktivitäten. Das normale Kind kann bei solchen Tätigkeiten sinnvoll handeln, da seine grundlegenden sensorischen Verarbeitungsprozesse in einer stabilen, konstanten und zuverlässigen Weise arbeiten. *Ein Kind mit Störungen der sensorischen Integration kann praktisch nichts zu Ende bringen, da es zu viele Dinge gibt, die es verwirren, ablenken, übererregen oder gar aus der Fassung bringen.*

Die meisten zweckgerichteten Tätigkeiten werden unter Führung der Augen, welche die Hände anleiten, erledigt. Zwar werden viele unserer Handbewegungen einfach durch vestibuläre und propriozeptive Einwirkungen gesteuert, doch sobald wir eine Arbeit verrichten, die sehr genau durchgeführt werden muß oder die uns unbekannt ist, benötigen wir unsere Augen, um zu kontrollieren, was wir tun. Eine gute Augen-Hand-Koordination bedeutet, daß Hände und Finger exakt dorthin gehen, wohin zu gehen die Augen dem Gehirn den Auftrag erteilen.

Es ist nicht ausreichend, die Informationen der Augen mit denen der Hände annähernd zu integrieren, das Gehirn benötigt auch deutliche Informationen von den Schwerkraft- und Bewegungsrezeptoren in unserem Körper sowie Muskeln und Gelenken und der Haut des gesamten Körpers. Das Hirn wurde geschaffen, als ein Ganzes zu arbeiten, und das ist auch der einzige Weg, wie es voll leistungsfähig sein kann. Sobald eine Information von irgendeinem Sinnesorgan gestört ist, leidet das Endprodukt. Aus diesem Grunde haben Kinder, die vestibuläre, taktile und propriozeptive Störungen aufweisen, oft Schwierigkeiten mit ihrer Augen-Hand-Koordination. Sie können nicht angeben, wo bzw. wie sie Linien zwischen andere Linien ziehen oder Zeichnungen ausmalen sollen. Sie können nicht geschickt mit Handwerkszeug umgehen.

Die vierte Ebene der sensorischen Integration

Sobald das Nervensystem als Ganzes voll leistungsfähig ist, entwickeln einige Hirnabschnitte für bestimmte Arten von sensorischen Reizen wirksamere Verarbeitungsprozesse und bilden bestimmte Anpassungsreaktionen aus. Diese Spezialisierung einzelner Funktionen ist wichtig für eine optimale Hirnentwicklung mit all ihren vielfältigen Funktionen. Die bekannteste Form der Spezialisierung ist der Gebrauch der rechten Hand für feinere Fertigkeiten – sofern die betreffende Person nicht als Linkshänder geboren wurde. Währenddessen entwickelt die linke Hand bei rechtshändigen Personen eine größere Fähigkeit, Berührungsreize zu deuten und Gegenstände in der Hand zu erkennen. Etwas Gleichsinniges ereignet sich

Kapitel 4. Was ist eine Störung der sensorischen Integration? 93

im Gehirn, was dazu führt, daß die eine Großhirnhälfte – gewöhnlich die linke – besser ausgebildet ist zum Sprachverständnis und Sprechvermögen, während die andere Seite besser geeignet ist, räumliche Beziehungen zu erkennen. Bevor die unterschiedlichen Hirnabschnitte sich spezialisieren können, müssen sie miteinander gearbeitet und jeder einzelne mit den anderen in Verbindung gestanden haben. Wenn es nicht gelingt, daß beide Seiten des Gehirns miteinander arbeiten und untereinander Verbindungen haben, besteht in beiden Hirnhemisphären die Tendenz, die gleichen Funktionen aufzubauen.

Ein Kind, bei dem eine Störung der sensorischen Integration zu einer herabgesetzten Spezialisation in den Hirnhälften geführt hat, benutzt entweder beide Hände oder jede von beiden gleichsinnig, aber es wird mit beiden Händen nicht die Geschicklichkeit entwickeln, die ein normales Kind mit Spezialisation einer Hand, sei es der rechten oder der linken, besitzt.

Die in diesem Falle schlechtere Verbindung zwischen den beiden Hirnseiten verhindert auch, daß die beiden Körperhälften gut miteinander zusammenarbeiten können. Eine solche Person hat oftmals kein eindeutiges Bewußtsein, was sich rechts oder was sich links befindet. Sie muß dann für diese Zwecke Eselsbrücken benutzen, beispielsweise, indem sie daran denkt, daß die linke Hand diejenige ist, wo sie den Ring am Finger hat oder ähnliches.

Eine Person mit einem gut entwickelten Körperschema braucht solche Eselsbrücken nicht, da sie die Informationen von den „Körper-Landkarten" erhält, die in ihrem Gehirn gespeichert sind. Als Kleinkind und während der Kindheit hat sie ihre Hände zahllose Male während des Spielens benutzt und dabei den Unterschied zwischen rechts und links auf sensomotorischer Ebene koordinieren gelernt. Diese körperliche Erfahrung in ihrem Gehirn ist die Basis für eine gute Kommunikation zwischen den beiden Hirnhälften.

Sofern eine normale Spezialisierung der Hirnfunktion besteht, übernimmt immer dann ein Auge die Führung, wenn wir stereoskopisch bzw. räumlich sehen müssen, und dieses eine Auge wird dann für gewöhnlich auch benutzt, wenn man durch das Okular einer Kamera oder eines Mikroskopes schauen muß.

Die Bedeutung dieser Spezialisierung hat Wissenschaftler mehrere Jahre beschäftigt. Einige versuchten, das Gehirn zu einer solchen Spezialisierung zu veranlassen in der Annahme, daß diese dem Kind unter Umständen für Lernvermögen und Sprache hilfreich sein könnte. Es ist jedoch nicht viel bei diesen Versuchen herausgekommen. *Die Spezialisierung stellt ein Endprodukt aller voraufgegangenen Entwicklungsschritte dar.*

Es ist niemals gut, wenn man ein Kind in eine solche Endproduktsituation hineinzudrängen versucht. Man sollte ihm vielmehr helfen, innerhalb der einzelnen Entwicklungsschritte zu reifen. Dann hat es die Chance, das Optimum einer entsprechenden Fähigkeit zu erreichen. Die Spezialisierung entwickelt sich auf ganz natürliche Weise, sobald das Kind die einzelnen Schritte seiner sensomotorischen Entwicklung jeweils vollständig erfüllt.

Die vier Ebenen der sensorischen Integration sollten zu dem Zeitpunkt, an dem das Kind das Schulalter erreicht, voll durchlaufen und entwickelt sein. Für dieses benötigt das Kind alle Endprodukte seiner sensorischen Entwicklung. In diesem Alter ist die Fähigkeit, etwas zu ordnen und sich auf eine Tätigkeit zu konzentrieren, sehr wichtig, da das Kind nun mit zahlreichen neuen Menschen und Dingen zusammenkommt. Ein Gehirn, das in diesem Alter seine Empfindungen nicht in der richtigen Weise gliedern kann, ist ebenso unfähig, Buchstaben oder Zahlen zu ordnen. Selbstgefühl, Selbstkontrolle und Selbstvertrauen sind für das Verhalten zu anderen Menschen sehr wichtig. *Diese Persönlichkeitsgefühle entwickeln sich jedoch nicht, ohne daß vorher eine vollständige Integration sinnlicher und nervlicher Wahrnehmung erfolgt ist.*

Sofern es Lücken und Unregelmäßigkeiten innerhalb der einzelnen Integrationsschritte gibt, bevor das Kind in die Schule kommt, werden diese Lücken und Unregelmäßigkeiten seine ganze Schulzeit und auch evtl. sein späteres Leben begleiten. Manchmal sind diese Ungereimtheiten nur gering ausgeprägt, manchmal jedoch stärker. Zeitweilig werden sie auf diese Weise zum Ausdruck gebracht, zeitweilig in einer anderen. Manchmal nehmen Erwachsene an, daß die Schule schuld daran ist, daß ihr Kind nichts lernt. Oftmals – leider zu oft – betrachten sie diese Ungereimtheiten als Verhaltensproblem und bestrafen das Kind dafür.

Die meisten Menschen sehen lediglich die Endstationen einer schlechten sensorischen Integration, z.B. daß das Kind sich abweisend verhält oder daß es scheu ist. Seine Tätigkeiten sind entweder zu exzessiv oder völlig planlos. Es vergißt Dinge oder läuft in sie hinein. Es kann nicht lesen oder schreiben und keine zwei Zahlen miteinander addieren. Sie denken, daß das Kind „herumalbert" oder daß es von sich aus versucht, Schwierigkeiten zu machen oder daß es „seinen Kopf nicht benutzt". Wenn wir jedoch versuchen, das schlechte Verhalten zu bremsen, oder das Kind zwingen, sich besser zu konzentrieren, verwirren wir es nur noch zusätzlich.

Die meisten Kinder wollen sich nicht schlecht benehmen. Wenn wir jedoch fortfahren, ein Kind mit einer Störung der sensorischen Integration zu behandeln, als wäre es ein „schlechtes" Kind, wird es sich nach einer Weile absichtlich schlecht verhalten.

Fähigkeit zu Einzelfertigkeiten

Auch wenn ein Kind die sensomotorischen Voraussetzungen für eine bestimmte Funktion noch nicht entwickelt hat, zwingt die Gesellschaft es unentwegt, diese Tätigkeit zu verbessern. Deshalb lernt ein Kind mit Störungen der sensorischen Integration, wenn es älter wird, Einzelfertigkeiten als Kompensation für seine übrige schlechte sensorische Verarbeitung. Ein Beispiel für eine solche Einzelfertigkeit ist z. B. die Fähigkeit, ein ganz bestimmtes Klavierstück einzuüben, ohne Klavier spielen zu können.

Wenn es einem Kind nicht gelingt, seine Schuhe zuzubinden, indem es durch die natürliche Vorstellungskraft und sensorische Information seines Gehirns rasch eine Schleife zu binden begreift, muß es das Binden einer Schleife als eine spezielle Fertigkeit durch langwieriges, beständiges Üben erwerben. Das natürliche Lernen mit Hilfe der ausgereiften sensorischen Integration ist einfacher, und jede einzelne neue Lernerfahrung hilft dem Gehirn, neue Erfahrungen zu machen. Eine Einzelgeschicklichkeit zu entwickeln, benötigt dagegen sehr viel Anstrengung und Konzentration und hilft dem Kind in keiner Weise in anderen Lebensbereichen. Viele dieser Einzelfertigkeiten haben jedoch ihren Wert um ihrer selbst willen.

Falls ein Kind mit Störungen der sensorischen Integration klug genug ist, wird es zahlreiche Einzelfertigkeiten lernen und den Eindruck erwecken, es erfülle normale körperliche, geistige und soziale Funktionen. Aber dieses Leben, das gerade noch ein „Existierenkönnen" darstellt, hat nicht die gleiche Bedeutung, die es für Kinder mit normaler sensorischer Integration besitzt. Mit Hilfe verständnisvoller und fördernder Eltern kann das Kind oft noch ein ausgefülltes Leben führen und seinen Teil zu den Verantwortlichkeiten gegenüber der Gesellschaft beitragen. Sobald jedoch der Kampf ums Dasein zuviel wird für die Fähigkeiten seines Gehirns, kann dieses Kind zu einem Versager werden.

Literatur

Casler Lawrence (1965) The effects of extra tactile stimulation on a group of institutionalized infants. Genet Psychol Monogr 71: 137–175

Levine Seymour (1960) Stimulation in infancy. Sci Am May

Mason William A, Berkson Gershon (1975) Effects of maternal mobility on the development of rocking and other behaviors in rhesus monkeys: A study with artificial mothers. Developmental Psychobiology 8: 197–211

Serafetinides EA, Shurley JT, Brooks R, Gideon WP (1971) Electrophysiological changes in humans during sensory isolation. Aerospace Medicine 42: 840–842

Thompson William R., Melzack Ronald (1956) Early environment. Sci Am 194: 38–42

Windle William F. (1969) Brain damage by asphyxia at birth. Sci Am 221: 76–84

Kapitel 5

Störungen, die das Gleichgewichtssystem (vestibuläres System) betreffen

Stellen wir uns vier kleine Kinder vor, die auf einer Bordsteinkante laufen. Das erste Kind läuft anmutig zwei- oder dreimal hin und her, und es macht ihm Spaß. Das zweite Kind hat Schwierigkeiten, Balance zu halten und tritt wiederholt daneben. Das dritte Kind läuft die Bordsteinkante ohne besondere Freude entlang. Es schaut auf seine Mutter und gibt Geräusche von sich, kann jedoch nicht gut dabei sprechen. Und das vierte Kind hat Angst, daß es herunterfallen könnte, doch seine Mutter besteht darauf, es einmal zu versuchen. Indem es sich an die Hand der Mutter klammert, läuft es die Bordkante entlang, ohne herunterzufallen.

Die drei zuletzt angeführten Kinder sind nicht in der Lage, die innerhalb ihres Gleichgewichtssinnes ausgelösten Sinnesreize in angepaßter Weise zu verarbeiten. Nur sehr wenige Leute sind sich dessen bewußt, daß es Störungen des Gleichgewichtssinnes gibt, die bei vielen Kindern Schwierigkeiten verursachen. Diese Erklärung wird deshalb vielfach von Ärzten, Erziehern oder anderen Berufsgruppen, die sich mit Kindeserziehung befassen, nicht anerkannt. Wir wissen, daß einige Menschen Störungen ihres akustischen oder optischen Systems haben und dann entsprechend eine schlechte visuelle oder auditive Wahrnehmung haben. In der gleichen Weise kann es zu einer Störung des Gleichgewichtssystems kommen.

Es ist bekannt, daß Störungen des Gleichgewichtssystems Verlust der Balance und das Gefühl der Unsicherheit, der Torkeligkeit auslösen. Diese Dinge zeigen sich jedoch nur dann, wenn das Gleichgewichtsorgan bereits ausgereift ist, wie dies in gleicher Weise beim Erwachsenen, der eine Erkrankung des Innenohrs hat, auftreten kann. Wenn jedoch die Probleme bereits im Mutterleib, während der Geburt oder im Kleinkindalter einsetzen, erscheint das Krankheitsbild völlig anders.

Das erste Kind in unserem oben angeführten Beispiel hat eine ganz normale sensorische Integration. Das zweite Kind, das Schwierigkeiten mit dem Gleichgewichthalten hat, sieht gesund aus und reagiert völlig normal, doch hat es große Schwierigkeiten beim Lesen. Das dritte Kind spricht noch nicht so gut wie die anderen Kinder seines Alters und stellt sich bei einigen Tätigkeiten tolpatschig an. Das vierte Kind, das sehr viel

Kapitel 5. Störungen, die das Gleichgewichtssystem betreffen   97

Angst hatte zu fallen, liest zwar dem Alter entsprechend gut, wird jedoch wahrscheinlich in Zukunft Verhaltensprobleme und Störungen in seinem Gefühlsleben haben.

Obwohl einige dieser Probleme offenbar wenig Zusammenhang mit schlechter Balance oder Torkeligkeit haben, sind sie in einem gewissen Ausmaße verursacht durch eine nicht der Norm entsprechende sensorische Verarbeitung innerhalb des Gleichgewichtssystems.

Wie kann das Gleichgewichtssystem so zahlreiche wichtige Funktionen beeinflussen? Die Antwort auf diese Frage ist relativ einfach: das vestibuläre System hat zahlreiche Verbindungen mit nahezu allen anderen Abschnitten des Großhirns. Diese Verbindungen wurden im Kapitel 3 bereits besprochen. Wir werden ihnen im nächsten Abschnitt erneut begegnen.

Der Aufbau des vestibulären Systems (Gleichgewichtssinn)

Wenn das vestibuläre System normal arbeitet, reguliert der Zug der Erdschwere einen ständig vorhandenen Zustrom von Sinnesreizen, die von den Gleichgewichtsrezeptoren im Innenohr ausgehen und vom frühen fetalen Leben bis zum Tod des Individuums konstant auf das Gehirn einwirken. Alle anderen Sinnesreize werden von diesem Informationsfluß durch die Schwerkraftrezeptoren überlagert. Da dieser Effekt der Schwerkraft auf unser Gehirn durch das ganze Leben konstant vorhanden ist, nehmen wir ihn für selbstverständlich hin. *Es ist jedoch so, daß die sensorischen Empfindungen, die als Folge der Erdschwere ständig durch unser Nervensystem fließen, für alle anderen Sinneswahrnehmungen ein grundsätzliches Bezugssystem bilden.*

Jegliche Änderung der Kopfhaltung reizt einige der Sinnesorgane im Labyrinth des Innenohrs. Wenn wir unseren Kopf nach einer Seite beugen oder die obere Seite nach unten halten, zieht die Schwerkraft die winzigen Kalziumcarbonat-Kristalle aus ihrer normalen Position in den Bogengängen heraus, und dadurch verändert sich der Impulsfluß im vestibulären Nerven. Auf- und Abwärtsspringen veranlaßt die Kristalle ebenfalls, sich aufwärts und abwärts zu bewegen, wodurch ein anderes Muster vestibulärer Reizfolge ausgelöst wird. Laufen und Schwingen bewegen sie in eine andere Richtung und veranlassen gleichzeitig die Flüssigkeit in einigen der Bogengänge, die Sinneshärchen aufzurichten. Sich drehen aktiviert jeweils einen der Bogengänge in jedem Ohr. Wenn man etwas Vibrierendes berührt, werden die Knochen in Vibration versetzt, und dadurch werden die Schwerkraftrezeptoren im Innenohr gereizt.

98   Störungen der sensorischen Integration

Solche Aktivitäten stellen einen großen Teil der Erregung des vestibulären Nerven dar. Aufrechtstehen, Spazierengehen oder in einem sich bewegenden Fahrzeug fahren, bewegen den Kopf in einer wesentlich sanfteren Art und Weise, wodurch entsprechend nur mildere Zuströme von Nervenerregungen erfolgen. Die Sinnesorgane für das Gleichgewicht sind die empfindlichsten aller Sinnesorgane überhaupt. Die Natur machte diese Sinnesorgane nur deshalb so empfindlich, weil die damit gewonnene Information von außerordentlicher Wichtigkeit für die Anpassung des betreffenden Individuums an die Umgebung ist.

Die vestibulären Kerne im Hirnstamm sind die Schaltzentren, welche die vom Gleichgewichtssinn ausgehenden Erregungen mit denjenigen Informationen, die von Muskeln, Gelenken, Haut sowie optischen und akustischen Sinnesorganen stammen, integrieren. Darüber hinaus ordnen sie Impulse von vielen anderen Hirnabschnitten einschließlich des übrigen Anteils des Hirnstamms, des Kleinhirns und auch vieler Abschnitte der Großhirnrinde.

Die vestibulären Kerne geben an alle Bezirke Nervenerregungen ab, welche ihrerseits Impulse in diese Kerne hineingeben. Sie nehmen ihre Tätigkeit etwa um die neunte Woche nach der Befruchtung auf und veranlassen Anpassungsreaktionen an Gleichgewichtsänderungen, die durch Bewegungen des mütterlichen Körpers ausgelöst werden.

Das Gehirn fühlt und reagiert auf Gleichgewichtsinformationen schon lange Zeit, bevor es beginnt, optische und akustische Reize zu verarbeiten, wobei diese vestibulär ausgelösten Aktivitäten Bausteine für die später auftretende Entwicklung von Sehen und Hören bereitstellen. Die Struktur und Funktion der vestibulären Kerne sind wesentlich komplizierter und umfassender als die zur Zeit am weitesten ausgereiften Computer. In manchen Gehirnen arbeiten einige dieser Funktionen ganz normal, in anderen nicht.

Anpassungsregulationen des vestibulären Systems

Eine der wichtigsten Funktionen, die im Gehirn ablaufen, stellt die Anpassungsregulation (Modulation) der vom Gleichgewichtssinn ausgehenden Nervenerregung dar. Unter Modulation versteht man die Verstärkung oder Abschwächung nervlicher Aktivitäten, um die Gesamttätigkeit in Harmonie mit all den anderen Funktionen des Nervensystems ablaufen lassen zu können. Um die jeweils effektivsten Anpassungsreaktionen im Gehirn auslösen zu können, müssen alle Einzelfunktionen untereinander harmonisch abgestimmt sein.

Anpassungsregulation oder Modulation können mit einer Radioübertragung verglichen werden. Sobald die vom Gleichgewichtssinn ausgehenden Nervenimpulse zu „laut" sind und damit den übrigen Teil des Nervensystems übertönen, werden bestimmte Hirnabschnitte gehemmt bzw. „sie schalten einen Teil dieser Tätigkeit ab". Ist jedoch die „Lautstärke" der Gleichgewichtserregung zu gering, werden von anderen Hirnabschnitten Bahnungen und zusätzliche Erregungen dieser Aktivität eingeleitet, damit sie in den übrigen Hirnabschnitten wirksam werden kann. Niemand wünscht sich ein Radio, das er nicht lauter oder leiser stellen kann. In gleicher Weise sind *sowohl Bahnung als auch Hemmung der Erregung des Gleichgewichtssystems erforderlich, um das gesamte übrige Nervensystem in einem ausgewogenen Zustand zu erhalten.*

Sobald die bahnenden und hemmenden Kräfte, die auf das Gleichgewichtssystem einwirken, sich ihrerseits nicht im Gleichgewicht befinden, kommt es zu einer gestörten Ordnung der Hirnfunktion. Die Information von den Sinnesrezeptoren des vestibulären Apparates fließt dann nicht in alle Regionen des Nervensystems, wo sie benötigt wird. Dadurch wird das Muster aller sinnlichen Verarbeitungsprozesse gegenüber dem normalen Zustand verändert. Manchmal ist diese Veränderung nicht von großer Bedeutung. In anderen Fällen kann sie jedoch sehr wichtig sein.

Einflüsse auf die Augen und die Halsmuskulatur

Die Augenmuskeln und die Halsmuskulatur spielen eine besonders wichtige Rolle innerhalb des vestibulären Systems. Reaktionen der Augen- und der Halsmuskeln gehören zu den ersten sensomotorischen Funktionen des Neugeborenen, und sie legen das Fundament für die sensomotorische Entwicklung des übrigen Körpers. Selbst beim Erwachsenen arbeiten noch viele sensomotorische Systeme in koordinierter Weise mit Augen- und Halsmuskulatur zusammen. Einige wenige Impulse seitens der Augen- und der Halsmuskulatur können bereits für den gesamten Körper eine vollständige Änderung des Ablaufs der Muskelkontraktionen veranlassen.

Kinder mit Lernschwierigkeiten, die durch eine schlechte Verarbeitung der vom Gleichgewichtssystem ausgehenden Erregungen bedingt sind, haben oft Schwierigkeiten, Gegenstände, die sich vor ihren Augen hin- und herbewegen, zu verfolgen und oftmals auch von sich aus Schwierigkeiten, ihre Augen von einem Fleck zu einem anderen hinzubewegen. Statt sich gleichmäßig zu bewegen, bleiben die Augen etwas zurück und bewegen sich dann abrupt, um den Gegenstand wieder einzufangen. Das macht für diese Kinder das Ballspielen, das Ziehen einer Linie mit Kreide an der Wandtafel oder auch nur das Lesen einer Linie mit Druckbuchstaben sehr schwierig.

100   Störungen der sensorischen Integration

Das Gleichgewichtssystem hat die Aufgabe, die Orientierung unseres Kopfes und Körpers im Raum festzustellen, damit wir Informationen, die von unseren Augen stammen, richtig deuten können. Wenn sich vor unseren Augen ein Gegenstand bewegt, muß das Gehirn darüber informiert werden, ob sich der Gegenstand, unser Kopf oder aber unser ganzer Körper bewegen. Wenn etwas schief erscheint, muß unser Gehirn informiert sein, ob das Objekt, das wir ansehen, schiefsteht oder ob wir unseren Kopf schiefhalten oder unser ganzer Körper schiefsteht. Die Augen geben lediglich wieder, was sich vor ihnen befindet; sie informieren das Gehirn jedoch nicht, warum die Dinge so aussehen und nicht anders.

Die Empfangsorgane unseres Gleichgewichtssinnes teilen dem Gehirn mit, ob sich der Kopf bewegt oder schiefsteht, aber sie liefern keine Information über den Körper als Ganzes. Damit das Gehirn über die Beziehungen zwischen Gegenstand, Kopf und Körper Bescheid weiß, müssen Schwerkraft- und Bewegungsempfindungen mit denjenigen, die von Muskeln und Gelenken stammen, in Verbindung treten – besonders mit denen, die von der Augen- und der Halsmuskulatur stammen.

Bei vielen Kindern mit Lernstörungen ist das Zusammenspiel dieser unterschiedlichen Nervenreize nicht vollständig sichergestellt. Das Kind, das einen Sehtest völlig normal bestanden hat, stößt sich plötzlich an einem Möbelstück oder verfehlt eine Stufe auf der Treppe, ohne daß es rechtzeitig erkennt, was es tut. Dieses Kind sieht zwar das Möbelstück und auch die Treppenstufe, aber es erkennt nicht ohne weiteres deren Beziehungen zu seinem Körper. Beim Überkreuzen einer Straße verfehlt ein solches Kind leicht die Bordkante und verstaucht sich manchmal den Knöchel. Einige Kinder laufen gegen eine Bettkante, als ob sie angenommen hätten, Fußboden und Bett hätten die gleiche Höhe.

Das Gleichgewichtssystem hat auch die Aufgabe, ein stabiles Gesichtsfeld aufrechtzuerhalten, damit Gegenstände, die wir anblicken, nicht plötzlich verwischt werden, wenn wir uns bewegen. Um das zu erreichen, stimmt das Vestibularsystem die Augen- und Halsmuskeln so aufeinander ab, daß sie jede Bewegung des Kopfes oder Körpers kompensieren können. Ein Fotograf macht diese gleichen Nachführungen der Kamera mit den Händen, um bei schnell bewegten Objekten eine scharfe Abbildung zu erreichen.

Es ist für ein Kind in der Schule sehr schwer, dem Schreiben an der Wandtafel zu folgen und es in sein Heft zu übertragen, wenn nicht ein entsprechend zuverlässig arbeitendes Gleichgewichtssystem Augen und Kopf in einem stabilen Zustand erhält. Wir können seine Schwierigkeiten nachempfinden, wenn wir uns vorstellen, wie wir reagieren, wenn beim Fernsehen das Bild anfängt, sich hin- und herzubewegen, oder wenn wir

Kapitel 5. Störungen, die das Gleichgewichtssystem betreffen   101

etwas aufschreiben sollen, während wir uns in einem fahrenden Auto oder einem schwankenden Boot befinden. Zwei New Yorker Ärzte, Jan Frank und Harold Levinson, kommen zu dem Schluß, daß der Mangel einer Augen-, Hals- und Kopfstabilität eine der Hauptursachen der Leseschwäche ist.

Nystagmus. Wenn man sich mehrmals schnell um seine Achse dreht und dann plötzlich stehenbleibt, bewegen sich die Augen hin und her, und die Welt scheint sich zu drehen. Diese Serien von schnellen Hin- und Herbewegungen der Augen nach dem Drehen nennt man den *postrotatorischen Nystagmus.* Der Nystagmus wird durch reflektorische Augenmuskelkontraktionen verursacht, die durch Reizung der Gleichgewichtsorgane beim Drehen ausgelöst werden. Derzeit ist die Messung der Zeitdauer dieses postrotatorischen Nystagmus eine der besten von den einfachen Meßmethoden zur Untersuchung der Intaktheit und Wirksamkeit des vestibulären Systems.

Therapeuten, welche bei ihrer Behandlung die sensorische Integration mit einbeziehen, untersuchen den Nystagmus, indem sie das Kind auf ein Drehbrett setzen und dieses rasch drehen. Danach stoppen sie das zu untersuchende Kind und beobachten seine Augen. Wenn der Nystagmus zu schnell wieder aufhört oder überhaupt nicht auftritt oder ungleichmäßig ist, bedeutet dieses, daß die vestibulären Kerne im Hirnstamm des Kindes entweder keine ausreichende Information von seinem Gleichgewichtsorgan erhalten oder aber diese Information nicht richtig verarbeiten. Wenn der Nystagmus zu lange anhält, bedeutet dies, daß das Gleichgewichtssystem auf einen entsprechenden Nervenreiz überempfindlich reagiert infolge eines Mangels an hemmenden Kräften, die das vestibuläre System beeinflussen.

Untersuchungen in Nordamerika, Australien und Südamerika zeigten, daß mindestens 50% aller Kinder mit Lern- und Sprachschwierigkeiten eine zu kurze Nystagmusdauer aufweisen. Diese Ergebnisse lassen vermuten, daß bestimmte Anteile der vestibulären Funktionen sehr wichtig sind, um die Anforderungen durch die Schularbeit zu bewältigen, und daß diese Teile bei zahlreichen Schulkindern heutzutage nicht entsprechend funktionieren.

Wenn der vom Gleichgewichtsorgan ausgehende Nervenimpuls keinen Einfluß auf die Augenmuskeln besitzt, kann man annehmen, daß wahrscheinlich auch keine ausreichenden Einflüsse auf die Verarbeitungsprozesse für gutes Hören und Sehen erstellt werden. Diese Prozesse der optischen und akustischen Information werden im Kapitel 8 ausführlicher besprochen.

102 Störungen der sensorischen Integration

Einflüsse auf die Körpermuskulatur

Die vestibulären Kerne im Hirnstamm senden elektrische Impulse durch das Rückenmark, das seinerseits Impulse an die Muskeln weiterleitet, wodurch diese Informationen erhalten, wann und in welchem Ausmaße sie sich zu kontrahieren haben. Die vestibuläre Kontrolle der Muskelaktivität läuft vollkommen unbewußt ab, und unsere willkürlichen Muskelkontraktionen werden dieser unbewußten Muskelkontrolle überlagert. Der beständige Impulsfluß von den vestibulären Kernen dient der Erzeugung einer Muskelspannung besonders in denjenigen Muskeln, die den Körper strecken und ihn in einer aufrechten Position halten.

Solange das Gleichgewichtssystem den Muskeltonus entsprechend konstant hält, benötigen wir nicht sehr viel Anstrengung oder Konzentration, um uns gegen den Zug der Schwerkraft aufrechtzuhalten. Wenn das vestibuläre System schlecht funktioniert, ist die Muskelspannung niedrig, und der betreffende Mensch ermüdet rasch. Das ist der Grund, warum zahlreiche Kinder mit Lernschwierigkeiten beim Sitzen auf der Schulbank ihren Kopf nicht aufrecht halten können.

Synchron mit den Impulsen, die durch das Rückenmark zu den Muskeln gelangen, geben die Muskeln und Gelenke „propriozeptive" Informationen zurück zu den vestibulären Kernen und dem Kleinhirn. Vestibuläre Kerne und Kleinhirn tauschen konstant Informationen über alle senomotorischen Vorgänge aus. Die Aufgabe des Kleinhirns ist es, uns zu helfen, daß wir uns harmonisch, exakt und zeitlich gut abgestimmt bewegen können. Wenn vestibuläre Kerne und Kleinhirn die Informationen von Muskeln und Gelenken nicht in der richtigen Weise verarbeiten können, stolpert das Kind häufig und ist ungeschickt beim Spielen. Es wird dadurch sehr leicht entmutigt und sitzt herum, ohne zu spielen oder „starrt in die Bildröhre".

Ohne intensives Spielen, welches den gesamten Körper beansprucht, verschafft sich das Kind nicht das Ausmaß an Sinneswahrnehmungen, das notwendig ist, um das Gehirn in seiner Gesamtheit zu entwickeln. Darüber hinaus fehlt ihm die Erfahrung, Situationen meistern zu lernen, welche für die Ausbildung einer normalen Persönlichkeit notwendig ist.

Haltungs- und Gleichgewichtsreaktionen

Einige der wichtigsten Funktionen des Gleichgewichtssystems werden durch eng beieinander liegende Abschnitte im Hirnstamm durchgeführt. Der Hirnstamm enthält Nervenzentren, die gemeinsam mit Unterstützung anderer Hirnabschnitte viele unserer Haltungs- und Gleichgewichtsreak-

Kapitel 5. Störungen, die das Gleichgewichtssystem betreffen   103

tionen bestimmen. Es handelt sich dabei um automatische Muskelkontraktionen, welche z. B. unseren Körper auf zwei Beinen im Gleichgewicht halten, unsere Arme beim Heranziehen oder Wegschieben von Gegenständen unterstützen und den Körper in die Lage versetzen, geschmeidige Bewegungen durchzuführen. Eine gute vestibuläre Steuerung der Haltungs- und Gleichgewichtsreaktionen ist besonders dann wichtig, wenn wir über Steine oder Hügel gehen oder wenn unser Körper weggeschoben oder vorwärts gezogen wird. Es gibt darüber hinaus drei ganz spezifische Arten von Haltungs- und Gleichgewichtsreaktionen, die manchmal bei Kindern mit Lernproblemen mangelhaft entwickelt sind: Bewegungen zur Haltungsstabilisierung, Kokontraktion von Muskelgruppen und Abfangbewegungen von Armen oder Beinen, sogenannte Abstützreaktionen.

Bewegungen zur Stabilisierung der Haltung. Wenn wir uns nach etwas ausstrecken oder einen Gegenstand mit unseren Händen schieben oder ziehen, muß sich unser Rumpf mit den Beinen automatisch an die neue Stellung anpassen, damit die Arme ihren Dienst verrichten können. Diese automatischen Körperausrichtungen werden *Bewegungen zur Haltungsstabilisierung* genannt. Wir nehmen diese Bewegungen als gegeben hin und achten lediglich auf das, was wir mit unseren Händen und Armen tun. Der gesamte Körper muß jedoch mitempfinden, was in jedem Moment passiert, und sich als eine geschlossene Einheit bewegen, wenn Arme und Hände eine Sache gut ausführen sollen.

Bewegungen zur Haltungsstabilisierung sind ganz besonders wichtig, wenn wir an einem Schreibtisch arbeiten. Manche Lehrer beobachten, daß Kinder mit Lernschwierigkeiten ihren Rumpf nicht normal bewegen, sondern ihn steifhalten und nur Kopf und Arme bewegen, um zu schreiben. Wenn ein solches Kind seinen Körper bewegt, fällt es manchmal vom Sitz. Versucht der Lehrer, den Körper des Schülers in die richtige Position zu bringen, spürt er dessen Widerstand. Der Körper dieses Schülers bewegt sich nicht frei, da die Teile des Hirnstamms, die die Bewegungen zur Haltungsstabilisierung steuern, nicht ausreichende propriozeptive und vestibuläre Informationen erhalten. Der gleiche Mangel wird verhindern, daß der Schüler normal tanzen oder hüpfen bzw. hinkeln kann.

Kokontraktionen. Damit der Kopf stabil gehalten und gleichmäßig bewegt werden kann, müssen sämtliche Muskeln im Halsbereich in der Lage sein, sich zur gleichen Zeit zu kontrahieren. Wir nennen diesen Vorgang Kokontraktion. Sämtliche Muskeln des Körpers müssen in der Lage zu Kokontraktion sein, um das Gleichgewicht aufrechterhalten zu können und

104   Störungen der sensorischen Integration

zu verhindern, daß man durch leichten Zug oder Druck aus dem Gleichgewicht gebracht werden kann.

Kokontraktionen der Muskeln in der Schulterpartie, am Ellbogen, Handgelenk und den Fingergelenken sind notwendig, um gut mit Handwerkzeug umgehen zu können. Kinder mit Störungen im Gleichgewichtssystem haben oft nur schlecht ausgebildete Kokontraktionen. Sie haben die Neigung, die Muskeln einer Seite zu kontrahieren und die der anderen Seite etwas später. Man hat dadurch den Eindruck, daß sich Kopf und Körper verhalten wie ein Tisch mit wackeligen Beinen.

Schützendes Ausstrecken der Arme (Abstützreaktionen). Vestibuläre und propriozeptive Impulse werden auch wirksam, um das Gehirn vor möglichen Schädigungen des Körpers zu warnen, wenn dieser zu fallen droht. Sobald ein gesundes Kind beim Spielen hinfällt, wird das Gehirn durch das Gleichgewichtsorgan und die von den Gelenken und Muskeln ausgehenden Informationen gewarnt, daß der Körper sich der Erde nähert, und das wiederum veranlaßt das Gehirn, Nervenimpulse an die Streckmuskeln der Arme auszusenden. Die dadurch ausgelöste Streckung fängt den Fall ab und schützt das Gesicht und die Brust. Kinder, die eine schlechte sensorische Organisation des Körpers und der Schwerkraftempfindung haben, machen manchmal beim Fallen gar keinen Versuch, sich abzustützen, und verletzen sich deshalb verhältnismäßig oft während des Spielens am Kopf.

Die Zusammenarbeit der vestibulären und retikulären Hirnstammabschnitte

Die Hauptanteile des Hirnstammes bestehen aus einem sehr komplexen Netzwerk von Neuronen, das man den retikulären Kern nennt (vergleiche Kapitel 3). Der retikuläre Kern ist derjenige Teil des Gehirns, der verantwortlich für den Wachheitszustand des Nervensystems ist. Der retikuläre Kern gibt Impulse an das gesamte Gehirn, um einen Menschen wach und abwehrbereit zu halten. Das vestibuläre System trägt mit einem großen Anteil sensorischer Informationen, die in das retikuläre Warn- und Wecksystem eingespeist werden, dazu bei.

Eine gut abgestimmte Tätigkeit des Gleichgewichtssinnes ist sehr wichtig, um in einem ruhigen Wachzustand zu verbleiben. Wir empfinden den beruhigenden Effekt langsamer vestibulärer Stimulation, wenn wir auf einem Schaukelstuhl sitzen, und fühlen die belebenden Effekte einer schnellen vestibulären Stimulation, wenn wir Rollbrett fahren. Das vestibuläre System hilft auch, den Wachheitsgrad des Nervensystems ausgewo-

Kapitel 5. Störungen, die das Gleichgewichtssystem betreffen   105

gen zu halten. Ein in seiner Aktivität herabgesetztes vestibuläres System führt wegen seines Mangels an modulierendem Einfluß zu Hyperaktivität und Zerstreutheit. Bei der sensorischen Integrationsbehandlung benutzt man die vestibuläre Stimulation, um das Aktivitätsniveau eines Kindes entweder ruhigzustellen oder anzuregen oder auch nur besser zu ordnen.

Bei den niederen Tieren, welche sowohl die Vorfahren des Menschen als auch der heute lebenden Tiere sind, war der retikuläre Kern das Zentrum für die sensorische Integration überhaupt. Es war derjenige Teil des Gehirns, welcher alle anderen Abschnitte in ihrer Funktion zu einem Ganzen vereinigte. Die Natur bildete die retikulären Neuronen so aus, daß sie mit allen anderen Neuronen des Nervensystems in Kontakt traten. Jede Körperinformation erreichte den retikulären Kern, und umgekehrt breiteten sich retikuläre Impulse diffus im ganzen Organismus aus. Einige wenige Neuronen konnten auf diese Weise viele Dinge verrichten.

Das Verhalten dieser Tiere war sehr einfach, aber es erlaubte ihnen zu überleben. Um etwas zu fressen, zu fangen oder zu verhindern, daß es selbst gefressen wurde, mußte das Tier sich im Raume zurechtfinden und als sinnvolles Ganzes bewegen. Damit sich entsprechende Anpassungsreaktionen entwickeln konnten, wurde sehr bald das Gleichgewichtssystem ausgebildet und setzte seine Entwicklung in Verbindung mit dem retikulären System durch endlose Zeitabschnitte bis zum Auftreten des Menschen fort. Unser vestibuläres und retikuläres System verfügt deshalb noch über diese weit verzweigten nervösen Verflechtungen, die sich bei den niederen Tieren entwickelt hatten.

Einfache vestibuläre und retikuläre Tätigkeiten waren bereits lange vorhanden, bevor sich die entsprechenden Systeme für die Muskeln, Gelenke und die komplexeren auditiven und visuellen Wahrnehmungssysteme entwickelten. Diese jüngeren Systeme bildeten sich aus dem älteren retikulären Kern heraus. Dabei hat das vestibuläre System einen großen Einfluß auf die Evolution der jüngeren Systeme ausgeübt, und dieser prägende Einfluß ist auch heute noch in unserem Gehirn wirksam. Das ist einer der Gründe, warum eine Behandlung, die sich mit vestibulären Stimulierungen befaßt, zur Verbesserung von Sprache und Lesen beitragen kann.

Zusammenarbeit mit anderen Sinnesorganen

Im Gehirn beeinflußt nahezu jedes fast alles andere; das ist der Grund, weswegen die sensorische Integration komplexer erscheint, als wir je verstehen können. Wenn jedoch die Sinne nicht so miteinander arbeiten

106   Störungen der sensorischen Integration

könnten, würden wir keine hochentwickelten Gehirne haben, die denken und überlegen können, und wir würden wahrscheinlich nicht einmal überlebt haben.

Als sich das System der Eigenwahrnehmung (propriozeptives System) entwickelte, übernahm es die Aufgabe, dem Gehirn bei der Abstimmung (Modulation) des Gleichgewichtssystems behilflich zu sein. Durch Muskel- und Gelenkinformationen wird das Gehirn befähigt, vestibuläre Reize effektiver einzusetzen. Aus diesem Grund lassen Therapeuten manchmal Kinder, die Gleichgewichtsstörungen haben, schwere Gegenstände tragen, stoßen, ziehen oder aufrichten. Durch diese Schwerarbeit kontrahieren sich viele Muskeln und wird Druck auf viele Gelenke im Körper ausgeübt, und durch die dabei auftretende nervliche Stimulation der Eigenwahrnehmung werden die exzessiven vestibulären Aktivitäten, welche eine der Ursachen der Hirnfunktionsstörung sind, abgeschwächt.

In den vestibulären Kernen und dem retikulären Netzwerk des Hirnstamms kommen alle Arten von Sinneswahrnehmungen aus dem Organismus zusammen. Einige von ihnen werden zur weiteren Verarbeitung dem Thalamus, einem Hirnabschnitt an der Spitze des Hirnstamms, zugeleitet. In den Großhirnhemisphären wird dann die sensorische Integration zu ihrem Abschluß gebracht. Hier kommen alle Informationen der Sinnesrezeptoren wie Augen und Ohren zusammen und werden zu eindeutigen Wahrnehmungen und Vorstellungen weiterverarbeitet.

Das vestibuläre System stellt eine Verbindung zwischen den körperlichen Sinnesorganen und den Eindrücken von Ereignissen her, die in der Ferne stattfinden. Das Sehzentrum in der Hirnrinde erhält so viele Impulse von Seiten des vestibulären Systems, daß eine richtige Entwicklung des Sehvermögens ohne entsprechende vestibuläre Stimulation während der Jahre der Kindheit nicht zustande käme. Es ist wenig bekannt, in welcher Weise vestibuläre Aktivitäten die Verarbeitung von auditiven Sinneswahrnehmungen in der Großhirnrinde beeinflussen. Es ist jedoch bekannt, daß vestibuläre Impulse von Bedeutung für die Verarbeitung akustischer Sinneswahrnehmungen im Hirnstamm sind. Wie bereits in Kapitel 3 beschrieben wurde, haben sich diese beiden Systeme gemeinsam in den Knochen des Innenohres entwickelt, wobei ihre nervlichen Informationen Seite an Seite in einem einzigen Nerven, dem Vestibularnerven, zum Hirnstamm ziehen. Sie sind „Nachbarn", und sie „sprechen" miteinander.

Kapitel 5. Störungen, die das Gleichgewichtssystem betreffen   107

Raumvorstellungen

Die Sinneswahrnehmungen aus dem Gleichgewichtsorgan werden gemeinsam mit denjenigen aus Muskeln und Gelenken sowie vom Sehorgan in unserer Großhirnrinde verarbeitet, damit wir erkennen, wo wir uns im Raum befinden. Diese Kenntnis wird zu den motorischen Regionen in der Hirnrinde weitergeleitet, welche unsere Körperbewegungen und Hantierungen von Gegenständen bestimmen.

Ein Kleinkind mit einer Störung des Gleichgewichtssinnes kann Schwierigkeiten haben, ein Stück Papier mit einem anderen zusammenzukleben, weil sein Gehirn diese beiden Papierstücke im Raum nicht einander zuordnen kann. Ein älteres Kind mit ähnlichen Beschwerden ist vielleicht nicht in der Lage, die Buchstaben, die es schreibt, richtig anzuordnen.

Es ist durchaus nichts Ungewöhnliches für Kinder mit vestibulären Störungen, wenn sie beim Ballspielen in einer Mannschaft in einer falschen Richtung laufen. Ein anderes Kind mag nicht in ein Schwimmbekken springen, weil es nicht ganz sicher ist, wie weit es sich vom Wasser entfernt befindet. Solche Probleme sind sehr frustrierend für ein Kind und führen zu einer mangelhaften Selbstachtung und schlechten Beziehungen zu anderen Kindern.

Sind die Störungen ausgeprägter, kann es dazu kommen, daß das Kind nicht mehr allein außerhalb des Hauses spielen will. Es fühlt sich verloren – selbst in seinem eigenen Garten. Sein Gehirn empfindet nicht die räumlichen Beziehungen zwischen Bäumen, Sträuchern und dem Haus sowie seinem eigenen Körper. Es fürchtet, daß es vielleicht den Weg zurück ins Haus nicht mehr wiederfinden könnte. Ein Mann berichtete, daß er zeitweilig, wenn er in einem Stuhl sitze, plötzlich das Gefühl habe, daß der Stuhl mit ihm seitlich die halbe Wand hochginge. In seinem Wagen habe er das Gefühl, daß dieser sich beständig auf- und abwärts bewege.

Eine vestibuläre Störung kann auch die sozialen Beziehungen beeinflussen. Für solche Personen ist es oft schwer zu erkennen, wie nahe sie an andere Leute herantreten, und oftmals fühlen diese sich belästigt, weil sie ihnen zu nahe kommen. Besonders in einer Menschenmenge fällt es diesen Menschen schwer zu entscheiden, wo sich eine Person befindet. Sie können nicht sicher abschätzen, wieviel Raum sie benötigen, um eine Person zu umrunden, und rempeln sie des öfteren an. Ohne die Raumwahrnehmung, die sich durch Körperschema und Schwerkraftempfindung formt, ist es sehr schwierig, sich von dem Raum ein Bild zu machen. Eine solche Person weiß dann zwar, wie sie irgendwo hingelangen kann, ist jedoch nicht in der Lage, jemand anderem Anweisungen zu geben.

108   Störungen der sensorischen Integration

Die Raumwahrnehmung verbessert sich unter der Behandlung mit vestibulären Stimulationen. Kinder beginnen zu klettern und setzen sich in Beziehung zum senkrechten Raum. Andere Kinder, welche zu ungeordnet sind, um klettern zu können, beginnen Möbel durch das ganze Haus zu bewegen – oftmals sehr zum Mißvergnügen ihrer Mütter. Diese Kinder folgen ihrem inneren Zwang, den Raum zu erforschen, und lernen dabei die Beziehungen zwischen ihrem Körper und dem Raum kennen.

Einflüsse auf die emotionale Entwicklung und das Verhalten

Nur wenig Leute stellen sich ihr Gefühlsleben als eine Funktion des Nervensystems vor. Es besteht jedoch durchaus eine neurologische Basis für jede Art Gefühl von Furcht, Ärger, Traurigkeit, Freude und Liebe. Das sogenannte Limbische System ist der Teil der Großhirnhemisphären, der emotional bedingtes Verhalten steuert. Damit sich die Gefühlserregungen im Gleichgewicht befinden, muß das limbische System gut modulierte Informationen von allen Sinnesorganen bekommen. Experimente haben gezeigt, daß bei Mangel an vestibulärer Stimulierung während ihrer Kindheit erwachsene Tiere oft feindselig, aggressiv oder scheu sind. Es gibt auch Hinweise, daß einige Typen von Autismus und Schizophrenie Beziehungen zu bestimmten Störungen des vestibulären Systems haben.

Von allen Beziehungen, denen ein menschliches Wesen unterworfen ist, stellt sein Verhältnis zum Schwerkraftfeld der Erde die elementarste dar. Diese Beziehung scheint noch wesentlich grundlegender zu sein als die Mutter-Kind-Bindung. Die sensorische Integration des vestibulären Systems gibt uns die eigentliche „Schwerkraftsicherheit" – das Vertrauen, daß wir fest mit der Erde verbunden sind und jederzeit einen sicheren Platz zum Stehen haben. Die Schwerkraftsicherheit ist das Fundament, auf welchem wir unsere zwischenmenschlichen Beziehungen aufbauen.

Normale Kinder verwenden viel Zeit, um ihre Beziehung zur Schwerkraft zu entwickeln. Als erstes hebt das Neugeborene seinen Kopf an und stellt dabei fest, daß die Schwerkraft diesen Kopf schwer macht. Mit jeder neuen Bewegung stellt es fest, was die Schwerkraft vermag und was es selbst tun kann. Es lernt, daß der Zug der Schwerkraft sich niemals in seiner Richtung oder Stärke ändert. Es entdeckt allmählich, daß es nichts auf diesem Planeten gibt, das der Erdschwere entgehen kann, aber daß es möglich ist, wenn man sich an die Schwerkraft gewöhnt hat, aufzustehen, einen Baum zu erklettern und einen Ball in die Luft zu werfen.

Die Schwerkraftsicherheit ist von so vitaler Bedeutung für die Gesundheit unseres Gefühlslebens, daß die Natur uns einen ausgeprägten inneren Drang zur Erforschung der Schwerkraft und zu ihrer Beherrschung verlie-

Kapitel 5. Störungen, die das Gleichgewichtssystem betreffen   109

hen hat. Da dieser innere Drang so naturgegeben ist, beschäftigt sich ein Kind intuitiv mit allem, was nötig ist, um seinen Gleichgewichtssinn zu entwickeln. Seit jeher benutzen Mütter das Wiegen, um ein weinendes Kind zu beruhigen. Die Wiege ist ein Symbol für den Frieden und die Geborgenheit unserer Kindheit.

Sowohl Jugendliche als auch alte Leute stellen fest, daß Schaukelstühle und Schaukeln Ängstlichkeit und Gefühlserregungen vermindern können. Kinder lieben Spielplatzeinrichtungen und Abenteuer-Spielplätze, weil Schaukeln, Rutschen, Klettern, Wippen, Karussellfahren oder Rollbretter eine Menge vestibulärer Stimulation bereiten. Skifahren, Fliegen, Tieftauchen und schnelles Fahren sind für viele Jugendliche und Erwachsene emotional sehr befriedigend, und nahezu jeder freut sich über irgendeine Art von Körperbewegung. Lange Schaukel- oder Wipp-Perioden sind bekanntlich bei Heimkindern und Äffchen, denen man die Mutter weggenommen hat, zu beobachten. Viele Kinder, die unter sensorischer Integrationsbehandlung stehen, beschäftigen sich oft sehr intensiv mit solchen Spielgeräten, womit sie ihren großen Bedarf an vestibulärer Reizzufuhr zum Ausdruck bringen.

Da die Sicherheit im Umgang mit der Schwerkraft in der Natur eine so große Rolle spielt, nehmen wir sie als eine Selbstverständlichkeit hin. Läuft neurologisch in Verbindung mit der Schwerkrafteinwirkung etwas falsch, ordnen die meisten Menschen diese Dinge anderen Ursachen zu. Ein Psychologe kann in diesen Fällen zumeist auch ein psychisches Problem ausfindig machen, das sich bis zu Konflikten in der Kindheit zurückführen läßt. Doch oftmals können diese Probleme noch weiter zurückgeführt werden, nämlich bereits auf eine schlechte Verarbeitung von Gleichgewichtsreizen während des fetalen Lebens im Mutterleib und der Neugeborenenperiode.

Solange die Beziehungen eines Kindes zur Erde nicht absolut gesichert sind, können sich alle anderen Beziehungen nicht optimal entwickeln. Selbst die liebevollste Mutter kann nicht an ihr Kind herankommen, solange die Erde für dieses kein sicherer Platz zu sein scheint. Kindern mit Störungen im Gleichgewichtssystem scheint etwas Vitales zu fehlen, so als ob sie „im Raume verloren" wären. Zeitweilig können sie ihren inneren Zwängen nicht folgen, da sie sich vor dem fürchten, was unter Umständen mit ihnen geschehen könnte. Dabei verpaßt ein solches Kind einen großen Teil der sensomotorischen Erfahrungen, die notwendig sind, um Bausteine für ein ausgereiftes Gefühlsleben und Verhalten zu entwickeln.

110 Störungen der sensorischen Integration

Einflüsse auf den Verdauungskanal

Jeder der schon einmal seekrank gewesen ist, sei es in einem Auto oder einem Boot, kennt die engen Zusammenhänge zwischen den Gleichgewichtsorganen und dem Verdauungskanal. Wenn auf das Gehirn mehr vestibuläre Sinnesreize einwirken, als das Gehirn ordnen kann, geraten die autonomen Zentren für die Verdauung im Hirnstamm in Unordnung. Dadurch wird der Nahrungsmitteltransport innerhalb des Verdauungskanals angehalten, und es entstehen Gefühle von Übelkeit und Ekel.

Eine solche Reaktion ist während und nach einer ausgedehnten Bewegung des Körpers durchaus normal. Wenn man sich nicht schwindlig fühlt oder Übelkeit seitens des Magens empfindet, die im Anschluß an lebhafte Bewegungen auftreten können, ist dieses unter Umständen ein Hinweis darauf, daß das vestibuläre System nicht alle Reizeinwirkungen seitens des Innenohrs richtig verarbeitet. Kinder mit Störungen im vestibulären System haben häufig Schwierigkeiten, ihre Darm- und Blasenkontrolle zu entwickeln.

Einflüsse auf die geistigen Leistungen (akademisches Lernvermögen)

Lesen, Schreiben und Rechnen sind keine „Grundkenntnisse". Sie bedürfen eines Gehirns, welches sehr unterschiedliche Empfindungen verarbeiten kann und sich an präzisen motorischen und geistigen Reaktionen beteiligt. Das visuelle System muß zwischen den sehr geringen Abweichungen, welche bei Buchstaben, Nummern und der Interpunktion bestehen, unterscheiden. Das Kind muß eine gute Raumwahrnehmung haben, um beispielsweise den Unterschied zwischen 41 und 14 oder zwischen „Saum" und „Maus" zu erkennen. Die Hirnrinde muß den optischen Eindruck entsprechend der Buchstabenfolge und grammatikalischer Gesetze, die sowohl willkürlich als auch veränderlich sind, verarbeiten können. Damit die Hirnrinde dies vollbringen kann, müssen alle Hirnabschnitte, die mit Sprache zu tun haben, mit allen anderen Abschnitten, die mit optischer Wahrnehmung und Gedächtnis in Verbindung stehen, zusammenwirken.

Noch komplizierter ist das Schreiben, da zusätzlich zu den eben aufgezählten Tätigkeiten das Gehirn Finger- und Handempfindungen verarbeiten muß, sie gleichzeitig mit der Erinnerung vergleichen muß, in welcher Haltung sich Finger und Hände beim Schreiben befinden. Dann muß es die Muskelbahnung und -hemmung so dosieren, daß ein Bleistift entsprechend geführt werden kann.

Kapitel 5. Störungen, die das Gleichgewichtssystem betreffen   111

Keine dieser zahlreichen Hirnfunktionen kann vollständig zum Einsatz gelangen, wenn das Gehirn nicht beständig Informationen von der Körperbewegung und der Schwerkraft berücksichtigt. Bei einem Kind mit Störungen des Gleichgewichtsorgans sind zahlreiche seiner sensomotorischen Muster im Gehirn ungeordnet, so daß es sich nicht mehr erinnern kann, was ein gedrucktes Wort bedeutet oder wie es dieses Wort selber schreiben kann.

Das Grausamste, was ein Lehrer einem lernbehinderten Kind sagen kann, ist: „Du könntest es schon schreiben, wenn Du es nur mal versuchen würdest!" Wie soll ein solches Kind lesen können, wenn es nicht den Zusammenhang zwischen dem, was es sieht, und dem, was es hört, herstellen kann? Wie kann es seinen Namen niederschreiben, wenn es sich mit aller Kraft darauf konzentrieren muß, wie es sich auf dem Stuhl aufrechthalten kann? Diese sensomotorischen Fähigkeiten sind die wirklichen „Grundkenntnisse", und die Lernprobleme werden weiterhin bestehen bleiben, solange die Schulen nicht lernen, ihre Aufmerksamkeit auf die Entwicklung der Vorstufen zum Erwerb der Grundkenntnisse zu richten.

Einige Kinder haben diese „Grundfähigkeiten" aufgrund einer normal abgelaufenen Entwicklung erreicht, und sie sind nunmehr im Alter von fünf oder sechs Jahren in der Lage, lesen zu lernen. Aber andere Kinder haben aufgrund einer nervlichen Unregelmäßigkeit diese Grundfähigkeiten noch nicht beherrschen gelernt. Diese Kinder im Alter von 6 Jahren das Lesen zu lehren, bedeutet die Aufforderung zum Mißerfolg und für das Kind, sich unglücklich zu fühlen. Gewöhnlich wehrt sich ein solches Kind und wird dann als „verhaltensgestört" betrachtet.

Unterfunktion des vestibulären Systems

Es gibt zwei Arten von Störungen des Gleichgewichtssinns, die auf Lernvermögen und Verhalten des Kindes einwirken: Das Gehirn reagiert entweder zu schwach auf die Sinnesreize vom Gleichgewichtsorgan oder aber zu stark. Wenn wir wieder den Vergleich mit dem Radioapparat heranziehen, bedeutet das, daß die Lautstärke entweder zu leise oder zu laut eingestellt ist. Solange die bahnenden oder hemmenden Kräfte des Gehirns die vom Gleichgewichtsorgan stammenden Impulse nicht ausbalancieren können, kann weder die Wahrnehmung vom Gleichgewichtsorgan noch die von den anderen Sinnesorganen ohne Schwierigkeiten zum Aufbau entsprechender Anpassungsreaktionen benutzt werden. In diesem Kapitel werden wir die beiden Arten der Störung des Gleichgewichtsorgans besprechen.

112   Störungen der sensorischen Integration

Wenn eine Therapeutin, die sensorische Integrationsbehandlung durchführt, ein Kind zu beurteilen hat, schaut sie als erstes auf die Reaktionen, die das vestibuläre System zeigen sollte. Am leichtesten sind die Reaktionen der Augen und des Körpers zu beobachten. Diejenigen der Augen sind am deutlichsten vom Gleichgewichtsorgan gesteuert. Die Dauer und die Gleichmäßigkeit des „postrotatorischen Nystagmus" sind ein guter Hinweis auf die Intaktheit eines Teils des vestibulären Systems.

Wenn ein Nystagmus beim Kind nicht so lange bestehen bleibt, wie dies normalerweise der Fall ist oder wenn er überhaupt fehlt, wissen wir, daß es die vom Gleichgewichtssinn ausgehenden Nervenimpulse zumindest in einer sehr wichtigen Nervenbahn nicht verarbeiten kann und wahrscheinlich auch die übrigen vestibulären Funktionen nur mangelhaft ausgebildet sind. Viele dieser Kinder werden nicht schwindlig oder torkelig, selbst wenn man sie viele Minuten um ihre Achse drehen läßt, und das ist ein weiteres Anzeichen dafür, daß die Information des Gleichgewichtsorganes nicht zu den Zentren gelangt, die es erreichen sollte.

Am Beginn dieses Kapitels hatten wir uns vier Kinder vorgestellt, die eine Bordkante entlanggehen. Das erste Kind hatte ein ganz normales Gleichgewichtssystem, beim zweiten und dritten Kind bestand eine Reaktionsschwäche des vestibulären Systems, und diese Kinder zeigten nur einen sehr kurzen postrotatorischen Nystagmus. Beim zweiten Kind führte das schlecht reagierende Gleichgewichtssystem zu einer „doppelseitigen" vestibulären Störung, welche das Lesenlernen sehr erschwert. Das beim dritten Kind mangelhaft reagierende vestibuläre System verzögerte die Entwicklung der Sprache und des Sprechvermögens.

Was ist eine doppelseitige Gleichgewichtsstörung?

Die Symptome einer doppelseitigen Gleichgewichtsstörung sind oft sehr schwach ausgeprägt. Die Kinder erscheinen zunächst völlig normal, bis sie in die Schule kommen und nun Schwierigkeiten mit Lesen, Rechnen oder anderen Lernaufgaben auftreten. Schulpsychologen, die mit den körperlichen Symptomen einer Störung der sensorischen Integration nicht vertraut sind, sagen dann oft, daß das Kind eine Dyslexie (Schreibschwierigkeit) oder Wortblindheit besitze. Andere Fachleute sagen wiederum: „Da ist alles in Ordnung, und das Problem ist lediglich psychisch bedingt."

Kinder mit doppelseitigen Gleichgewichtsstörungen haben sehr oft durchschnittliche oder sogar überdurchschnittliche Intelligenzquotienten. Es ergibt sich somit die Frage, warum sie Schwierigkeiten mit der Schularbeit haben. Obwohl sie intelligent genug sind, können sie diese Gabe beim

Kapitel 5. Störungen, die das Gleichgewichtssystem betreffen   113

Lernen von Lesen und Rechnen nicht voll einsetzen. Ein Teil der Wort-
oder Zahlbedeutungen gerät in ihrem Gehirn durcheinander. Sie reagieren
auch nur sehr schlecht auf die Anstrengungen von Sonderschul- oder
Nachhilfelehrern.

Bei Kindern mit anderen Arten von Lernstörungen kann die Sonder-
pädagogenerziehung oder der Unterricht mit Nachhilfestunden von Vorteil sein, aber bei Kindern mit doppelseitigen Gleichgewichtsstörungen erreicht man dadurch nichts. Andererseits verbessern sie sich oft sehr gut
unter einer Behandlung mit sensorischer Integration, und viele von ihnen
zeigen nach einer Behandlungsdauer von einem Jahr, daß sie wesentlich
leichter lernen können, obwohl es auch dann noch Schwierigkeiten gibt.
Diese Kinder mit Lernaufgaben zu überhäufen, bedeutet das Pferd vom
Schwanz her aufzuzäumen. Sie benötigen neben ihrer Schularbeit eine stän-
dige Behandlung mit sensorischer Integration.

Augenmuskeln und Haltungsreaktionen. Lesen- oder Rechenprobleme sind
nur eines der Symptome von Unregelmäßigkeiten der Hirnfunktion, welche die Nystagmusdauer verkürzen können. Wenn die Augenmuskeln
nach einer Drehung des Kindes nicht genügend Nervenreize angeboten
bekommen, um einen normalen Nystagmus zu erzeugen, ergeben sich für
dieses Kind ebenfalls Schwierigkeiten, mit den Augen bewegte Objekte zu
verfolgen oder von einem Punkt zu einem anderen zu schauen. Nur wenige Leute bemerken die ungenügenden Augenbewegungen. Doch eine
Therapeutin, die sich mit sensorischer Integration befaßt, ist in der Erkennung solcher Dinge geübt.

Auch Haltungsreaktionen können mangelhaft ausgebildet sein. Wenn
die vestibulären Kerne im Hirnstamm nicht genügend Information erhalten, können sie ihrerseits nicht genügend Nervenimpulse durch das Rük-
kenmark den Muskeln übertragen, die für die Muskelspannung in den
Halsmuskeln, den Armen, Beinen und im Rücken sorgen. Ein solches
Kind bekommt dann Schwierigkeiten, wenn es den Kopf beim Sitzen
hochhalten soll, und es wird beim Spielen sehr schnell müde. Falls Sie ein
Kind mit solchen Problemen haben, können Sie diese sehr leicht erkennen, indem Sie es sich auf den Bauch legen lassen und dann auffordern,
seinen Körper an beiden Enden anzuheben. Viele Kinder mit doppelseitigen Gleichgewichtsstörungen können diese „Flugzeughaltung" nur für
wenige Sekunden einnehmen.

Bei solchen Kindern kann man auch beobachten, daß ihnen nicht bewußt wird, wenn sie im Begriff sind zu fallen, und sie versuchen nicht, ihr
Gleichgewicht wiederzugewinnen. Wenn sie dann hinfallen, machen sie
keine Abfangbewegungen mit ihren Armen, um das Gesicht zu schützen.

114   Störungen der sensorischen Integration

Während einer Behandlung, die ich mit einem Kind durchführte, lag dieses auf einem großen Ball und war im Begriff, herunterzufallen. Ich sagte zu ihm: „Paß auf, Du fällst gleich herunter." Das Kind antwortete: „Wie falle ich denn?" Und es lag schneller auf dem Boden, als ich ihm antworten konnte.

Kinder mit doppelseitigen Gleichgewichtsstörungen haben es oft schwer, radfahren zu lernen, und sie fürchten sich deshalb davor. Das Kind ist nicht sicher, wie es sein Gewicht verlagern muß, um das Gleichgewicht aufrechtzuerhalten, und wie es Hindernisse auf seinem Weg umfahren kann. Diese Kinder haben nur selten die Erfahrung eines Glücksgefühls beim Spielen oder sportlichen Betätigungen und haben dadurch weniger Selbstvertrauen und Wohlbefinden im Vergleich zu anderen Kindern. Manche dieser Kinder versuchen, Beifall zu ernten, indem sie sich als Klassenclown gebärden und ungeschickt hinstürzen, um den anderen Kindern Spaß zu bereiten. Obwohl sie meistens ohnehin tolpatschig sind, entwickeln einige von ihnen ganz normale motorische Koordinationen. Diese normale Muskelkoordination stellt jedoch nicht die Fähigkeit sicher, normal lesen zu können.

„Schneller, schneller!" Das Kind mit einem untererregbaren Gleichgewichtssystem verarbeitet nicht genügend Gleichgewichtseindrücke, und deshalb bekommt es nicht die „Hirnnahrung", welche die anderen Kinder durch Körperbewegung und Spiel empfangen. Es hat jedoch ebenso wie diese einen inneren Drang, sein Gehirn zu entwickeln. Außerdem werden diese Kinder nicht so schnell schwindlig und von Übelkeit geplagt – selbst nach einer enormen Bewegungsfolge. Es ist deshalb nicht überraschend, daß sie gerne Karussell oder Roller fahren, wesentlich länger und intensiver als andere Kinder. Bei einer entsprechenden Behandlung passiert es oft, daß sie es auf den Spielgeräten immer „schneller und schneller" haben wollen.

Ein Kind sagte, als es sich zum ersten Mal in einer Hängematte befand: „Ich könnte es hier eine Million Jahre aushalten", womit es zum Ausdruck brachte, wie stark sein vestibuläres System der Stimulation bedurfte. Bei Durchführung der Behandlung läßt man diese Kinder viel schaukeln und drehen, um ihr vestibuläres System zu aktivieren. Jedoch nur eine Beschäftigungstherapeutin oder eine Krankengymnastin, die gut mit der Behandlung der sensorischen Integration Bescheid weiß und die über das Nervensystem des betreffenden Kindes informiert ist, sollte ein Kind längere Zeit drehen und schaukeln. *Es ist nicht ungefährlich, ein Kind zu drehen und zu schaukeln, wenn es ein schlecht funktionierendes Gehirn hat.* Durch das Drehen kann die Atmung verlangsamt werden, und der

Kapitel 5. Störungen, die das Gleichgewichtssystem betreffen   115

Blutdruck kann absinken, wodurch es zu einer Bewußtlosigkeit des Kindes kommen kann. Wenn ein Kind auch nur die geringste Neigung zu Krämpfen aufweist, kann durch Schaukeln und Drehen ein Krampfanfall ausgelöst werden.

Integration beider Körperseiten. Ein Kind mit herabgesetzter Gleichgewichtsreaktion hat auch öfters eine schlechte Integration oder Koordination der beiden Körperseiten. Es kann Bewegungen der rechten und linken Hand nicht gut genug koordinieren. Es wird sehr leicht durch Anordnungen und Befehle verwirrt, besonders wenn es keine Zeit zum Nachdenken bekommt, welche Seite wo ist. Wenn man ihm sagt, nach links zu gehen, geht es möglicherweise nach rechts. Es hat Schwierigkeiten beim Tanzen oder beim Schlagen einer Trommel, da Hände und Füße nicht gut genug zusammenarbeiten können, um einen musikalischen Takt einzuhalten.

Wenn ein solches Kind älter wird, gelingt es ihm möglicherweise, andere Hirnabschnitte zur Kompensation seiner schlechten Gleichgewichtsleistung heranzuziehen. Es lernt dann mit Hilfe von Eselsbrücken, sich den Unterschied zwischen rechts und links zu merken. Man hat dadurch den Eindruck, daß dieses Kind eine normale Rechts-Links-Unterscheidung besitzt, doch wird es immer dann Schwierigkeiten haben, wenn es eine ungewöhnliche oder neue Aufgabe gestellt bekommt. *Eine kompensatorische Hilfe durch andere Hirnabschnitte ist niemals so leistungsfähig wie die natürliche Funktion des betreffenden Hirnabschnittes, der dafür vorgesehen ist.*

In Kapitel 4 haben wir die Zuordnung jeder Körperseite zum Gehirn bei unterschiedlichen Funktionen besprochen. Ein schlecht reagierendes Gleichgewichtssystem hat oft hemmenden Einfluß auf diese Spezialisierung. Das Kind entwickelt ähnliche Fähigkeiten mit jeder Hand und mit jeder Großhirnhälfte. Anstatt nur eine Hand für feinere Arbeiten – wie Schreiben oder Benutzen von Handwerkzeug – zu gebrauchen, hat ein solches Kind die Angewohnheit, die rechte Hand vorwiegend auf der rechten Körperseite und die linke Hand auf der linken Körperseite zu benutzen. Man hat dann den Eindruck, daß das Kind beidhändig sei, aber in Wirklichkeit ist es mit keiner Hand geschickt. Oder aber das Kind wird zum Linkshänder, während es von Geburt her ein Rechtshänder ist.

Während dieses geschieht, entwickelt das Gehirn in beiden Hirnhemisphären völlig gleiche Fertigkeiten, anstatt sich für eine Seite zu spezialisieren. Das Kind versucht, seine Sprache in beiden Hirnhemisphären zu entwickeln, doch kommt es damit in beiden nicht sehr weit. Dies kann zu Schwierigkeiten beim Sprechen, Lesen und Schreiben führen. Das Sprech-

116   Störungen der sensorischen Integration

vermögen kommt dann eventuell spät, und ein solches Kind versteht normalerweise mehr, als es sprechen kann. Wenn sich dann die Sprache eingestellt hat, ist sie annähernd normal oder fast normal, was die Qualität und Quantität des Wortschatzes anbelangt.

Der bei beidseitigen Gleichgewichtsstörungen zu beobachtende Mangel an Seitigkeit bestimmter Fertigkeiten führt uns zu der Annahme, daß diese Kinder keine normale Verbindung zwischen den beiden Hirnseiten haben. Wenn die beiden Hirnhälften nicht miteinander kommunizieren können, erreichen sie auch nicht ihre naturgegebene optimale Leistung.

Eine Liste der beidseitigen Gleichgewichtsstörungen

Die folgende Liste ist eine Zusammenstellung der Hauptsymptome. Die beiden ersten sind charakteristisch und beschreiben diese spezielle Störung. Die übrigen Symptome werden nur bei einigen Kindern angetroffen, bei manchen jedoch nicht. Man sieht sie ebenso auch bei anderen Störungen der sensorischen Integration.

1. Das Kind scheint normal zu sein, gesund und von normaler Intelligenz, aber es hat Schwierigkeiten beim Lesen und Rechnen.
2. Die Nystagmusdauer nach Drehung ist kürzer als normal.
3. Das Kind ist bei sportlichen Betätigungen nicht sehr gut und hat auch keinen Gefallen daran. Werfen und Auffangen eines Balls bereiten Schwierigkeiten.
4. Ausholende Bewegungen sind tolpatschig. Das Kind stolpert und fällt häufiger hin als Kinder seines Alters. Manchmal macht es keine Versuche, sich beim Sturz abzufangen.
5. Wenn man versucht, das Kind auf einem schmalen Brett oder einem großen Ball balancieren zu lassen, empfindet es sich schwer und ungeschickt.
6. Wenn ein Kind auf dem Bauch liegt, kann es nicht gleichzeitig Kopf, Arme und Beine anheben.
7. Es kann seinen Kopf nicht ruhig und stabil halten, wenn es von jemand anderem in eine andere Richtung gedreht wird.
8. Weder seine Arme noch seine Beine arbeiten gut zusammen.
9. Das Kind hat keine Bevorzugung einer Hand. Man hat den Eindruck, es könnte beidhändig sein, doch gewöhnlich ist es mit beiden Händen nicht sehr geschickt.
10. Das Kind verwechselt oft rechts und links, besonders, wenn es keine Zeit hat, darüber nachzudenken.
11. Wenn das Kind schreiben lernt, schreibt es Buchstaben wie „b" und

Kapitel 5. Störungen, die das Gleichgewichtssystem betreffen   117

„d" in der verkehrten Richtung, und zwar häufiger, als seine Klassenkameraden das tun. Manche von diesen Kindern lesen Worte rückwärts, z. B. anstelle „Saum" lesen sie „Maus".
12. Das Kind verträgt keine Belastungen und ist oft frustriert.
13. Das Kind hat keine sehr gute Meinung über sich selbst. Es ist schwierig, mit sich selbst in Einklang zu leben, wenn der wichtigste Körperteil, nämlich das Gehirn, nicht richtig arbeiten kann. Manchmal besteht bei diesen Kindern auch ein ganz bestimmtes Problem im Gefühlsleben oder Verhalten.

Vestibuläre Sprachstörungen

Die Kommunikation mit Hilfe der Sprache ist im gewissen Sinne ein Endprodukt der sensorischen Integration. Das Gleichgewichtssystem ist die wichtigste Ordnungskraft für alle Reizempfindungen in den übrigen von den Sinnesorganen benutzten Kanälen, und deshalb liefert es einen wichtigen Beitrag zur Entwicklung von Wortverständnis und Sprache. Diese Erkenntnis stammt von Untersuchungen, welche ergaben, daß Kinder mit Sprachstörungen ihr Sprechvermögen und ihre Sprache unter der Einwirkung einer Behandlung mit sensorischer Integration verbesserten, obwohl diese Therapie keinerlei Sprachübungen mit einschloß.

Therapeutinnen fanden auch, daß Kinder mit Schwierigkeiten der Artikulation, der Sprache und des Sprechvermögens oft eine nur kurze Dauer des postrotatorischen Nystagmus aufweisen. Stilwell, Crowe und McCallum testeten den Nystagmus bei Kindern am Sprech- und Hörzentrum in Illinois und verglichen sie mit normalen Kindern. Sie fanden, daß bei 70% der Kinder mit Sprachstörungen der Nystagmus kürzer war, und zwar um 70% kürzer als bei den normalen. Diejenigen Kinder, die Schwierigkeiten mit den Regeln der Rechtschreibung und dem Symbolgehalt der Sprache hatten, wiesen die längste Nystagmusdauer auf. Von den drei Kindern, die wir anfangs aufführten, hatte das dritte eine Sprechstörung mit herabgesetzter vestibulärer Reaktion.

Es ist allgemein anerkannt, daß höhere Hirnfunktionen, z. B. solche der Hirnrinde, teilweise abhängig sind von den Funktionen im subkortikalen Bereich. Das Sprachzentrum in der linken Hirnhemisphäre – bei Rechtshändern – ist Teil eines großen Netzwerkes, welches andere Abschnitte der Hirnrinde und auch subkortikale Integrationszentren umfaßt. Damit Sprache sich entwickeln und auftreten kann, müssen sowohl die höheren als auch die niederen Zentren konstant miteinander zusammenarbeiten. Wenn deshalb die Gleichgewichtsinformationen in den niederen Zentren des Gehirns mangelhaft sind, müssen die höher gelegenen Be-

118   Störungen der sensorischen Integration

reiche größere Anstrengungen machen, um normale Sprache zu entwikkeln.

Natürlich gibt es noch zahlreiche andere Ursachen, aus denen Sprachstörungen resultieren können. Wenn sich die Sprache nicht altersentsprechend einstellt, sollte der postrotatorische Nystagmus durch eine Therapeutin, die mit sensorischer Integration vertraut ist, untersucht werden. Es ist leicht einzusehen, daß die vestibulären Einwirkungen bahnende Effekte auf die Lautbildung haben. Fast jedes Kind jault und schreit, wenn es auf einem Roller fährt, intensiv geschaukelt wird oder sehr aktiv spielt. Kinder, die noch nicht sprechen können, machen während der Behandlung mit vestibulärer Stimulation mehr Geräusche als gewöhnlich. Es ist fast so, als ob das Gehirn einen bestimmten Betrag an Gleichgewichtserregung benötigt, um Laute zu bilden, und daß die Bewegungen des täglichen Lebens diesen Bedarf, der für die betreffenden Kinder nötig ist, nicht decken können.

Ich hatte einmal einen sechsjährigen Jungen zu beurteilen, von dem gesagt wurde, daß er nicht kooperativ sei. Ich veranlaßte ihn, zwei Klötze auszuwählen, welche in ein bestimmtes Formbrett paßten. Er saß nur so da, bewegte sich nicht und zeigte keinerlei Reaktion auf das, was ich ihm sagte. Nach einer Weile gab ich auf und entschloß mich, schließlich den postrotatorischen Nystagmus des Kindes zu prüfen. Nachdem es mehrmals gedreht worden war, zeigte das Kind praktisch keinen Nystagmus. Dann aber plötzlich stand es von sich aus auf, ging zum Tisch, fing an zu sprechen und legte die Klötze in das Formbrett. Nach wenigen Minuten hörte es wieder auf zu arbeiten. Ich brachte es wiederum zum Drehbrett, drehte es mehrmals herum, wonach es erneut zum Tisch zurückkehrte, um die Teste fortzusetzen. Dieser Kreislauf wiederholte sich mehrere Male, bis das ganze Testprogramm abgelaufen war. Es scheint so zu sein, daß dieses Kind nur dann kooperieren konnte, wenn sein Gehirn durch Gleichgewichtserregung eine nervliche Bahnung erhalten hatte.

Kinder mit Störungen der Sprache und des Sprechvermögens bei gleichzeitig bestehender Gleichgewichtsstörung haben darüber hinaus Schwierigkeiten mit der Körperbewegung und der Bewegungsplanung. Störungen des motorischen Planens werden im Kapitel 6 besprochen.

Nicht alle Störungen der Sprache und des Sprechvermögens sind mit Gleichgewichtsstörungen verbunden. Einige Kommunikationsmängel scheinen die Folge einer schlechten Funktion innerhalb des Sprachzentrums in der linken Hirnhemisphäre zu sein. Bei diesen Kindern ist die Sprachstörung nicht ein Problem einer schlechten sensorischen Integration, und sie haben entsprechend keinen Gewinn von einer Therapie mit sensorischer Integration.

Kapitel 5. Störungen, die das Gleichgewichtssystem betreffen   119

Überfunktion vestibulärer Reaktionen

Nervenreize sind „Nahrung" für das Nervensystem. Doch zu viel davon schafft Probleme. Das normale Gehirn verarbeitet Gleichgewichtseindrücke und benutzt ihre Informationen, um Anpassungsreaktionen ablaufen zu lassen. Um diese Gleichgewichtsinformationen sinnvoll verwenden zu können, muß das Gehirn Impulse abbremsen, die nicht zweckmäßig sind. Manche Hirne können jedoch diese Hemmung oder Anpassung von Gleichgewichtserregungen nicht durchführen, und dann reagieren sie auf Gleichgewichtsinformationen in übertriebener Weise.

Gewöhnlich zeigen Kinder mit verstärkten Gleichgewichtsreaktionen eine längere Dauer des postrotatorischen Nystagmus. Es kann jedoch auch vorkommen, daß diese Kinder normale oder sogar nur kurze Nystagmusdauer aufweisen. Es ist gut, in diesem Zusammenhang daran zu denken, daß das Vestibularsystem zahlreiche Kanäle und sehr unterschiedliche Funktionen besitzt. Einige von diesen Funktionen können sogar zu schwach ausgeprägt sein, während andere übertrieben reagieren und noch andere sich ganz normal verhalten. Es gibt zwei Ausdrucksformen der Überempfindlichkeit gegenüber Gleichgewichtseinwirkungen: Unsicherheit gegenüber den Schwerkrafteinflüssen und Widerwillen gegenüber Bewegungen. Bei ersteren scheint die Störung sich in demjenigen Hirnteil abzuspielen, der für die Modulation der Informationen, die von den Gleichgewichtssinnesorganen ausgehen, zuständig ist, wodurch es dazu kommen kann, daß das Kind sich bei bestimmten Kopf- oder Körperhaltungen nicht wohlfühlt, selbst wenn es sich nicht bewegt. Bei der zweiten Art der Störung sind vorwiegend Hirnverarbeitungsprozesse beteiligt, welche die Sinnesreize der Bogengänge verarbeiten müssen und bei denen jede Bewegung ein unbehagliches Gefühl verursacht.

Unsicherheit im Hinblick auf die Schwerkraft

Extremes Bewegen oder Stürzen verursachen Furcht bei jedermann. Manche Menschen haben jedoch überschießende Gefühlsreaktionen gegenüber Schwindelgefühlen, selbst wenn keinerlei Gefahr besteht, daß sie hinfallen könnten. Die Furcht hat nur wenig mit dem wirklichen Zustand, in dem sich der Körper befindet, zu tun. Sie kommt vielmehr von einem Verarbeitungsfehler der Gleichgewichtsinformation im Gehirn. In sensorischer Integration geschulte Therapeutinnen nennen diese Störung Haltungs- oder Schwerkraftunsicherheit.

Das vierte Kind, das zu Anfang des Kapitels erwähnt wurde, ist ein solches Kind mit einer Schwerkraftunsicherheit. Es hat Angst, auf der Bordkante zu laufen, tut es jedoch, sobald die Mutter es bei der Hand nimmt und ihm Mut zuspricht. In Wirklichkeit benötigt dieses Kind die helfende Hand seiner Mutter überhaupt nicht, da sein Gleichgewichtsempfinden und die motorische Koordination wesentlich besser sind als bei den beiden anderen Kindern mit herabgesetzter Reaktion auf Gleichgewichtsreize.

Das Kind könnte durchaus von sich aus die Bordkante entlang gehen, aber sein Gehirn kann ihm diese Fähigkeit nicht vermitteln. Solange das Kind nicht stolpert oder fällt, ist es sehr schwer zu erkennen, daß überhaupt ein Problem besteht. Schwerkraftunsicherheit als solche behindert nicht das Lernvermögen, und solch ein Kind durchläuft die Schule ohne Probleme, sofern sich nicht andere nervliche Störungen im Zusammenhang mit seiner übertriebenen Reaktion auf Gleichgewichtsinformation einstellen.

Die Schwerkraftunsicherheit führt zu Furcht, Angst und Zerstreutheit der betreffenden Kinder, besonders wenn sie sich in einer ungewohnten Situation befinden – oder aber auch, wenn sie versuchen, eine solche Position zu erreichen oder wenn jemand anderes ihre Bewegungen oder Stellungen zu lenken versucht. Ein solches Kind ist ganz besonders erschreckt, wenn es andere Leute bewegen. Es mag nicht, wenn andere zu nahe bei ihm stehen, während es etwas tut – aus Angst, es könnte möglicherweise überraschend angestoßen werden. Schaukeln, Karussells und andere Spielsachen, die den Körper in ungewöhnlicher Weise bewegen, versetzen es leicht in Panik, doch kann es diese auch durchaus ertragen, wenn es sich dabei auf dem Schoß seiner Eltern in Sicherheit befindet. Wenn es rasch mit einem Auto um die Ecke fährt, kann es völlig aus der Fassung geraten.

Es verbringt viel Zeit mit der Furcht, daß es fallen könnte, und macht beachtliche Umwege, um ein Hinfallen zu vermeiden, selbst wenn dies nur selten geschieht. Im Gegensatz dazu kann ein Kind mit beidseitigen vestibulären Störungen häufig hinfallen, doch nimmt es sich auch in keiner Weise vor dem Fallen in acht und zeigt gewöhnlich nach einem Sturz keine nennenswerte Schmerzäußerung. Ich beobachtete ein Kind mit Schwerkraftunsicherheit, das seine Hände fest auf den Fußboden gelegt hatte, während seine Füße noch auf einem wackeligen Spielgerät lagen. Anstatt einfach vorwärts zu krabbeln, schrie das Kind laut: „Ich falle! Ich falle!"

Urängste. Das schwerkraftverunsicherte Kind empfindet den Zug der Schwerkraft als eine dauernde Bedrohung. Seine Abneigung gegenüber Bewegungen ist nicht gewollt, und kein noch so guter Zuspruch kann die-

Kapitel 5. Störungen, die das Gleichgewichtssystem betreffen 121

se Unsicherheit von ihm nehmen. Man tut ihm auch keinen Gefallen, wenn man es durch Belohnung zu ermutigen versucht. Seine Furcht ist nicht verstandesgemäß bedingt, sie kommt tief aus dem Inneren des Gehirns, wo Worte und Belohnungen keinen Effekt mehr haben. Dieses Kind ist einfach unglücklich, und sein Elend nimmt zu, wenn Erwachsene oder andere Kinder seine Not übersehen und von ihm erwarten, daß es sich bewegt wie die anderen.

Das Kind fühlt sich am sichersten, wenn es mit beiden Füßen fest auf dem Boden steht. Ein acht Jahre altes Mädchen wollte nicht über ein Seil steigen, das nur 30 cm hoch über dem Boden ausgespannt war. Stattdessen rutschte es unter dem niedrigen Seil hindurch. Hochzuspringen bedeutet etwas sehr Beängstigendes, und einige dieser Kinder „springen", ohne die Füße vom Boden zu entfernen. Sie haben eine Abneigung, in horizontaler Lage zu liegen, außer sie befinden sich auf dem Fußboden oder in einem Bett, und bereiten sogar Widerstand, wenn sie auf einem Tisch oder einer Plattform liegen sollen.

Einige Leute mit Schwerkraftverunsicherung fürchten sich, einen Berg herauf oder herab zu gehen oder über einen Fußboden, der steinig oder höckerig ist. Sie halten sich ängstlich am Treppengeländer beim Auf- oder Abwärtsgehen der Treppen fest. Sie lieben es nicht, auf Bordsteinkanten zu laufen, zu klettern, auf Gegenständen oder Tieren zu reiten. Sich aus einer Sitzposition heraus nach hinten zu lehnen, flößt ihnen Furcht ein.

Da dieses Problem Ausdruck einer Überempfindlichkeit gegenüber den Reizinformationen der Schwerkraftrezeptoren ist, spielt die Stellung des Kopfes für diese Personen eine kritische Rolle.

Erwachsene Frauen mit Schwerkraftverunsicherung klagen darüber, daß sie sich beim Saubermachen unbehaglich fühlen, da sie ihren Kopf unter und um Möbelstücke herum bewegen müssen. Den Kopf mit seiner oberen Seite nach unten zu halten, stellt die stärkste Reizung der Schwerkraftrezeptoren im Labyrinth des Innenohrs dar und wird ganz besonders von solchen Personen als bedrohlich empfunden, die diese Gleichgewichtsinformationen nicht entsprechend modulieren können. Schwerkraftverunsicherte Kinder vermeiden Purzelbäume. In-die-Luft-geschleudert-werden bereitet ihnen kein Vergnügen.

Diese Kinder benötigen oft eine ganz konstante körperliche Unterstützung von den Eltern oder Therapeutinnen. Ihre Abneigung, bis an die Grenzen ihrer Möglichkeiten zu spielen, erlaubt ihnen nicht, wie andere Kinder unter den Einwirkungen dieses Spielens zu reifen.

Wenn Sie ein Kind mit Schwerkraftverunsicherung haben, werden Ihre Freunde und Nachbarn Ihnen den Vorwurf machen, daß Sie es zu stark beschützen und mehr ermutigen sollten, erwachsen zu werden. Sie

122   Störungen der sensorischen Integration

sagen das natürlich, weil sie nicht wissen, daß Ihr Kind die grundlegendste Sinnesempfindung, nämlich die Schwerkraftempfindung, nicht richtig an seine Gegebenheiten anpassen kann. Das Beste, was man für ein solches Kind tun kann, ist, daß man seine Nöte berücksichtigt und alles versucht, um Schritt für Schritt sein Vertrauensbewußtsein aufzubauen.

Unser Verhältnis zur Schwerkraft stellt die wichtigste Quelle unseres Sicherheitsempfindens dar. Das schwerkraftverunsicherte Kind erzeugt in sich vermutlich das Gefühl, irgendeine Körperbewegung könnte es in einen anderen Raum befördern. Eine nur geringe Bewegung kann bei ihm bereits das Gefühl erzeugen, „raumkrank" oder „aus dem Raum geschleudert" zu werden. Eine Untersuchungsperson sagte, nachdem sie eine Bewegungserfahrung gemacht hatte, die die meisten Menschen nicht besonders unbehaglich empfinden würden: „Ich fühlte mich, als ob ich die Erde verlassen würde und nie wieder zurückkommen könnte!" Es gibt wohl keine größere primäre Furcht als diese.

Wenn die Beziehungen des Kindes zur Erde nicht gefestigt sind, sind alle anderen Beziehungen weniger gut, als sie sein könnten. Deshalb beeinträchtigt die Schwerkraftverunsicherung jeden Lebensbereich eines Menschen. Die Mitmenschen können diese Furcht nicht nachempfinden und sehen in ihm jemanden, „mit dem man schlecht zurechtkommen kann". Sie werden ihn hänseln oder auch strafen für etwas, das sein Gehirn ohne sein Zutun mit ihm vornimmt. Andere Kinder nennen ihn einen „Hasenfuß". Lehrer können nicht begreifen, warum Worte ihm nicht helfen, sicherer zu werden. Um mit anderen Leuten zusammenzuarbeiten, muß er Ängste überwinden, die die anderen weder fühlen noch begreifen.

Um dieses Mißbehagen zu vermeiden oder zu verringern, versucht ein solches Kind, seine Umwelt und Mitmenschen so zu manipulieren, daß es mit ihnen auskommen kann. Das erzeugt den Eindruck, er wäre widersprüchlich und nicht kooperativ. Als kleines Kind lernt er sehr schnell, daß die Erwachsenen ihn hin- und herbewegen ohne Rücksicht auf seine Überempfindlichkeit gegenüber Gleichgewichtsreizen. Auf diese Weise lernt er Schliche kennen, um die Erwachsenen zu überwachen und sie von sich fernzuhalten. Da das Kind nicht weiß, welche Situation es erschrecken wird und welche gut für es ist, überwacht es alles so intensiv wie möglich. Erwachsene sprechen dann von einem unerwünschten Wesenszug seiner Persönlichkeit. Sie bestehen darauf, der „Boß" zu sein, und zwingen das Kind, von diesen Manipulationsversuchen Abstand zu nehmen. Das Kind gerät auf diese Weise in immer größeres Elend.

Cecilia Rothschild sprach für viele dieser Betroffenen, als sie das folgende Gedicht schrieb:

Kapitel 5. Störungen, die das Gleichgewichtssystem betreffen   123

Spielplatz der Furcht

Mein Leben entfaltete sich auf dem Spielplatz
Mit all seinem Leid und seiner Freude.
Die Ängste und Zweifel an mir selbst
Spielten mit – in dieser Scheinwelt, die eine allzu reale war.

Ich fühlte mich verloren im Dschungel der Turngeräte
Unsicher meiner selbst – verwirrt
Meine Richtung unbestimmt
Und kein Lachen kam von mir,
Als ich mich durch dieses Labyrinth des Schreckens wand.

Ich stieg die Stufen der riesigen Rutschbahn hinauf,
Schaudernd beim Anblick dessen, was vor mir lag,
Unfähig umzukehren.
Und kein Lachen kam von mir,
Als ich blindlings kopfüberstürzte einem ungewissen Schicksal entgegen.

Ich sauste zur Wippe
In Erwartung von Spaß und Erregung.
Alles war vorbei, als ich hoch in der Luft hing, im Raume verloren
Und kein Lachen kam von mir,
Als ich aus meinem Traum in die allzu rauhe Wirklichkeit herabfiel.

Ich sprang auf eine Schaukel
Bereit zu beglückender Erfahrung: fliegen!
Als mich die anderen – lachend – über die Grenze meiner Toleranz stießen,
Trübte die rasende Geschwindigkeit alle guten Vorsätze.
Und kein Lachen kam von mir,
Als ich mich an die Hoffnung eines baldigen Endes meiner Seelenqual klammerte.

Schließlich suchte ich die Herausforderung der metallenen Ringe.
Hoffnungsvoll – war doch alles in meiner Hand.
Doch der kalte graue Stahl gab keinen Schein des sommerlichen Tages wieder,
Und nur Tränen brachen aus mir,
Als ich im Moment einer Unaufmerksamkeit an den Kopf gestoßen wurde –
Eine grausame und bittere Erkenntnis meiner Hilflosigkeit.

So rannte ich fort von dem Spielplatz der Furcht –
Dieser Welt des Scheines, die allzu wirklich ist,
Heim, wo diese Spiele des Lebens bis zu ihrem Ende fortgesetzt wurden.
Und kein Lachen kam von mir.

29. April 1973

124   Störungen der sensorischen Integration

Was ist mit dem Nervensystem nicht in Ordnung? Wie bei den übrigen Störungen der sensorischen Integration können wir auch in diesem Falle nur vermuten, was innerhalb des kindlichen Gehirns abläuft. Derzeit nehmen wir an, daß die Nervenimpulse der Schwerkraftrezeptoren nicht in der richtigen Weise angepaßt, also moduliert, werden. Schwerkraftempfindungen strömen lebenslänglich in das Gehirn, und sie nehmen zu, wenn der Kopf sich aus einer eingenommenen Lage bewegt. Aus diesem Grunde kann ein schwerkraftverunsichertes Kind nur dann von seinen Ängsten befreit werden, wenn es seinen Kopf so ruhig wie möglich hält, sich dabei versichernd, daß es nicht in ungewöhnliche Positionen gerät, und indem es seine Füße fest auf den Boden stellt, um auf diese Weise seine Orientierung im Raume zu finden.

Ein Teil des Problems kann in herabgesetzter Information durch Muskeln und Gelenke, also durch die Eigenwahrnehmung bzw. das propriozeptive System verursacht sein, welches ja, wie wir oben beschrieben haben, in der Lage ist, vom Gleichgewichtssystem ausgehende Nervenimpulse zu modulieren. Wenn ein Kind nicht genug herumtollen kann, um vestibuläre und propriozeptive Nerveninformation verarbeiten zu lernen, oder aber wenn es nervliche Störungen hat, die diese Integration der Nervenimpulse verhindern, kann es sein, daß sein Gehirn nicht genügend hemmenden Einfluß über das Vestibularsystem entwickeln kann.

Die neurologischen Bedingungen, die eine Schwerkraftverunsicherung verursachen, behindern von sich aus das Lernvermögen nicht, obwohl natürlich das daraus resultierende Mißbehagen einen schlechten Einfluß haben kann. Schwerkraftverunsicherung sieht man öfters bei Kindern, welche noch andere ausgedehntere neurologische Unregelmäßigkeiten aufweisen, die auf das Lernvermögen Einfluß haben. Diese Störungen machen es für das Kind oft sehr schwierig, sich selbst geistig zu ordnen und auf eine Arbeit zu konzentrieren.

Menschen mit Schwerkraftverunsicherung sind sehr ängstlich und werden leicht neurotisch und psychisch krank. Unglücklicherweise behandeln Psychotherapeuten die Ängstlichkeit dieser Menschen häufig, als ob es sich um einen Persönlichkeitsdefekt handle und nicht um eine neurologische Störung.

Der Drang, die Schwerkraftverunsicherung zu überwinden. Jedes menschliche Wesen hat einen angeborenen inneren Drang, ein befriedigendes Verhältnis zur Schwerkraft zu entwickeln. Das normale Kind folgt diesem Drang durch Krabbeln, Spielen, Klettern, Springen und indem es sich selbst in jede nur denkbare Körperstellung bringt. Es lernt seine Grenzen kennen und auch die Grenzen der Schwerkraft, und so kommt es nach einiger Zeit mit der Schwerkraft gut aus.

Kapitel 5. Störungen, die das Gleichgewichtssystem betreffen   125

Ein Kind mit Schwerkraftverunsicherung hat den gleichen Drang, dies zu tun, aber seine angstauslösenden Gefühlserlebnisse verhindern, diesem Drang zu folgen. Durch Behandlung mit sensorischer Integration wird dem Kind eine Umgebung geschaffen, die es ihm ermöglicht, daß die normalen Reaktionen wieder auftauchen können. Die Therapeutin weiß, daß sie führen muß und nicht antreiben darf. Auf diese Weise kommt der innere Antrieb des Kindes während der Behandlung fast immer wieder zum Vorschein und ermöglicht ihm, vieles von seiner Verunsicherung zu überwinden.

Ein junges Mädchen verbrachte viele Monate damit, um seine Angst vor dem Gefühl, den Kopf nach unten zu halten, zu überwinden. Nach erfolgreicher Therapie konnte es nach Hause gehen und im Schoße seiner Mutter einen Kopfstand durchführen.

Eine Liste der Auffälligkeiten bei Schwerkraftverunsicherung:

Hier ist eine Zusammenstellung aller Symptome, die bei einer Schwerkraftverunsicherung auftreten. Nicht alle Symptome sind bei jedem Kind vorhanden. Außerdem kann man diese Symptome auch bei Kindern beobachten, die keinerlei Störungen der sensorischen Integration haben.

1. Wenn das Kind seine Füße vom Erdboden heben soll, wird es ängstlich oder kämpft darum, seine Füße am Boden festzuhalten. Wenn das Kind unterstützt wird oder Vertrauen zu jemandem hat, kann es sein, daß es der Aufforderung nachkommt.
2. Das Kind hat eine unnatürliche Furcht hinzufallen oder auf Anhöhen zu steigen.
3. Es hat keine Freude daran, seinen Kopf nach unten zu halten, Kopfstand zu machen, einen Purzelbaum zu schlagen oder eine Bodenrolle durchzuführen.
4. Das Kind hat nicht viel Vergnügen an den Spielplatzeinrichtungen oder an fahrbarem Spielzeug.
5. Es vermeidet, von einer höher gelegenen Fläche aus auf eine tiefere zu springen.
6. Das Kind ist auffällig langsam bei ungewohnten Bewegungen, beispielsweise beim Einsteigen in ein Auto, beim Wechseln von einem vorderen Sitzplatz auf einen hinteren oder einen Berg hinunter zu laufen bzw. über eine unebene Fläche zu gehen.
7. Es dauert lange, bis das Kind lernt, Treppen auf- und abwärts zu gehen, wobei es sich stärker an das Geländer anklammert, als das andere Kinder tun.

126   Störungen der sensorischen Integration

8. Es vermeidet Klettern, selbst das einfache Klettern, wenn es sich mit beiden Händen an etwas hängen kann.
9. Es fürchtet sich, auf einer erhöhten Oberfläche zu laufen; sie erscheint ihm bereits zu hoch, wenn sie es für andere Kinder noch nicht ist.
10. Es hat das Gefühl, das Gleichgewicht zu verlieren, wenn es gedreht wird.
11. Rasch um Ecken zu laufen oder sie in einem Auto zu umfahren, erschreckt es.
12. Man hat den Eindruck, daß das Kind einen Raum nur ungenau beurteilen kann, obwohl das wirkliche Problem darin beruht, daß es mit Bewegungen innerhalb des Raumes nicht gut umgehen kann.
13. Es springt auf, wenn es beim Sitzen plötzlich nach hinten gezogen wird.

Intoleranz gegenüber Bewegungen

Einige Kinder, die übermäßige Reaktionen auf Gleichgewichtsreize zeigen, fühlen sich sehr unbehaglich, wenn sie plötzliche Bewegungen oder Drehen im Kreise erdulden müssen. Sie werden durch diese Bewegungen nicht unbedingt erschreckt, aber sie fühlen sich dabei nicht wohl. Diese Kinder sind veranlagt, leichter seekrank zu werden als andere Kinder. Es wird ihnen eher übel, wenn sie auf Geräten spielen, die sich bewegen, wie z. B. Karussells oder aber im Falle einer Therapie, wenn der Ausrüstungsgegenstand speziell dafür entwickelt wurde, um vestibuläre Stimulation zu erzeugen. Einige extrem empfindliche Kinder fühlen sich bereits krank, wenn sie nur sehen, wie sich jemand oder etwas dreht, weil dadurch bereits ein Augenreflex ausgelöst wird, welcher beim Drehen die vestibulären Kerne erregt.

Es sieht so aus, als ob derjenige Abschnitt des Nervensystems, welcher die Reizeingänge von den Bogengängen im Labyrinth des Innenohrs moduliert, bei diesen Kindern nicht in richtiger Weise funktioniert. Drehen aktiviert die Bogengangsrezeptoren in stärkerem Maße als jeder andere Reiz, hat jedoch einen geringeren Einfluß auf die Schwerkraftrezeptoren. Man könnte denken, daß Schwerkraftverunsicherung und Intoleranz gegenüber Bewegungen Hand in Hand gehen, und manchmal, jedoch nicht immer, ist das auch der Fall. Es ist oftmals sehr schwierig, die beiden Funktionsstörungen auseinander zu halten.

Da die durch Bewegung verursachte Gleichgewichtserregung das Nervensystem dieser Kinder überfordert und ihren Verdauungskanal in Mitleidenschaft zieht, könnte man denken, daß bei ihnen auch der postrotatorische Nystagmus verlängert sein müßte. Obwohl das öfters der Fall ist,

Kapitel 5. Störungen, die das Gleichgewichtssystem betreffen

muß es nicht immer so sein. Das vestibuläre System ist so unglaublich komplex, daß bei ihm alle Arten von Funktionsvarianten möglich sind.

Die Bewegungsintoleranz ist bisher nicht so intensiv untersucht worden wie die Schwerkraftverunsicherung, und aus diesem Grunde wissen wir nicht genau, ob sie das Lernvermögen und situationsgerechtes Verhalten beeinflussen kann. Die meisten Therapeuten haben den Eindruck, daß das Lernvermögen nicht beeinträchtigt wird, eher vielleicht die Entwicklung der Persönlichkeit. Weder im normalen Leben noch innerhalb der Schulzeit wird rasches Sich-um-seine-Achse-drehen häufig verlangt, so daß das Kind diese Bewegungen verhältnismäßig leicht vermeiden kann, ohne einen Mangel zu empfinden.

Die Nervenstörung, die jedoch das rasche Drehen unangenehm werden läßt, kann auch andere Arten von Bewegung wenig reizvoll erscheinen lassen. Wenn ein Kind kein Vergnügen an Körperbewegung hat, wird ihm während seiner Kindheit eine Menge von Befriedigung fehlen, und es wird dadurch auch eine Mangelsituation für die Entwicklung sensorischer Integration erleiden. *Mit zunehmendem Alter nimmt die Bewegungstoleranz im Vergleich zur Kindheit deutlich ab. Deshalb ist die geringere Freude erwachsener Menschen an Bewegungen nicht ein Hinweis auf neurologische Störungen.*

Literatur

Ayres A. Jean (1975) Sensorimotor foundations of academic ability. In: Cruickshank WM, Hallahan DP (Eds), *Perceptual and learning disabilities in children,* Vol. 2. Syracuse University Press, Syracuse, N. Y.

Ayres A. Jean (1978) Learning disabilities and the vestibular system. *J Learn Disabilit* 11: 18–29

Frank Jan, Levinson Harold N (1975–1976) Dysmetric dyslexia and dyspraxia. Synopsis of a continuing research project. *Acad Ther* 11 (2): 133–143

Ottenbacher Kenneth (1978) Identifying vestibular processing dysfunction in learning disabled children. *Am J Occupat Ther* 32: 217–221

de Quiros Julio B, Schrager Orlando I (1978) *Neuropsychological fundamentals in learning disabilities.* Academic Therapy Publications, San Rafael, Calif.

Steinberg Margaret, Rendle-Short John (1977) Vestibular dysfunction in young children with minor neurological impairment. *Development Med Child Neurol* 19: 639–651

Stilwell Janet M, Crowe Terry K, McCallum LW (1978) Postrotary nystagmus duration as a function of communication disorders. *Am J Occupat Ther* 32: 222–228

Kapitel 6

Entwicklungsbedingte Dyspraxie: Ein Problem der Bewegungsplanung

Wenn man anfängt darüber nachzudenken, was der Mensch alles kann, wird einem klar, daß alles sich entweder in Bewegung befindet oder aber einen Prozeß darstellt, in welchem Bewegung benötigt wird, um den betreffenden Vorgang zum Ausdruck zu bringen. Auch Gedanken werden durch Bewegungen ausgedrückt. Ohne Bewegung könnten wir uns nicht selbst versorgen, könnten nicht dahin gehen, wohin wir wollen, könnten nicht mit anderen kommunizieren. Es ist deshalb kein Wunder, daß der größte Teil des Gehirns sich mit der Vorbereitung von Körperbewegungen befaßt.

Bewegung ist etwas, was wir sehen können; dieses fällt uns besonders dann auf, wenn wenig Bewegung stattfindet. Da so viele unterschiedliche Hirnprozesse an der Bewegung beteiligt sind, können die unterschiedlichsten Hirnstörungen eine schlechte Bewegungskoordination verursachen. Eine besondere Art schlechter Bewegungskoordination ist das Ergebnis einer Störung der sensorischen Integration, die zu einer mangelhaften Bewegungsplanung führt. Dieser Typ einer Störung der sensorischen Verarbeitung wird entwicklungsbedingte Dyspraxie (Ungeschicklichkeit) oder wenn sie stark ausgeprägt ist Apraxie (Handlungsunfähigkeit) genannt.

In Kapitel 3 hatten wir die Bewegungsplanung – also das motorische Planen einer Bewegung – besprochen, welches die Fähigkeit der Planung und Ausführung einer ungewöhnlichen Situation zum Inhalt hat. Das dyspraktische Kind ist langsam und uneffektiv in seiner motorischen Planung. Das apraktische Kind kann nahezu überhaupt keine Bewegung planen. Alle diese Kinder besitzen jedoch ganz normale Intelligenz und normalfunktionierende Muskeln. Das Problem besteht in der „Brücke" zwischen ihrem Intellekt und ihren Muskeln.

Die entwicklungsbedingte Ungeschicklichkeit oder Dyspraxie ist eine der häufigsten Manifestationen von Störungen der sensorischen Integration bei Kindern mit Lernstörungen oder auch geringen cerebralen Dysfunktionen. Das Erkennen und Verstehen der Dyspraxie ist nicht einfach. Um uns das Verstehen zu erleichtern, wollen wir uns zunächst die anderen Arten einer schlechten motorischen Koordination vor Augen führen und die Dyspraxie mit diesen anderen Schädigungen vergleichen.

Kapitel 6. Entwicklungsbedingte Dyspraxie   129

Bewegungsarten und Bewegungsstörungen

Wir wollen fünf Aspekte von Bewegungen betrachten:

1. Feine Kontrolle der Bewegungen, wie das Aufnehmen einer Nadel vom Boden.
2. Haltungsreaktionen, wie das Drehen von einer Seite auf die andere oder Gleichgewichthalten auf einem Fuß.
3. Bewegungsmuster, die in das Zentralnervensystem einprogrammiert sind, wie Kriechen, Krabbeln oder Laufen.
4. Spezifische motorische Fähigkeiten, wie z.B. eine Schleife zu binden oder das Schreiben des Alphabets.
5. Motorisches Planen.

Feinbewegungen

Wenn ein Neuron, das einen Impuls vom Gehirn auf den Muskel überträgt, nicht richtig arbeitet, bekommt dieser keine Feininformation und kontrahiert sich deshalb in einer zittrigen und unwillkürlichen Weise. Diese „choreoathetoiden" oder ausfahrenden Bewegungen sind das Ergebnis einer ungenügenden Hemmung innerhalb der motorischen Nervenbahnen. Sie sind so etwas wie die atmosphärischen Störungen im Radio – Zusatzgeräusche, die nicht da sein sollten.

Sehr zarte unwillkürliche Zitterbewegungen sind oft bei Kindern zu beobachten, die eine minimale cerebrale Dysfunktion haben, und werden besonders dann beobachtet, wenn das Kind Feinarbeit durchzuführen versucht, wie z.B. einen kleinen Stift in ein schmales Loch einzuführen. Diese Zitterigkeit verursacht auch, daß es sein Essen noch in einem Alter verschüttet, in dem die meisten Kinder bereits selbständig essen können. Später wird ein solches Kind entmutigt, wenn es einen Bleistift oder Federhalter führen oder mit kleinen Spielsachen spielen soll.

Soweit uns bekannt ist, wird dadurch die geistige Leistung nicht nennenswert beeinträchtigt. Jedoch beeinflussen selbst gering ausgeprägte choreoathetoide Bewegungen, die man normalerweise kaum sieht, die Handschrift und stören beim Sport. *Diese unwillkürlichen Zitterbewegungen sind wahrscheinlich nicht das Ergebnis einer Störung der sensorischen Integration, und sie benötigen auch eine andere Form der Behandlung.*

130   Störungen der sensorischen Integration

Haltungsreaktionen

Ein sehr wichtiger Aspekt der Bewegungskoordination ist die Fähigkeit, seine Lage zu verändern und sich von einem Ort zu einem anderen bewegen zu können, ohne dabei das Gleichgewicht zu verlieren. Wir müssen unseren Rumpf auch bewegen und unser Gewicht verlagern, damit die Arme und Hände ohne Unterstützung frei arbeiten können.

In den ersten Wochen nach der Geburt helfen die Haltungsreaktionen dem Neugeborenen, seinen Kopf anzuheben, von einer Seite auf die andere überzurollen und sich auf seine Hände und Knie abstützen zu können. Diese frühen Haltungsreaktionen legen das Fundament für Gleichgewicht und die Anpassungsreaktionen, die sich später entwickeln.

Alle diese Bewegungen beruhen auf einer Integration sowohl der motorischen Befehle als auch der Sinneswahrnehmungen, die von den Muskeln, Gelenken, dem Gleichgewichtssystem und in einem geringeren Ausmaße auch der Haut stammen. Sie laufen halbautomatisch ab, d. h. diese Reflexbewegungen erfordern kein Nachdenken und laufen auch wesentlich besser ab, wenn wir nicht an sie denken. Da solche Reflexbewegungen auf der Verarbeitung sensorischer Reize beruhen, sind sie bei Kindern mit Störungen der sensorischen Integration oft nur mangelhaft entwickelt. Im einzelnen wurden diese Haltungsstörungen im Kapitel 5 besprochen.

Zentralgesteuerte Bewegungen

Haben Sie je darüber nachgedacht, wie es kommt, daß Spinnen ihre acht Beine so schnell und mit einer so guten Koordination bewegen können? Sie müssen diese Bewegungen nicht erst planen, sie „schalten" gewissermaßen denjenigen Teil ihres Nervensystems „an", der dafür „programmiert" ist, das richtige Muster ablaufen zu lassen. Der Mensch hat ebenfalls Bewegungsmuster, die in seinem Zentralnervensystem vorprogrammiert sind. Die besten Beispiele sind hierfür das Kriechen und das Gehen.

Normalerweise knien sich Eltern nicht hin und stützen sich auf ihre Hände ab, um ihrem Säugling das Kriechen beizubringen. Das Kind kann dieses von Anfang an und führt es auch aus, sobald sein Nervensystem den Reifegrad erreicht hat, vorausgesetzt, daß sich das Kind auf normale Weise entwickelt. Obwohl dem Kind eine angeborene Kenntnis gegeben ist, wie es kriechen muß, benötigt es doch ein gewisses motorisches Planen, wenn es das erste Mal diese neue Aktion durchzuführen lernt.

Das Gehen ist ebenfalls zentral programmiert, Sprechen jedoch benötigt motorisches Planen, es sei denn, die betreffende Person ist ein sehr guter Sprecher oder die Unterhaltung ist sehr einfach. Ein Gehirn mit nor-

Kapitel 6. Entwicklungsbedingte Dyspraxie   131

maler Fähigkeit zur Bewegungsplanung kann Sprechen und Gehen gleichzeitig durchführen. Die meisten Menschen können jedoch einen ihnen nicht vertrauten komplizierten Knoten nicht binden, während sie über etwas anderes sprechen, *da beide Handlungen einer Bewegungsplanung bedürfen und das Gehirn nicht zwei verschiedene motorische Handlungen zur gleichen Zeit durchführen kann.*

Als wir zum ersten Mal lernten, uns in einen Stuhl zu setzen, mußten wir motorisches Planen entwickeln, um auf den Stuhl herauf zu klettern, uns herumzudrehen und unseren Körper richtig auf den Stuhl zu postieren. Später konnten wir uns auf unser Erinnerungsvermögen der motorischen Bewegungsführung verlassen und uns hinsetzen, ohne über die einzelnen Bewegungen nachdenken zu müssen.

Wenn wir ein Kind im Alter von sechs Monaten sehen, das bereits gut sitzt, und wir später feststellen, daß es nicht in der Lage ist, motorische Geschicklichkeit zu entwickeln, müssen wir den Verdacht haben, daß seine Haltungsreaktionen und seine zentrale Programmierung zwar in Ordnung sind, seine Fähigkeit zu motorischem Planen aber nur schwach ausgebildet ist.

Die meisten Kinder mit minimalen cerebralen Dysfunktionen haben keine Schwierigkeiten mit zentral programmierten Bewegungen, da diese keine nennenswerte sensorische Integration benötigen. Schwierigkeiten in der Ausführung von zentral gesteuerten Bewegungen sieht man häufiger bei Kindern mit cerebralen Störungen oder anderen schweren Unregelmäßigkeiten im Bereich der motorischen Bahnen des Großhirns.

Motorische Geschicklichkeiten

Jeder von uns verfügt über eine „Bibliothek" von Geschicklichkeiten, die er ausführen kann, wann immer er sie benötigt. Eine Geschicklichkeit ist etwas, das wir ursprünglich motorisch planen mußten, um es zu erlernen, danach aber spontan ablaufen lassen können. Wenn ein Kind zum ersten Mal seine Schuhe zuzubinden lernt, muß es die Aufmerksamkeit sowohl auf seine Finger als auch auf die Schuhbänder richten. Diese Aufmerksamkeit bewirkt die motorische Planung. Nachdem die Schleife mehrmals mit Hilfe der motorischen Planung erfolgreich gebunden wurde, bettet sich diese Fähigkeit in das Gehirn ein und wird zu einer Geschicklichkeit.

Sobald eine Geschicklichkeit erst einmal erlernt wurde, benötigt sie kein weiteres motorisches Planen und keine bewußte Aufmerksamkeit mehr. Geschicklichkeiten sind überall in die Handlungen des Gehirns integriert, und sie tauchen spontan wieder auf.

132   Störungen der sensorischen Integration

Ein sehr gutes Beispiel hierfür ist das Schreibmaschineschreiben. Der Anfänger benötigt seine gesamte Aufmerksamkeit, um die einzelnen Tasten zu finden, während die geübte Stenotypistin die gesamte Arbeit ihrem Gehirn überläßt. Das Gehirn organisiert die Kontraktion der Fingermuskeln so automatisch, daß sie nicht mehr auf die Tasten schauen oder nachdenken muß, was sie schreibt. Nachdem man viele Jahre die Neuronen des Gehirns zum Maschineschreiben benutzt hat, kann man diese Geschicklichkeit genauso automatisch ausführen wie das Laufen.

Geschicklichkeiten benötigen kein motorisches Planen, solange die Situation unverändert bleibt. Wenn sich jedoch etwas Unvorhergesehenes ereignet, z. B. wenn die geübte Maschinenschreiberin mit einer Maschine schreiben muß, deren Tasten anders angeordnet sind, muß die Fingerfertigkeit wieder von einer neuen Bewegungsplanung unterstützt werden. Die meisten Erwachsenen haben die Fähigkeit, ein Kleidungsstück automatisch zuzuknöpfen, doch die meisten müssen ein motorisches Planen heranziehen, wenn der Knopf ungewöhnlich groß ist oder eine eigenartige Form besitzt.

Unsere Geschicklichkeit im Steuern eines Autos ist dann nicht mehr vorhanden, wenn wir plötzlich einen riesigen Lastwagen fahren sollen. Wir müssen erneut eine motorische Planung vornehmen, bis wir an die ungewöhnliche Größe, an die andere Form der Steuerung und der Pedale des Lastkraftwagens gewöhnt sind.

Da Bewegungsplanung der erste Schritt zum Lernen von Geschicklichkeiten ist, hat ein Kind mit Dyspraxie weniger Geschicklichkeiten zur Verfügung. Es muß jede Handlung wieder und wieder motorisch planen. Es kann sich zwar gewisse Einzelfertigkeiten aneignen, ohne daß es jedoch die allgemeine Fähigkeit erwirbt, seine Aktionen wirklich zu ordnen (vergleiche Kapitel 4 über die Diskussion von Einzelfertigkeiten). Lernt ein dyspraktisches Kind einmal eine solche Fertigkeit, dann kann es sie verhältnismäßig gut durchführen, solange sich die Situation nicht ändert.

Motorisches Planen (Bewegungsplanung)

Haltungsreaktionen, zentral programmierte Bewegungen und erworbene motorische Geschicklichkeiten erfordern keine Aufmerksamkeit oder Willenskraft; es genügt, das allgemeine Ziel im Sinn zu haben. Motorische Planung dagegen verlangt Aufmerksamkeit. Sie setzt das Gehirn instand, die Art der Information zu planen, die es den Muskeln zusenden muß, und auch die Reihenfolge, in der dies zu erfolgen hat.

Ein Kleinkind plant Bewegung, um eine Rassel aufzunehmen, um einen Löffel in seinen Mund zu stecken oder durch einen Türeingang zu

Kapitel 6. Entwicklungsbedingte Dyspraxie   133

krabbeln – so lange, bis diese Bewegungen zu Geschicklichkeiten werden und keine weitere Planung benötigen. Das Kind plant Bewegungen, um sich anzuziehen, ein Alphabet zu schreiben oder ganze Sätze zu sprechen. Ein neues Handwerkzeug handhaben zu lernen – selbst wenn es sich nur um einen Bleistift oder ein Messer handelt – benötigt motorisches Planen. Ein Erwachsener plant Bewegung, wenn er einen ihm unbekannten Knoten zusammenbinden muß, wenn er einen neuen Tanzschritt lernen will oder eine neue Arbeit in seinem Beruf lernen muß. Für die meisten Männer ist motorisches Planen zum Nähen erforderlich, während es für die meisten Frauen zum Gebrauch von Handwerkszeug nötig ist.

Bewegungsplanung ist bei Kindern im gewissen Sinne die höchstentwickelte Form des Funktionierens. Da es bewußte Aufmerksamkeit benötigt, ist es sehr eng mit geistigen und intellektuellen Funktionen verknüpft. Es ist abhängig von einer sehr komplexen sensorischen Integration sowohl innerhalb des Hirnstammes als auch der Großhirnhemisphären. Das Gehirn teilt den Muskeln mit, was sie tun sollen, aber die Empfindungen vom Körper ermöglichen dem Gehirn erst, diese Anordnungen zu geben. Motorisches Planen ist die „Brücke" zwischen den sensomotorischen und intellektuellen Aspekten der Hirnfunktion.

Beobachten Sie ein Kind, welches ein neues Spiel wie Hinkeln oder Hüpfen ausprobiert oder einen ihm unbekannten Baum erklettert. In jedem Moment ist seine ganze Aufmerksamkeit dafür in Anspruch genommen, und es kann seine Aufmerksamkeit keinem anderen Ding widmen. Wenn irgend etwas anderes seine Aufmerksamkeit beansprucht, muß es mit seiner Bewegung anhalten, da die Aufmerksamkeit es nicht zuläßt, gleichzeitig zwei Dinge zu tun. Wenn jedoch sein Gehirn gut geordnet ist, benötigt das Kind für diese motorische Planung nur wenige Minuten, um sie beherrschen zu lernen. Es lernt schnell und kann bald das Spiel perfekt durchführen oder ohne große Gedankenarbeit den Baum besteigen. Es benötigt jetzt nicht länger die unmittelbare Aufmerksamkeit für seine Bewegungen und kann nunmehr seinen Freunden während des Hüpfens etwas erzählen oder ohne besondere Vorsicht auf den Baum klettern.

Anschließend ein paar Beispiele für eine schlechte Bewegungsplanung:

Ich sagte einem Kind, daß es sich auf eine Bank legen soll. Es legte seine Schultern auf die Bank und fragte mich dann: „Und was soll ich mit den Beinen machen?" Das Problem war in diesem Falle, daß die Füße dem Kind nicht „sagten", was es tun soll.

Eine junge Frau, die man bat, sich auf den Tisch zu legen, mußte zunächst auf einen Stuhl steigen und von dem Stuhl auf den Tisch, ehe sie sich auf den Tisch legen konnte. Obwohl sie durchaus in der Lage und es

134 Störungen der sensorischen Integration

auch gewöhnt war, sich zu Hause in ihr Bett zu legen, ohne zunächst auf das Bett zu steigen, konnte sie dieselbe Sache mit dem Tisch nicht machen. Sie hatte das Liegen im Bett als eine Einzelfähigkeit gelernt, die jedoch nicht ausreichte, um den geringen Unterschied, sich auf einen Tisch statt in ein Bett zu legen, zu überbrücken.

Ich sprach mit einem Kind, während ein dabeistehendes Kind mit einer Papprōhre, die es mit beiden Händen hielt, an einen herabhängenden Ball schlug. Dieses Kind hatte gerade die Fertigkeit erlernt, beide Hände gemeinsam zu gebrauchen. Es sagte sehr bestimmt: „Sei bitte ruhig, ich arbeite!" Es mußte sich so stark auf die Bewegungsplanung der Handlung mit seinen beiden Händen konzentrieren, daß es dabei nicht die Geräusche der in der Nähe stattfindenden Unterhaltung ertragen konnte. Seiner Bitte wurde natürlich entsprochen.

Körperwahrnehmung und Bewegungsplanung

Sowohl Bewegungsplanung als auch motorische Geschicklichkeiten benötigen ein Bewußtsein davon, wie der Körper geschaffen ist und als mechanische Einheit funktioniert. Die Sinneswahrnehmungen vom Körper müssen zu einem klar geschnittenen Bild des Körpers geordnet werden. Das Gehirn bezieht sich auf dieses innere, sinnlich wahrgenommene Bild, um den Körper in der richtigen Weise zu bewegen. Das Bild der Sinneswahrnehmung des Körpers wird im Nervensystem gespeichert, und so kann man es ein Neuronen-Modell nennen. Man kann es auch als Körperbildnis, Körperschema oder Körperwahrnehmung bezeichnen. Wir wollen den letzten Ausdruck benutzen.

Um zu verstehen, worum es sich bei einer entwicklungsbedingten Ungeschicklichkeit (Dyspraxie) handelt, müssen wir zunächst den Weg beschreiben, der zu unserer Körperwahrnehmung führt und der zur motorischen Planung benutzt wird.

Neurales Gedächtnis

Im Kapitel 3 haben wir den Prozeß besprochen, mit dessen Hilfe sinnliche Erfahrung in Gruppen von Nervenverbindungen gespeichert wird. Jedes Mal, wenn eine Nervenbotschaft eine Synapse passiert, ändert sich deren Struktur und chemische Zusammensetzung etwas, so daß dieselbe Botschaft beim nächsten Mal schneller übertragen werden kann. Mit anderen Worten: *Der wiederholte Gebrauch einer Synapse für eine bestimmte sensorische oder motorische Funktion erzeugt ein „Nervengedächtnis" für diese betreffende Funktion.*

Kapitel 6. Entwicklungsbedingte Dyspraxie   135

Ein neugeborenes Kind hat nur sehr wenige Erinnerungen in seinen Synapsen gespeichert. Sowie es sich mit seiner Umwelt auseinandersetzt, füllen sich die Synapsen schrittweise mit sensomotorischer Information an. Wir haben ein neurales Gedächtnis in unserem Gehirn für alles, was wir kennen: jedes Wort, jeden Eindruck, jedes Gesicht, das wir wiedererkennen, jede Nummernfolge, die wir gebrauchen, und für jede motorische Geschicklichkeit. Die Körperwahrnehmung ist ein zusammengesetztes Gedächtnis jedes Teiles unseres Körpers und aller Bewegungen, die diese Teile je ausgeführt haben.

Unsere Körperwahrnehmung besteht aus „Landkarten" jedes Abschnitts unseres Körpers – so ähnlich wie ein Weltatlas. Wenn ein Kind sich bewegt oder etwas tut, speichert es dabei unentwegt zahllose sensorische Informationen in gleicher Weise, wie Entdeckungsreisende das Land, welches sie erforscht haben, kartografieren. Je unterschiedlichere Bewegungen ein Kind ausführt, desto genauer ist die Landkarte seines Körpers. Das Gehirn kann sich auf diese Körperwahrnehmung beziehen, wenn es Bewegungen plant, und das geschieht fast in der gleichen Weise, wie wir Landkarten benutzen, um eine Reise festzulegen. Je genauer diese Körperlandkarte ist, desto mehr ist man in der Lage, auch ungewöhnliche Situationen zu meistern.

Unsere Körperwahrnehmung besteht aus einem neuralen Gedächtnis über sämtliche Abschnitte unseres Körpers: die Größe, das Gewicht, die Grenzen, die derzeitige Position der einzelnen Teile zueinander und zu dem übrigen Körper und ebenso auch über alle Bewegungen, die jemals mit diesem Körperteil gemacht wurden. Das neurale Gedächtnis enthält auch Erinnerungen, die sich auf unsere Umgebung beziehen – Informationen über die Natur der Schwerkraft, über die Konsistenz einiger Dinge, über die Biegsamkeit anderer usw.

So weiß das Gehirn auch, wie schnell und wie kräftig jeder Muskel arbeiten muß, um eine bestimmte Aufgabe zu vollbringen, z. B. wie man ein Handwerkszeug benutzt und was man damit nicht machen kann oder ob wir fallen werden, wenn wir uns auf einen bestimmten Weg begeben.

Wir können unsere Körperwahrnehmung auch vergleichen mit der Wahrnehmung eines Automobils. Nachdem wir ein bestimmtes Auto eine Zeit lang benutzt haben, entwickeln wir ein gutes „Gefühl" für die Größe des Wagens, seine Lenkung und für die Betätigung des Gaspedals, um die Geschwindigkeit zu regeln. Diese Kenntnis stammt vom Erleben des Wagens und seiner Reaktionen in jedem Moment, den wir ihn fahren. Ein guter Fahrer ruft sich diese Informationen so automatisch ins Gedächtnis zurück, daß er niemals darüber nachzudenken braucht. Ein ungenaues Automobilschema im Gehirn führt zu Unfällen, und so hat auch das unge-

136 Störungen der sensorischen Integration

schickte (dyspraktische) Kind zahlreiche Unfälle, da es nicht über eine entsprechende Körperwahrnehmung verfügt.

Der Beitrag des Tastsinns zur Körperwahrnehmung und Bewegungsplanung

Die meisten Kinder mit minimaler cerebraler Dysfunktion haben Störungen in der Verarbeitung ihrer Berührungsempfindungen. Für gewöhnlich ist ihr Tastsinn nicht herabgesetzt, wie dies der Fall ist, wenn ein Zahnarzt eine Betäubungsspritze verabfolgt. Manchmal besteht sogar eine Steigerung der Empfindlichkeit für Berührungsempfindungen und führt zu Mißempfindungen bei ganz geringen Berührungen. Diese Art von Störungen werden wir im Kapitel 7 besprechen.

Die häufigste Störung des Tastsinns beruht auf einer ungenauen Lokalisation der Berührungsreize und der Unfähigkeit, ihre Bedeutung in Beziehung zur räumlichen Zuordnung zu finden. Mit anderen Worten: das Kind hat Schwierigkeiten im Unterscheiden und Identifizieren von Dingen, von denen es berührt wird oder die es selbst berührt. Es fühlt zwar, daß es berührt wird, aber es kann nicht entscheiden, ob es der Mittel- oder der Ringfinger war, der soeben berührt wurde. Es fühlt irgend etwas in der Hand, kann aber nicht sagen, ob es sich um eine Münze oder einen Knopf handelt.

Wie kommt es, daß bei Kindern mit Störungen der sensorischen Integration so häufig mangelhafte Unterscheidungsfähigkeiten für Berührungsreize bestehen? Berührungsempfindungen kommen von nahezu jedem Quadratzentimeter unserer Hautoberfläche in das Gehirn und werden fast zu jedem Hirnabschnitt weitergeleitet. Störungen jedes Hirnbezirks können deshalb mit schlechter taktiler Diskriminierung einhergehen, obwohl natürlich das Problem bei jedem Kind etwas anders liegt.

Wie werden Tastempfindungen auseinandergehalten?

Berührungsempfindungen der Haut erreichen durch das Rückenmark die einzelnen Schichten des Hirnstamms und der Großhirnhemisphären. In jeder Ebene entsteht ein Wahrnehmungsbild, und von jeder Ebene wird diese Information zu den anderen Ebenen übertragen. Auf jeder höheren Ebene wird die Unterscheidung der Berührungswahrnehmung detailreicher und feiner. Der „Rauschpegel" der unwichtigen Informationen wird herausgefiltert, und das eigentliche „Signal" wird immer deutlicher gefühlt. Ein ähnlicher Prozeß läuft ab, wenn wir an den Knöpfen eines Radioapparates drehen, um atmosphärische Störungen zu vermindern und den Ton deutlicher werden zu lassen.

Kapitel 6. Entwicklungsbedingte Dyspraxie   137

Nur ein geringer Anteil des gesamten Berührungsreizes, welcher in das Gehirn eintritt, steigt innerhalb der Großhirnhemisphären hoch genug, um unser Bewußtsein zu erreichen. Normalerweise sind uns Berührungsreize nicht bewußt, sofern wir nicht unsere Aufmerksamkeit auf den betreffenden Körperabschnitt richten, der berührt wird – oder aber, wenn der Reiz stark genug ist, um unsere Aufmerksamkeit zu erregen. Denn in derselben Zeit halten zahlreiche andere Berührungsempfindungen, z. B. Druck und Bewegung von der umgebenden Luft oder von Kleidungsstükken und Möbeln, die wir berühren – unser Berührungssystem aktiv. Die Tatsache, daß wir uns der meisten Berührungsreize nicht bewußt werden, bedeutet nicht, daß sie unwichtig sind. Im Gegenteil: Die dauernde taktile Reizinformation ist von großer Bedeutung, um das Gehirn in einem wohlgeordneten Zustand zu erhalten.

Nimmt man dem Gehirn alle Berührungsreize weg, so wird es sehr schnell ungeordnet. Wie wir in Kapitel 4 beschrieben haben, fand sich eine extreme Unordnung des Gehirns bei Ratten, die nicht mehr berührt worden waren, und bei kleinen Affen, denen die mütterliche Berührung vorenthalten wurde, bei Waisenkindern in entsprechenden Heimen und auch bei normalen Erwachsenen, wenn sie sich in speziellen Kammern, die frei von allen Reizen gehalten wurden, befanden.

Unspezifischer und spezifischer Berührungsreiz

Hirnforscher, die das Tastsystem untersuchen, fanden, daß der Hauptanteil von Berührungsreizen „nichtspezifisch" ist, d. h. das Gehirn erhält keine Information, von welcher Stelle der Haut der Reiz stammt, und entsprechend bedingen diese Reize auch keine spezifischen Wahrnehmungs- oder Bewegungsreaktionen. Diese Art von Nervenreiz hilft, das Gleichgewicht zwischen erregenden und hemmenden Kräften innerhalb des Nervensystems aufrechtzuerhalten. Sie „ernährt" das Gehirn und hilft ihm, störungsfrei zu arbeiten.

Andererseits sind bestimmte Tastreize ausgesprochen „spezifisch", besonders solche, die von den Fingern, den Händen und dem Mundbereich stammen. Diese Sinnesreize gehen bis in die höchsten Hirnebenen, die Hirnrinde, die in einzelne Abschnitte unterteilt ist, wovon jeder einzelne für einen entsprechenden Körperabschnitt zuständig ist. Von diesen Empfindungen wird in der sensorischen Hirnrinde ein sehr detailreiches Bild entworfen, und die betreffende Person kann darauf sehr genau reagieren.

Schreiben ist ein gutes Beispiel einer Aktivität, die viele spezifische Berührungsempfindungen beinhaltet. Der Bleistift berührt sehr genau lokalisierte Tastorgane in den Fingern, und diese Stimuli benutzt das Gehirn,

138   Störungen der sensorischen Integration

um seinerseits sehr genaue Informationen an die Fingermuskeln zu übertragen, wie der Bleistift gehalten und bewegt werden soll. Jede einzelne Informationseinheit der Berührungsempfindung muß genau an den richtigen Punkt in der sensorischen Hirnrinde gebracht werden, und das Gehirn muß die Reaktion sehr schnell an den genau richtigen Muskel zurücksenden.

Wenn Arme und Hände „eingeschlafen" sind, werden die Empfindungen seitens der Haut, der Muskeln und Gelenke so unzureichend, daß das Schreiben schwierig wird. Wenn nämlich die ankommende Information ungenau ist, wird dieses für die herausgehende das gleiche sein. Im Falle der eingeschlafenen Hand ist die Situation ähnlich, wie wenn man mit einem Fausthandschuh schreiben wollte. Man fühlt zwar den Bleistift und auch den Tisch, aber die Empfindungen sind insgesamt sehr diffus und unbestimmt. Das ist der Zustand, der bei einem ungeschickten (dyspraktischen) Kind immer besteht. Die Berührungsinformation ist nur sehr vage und verursacht deshalb auch ein Körperschema, das nicht eindeutig ist.

Hier sind einige Beispiele, die Ihnen eine Vorstellung geben können, was es bedeutet, ein Berührungssystem zu haben, das keine präzise Information liefert. Ziehen Sie die Schuhe aus, setzen Sie sich hin und stellen die Füße auf einen Stuhl, so daß die Zehen nichts berühren. Dann schließen Sie Ihre Augen und bitten einen Freund, eine ihrer drei mittleren Zehen zu berühren. Können Sie sagen, welche Zehe berührt wurde? Wahrscheinlich nicht sofort. Sie können dies jedoch sofort tun, wenn dasselbe mit ihren Fingern durchgeführt wird, da hier wesentlich zahlreichere Berührungsrezeptoren vorhanden sind. Die meisten dyspraktischen Kinder haben Schwierigkeiten zu identifizieren, welcher Finger berührt wurde.

Nun versuchen Sie, die Zehe zu bewegen, die berührt wurde. Dabei werden Sie feststellen, daß dies reichlich frustrierend ist, da das menschliche Gehirn nicht geschaffen wurde, um isolierte Bewegungsimpulse den mittleren Zehen zuzuleiten. Ein dyspraktisches Kind empfindet diese gleiche Frustration, wenn es sich bemüht, einen einzelnen Finger zu bewegen.

Ziehen Sie sich ein paar dicke Handschuhe an und versuchen Sie, den Tisch zu decken. Sie werden erleben, wie stark Sie dabei nachdenken müssen, um das Besteck aufzulegen, da Ihr herabgesetzter Tastsinn Ihre Handbewegungen nicht mehr bestimmen kann.

Nun kreuzen Sie Ihre Arme an den Handgelenken mit einander zugekehrten Handinnenflächen und die Finger fest verschlungen. Dann beugen Sie Ihre Ellenbogengelenke, um die Hände fast unter das Kinn zu bringen. Nun bitten Sie eine andere Person, auf einen Ihrer sechs Mittelfinger zu zeigen, aber nicht zu berühren. Versuchen Sie, diesen Finger zu bewegen. Beachten Sie, wie intensiv Sie nachdenken müssen, um den rich-

Kapitel 6. Entwicklungsbedingte Dyspraxie   139

tigen Finger zu bewegen. Wenn Sie jetzt Ihren Freund bitten, einen dieser Finger zu berühren, werden Sie feststellen, daß es wesentlich leichter ist, den Finger, nachdem er berührt wurde, auch zu bewegen. Das ist so, weil die Tastinformation es möglich macht, das Körperschema Ihrer Hände wieder zum Einsatz zu bringen, während dieses ohne Berührung bei dem ungewöhnlichen Anblick Ihrer Finger zur Einleitung einer Bewegungsplanung und deren Ausführung nicht möglich war.

Die Bedeutung der Tiefensensibilität für die Körperwahrnehmung und Bewegungsplanung

Die Wahrnehmung der Tiefensensibilität von Muskeln und Gelenken trägt ebenfalls zu unserem Körperschema bei. Ohne diese Information wüßten wir nicht, wo sich die einzelnen Teile des Körpers in diesem Moment befinden und wie sie sich bewegen. Während der Bewegung aktualisiert die Tiefensensibilität unser Körperschema, so daß das Gehirn die nächste Bewegung korrekt vorplanen kann, nämlich wann sie den richtigen Muskel zur richtigen Zeit zur Kontraktion bringen muß. Tiefensensibilität wird auch öfters als Kinaesthesie bezeichnet.

Stellen Sie sich vor, eine Tasse mit heißem Kaffee mit verbundenen Augen zu trinken. Woher weiß man, wo sich der Mund befindet und wie man die Tasse zum Munde führen kann, ohne den Kaffee zu verschütten? Woher weiß man, wieviel Kraft nötig sein wird, um die Tasse anzuheben? Wenn die Muskeln Ihnen die Vorstellung vermitteln würden, die Tasse sei mit Blei angefüllt, würden Sie wahrscheinlich so viel Kraft aufwenden, daß der Kaffee aus der Tasse herausspritzt.

Sie wissen alle diese Dinge, da die Tiefensensibilität Ihrer Muskeln und Gelenke Ihrem Gehirn mitteilt, wo sich der Mund befindet, wo Ihre Hand ist, wie schwer die Tasse ist und wie schnell Sie sie bewegen. Ohne diese Information müßten Sie nach der Devise „Versuch und Irrtum" verfahren, um die Tasse von der Untertasse zum Mund zu führen. Es wäre geradezu närrisch, ein solches Kunststück mit heißem Kaffee zu versuchen. Darüber hinaus würden Sie den Mund erst öffnen, wenn die Tasse Ihr Gesicht berührt, da Sie ohne die Tiefensensibilität nicht wissen könnten, wie nahe sie sich bereits bei Ihrem Mund befindet.

Stellen Sie sich in einem Raum an einer Wand gegenüber dem Lichtschalter auf. Schauen Sie den Schalter an, schließen Sie dann die Augen, durchqueren Sie den Raum, und schalten Sie den Lichtschalter an. Für diesen Vorgang benötigen Sie dieses Mal Tiefensensibilitätswahrnehmungen mit Gleichgewichtsinformationen, um motorisches Planen ohne optische Hilfe durchführen zu können. Sie werden wahrscheinlich den Licht-

140   Störungen der sensorischen Integration

schalter nicht ganz exakt treffen. Aber Sie haben eine Vorstellung, wie weit
Sie gehen müssen, wann Sie Ihre Hand ausstrecken müssen und wie hoch,
um den Schalter zu erreichen, und wann Sie sich langsamer bewegen müssen, damit Sie nicht zu heftig gegen die Wand anlaufen.

Gewöhnlich sind wir uns der Tiefensensibilität nicht bewußt, solange
wir nicht über sie nachdenken müssen. Wenn sie jedoch nicht vorhanden
wäre, hätten wir schreckliche Zeiten mit der Erledigung vieler Dinge
durchzustehen. Wie oft haben Sie eine Schranktür zugemacht, ohne sie
überhaupt anzusehen? Sie wurden dabei von Signalen aus Ihrer Tiefensensibilität und Ihrem Gedächtnis von früheren Erfahrungen der Tiefensensibilität in der gleichen Situation geleitet. Das Leben würde wesentlich
schwieriger sein, wenn wir alles erst ansehen müßten, bevor wir es bewegen.

Viele Kinder mit minimaler cerebraler Dysfunktion haben ein herabgesetztes Gefühl für Tiefensensibilität, aber ein geringes Gefühl hierfür besitzen sie alle. Dieser Sinn ist dann oft nur vage und unklar vorhanden,
und die Kinder vertrauen mehr der optischen Wahrnehmung, als dies normale Kinder tun. Wenn sie nicht sehen können, sind sie praktisch verloren. Sie wissen dann kaum, wo sich ihre Hände und Füße befinden. Sie
können nicht fühlen, wieviel Muskelkraft nötig ist, um eine bestimmte
Sache durchzuführen, und deshalb zerbrechen sie oft ihre Spielsachen. Sie
stolpern über Gegenstände und haben öfters Unfälle.

Um Tiefensensibilität zu prüfen oder Gelenkstellung und Bewegung,
benutzt die Therapeutin ein Stück Papier mit Punkten, die markiert sind
mit „Dein Haus", „John's Haus", „Nelly's Haus" usw. Sie hält einen Kar-
ton vor die Augen des Kindes, so daß es seine Hände nicht sehen kann
und setzt seinen Zeigefinger auf den Punkt „Dein Haus". Dann bewegt sie
diesen Finger zu „John's Haus" und gibt ihm einige Zeit, um diese Tiefenwahrnehmung über seine Handstellung verarbeiten zu können. Daraufhin
führt sie den Finger zurück zu seinem Haus und bittet es, ohne hinsehen
zu können, den Finger auf „John's Haus" zu bewegen.

Wenn das Kind die Informationen der Tiefensensibilität nicht entsprechend verarbeiten konnte, bewegt es seinen Finger bei mehreren wiederholten Versuchen weit weg von dem richtigen Punkt. Durch Vergleiche der
Genauigkeit seiner Ausführung mit anderen Kindern kann die Therapeutin bestimmen, wie gut oder schlecht das Kind Muskel- und Gelenkinformationen verarbeiten kann.

Manchmal kann die Therapeutin beim Bewegen der Hand des Kindes
bemerken, wie leicht und einfach sein Arm sich mit ihrem zusammen bewegt. Hat das Kind aber Schwierigkeiten, die Empfindungen von Muskeln und Gelenken zu verarbeiten, fühlt sich der Arm schwer an und lei-

stet beim Heranziehen Widerstand. In diesen Situationen empfindet sich das Kind insgesamt schwer. Man kann ihm dann kaum helfen, auf ein Spielgerät zu kommen, sich durch Hindernisse zu bewegen oder auf ein Klettergerüst zu steigen. Auf einem Rollbrett kann es mit seinem halben Oberkörper liegen, ohne zu bemerken, wo es sich überhaupt befindet.

Beitrag des Gleichgewichtssystems zur Körperwahrnehmung und Bewegungsplanung

Die Schwerkraft- und Bewegungsempfindungen werden ergänzt von Muskel-, Gelenk- und Hautinformation zur Vervollständigung der Körperwahrnehmungen. Informationen des Gleichgewichtssinnes orientieren unsere „Körperlandkarten" über den Raum um uns herum. Es reicht für jemanden, der Karten herstellt, nicht aus, nur das Land zu überblicken, er muß auch die Beziehungen der Information, die er erhält, in Beziehung zu den Magnetpolen und Himmelsrichtungen setzen. „Landkarten" der Muskeln und Gelenke sowie der Haut wären völlig nutzlos ohne Berücksichtigung des Schwerkraftfeldes, welches beständig auf unseren Körper einwirkt. Die Gleichgewichtsinformation ist deshalb besonders wichtig, um Bewegungen des gesamten Körpers zu steuern.

Die vestibulären Kerne senden im Rückenmark Impulse abwärts, um die Verarbeitung der Muskel-, Gelenk- und Hautinformation zu modulieren. Wenn das vestibuläre System die anderen Sinnesinformationen nicht entsprechend moduliert, sind sie weniger wirksam. Kinder mit Störungen des Gleichgewichtsorgans haben gewöhnlich einige Mängel bei der Verarbeitung von Wahrnehmungen der Tiefensensibilität und Berührung. Um ihre Bewegungsplanung verbessern zu können, benötigen diese Kinder Tätigkeiten, die eine Menge vestibulärer, taktiler und propriozeptiver Stimulation zusammen mit Anpassungsreaktionen enthalten. So kann man ihnen zu einer sinnvolleren Gliederung der zahlreichen Sinneswahrnehmungen verhelfen.

Die Reizeinwirkungen von seiten des Gleichgewichtssystems erzeugen die erforderliche Muskelspannung, die diese fest und reaktionsbereit erhält. Die meisten Kinder mit leichten Hirnfunktionsstörungen haben einen schlaffen Muskeltonus, und dieser Umstand verringert den Anteil an Tiefensensibilität der Muskulatur, welcher dem Nervensystem zurückgesandt wird. Diese Tatsache ist ein Grund mehr, weshalb wir für eine gute Entwicklung der Sinne des Gleichgewichtssystems sorgen müssen, damit wir dem Kind bei seiner Bewegungsplanung helfen können.

142   Störungen der sensorischen Integration

Innere Regelkreise

Das Gehirn sendet motorische Befehle aus, die veranlassen, daß Muskeln den Körper bewegen oder irgend etwas in unserer Umwelt geschieht. Da das Gehirn Dinge in unserer Umgebung zum Handeln veranlaßt, erzeugen die Resultate dieser Handlungen ihrerseits sinnliche Reizwahrnehmungen, welche „Rückkopplungskreise" mit dem Nervensystem bilden. In diesem Falle spricht man von einem „äußeren Regelkreis", und dieser betrifft oft das optische oder akustische System. Wir *sehen,* daß wir ein Buch vom Tisch gestoßen haben, und wir *hören* es fallen.

Daneben gibt es aber auch noch einen inneren Regelkreis, den wir weder sehen noch hören. Jedes Mal, wenn wir bewußt einen Bewegungsimpuls geben, speichert das Gehirn diese Anordnung und benutzt sie, um die Empfindungen zu interpretieren, die durch die Bewegung verursacht werden. Der innere Regelkreis speichert den motorischen Auftrag bereits, bevor dieser vollständig ausgeführt ist. Diese Information „vor dem Erfolg" ist sehr wesentlich zur Entwicklung der Fähigkeit einer Bewegungsplanung. Der äußere Regelkreis würde das Gehirn zu spät erreichen, um dem betreffenden Individuum noch eine Bewegungsänderung zu ermöglichen.

Beim passiven Bewegen des Körpers erteilt das Gehirn keinen Bewegungsauftrag, und deshalb besteht in einem solchen Falle auch kein innerer Regelkreis. Deshalb veranlassen wir das dyspraktische Kind bei der Behandlung, seine Bewegungen selbständig einzuleiten. Je mehr es sich eigenhändig bewegt, desto mehr erwirbt es sich innere Rückkopplungskreise. Die selbstgeleitete Bewegung ist einer der „Schlüssel" zur Entwicklung einer besseren Bewegungsplanung.

Handeln ohne zu denken

Zahlreiche Menschen sind der Meinung, daß sie nicht über das nachdenken müssen, was sie tun, um es gut durchzuführen. In Wirklichkeit halten sie jedoch ihre Gedanken und Leistungen an und lassen ganz einfach ihr Gehirn die Arbeit spontan durchführen. Eine Kellnerin balanciert Teller und Bestecke in ihrer Hand, ohne darüber nachzudenken. Ein Anfänger im Tanzen überlegt sich die Schritte, die er zu tun hat, aber tanzen kann er erst, wenn er nicht mehr darüber nachdenken muß. Eine Schneiderin oder Hausfrau hat bei der Arbeit den Eindruck, daß sich Hände und Finger „gerade richtig" bewegen. Die Bewegung wird automatisch einfach, da es Arbeit gibt, die getan werden muß. Manche Leute haben diesen Vorgang als „mit-dem-Strom-fließen" bezeichnet.

Nachdenken ist eine gute Sache, um zu entscheiden, was man tun soll.

Kapitel 6. Entwicklungsbedingte Dyspraxie   143

Aber es ist nicht sehr nützlich, nachzudenken, während man handelt. Die Anatomie und Physiologie unserer Muskeln sind viel zu komplex, und die Dinge laufen viel zu schnell ab, als daß man sie im einzelnen beobachten kann und sollte. Die Information in unserer Körperwahrnehmung ist wesentlich mehr sinnlicher als geistiger Natur, und deshalb wird diese Information auch nicht immer in unser bewußtes Denken aufgenommen.

Ein gut funktionierendes Gehirn kann Sinneswahrnehmungen verarbeiten, sie in Bezug setzen zu unserer Körperwahrnehmung und einen entsprechenden Bewegungsplan entwerfen ohne mühseliges Nachdenken darüber. Tatsächlich kann das Nachdenken den spontanen Verarbeitungsprozeß von Sinneseingabe und Bewegungsreaktion behindern. Es muß jedoch berücksichtigt werden, daß diese automatische Leichtigkeit und geistige Anmut nur zustandekommen kann auf der Basis einer guten sensorischen Integration. Jemand kann durchaus viele motorische Fähigkeiten besitzen und trotzdem unfähig sein, mit „dem Strom zu fließen", der zur sensorischen Verarbeitung führt.

Das dyspraktische Kind kann „nicht mit dem Strom fließen". Seine Körperwahrnehmung ist so schwach geordnet, daß Hände und Füße oft die falschen Bewegungen machen und alles nur verwirrt wird. Es versucht, so intensiv wie möglich etwas zu erreichen, aber sein Versuch ist uneffektiv. Eltern und Lehrer merken, daß ihm alles sehr schwerfällt, und versuchen, ihm durch Anordnungen und Erklärungen zu helfen. Unglücklicherweise kann intellektueller Zuspruch die Probleme des Kindes mit der sensorischen Integrationsstörung nicht beseitigen. *Worte können ein Gehirn nicht ordnen.* Anstatt dem Kind zu sagen, daß es seinen linken Fuß vorsetzen soll, oder ihm zu erklären, was der Fuß jetzt tun sollte, ist es oftmals wesentlich besser, den Fuß anzufassen, ohne ein Wort zu sagen. Die Berührungsempfindung wird dem Kinde mitteilen, wie es sich bewegen soll.

Entwicklungsbedingte Ungeschicklichkeit (Entwicklungsdyspraxie): Was ist das?

Entwicklungsdyspraxie oder entwicklungsbedingte Ungeschicklichkeit eines Kindes beruht auf einer Funktionsstörung des Gehirns, welche die Ordnung taktiler und manchmal auch vestibulärer und propriozeptiver Empfindungen behindert und dadurch die Fähigkeit zur Bewegungsplanung stört. Das Wort „entwicklungsbedingt" weist darauf hin, daß die Störung frühzeitig im Leben des Kindes auftritt und seine Entwicklung während des Wachstums in Mitleidenschaft zieht.

144 Störungen der sensorischen Integration

Man kann zwar eine mangelhafte sensorische Integration nicht ohne weiteres sehen, was wir jedoch sofort sehen können, ist eine schlechte Bewegungskoordination. Aus diesem Grund scheint die Dyspraxie ein Bewegungsproblem zu sein – in gleicher Weise, wie andere Arten von Störungen der sensorischen Integration als Lernstörung auftreten. Wir können das Problem selbst nicht erkennen. Wir sehen lediglich seine physikalischen Erscheinungsformen. Wenn man diesen Kindern helfen will, ist es wichtig, daran zu denken, daß das Problem innerhalb des Kindes vorhanden ist, und zwar in der Art und Weise, wie sein Gehirn Sinneswahrnehmungen verarbeitet.

Ausdrucksformen der Entwicklungsdyspraxie

Das dyspraktische Kind hat eine schlechte Bewegungsplanung, und so kommt es oft vor, daß es mehr Bewegungsplanung für jede Arbeit einsetzt, als erforderlich ist. Wenn es versucht, ein Spiel oder eine neue Sportart zu lernen, muß es die erforderlichen Bewegungen immer und immer wieder planen, da sie im Gehirn „nicht haften". Das Kind hat den unbedingten Wunsch, etwas zu lernen, und versucht es immer wieder sehr intensiv. Jedoch ermöglicht ihm seine mangelhafte Körperwahrnehmung nicht zu begreifen, wie es lernen muß.

Die meisten Kinder wissen sofort, was sie zu tun haben, wenn sie mit einem neuen Spielzeug in Berührung kommen, das einer gewissen Handhabung bedarf. Wenn es sich um eine Tonne handelt, kriechen sie hinein und fangen an, mit der Tonne zu rollen. Wenn es ein Kletterbaum ist, ziehen sie sich hoch und fangen an zu klettern. Wenn es ein Satz Bausteine ist, errichten sie einen Turm. Manchmal tun die Kinder etwas anderes, als der Hersteller des Spielzeuges vorgesehen hatte, aber das Kind kennt sein eigenes Nervensystem und weiß sofort, was es tun muß, um an dem Spielzeug Spaß zu haben.

Ganz anders ist das ungeschickte (dyspraktische) Kind. Es hat weniger Gefühl von seinem eigenen Körper und was es alles damit machen kann. Es sieht einfach die Möglichkeiten nicht, die sich bieten, um Spaß zu haben. Es kann sein, daß auch dieses Kind in eine offene Tonne hineinkriecht, aber es kommt ihm nicht der Gedanke, damit zu rollen. Es kann aber auch sein, daß das Kind vermutet, die Tonne sei lediglich für Müllzwecke da, und sie deshalb links liegen läßt. Statt mit Spielzeug zu spielen und sich Möglichkeiten für die Unterhaltung zu beschaffen, stößt es die Spielsachen hin und her oder legt sie in einer Reihe aneinander. Fässer, Dreiräder, Kletterbäume und andere große Spielsachen bedeuten diesen Kindern wenig, da ihre Körperwahrnehmung nur schwach ausgebildet ist.

Kapitel 6. Entwicklungsbedingte Dyspraxie   145

Ein intelligentes, jedoch ungeschicktes Kind kann durchaus sehen, wie andere Kinder mit dem Spielzeug umgehen, und versteht auch, was sie damit anstellen, aber es ist unfähig, selbständig Spiele mit diesen Spielsachen zu planen. Dem inneren Zwang gehorchend, damit spielen zu müssen, zieht oder drückt das Kind oftmals zu intensiv an den Spielgeräten und zerbricht sie dabei. Seine Tolpatschigkeit macht es unfallträchtig und unkoordiniert. Zeitweilig zerstört es auch Spielzeug absichtlich in dem Bemühen, mit seinen Versagensängsten und dem Gefühl der Unterlegenheit fertig zu werden.

Ein Kind mit einem schlecht entwickelten Körperschema hat Schwierigkeiten mit dem Anziehen der Kleidungsstücke und dem Umgang mit Knöpfen und Reißverschlüssen. Wie soll es auch Kleidungsstücke ordentlich anziehen, wenn es sich nicht einmal darüber im klaren ist, wie sein Körper geschaffen ist? Ganz besonders schwierig ist das Zubinden der Schnürsenkel.

Eine präzise und klare Körperwahrnehmung ist auch erforderlich, um Werkzeuge zu gebrauchen, da man das Werkzeug tatsächlich als eine Art Verlängerung des Körpers auffassen kann. Bleistifte, Filzschreiber und Federhalter sind die am häufigsten gebrauchten Werkzeuge des Schulkindes, und es ist eine häufig zu hörende Klage der Lehrer, daß das Kind Schwierigkeiten hat, schreiben zu lernen. Unglücklicherweise ist diese Klage meistens: „Es ist so unordentlich; es muß lernen, sauberer zu sein." *Das Kind aber kann nicht „lernen, sauber zu sein", solange es nicht seine Körperwahrnehmungen in allen Details verarbeiten kann.*

Die Eltern sind oft verwirrt, wenn sie sehen, mit welcher Leichtigkeit ihr Kind sitzt und geht. Sie erinnern sich daran, daß das Kind sich im gleichen Alter wie die anderen Babies aufsetzte, daß es planmäßig zu laufen lernte und daß es jetzt auf einen Stuhl steigen und sich ohne Schwierigkeiten hinsetzen kann. Da alle diese Fähigkeiten planmäßig eintraten, erwarten sie, daß es auch in der Lage sein müßte, sich selbst anzuziehen und seine Schnürsenkel zuzubinden, wie das die anderen Kinder tun. Aber Gehen und Sitzen sind – wie wir gesehen haben – im Nervensystem zentral vorprogrammiert, während die aktuellen Probleme des Kindes nicht fest einprogrammiert sind.

Eltern, die nicht verstehen, daß ein praktisches Problem etwas anderes ist als die angeborenen Fähigkeiten zum Gehen und Sitzen, sagen dann oft: „Es könnte dieses wohl tun, wenn es nur wollte." Oder: „Wenn es sich nur etwas mehr anstrengen würde!" Sie machen sich dabei nicht klar, wie viele Anstrengungen für solche nicht vorprogrammierten Handlungen notwendig sind. Eltern können auch dadurch verwirrt werden, daß sie erleben, wie ihr Kind eine spezifische Einzelgeschicklichkeit entwickelt.

146 Störungen der sensorischen Integration

Wenn ein dyspraktisches Kind intelligent genug ist, kann es ganz spezielle Aufgaben – wie z. B. Knöpfe zu- und aufmachen – durch langdauerndes Üben durchaus lernen, sofern die Übung intensiv genug ist, damit sein Gehirn eine spezielle Bewegungsinformation ausbilden kann. Demungeachtet fehlt diesem Kind jedoch weiterhin die allgemeine Fähigkeit zum motorischen Planen, und sobald eine andere Tätigkeit an es herangetragen wird, stellen sich die alten Schwierigkeiten ungeschickter Bewegungsplanung wieder ein. Es ist gut, wenn ein Kind über einzelne Geschicklichkeiten verfügen kann, aber sie helfen dem Gehirn in keiner Weise, um andere Bewegungen leichter zu lernen.

Ein Kind äußerte sich dazu einmal: „Ich kann nicht gleichzeitig handeln und denken. Ich muß erst denken und dann handeln." Wenn man jede unbekannte Bewegung erst einmal durchdenken muß, verbraucht man eine ganze Menge Energie. Ohne die spontane Planungsfähigkeit, die sich bei gut ausgebildeter sensorischer Integration automatisch einstellt, braucht man eine enorme geistige Anstrengung, um herauszufinden, wie man gewisse Dinge am besten machen kann. Manchem ungeschickten Kind scheint es die Mühe nicht wert zu sein, etwas mit Anstrengung durchführen zu sollen, was andere mit Leichtigkeit tun können.

Die Wirkungen der Dyspraxie (Ungeschicklichkeit) auf die Schulleistungen

Die Tatsache, daß das Gehirn eine Sache nicht gut ausführt, läßt vermuten, daß auch andere Dinge nicht besonders gut durchgeführt werden können. Viele Kinder, die an einer Ungeschicklichkeit leiden, haben Lernschwierigkeiten, aber durchaus nicht alle. Es ist möglich, ein „Ungeschickter" zu sein und dennoch den Anforderungen entsprechend lernen zu können. Allerdings muß man sich mehr anstrengen. Klug zu sein, hilft mit den Problemen leichter fertig zu werden, hilft jedoch nicht unbedingt dem Kind, sich wohler zu fühlen.

In jungen Jahren bereits den Anforderungen der Schule gewachsen zu sein, setzt die Fähigkeit voraus, ein großes Angebot von Sinneseindrücken zu ordnen und zu verarbeiten, wobei besonders Sinneseindrücke von den Augen und Ohren, aber auch vom Gleichgewichtssinn, vom Tastsinn und von den Rezeptoren der Tiefenwahrnehmung eine Rolle spielen. Wie wir im Kapitel 8 sehen werden, ist die visuelle Wahrnehmung im gewissen Sinne auch von Körperwahrnehmungen und Schwerkraftgefühlen abhängig.

Wenn diese sensorischen Systeme nicht einwandfrei arbeiten, ist die Verarbeitung optischer Eindrücke und damit die Fähigkeit zu lesen, oft erschwert.

Kapitel 6. Entwicklungsbedingte Dyspraxie   147

Eine schlecht geordnete Körperwahrnehmung wirkt sich ungünstig beim Schreiben, Malen mit Farben und Zeichnen aus. Sie führt auch dazu, daß das Kind auf dem Spielplatz tolpatschig und unkonzentriert wirkt. Andere Kinder lachen dann oft über es und weigern sich, mit ihm zu spielen. Das führt häufig zu Gefühlen des Ungeeignet- und Machtlosseins, und diese Empfindungen übertragen sich auch vom Spielplatz auf das Klassenzimmer und führen hier zu entsprechenden Konfliktsituationen.

Eine Aufstellung von Anzeichen der entwicklungsbedingten Ungeschicklichkeit.

Die meisten Symptome entwicklungsbedingter Ungeschicklichkeiten drücken sich eher in dem aus, was das Kind nicht durchführt, als dem, was es tun kann. Die folgende Liste stellt einige Aufgaben dem entsprechenden Lebensalter gegenüber, in dem die meisten Kinder in der Lage sind, diese Arbeiten mit einer vollständigen Bewegungsplanung durchzuführen. Ein normales Kind kann die meisten dieser Aufgaben bereits eher erfüllen, als in der Liste aufgeführt. Falls Ihr Kind in der Lage zu sein scheint, richtig denken und argumentieren zu können, aber Schwierigkeiten beim Lernen der in der Liste aufgeführten Geschicklichkeiten im Vergleich zu seinen Altersgenossen hat, kann es sich um eine Dyspraxie handeln. Es ist wichtig, dabei zu berücksichtigen, daß man manchem Kind mehr Gelegenheit geben muß, um bestimmte Tätigkeiten zu lernen.

Alter	Tätigkeit
6 Monate	spielt mit Rassel, Bausteinen, Bindfäden usw., nimmt Gegenstände auf und kaut an ihnen herum.
1 Jahr	handhabt Gegenstände, nimmt sie beiseite, steckt ein Ding in ein anderes, nimmt sie wieder auseinander, macht Geräusche, indem es die Gegenstände aneinanderschlägt, anstatt sie nur hin- und herzubewegen.
2 Jahre	ißt selbständig mit einem Löffel, hält eine Tasse und trinkt aus ihr, kritzelt mit dem Bleistift.
3 Jahre	zieht einen Mantel oder ein Kleidungsstück an oder aus, benutzt eine Gabel, packt ein Bonbon aus dem Papier, trocknet seine Hände am Handtuch ab.
4 Jahre	kann Knöpfe leicht zumachen, füllt ein Glas aus einem Wasserkrug voll, wäscht sich die Hände, schneidet mit der Schere, klettert unter, über oder auf Stühle, Tische und Schachteln, fährt ein Dreirad, springt mit beiden Füßen gleichzeitig hoch.

148   Störungen der sensorischen Integration

5 Jahre	zieht praktisch alle Kleider selbständig an (mit Ausnahme des Zubindens der Schnürsenkel), malt ein Kreuz mit dem Bleistift, säubert sich allein auf der Toilette, macht aus Möbeln und Decken ein Zelt oder ein Haus, schneidet Zeichnungen aus Papier aus und klebt sie zu neuen Gebilden zusammen.
6 Jahre	hüpft auf einem Fuß, schreibt seinen Namen in Druckbuchstaben, malt mit Buntstiften zwischen vorgegebenen Linien, benutzt einen Radiergummi, spielt Ballfangen.
7 Jahre	badet sich selbständig mit Beihilfe, benutzt Hammer, Schraubenzieher und Zange, obwohl noch nicht sehr gut, streicht Butter mit einem Tafelmesser auf das Brot, bindet sich die Schuhe zu.
8 Jahre	schreibt seinen Namen in Schreibschrift, befestigt zwei Dinge mit einer Sicherheitsnadel, gebraucht Stecknadeln, Nähnadeln, Heftklammern usw., kann Seilspringen.
9 Jahre	benutzt ein Tafelmesser zum Schneiden, badet sich ohne Beihilfe selbständig, benutzt Hammer, Schraubenzieher und Zange geschickt, springt Seil; (Mädchen lernen dies meist eher).
10 Jahre	kann ein Ei mit dem Löffel aufschlagen, ohne etwas zu verkleckern, öffnet ein rohes Ei, trennt das Eigelb vom Eiweiß, schält einen Apfel mit dem Messer, macht Papierfaltarbeiten nach.

Wenn Ihr Kind nicht altersentsprechend mit all den aufgeführten Dingen umzugehen vermag und Probleme zeigt, die in den folgenden sieben Punkten aufgeführt werden, ist es wahrscheinlich entwicklungsbedingt ungeschickt bzw. dyspraktisch.

1. Tut Dinge uneffektiv.
2. Hat eine schlaffe Muskelspannung, wodurch der Eindruck erweckt wird, daß es schwächlich sei.
3. Braucht mehr Schutz als andere Kinder – hat Schwierigkeiten, „groß zu werden". Seine Mutter war vielleicht immer zu stark um das Kind besorgt, da es ihrer Meinung nach ein so schweres Leben hat.
4. Es ist ein Unfallkind.
   Kleine Mißgeschicke passieren ihm häufig, wie z. B. Milch verschütten und ebenso auch größere Unfälle, wie von einem Dreirad fallen.
5. Es ist sehr gefühlbetont gegenüber Dingen, die ihm passieren. Seine Gefühle sind leicht verletzbar. Es kann keine plötzlichen Änderungen hinsichtlich Plänen oder Erwartungen ertragen.

6. Jammert überstark bei geringfügigen körperlichen Verletzungen. Quetschungen, Beulen und Schnitte scheinen ihm mehr Schmerzen zu bereiten als anderen Kindern.
7. Es neigt dazu, stur und unkooperativ zu sein. Sein Nervensystem ist unflexibel; so will es immer, daß sich alles nach ihm richtet.

Wie ist dem Kind mit einer Dyspraxie zumute?

Schwierigkeiten der Bewegungsplanung sind nicht die einzige Art, in der sich eine Dyspraxie ausdrückt. Ungeschickte Kinder haben oft Schwierigkeiten, mit zahlreichen Lebensumständen fertig zu werden. Ein Gehirn, das nicht in der Lage ist, die Empfindungen des Körpers richtig zu ordnen, hat natürlich auch Probleme, wenn es all die vielen Sinneseindrücke bewältigen soll, die bei Gelegenheiten manifest werden, wo viele Menschen und Dinge zusammen sind. Das Kind wird nicht damit fertig, alle diese Eindrücke in der geeigneten Weise aufeinander abzustimmen, und ist dadurch schnell überbeansprucht. Sein Nervensystem wird mit Streßsituationen nicht so leicht fertig wie das anderer Menschen. Außerdem sind seine Reaktionen oftmals nicht der Situation entsprechend, so daß es Dinge häufig ein zweites Mal tun muß, um mit dem Durcheinander fertig zu werden, das es beim ersten Mal verursacht hatte. Die Körperwahrnehmung des Kindes ist so schlecht entwickelt, daß es keine klare Vorstellung über seine physische Existenz hat. Es hat dadurch eine echte Identitätskrise.

Da das Kind Schwierigkeiten hat, genau zu wissen, wer oder was es ist, fürchtet es sich davor, sich etwas einbilden oder vorstellen zu müssen. Ich äußerte einmal einem apraktischen Mädchen gegenüber, daß sie wie eine Prinzessin aussehe, worauf sie sich beklagte: „Ich bin keine Prinzessin, ich bin Pamela!" Dieses starke Haften an körperlicher Identität spricht für ein sehr unsicheres Gefühl seiner psychischen Individualität. Das Kind befindet sich in Bindung zu seinem eigenen Körper. *Störungen im Nervensystem verhindern eine normale Persönlichkeitsentwicklung. Es hat eine Art von nicht sehr liebenswertem Verhalten, obwohl es sich dabei um ein Kind handelt, welches besonders viel Liebe und Bestätigung braucht.*

Die meisten Menschen, die sich mit den sie umgebenden Dingen wirkungsvoll auseinanderzusetzen vermögen, können sich nicht im geringsten vorstellen, wie schrecklich bedrohend motorische Anforderungen für ein Kind sein können, das diese nicht bewältigt bzw. einen ausgesprochenen Kampf mit sich selbst führen muß, um sie bewältigen zu können. Es ist sehr enttäuschend, sich vorzustellen, daß man etwas machen möchte,

150   Störungen der sensorischen Integration

ohne in der Lage zu sein, es tun zu können. Es muß ähnlich sein, wie wenn man selbständig etwas essen will, und beide Hände sind vollkommen eingegipst.

Das dyspraktische Kind fühlt sich im gewissen Sinne machtlos. Nicht nur, daß seine Beziehungen zu sich selbst gestört sind, es hat auch keine normale Beziehung zu seiner Umwelt. Es hat nur eine sehr geringe Kontrolle über seine Lebensführung und fühlt sich oft machtlos und unzuständig. Es wird versuchen, diese Schwierigkeiten zu kompensieren, indem es andere Kinder überwacht oder sich bemüht, bestimmte Situationen zu seinen Gunsten zu manipulieren. Zeitweilig versucht es, seine Identität dadurch zu wahren, daß es stur und unkooperativ ist.

Ungeschickte Kinder denken öfters, daß ihr Mangel, die Umwelt zu bewältigen, Schuld von jemand anderem ist oder an der Umgebung selbst liegt. Sie sagen dann Dinge wie: „Die Wand hat mich geschlagen." oder: "Du machst, daß mein Stuhl wackelt." Es ist immer jemand anderes, der den Fehler verursacht hat. Der Bleistift ist nicht in Ordnung, das Papier ist nicht in Ordnung. Darüber hinaus haben dyspraktische Kinder oft eine falsche Schwerkrafteinschätzung; selbst die Erde scheint ihnen gegenüber unfreundlich zu sein.

Diesem schwachen, unsicheren und verwirrten Kind drängen sich oft Erwachsene auf, meistens mit guten Absichten. Erwachsene richten ihre Forderungen mehr an den Intelligenzpegel des Kindes als an seine Fähigkeit der Bewegungsplanung. Wenn sie sehen, daß es einige Einzelgeschicklichkeiten hat oder gut zentral programmierte Bewegungen, erwarten sie von ihm, daß es andere Dinge ebenso gut ausführen kann. *Indem sie die Zerbrechlichkeit seiner Gefühlswelt nicht wahrhaben wollen, verlangen sie von ihm, mit mehr Streß und Verwirrung fertig zu werden, als sein Nervensystem ertragen kann.*

Das dyspraktische Kind ist von seinem Nervensystem her nicht so ausgestattet, daß es Gefahren für seine Selbsteinschätzung abfangen könnte. Selbst das kleinste Problem, wie z. B. das Zerbrechen eines Federhalters, kann eine katastrophale Reaktion auslösen. Wenn es ihm gelungen ist, den Mut aufzubringen, eine Aufgabe zu versuchen, und es stellt dabei irgendeine Schwierigkeit fest, wird es diese Aufgabe nie wieder in Angriff nehmen. Die Unsicherheitsgefühle des Kindes wachsen, wenn es feststellt, daß andere Kinder dieselbe Aufgabe erfolgreich zu Ende führen können. So ist es nicht überraschend, daß dyspraktische Kinder oft eine negative und abweisende Haltung einnehmen und verunsichert sind.

Oft besteht eine ausgesprochene Gefühlslabilität – in der einen Minute glücklich, in der anderen traurig. Ein ungeschicktes Kind versucht auch oft, kleinkindhaft zu bleiben, und benimmt sich in den entsprechenden Situationen oft in einer babyhaften Art und Weise. Von seinem Nervensystem her hat es nicht die Befähigung, „altersentsprechend" mit Dingen fertig zu werden. *Dieses Kind bedarf der elterlichen Unterstützung und Bestätigung seiner selbst für mehr Jahre, als dies bei den meisten anderen Kindern der Fall ist. Es nötigt Erwachsene, seine Welt so zu sehen, wie es sie sieht.*

Oftmals kann man dyspraktischen Kindern am besten näherkommen, indem man vermeidet, sie äußerem Druck oder Mißerfolgserlebnissen auszusetzen. Man sollte den inneren Antrieb des Kindes als Richtschnur dienen lassen, so lange wie dieser einigermaßen konstruktiv ist. Man sollte es nach seinen eigenen Maßstäben sich entwickeln lassen, da es sich nicht nach den Maßstäben anderer richten kann. Man sollte ihm keine Aufgaben übertragen, die ihm Furcht machen. Man sollte ihm Verständnis und Sicherheit bieten und Möglichkeiten, seinem eigenen Niveau entsprechend zu handeln. Vor allem aber sollte man eine intensive Behandlung mit sensorischer Integration einleiten, um ihm zu helfen, daß sein Gehirn wirksamer funktionieren kann.

Kapitel 7

Taktile Abwehr

Taktile Abwehr ist eine zwar nur geringfügige, aber ernstzunehmende neurologische Störung. Man sieht sie häufig bei Kindern mit Lernschwierigkeiten, leichten Hirnfunktionsstörungen, aber auch bei ernsthafteren Erkrankungen. Das berührungsabweisende Kind ist gewöhnlich überaktiv und leicht ablenkbar, und das ist die Seite der Erkrankung, über die Eltern und Lehrer am meisten klagen. Jedoch nicht alle überaktiven und leicht ablenkbaren Kinder haben eine schlechte Verarbeitung taktiler Reizwahrnehmung.

Die neurologische Störung, die der Anlaß dafür ist, daß ein Kind eine Berührungsabwehr entwickelt, behindert nicht notwendigerweise die *Lernfähigkeit,* doch können die durch dieses Leiden verursachten Mißempfindungen und Verhaltensstörungen negative Auswirkungen auf die *Lernbereitschaft* haben. Oftmals ist das Kind in seinen Gefühlen unsicher. Offenbar verursacht die Störung des Berührungssystems gleichzeitig eine höhere Reizbarkeit. Berührungsabwehr ist die Art, wie das Kind Berührungsempfindungen kennenlernt und darauf reagiert. Aber diese Erfahrungen und Reaktionen spiegeln eine wesentlich ernstere Situation innerhalb seines Nervensystems wider.

Die Symptome

Taktile Abwehr ist eine Tendenz, negativ und gefühlsbetont auf Berührungsempfindungen zu reagieren. Diese Reaktion tritt nur unter bestimmten Bedingungen auf. Die meisten von uns reagieren auf Berührungsreize negativ, wenn diese besonders aggressiv sind, beispielsweise wenn ein Käfer über unsere Haut krabbelt oder uns eine Hand unvermutet berührt. Bei einem berührungsabwehrenden Kind erzeugen noch viele andere Berührungsempfindungen diese Reaktionen. Es ist überempfindlich gegenüber Reizen, die andere Menschen kaum spüren. Berührungsempfindungen erzeugen in einem solchen Kind enorme Mißempfindungen in seinem Nervensystem und bewirken ablehnende Gefühlsäußerungen und negatives Verhalten.

Kapitel 7. Taktile Abwehr 153

Hemmung ist der nervale Prozeß, mit dessen Hilfe ein Teil des Nervensystems einen anderen vor übertriebener Reaktion auf Sinneseinwirkungen schützt. Berührungsempfindungen seitens der Kleidung, die den Körper berührt, sowie Empfindungen, die von der Haut selbst stammen, erreichen bei jedem Menschen pausenlos das Nervensystem. Die meisten von uns unterdrücken jedoch diese Wahrnehmung unbewußt und bewahren dadurch ihr Nervensystem davor, auf diese Reize zu reagieren. Das berührungsabwehrende Kind hat nicht genügend hemmende Aktivitäten, so daß diese ganz normalen Empfindungen und noch viele andere dazu es veranlassen, sich unwohl zu fühlen und zurückzuziehen. Es fällt schwer, in der Schule aufmerksam zu sein, wenn einem die Kleidungsstücke auf der Haut unangenehme Gefühle erzeugen und man sich unruhig hin- und herbewegt, um dieses Mißbehagen zu verringern.

Das Kind hat es dann vielleicht lieber, langärmelige Hemden oder Blusen zu tragen, die seine Arme bedeckt halten, oder aber es behält seinen Pullover an, selbst wenn es warm ist. Es vermeidet, seine Hände in Kleister oder Fingerfarben zu stecken oder auch barfuß im Gras oder Sand zu laufen. Es kann sein, daß es sich nicht gern baden läßt oder auch nicht gern durch Wasser watet, weil die Wasserspritzer sein labiles Nervensystem übererregen. Bestimmte Gewebe wie Wolle, einige Kunstfasern oder auch rauhe Materialien können Mißbehagen erzeugen.

In Situationen, in denen es sich besonders wohl behütet fühlt, vor allem mit jemandem, den es liebt, kann es durchaus sein, daß es die besonders enge Berührung des Schmusens wünscht. Zu anderen Zeiten lehnt es selbst eine leichte Berührung durch die Mutter ab. Das berührungsabwehrende Kind ist in einer verzwickten Lage. Einesteils benötigt es mehr Berührung als andere Kinder, andererseits kann es jedoch Tastimpulse weniger gut abstimmen und sie dazu benutzen, sein Nervensystem im Gleichgewicht zu halten. *Die Eltern von taktil abwehrenden Kindern brauchen ganz besonders viel Beobachtungsgabe und Verständnis. Liebe allein ist nicht ausreichend, um die Probleme dieser Kinder zu beseitigen, aber sie hilft etwas. Eine Therapie mit sensorischer Integration wird wesentlich mehr helfen können.*

Zusätzlich zu den genannten Problemen gerät das Kind durch seine Berührungsempfindlichkeit in Konflikt mit seinen sozialen Beziehungen. Verwandte und Freunde sind oft beleidigt, wenn das Kind Zärtlichkeiten und Küsse verweigert. Sie vermuten dann, daß es sie nicht mag, während diese Zurückweisung in Wirklichkeit nicht persönlich gemeint ist. Der freundliche Verwandte, der seine Zuneigung zum Ausdruck bringen will, indem er ihm den Handrücken streichelt oder durch das Haar fährt, kann dabei bereits das Berührungssystem des Kindes überfordern. Sogar ein

154   Störungen der sensorischen Integration

freundlich um die Schulter gelegter Arm kann als unangenehm empfunden werden. Kitzeln kann für dieses Kind etwas extrem Unangenehmes darstellen. Selbst wenn es so scheint, als ob es lachen würde, kann es sich dabei sehr unglücklich fühlen und möchte wohl am liebsten die Person schlagen, die es kitzelt.

Das Kind hat Schwierigkeiten, mit anderen Kindern zu spielen, da diese nicht bemerken, wenn sie ihm Mißbehagen verursachen. Spiele wie „Jagen" oder „Haschen" bereiten ihm Pein. Das Kind reagiert nicht nur auf den tatsächlichen Schlag, sondern hat schon Angst davor, daß es einen Schlag bekommen könnte. Von hinten angerührt zu werden oder eine Berührung nicht vorhersehen zu können, ist besonders erschreckend, und wenn man ein solches Kind zwingt, mit anderen Kindern in einer Reihe zu stehen, ist eine Schlägerei geradezu vorprogrammiert. Sein Lehrer sieht dieses Problem als schlechtes Verhalten an und bemerkt nicht, daß das Kind körperliche Gründe hat, sich so zu verhalten.

Kinder mit Berührungsabwehr lehnen manchmal Gegenstände ab, die andere Kinder besonders mögen, wie z. B. zottiges Wollspielzeug. Andere taktil abwehrende Kinder bemühen sich im Gegensatz dazu darum, zusätzliche angenehme Berührungsreize zu erhalten. Ein Berührungsreiz, der ein angenehmes Gefühl auslöst, wirkt ordnend auf das Nervensystem und hilft auf diese Weise, die negative Reaktion zu verringern. Aus diesem Grunde haben manche berührungsabwehrende Kinder ein besonderes Bedürfnis für „Sicherheits-Decken" oder „Teddybären". Sie liegen gern zusammengerollt in einer Decke, während sie fernsehen, oder sie liegen auf einem Teppich mit dickem Flor.

Man sollte nicht versuchen, ein Kind mit Berührungsabwehr zum Überwinden seiner negativen Reaktionen zu bringen, indem man ihm sagt, daß es sich nicht so verhalten soll, wie es das tut. Zu leugnen, daß es ein echtes Problem hat, wird dem Kind nicht helfen, sich davon zu befreien, sondern verursacht nur, daß es sich schuldig fühlt. Sein Mißbehagen ist absolut real; das Kind kann sich nicht selbst davor schützen, darauf zu reagieren.

Die Erfahrungen des Kindes

Stellen Sie sich vor, Sie liegen an einem sonnigen Strand. Ihre Augen sind geschlossen, und Sie fühlen die warme Sonne auf Ihren nackten Füßen. Plötzlich fährt jemand schnell, wenn auch nur leicht, mit einem Stock über Ihre Fußsohle. Obwohl Ihr Nervensystem in einem sehr entspannten Zustand ist, wird dieser Berührungsreiz Sie wahrscheinlich ärgerlich machen oder in den Zustand der Alarmbereitschaft zur Abwehr weiterer Attacken versetzen, selbst wenn die ganze Angelegenheit nicht schmerzhaft war.

Ihre Reaktion wäre wesentlich geringer gewesen, wenn die betreffende Person den Stock langsam und fest gegen Ihre Haut an der Fußsohle gedrückt hätte. Das liegt daran, daß schnelle und zarte Berührungsempfindungen das Nervensystem stärker beeindrucken als derbe, unbewegte Druckreize. Es bedarf keiner sehr intensiven Reizung, um eine negative Reaktion auszulösen; und dies gilt ganz besonders für das berührungsabwehrende Kind.

Ein Kind mit dieser Nervenstörung scheint in der Tat Berührungsreize anders zu erfahren als die meisten Menschen. Dinge, die andere Kinder als angenehm empfinden, können dieses Kind bereits stark irritieren. Manchmal kann es uns sagen, was es fühlt. Manche sagen, daß sich die Berührung durch einen Federhalter anfühle wie ein Nadelstich, ein elektrischer Schlag oder der Stich eines Insekts. Manche Berührung empfinde man als Kitzeln, und das sei nicht sehr angenehm, obwohl es ein reflektorisch ausgelöstes „Gackern" verursachen kann. Häufig ist sich das taktilabwehrende Kind nicht vollständig bewußt, daß diese andersartige Empfindung es ärgerlich und widerspenstig macht.

Die schlechte Verarbeitung von Berührungsreizen geschieht normalerweise im Hirnstamm oder in den unbewußten Bezirken der Hirnhemisphären, und aus diesem Grund ist dem Kind häufig gar nicht bewußt, daß es auf Berührungsreize reagiert. Ein Kind mit einer ausgeprägten Selbstkontrolle ist in der Lage, für die Mitwelt akzeptable Entschuldigungen für sein Verhalten zu finden. Wenn sein Hirn vor unerwünschten Berührungsreizen flüchten muß, kann es sein, daß es dann sagt: „Ich hätte gern etwas Wasser" oder „ich muß auf die Toilette" oder „meine Mutter will nicht, daß ich das mache."

Im übrigen fühlt es sich jedoch oft sehr elend, und seine Misere führt zu einem Verhalten, das seine Mitmenschen veranlaßt, sich unwohl zu fühlen.

Was geht im Nervensystem vor?

Ein einfacher Schlag auf den Arm kann für ein berührungsabwehrendes Kind bereits eine elementare Bedrohung sein, wie es dies in gleicher Weise für ein Tier wäre, das noch nicht gezähmt ist. Die natürliche Reaktion auf eine elementare Bedrohung ist auch eine elementare Reaktion wie Wut, Kampf oder Weglaufen.

Berührung, Geruch und Geräusche sind die Sinneseindrücke, die von den meisten Tieren gebraucht werden, um Umgebungsgefahren zu erkennen. Als das Gehirn sich zum Überleben unter natürlichen Bedingungen

156   Störungen der sensorischen Integration

entwickelte, bildete es eine Reihe von Nervenreaktionen auf Sinneseinwirkungen aus, die Gefahr in der Nähe signalisierten. Diese Reaktionen er-
regten die Aufmerksamkeit des Tieres und bereiteten Nerven und Muskeln darauf vor, zu kämpfen oder zu fliehen. *Ein paar tausend Jahre des
Lebens in einer zivilisierten Gesellschaft konnten diese elementaren Muster,
die in Jahrmillionen entwickelt wurden, nicht ändern. Aus diesem Grunde
reagieren die Menschen auf Gefahr automatisch entweder durch Weglaufen
oder Zurückschlagen.*

Als sich jedoch das menschliche Gehirn entwickelte, entstanden Me-
chanismen, welche die Kampf- oder Fluchtreaktionen zugunsten neuerer
Verarbeitungsprozesse zur Wahrnehmung von Form und Struktur von
Dingen, die die Haut berühren, abschwächten. Teile des Gehirns hemmen
diese Schutzreaktionen und ermöglichen dem Individuum, ruhig zu bleiben und seine Aufmerksamkeit auf die Bedeutung des Berührungsreizes
zu lenken.

Deshalb gibt es zwei verschiedene Arten, auf Berührungsreize zu reagieren: Die eine ist „defensiv" oder „schützend", da sie sich entwickelte,
um Tiere vor Gefahr zu schützen, und die andere ist „beurteilend". Sie
wurde im vorigen Abschnitt beschrieben.

Abwehrreaktionen sind einfache automatische Reaktionen, urteilsfä-
hige Prozesse hingegen beteiligen komplexe Verzweigungen in den Großhirnhemisphären. Der normale Mensch benutzt ohne Nachdenken jeweils
den Typ von Reaktionen, den er für den bestimmten Moment benötigt.
Wenn wir zufällig einen heißen Ofen berühren oder uns ein Insekt sticht,
setzt eine Abwehrreaktion ein. Wollen wir aber den Unterschied zwischen
1 Mark oder 10 Pfennigen in unserer Hosentasche fühlen oder den Unterschied zwischen Baumwolle und Wolle ertasten, verlassen wir uns auf den
beurteilenden Reaktionstyp.

Der Hautreiz bereits hilft uns zu entscheiden, ob eine Abwehrreaktion
oder eine die Reizursache beurteilende Reaktion eingeleitet werden soll.
Schmerzreize aktivieren unser Abwehrsystem, während kräftige Druckempfindungen das System eher regulieren oder hemmen. Wenn man sich
an das Schienbein stößt, reibt man sich die Haut, um den Schmerz zu mil-
dern. *Reiben bewirkt taktile Reize, die den Zustrom von Schmerzreizen hemmen oder völlig blockieren.* Druckempfindungen bewirken, daß zu starke
Aktivitäten in den Schutzsystemen ausgeglichen werden. Wir kratzen bei
einem Mückenstich, weil der tiefe Druckreiz das Tastsystem an der Übertragung von Juckempfindungen hindert. Das Jucken ist deshalb so lange
beseitigt, wie wir kratzen, und es erscheint wieder, wenn wir damit aufhö-
ren.

Auf dem gleichen Prinzip beruht auch die Behandlung der Berührungsabwehr. Durch gleichmäßigen festen und tiefen Druck erzeugte Empfindungen helfen, die Berührungsprozesse, die die Ursache der Mißempfindung darstellen, zu modulieren und auf das richtige Maß abzustimmen. Das Gehirn benutzt andere Sinneswahrnehmungen, besonders vom Gleichgewichtsorgan und der Tiefensensibilität, um den Zustrom an Berührungsempfindungen zwischen abwehrenden und beurteilenden Reaktionsweisen auszugleichen. Darüber hinaus helfen auch Tastempfindungen, die von allen Abschnitten des Körpers stammen, den Zustrom aller speziellen taktilen Reizeinwirkungen auszugleichen. Wenn darum die aus dem ganzen Körper stammenden vestibulären, taktilen und propriozeptiven Reizeinwirkungen nicht in der richtigen Weise zusammengefügt werden können, sind die beiden Reaktionsweisen auf Berührungsreize nicht in der richtigen Weise ausbalanciert.

Das bewegungsabwehrende Kind hat eine zu starke Abwehraktivität auf alle Arten von Berührung und nicht genügend den Berührungsreiz beurteilende Verarbeitungsprozesse. Ohne sich darüber klar zu werden, was der Berührungsreiz bedeutet, reagiert ein solches Kind zunächst einmal auf die „Kampf- oder-Flucht-Art-und-Weise".

Im Gesicht befindet sich eine große Anzahl von Reizempfängern für den Tastsinn. Diese Tatsache ist für das Überleben sehr wichtig. Tiere entwickelten Verhaltensweisen zum besonderen Schutz ihrer Gesichter. Aus diesem angeborenen Grunde ist das berührungsabwehrende Kind besonders abwehrend, wenn die Berührung sein Gesicht betrifft, vor allem die Mundpartien. Dies kann zum Problem werden, wenn das Kind einmal eine Zahnbehandlung nötig hat. Selbst das einfache Waschen des Gesichtes kann für Eltern und Kind eine Qual sein. Ein gewisses Ausmaß an abweisender Haltung des Gesichtes ist bei Kindern unter 3 Jahren absolut normal. Wenn jedoch ein älteres Kind sein Gesicht wegwendet, kann es durchaus sein, daß sein Nervensystem im Sinne einer taktilen Abwehr gestört ist.

Viele berührungsabwehrende Kinder ertragen es nicht, wenn man ihr Haar wäscht oder schneidet. Das Berührungssystem, das Kopf und Gesicht versorgt, unterscheidet sich anatomisch von dem Berührungssystem für den übrigen Körper. Aus diesem Grunde sind die Abwehrreaktionen im Bereich des Kopfes ausgeprägter als an den übrigen Körperabschnitten. Wenn der Friseur Haar und Kopfhaut des Kindes nur leicht berührt, reizt er das Kind zu einer Alarmreaktion im Abwehrsystem. Das bewirkt, daß sich das Kind so viel hin- und herbewegt, daß der Friseur große Schwierigkeiten hat, seine Arbeit zu verrichten und Geduld zu bewahren. Bedauert werden sollte allerdings das Kind und nicht der Friseur, denn es

158   Störungen der sensorischen Integration

leidet wesentlich mehr als dieser, und seine Probleme sind nicht zu Ende, wenn es den Frisierstuhl verläßt.

Eltern können manchmal das Haarewaschen oder -schneiden angenehmer machen, wenn sie die Kopfhaut des Kindes vorher massieren. Die Druckempfindungen auf der Kopfhaut haben möglicherweise einen modulierenden Effekt, der auch noch während des Waschens und Schneidens anhält.

Das Gehirn deutet Berührungsempfindungen, die vom Kind selbst verursacht wurden, völlig anders als solche, die von Fremdpersonen stammen. Sobald man sich selbst berührt, braucht nichts geschützt zu werden. Und so braucht auch keine Abwehrreaktion eingeleitet zu werden. *Man selbst kann sich nicht kitzeln, kitzelig wird es nur, wenn andere Leute dieses tun.* Ein berührungsempfindliches Kind kann sich selbst durchaus mit einer Feder berühren und Spaß dabei empfinden. Sobald es jedoch ein anderer mit derselben Feder tut, fühlt es sich sofort unbehaglich. Für gewöhnlich fühlt ein solches Kind sich nur behaglich, wenn es von seiner Mutter berührt wird, aber sehr unbehaglich, wenn fremde Leute es anfassen. Deshalb ist es wichtig, wenn eine Therapie wirksam sein soll, daß das Kind genug Vertrauen zu der Therapeutin entwickelt, um bereit zu sein, sich von ihr berühren zu lassen.

Bei der Behandlung bedecken wir unser Spielgerät mit einem Teppich, so daß das Kind beim Bewegen seine eigenen Berührungsrezeptoren reizt. Da diese Berührungsreize von seinen eigenen Körperhandlungen stammen, werden sie vom Nervensystem gewöhnlich integriert. Die taktile Abwehrhaltung beeinträchtigt den inneren Drang des Kindes, etwas zu tun, aber dieser Drang ist dennoch vorhanden. Wenn wir dem Kind es überlassen, seinem inneren Drang zu folgen, indem es sich selbst die entsprechenden Reize vermittelt, wird es gewöhnlich dasjenige tun, was am besten für sein Nervensystem geeignet ist.

Therapeutinnen benutzen auch eine Bürste zum Auslösen unmittelbarer taktiler Reize, um auf diese Weise die abwehrenden Berührungsprozesse zu mindern. Das ist jedoch nur der Fall, wenn das Kind in der Lage ist, den Reizzustrom zu modulieren und zu integrieren, d. h. abzustimmen und in sein Nervensystem einzubauen. Reizung des Gleichgewichtssinnes hilft ebenfalls, das Tastsystem zu beruhigen. Da die beiden Arten von Empfindungen sich gegenseitig modulieren können, gibt die Therapeutin manchmal die Reizstimulation durch Bürsten im Anschluß an eine vestibuläre Stimulation durch entsprechende Bewegungsaktivitäten.

Kapitel 7. Taktile Abwehr   159

Was ist falschgelaufen?

Wie schon bei den übrigen Störungen der sensorischen Integration erwähnt, wissen wir auch in diesem Falle nicht genau, warum das betreffende Kind sein ganz spezielles Problem hat. Gewöhnlich können wir nicht einmal vermuten, was sein Problem verursacht hat und zu welchem Zeitpunkt es begann. Bei einigen Fällen von Berührungsabwehrhaltung vermuten wir, daß Sauerstoffmangel während der Geburt das Gehirn für dieses Ungleichgewicht im Berührungssystem disponiert hat. Die Kerne, welche Tastempfindungen verarbeiten, sind während dieser Periode sehr leicht verletzbar. Wie im Kapitel 4 beschrieben, fand Dr. William F. Windle, daß einige der Kerne zerstört wurden, wenn bei Affenkindern während der Geburt die Atmung unterbrochen wurde.

Wir wissen darüber hinaus, daß der Mangel einer entsprechenden Stimulierung des Tastsinnes die Berührungsabwehr steigert. Wenn Tiere während ihrer frühen Jugend nicht berührt und hantiert werden, unterbleibt die Entwicklung der Fähigkeit, mit Streßsituationen fertig zu werden. Die Affen, die Harlow ohne angenehme Berührungserfahrungen aufwachsen ließ, wurden scheu und aggressiv. Sie ließen es nicht zu, daß Menschen oder andere Affen mit ihnen spielten. Wenn völlig gesunden Erwachsenen nur für einige Stunden jeglicher Berührungsreiz genommen wird, werden sie übermäßig erregbar und zerstreut und bleiben das noch eine Zeitlang, nachdem sie wieder in ihre normale Umgebung zurückgekommen sind.

Sehr wenige Kinder, die Störungen der sensorischen Integration aufweisen, haben tatsächlich die Berührung und Bewegungshantierung vorenthalten bekommen, die sie zur Entwicklung ihres Tastsinnes benötigten. Eher scheint es so zu sein, daß sie die Berührungsempfindungen, die sie erhielten, nicht richtig verarbeiten konnten. Sie wurden ebensoviel geküßt, und es wurde mit ihnen geschmust wie mit anderen Kindern. Doch waren diese Eindrücke offenbar nicht ausreichend genug, um eine gute Hirnentwicklung zu bewirken.

Eine Liste für das Berührungsabwehrverhalten

Wenn Ihr Kind häufig oder beständig mehrere der im folgenden beschriebenen Reaktionen zeigt, legt es ein Berührungsabwehrverhalten an den Tag. Wenn dabei mehrere dieser Verhaltensweisen in Verbindung mit Überaktivität und der Unfähigkeit, sich auf eine Arbeit zu konzentrieren, zusammenkommen, ist es sehr wahrscheinlich, daß es echt berührungsab-

160 Störungen der sensorischen Integration

weisend ist, und es sollte dann eine Behandlung bei einer Therapeutin eingeleitet werden, die mit sensorischer Integration vertraut ist.

1. Das Kind vermeidet, im Gesicht berührt zu werden. Es kann sogar sein, daß es das Gesicht von Dingen abwendet, wenn diese sich dem Gesicht zu stark nähern. Besonders schwierig ist das Waschen des Gesichtes.

2. Es findet das Berührtwerden während einer Zahnbehandlung besonders unangenehm und bewegt sich unentwegt auf dem Stuhl hin und her.

3. Es ist unangenehm berührt, wenn es die Haare geschnitten oder gewaschen bekommt.

4. Es hat es nicht gerne, wenn Personen es anrühren, auch wenn dies auf eine freundliche oder liebevolle Art geschieht. Es entzieht sich einem Kuß oder sogar schon einem freundschaftlichen Klaps auf die Schulter. Es kann sein, daß es dieselbe Art von Berührung zu anderen Zeiten oder von anderen Menschen toleriert.

5. Wenn man das Kind beim Anziehen anfaßt, können dadurch negative Reaktionen ausgelöst werden. Das kann schon passieren, wenn man ihm nur die Strümpfe anzieht.

6. Es liebt nicht, gebadet zu werden oder daß man ihm die Fingernägel schneidet.

7. Vermeidet körperlichen Kontakt mit Freunden, auch wenn es gerne mit ihnen spricht oder mit ihnen Beziehung ohne Berührung aufnimmt.

8. Eine Annäherung von hinten scheint es mehr zu fürchten, als dies bei anderen Kindern der Fall ist.

9. Wenn Leute nahe bei ihm stehen, auch ohne daß sie es berühren, kann dieses zu Mißempfindung führen.

10. Es bevorzugt langärmelige Hemden oder Blusen und trägt einen Pullover oder ein Jäckchen, selbst wenn ihm warm ist.

11. Es hat ein ungewöhnliches Bedürfnis, bestimmte Oberflächen oder Gewebe – wie Decken, Teppiche oder Stofftiere – anzufassen oder zu meiden.

12. Es ist überempfindlich auf bestimmte Fasern oder vermeidet, Kleidungsstücke zu tragen, die aus solchen gemacht sind.

13. Greift nicht gerne mit seinen Fingern in Sand, Fingerfarbe, Kleister oder ähnliches Material.

14. Vermeidet barfuß zu gehen, besonders in Sand oder Gras.

15. Als Kleinkind hatte es starke Mißempfindungen, wenn seine Nase oder Ohren mit Wattestäbchen gereinigt wurden.

Verwandte Verhaltensstörungen

Obwohl die negativen Reaktionen von Kindern mit schlechter sensorischer Integration besonders oft Berührungsreize betreffen, kann man ähnliche Verhaltensweisen manchmal auch bei Gerüchen und Geräuschen feststellen. Wenn das Gehirn nicht in der Lage ist, den Sinneseinstrom von der Nase und den Ohren entsprechend zu hemmen, stören diese Empfindungen das Kind und verursachen ein ablehnendes Verhalten. Die Gerüche von Nahrungsmitteln, Parfüm, Möbelpolitur oder anderen Chemikalien können zu stark sein. Die Geräusche durch ein Feuerwehrauto, durch Musik oder andere Kinder können zu laut klingen. Gewissenhafte Beobachtung ist notwendig, um zu bemerken, daß das Kind auf diese Empfindungen intensiver reagiert als auf die sonstigen Dinge, die sich gleichzeitig ereignen.

Literatur

Ayres A. Jean (1964) Tactile functions: Their relation to hyperactive and perceptual motor behavior. Am J Occupat Ther *18:*6-11

Kapitel 8

Störungen der visuellen Wahrnehmung, des Hörens und der Sprache

Vor wenigen Jahrzehnten waren Störungen der visuellen Wahrnehmung, akustischen Verarbeitung und der Sprache die Hauptbereiche, die bei Kindern mit Hirnfunktionsstörungen untersucht wurden. Auch jetzt sind sie noch ein beliebtes Untersuchungsgebiet von Lehrern und Erziehern. Untersuchungen des Sehvermögens haben bei Fachleuten an Beliebtheit verloren, da diese Teste Lernprobleme nicht immer aufdecken und auch wenig zu ihrer Klärung beitragen. Für die Untersuchung der Verarbeitung visueller Prozesse ist eine andere Art von Testen erforderlich. So ist der *Nystagmustest* bereits aussagekräftiger.

Wenn in der Schule der Verdacht geäußert wird, daß ein Kind keine gute visuelle Wahrnehmung haben könnte, gibt man ihm Papier und Federhalter, sowie Aufgaben in der Art von Puzzle-Spielen zur Überprüfung des Sehvermögens. Diese Art, an die Dinge heranzugehen, erzeugt bei den Kindern gewisse Geschicklichkeiten, die es ihnen ermöglichen, die Teste erfolgreich zu bestehen, auch wenn bei ihnen ein Mangel hinsichtlich ihres visuellen Systems vorliegen kann.

Die heutige Erziehung ist nicht sehr geeignet, die Ausbildung derjenigen sinnlichen Verarbeitungsprozesse zu fördern, welche die Grundlage für Lesen und Rechnen sind. Unsere heutige Schulerziehung setzt voraus, daß das Kind diese Wahrnehmungsgrundlagen bereits beherrscht und entsprechend vorbereitet ist, die Anforderungen der Schule zu bewältigen, zumindest aber diejenigen Aufgaben, die Ansprüche an sein Sehvermögen stellen.

Da die Gesellschaft auf die Schulen Druck ausübt, ihre Anstrengungen zu verstärken, um den Kindern das Lesen besser beizubringen, reagieren diese in der Weise darauf, daß sie versuchen, immer jüngeren Kindern – also bereits im Vorschulalter – das Lesen zu lehren.

Bei einigen Kindern ist das Gehirn im Kindergartenalter bereits fähig, Lesen zu lernen. Bei anderen jedoch hat sich die Fähigkeit, die optische Verarbeitung des gedruckten Wortes in gesprochene Sprache zu übertragen, noch nicht entsprechend ausgebildet. *Für diese Kinder bedeutet das ruhige Sitzen an einem Pult lediglich, daß ihnen die vestibulären, propriozeptiven und taktilen Erfahrungen vorenthalten werden, die sie zur Ausbildung*

Kapitel 8. Störungen der visuellen Wahrnehmung, des Hörens und der Sprache   163

der Lesefähigkeit in ihrem Gehirn benötigen. Wenn man dagegen die Unterrichtung im Lesen so lange zurückhält, bis eine Behandlung mit sensorischer Integration dem Kind geholfen hat, seine visuellen Verarbeitungsprozesse zu verbessern, kann man es dazu bringen, daß es sehr viel schneller und auf die Dauer auch besser zu lesen lernt. Es wird ihm außerdem auch helfen, sein Selbstbewußtsein zu erhalten.

Gute Verarbeitung optischer und akustischer Reizeindrücke ist sehr wichtig, und die Entwicklung einer guten Sprachfähigkeit ist das hauptsächliche Anliegen sowohl der Kindeserziehung als auch einer Behandlung. Sehen, Hören und Sprechen sind für jedes Individium von zentraler Bedeutung, um ein ausgeglichenes soziales Wesen zu werden.

Wenn dies so ist, warum verwendet eine Therapeutin, die eine Behandlung mit sensorischer Integration durchführt, auf diese Funktionen so wenig Aufmerksamkeit? Sie tut dies bewußt, weil sie weiß, daß es sich hierbei um die Endprodukte wesentlich fundamentaler Leistungen der Hirnfunktion handelt, deren Ausbildung zuvor gefördert und abgeschlossen sein muß. Die meisten der Kinder, die Lernstörungen haben, benötigen in ihrem Gehirn zunächst einmal die Entwicklung von Funktionen, welche die Gleichgewichtsempfindungen, die Tiefenwahrnehmung und die Berührungsempfindungen adäquat verarbeiten können. *Während die Therapeutin den Eindruck erweckt, als ob sie den visuellen und auditiven Verarbeitungsprozessen keine Aufmerksamkeit schenke, schafft sie die viel wichtigeren Voraussetzungen dazu, indem sie die sensomotorischen Grundlagen für diese spezifischen Prozesse aufzubauen versucht.*

Visuelle Wahrnehmungsprobleme

Wahrnehmung von Raum und Gestalt

Die meisten von uns haben vergessen, wie sie als Kinder ihre Umwelt gesehen haben. Kurz nach der Geburt haben die Dinge, die wir sahen, nicht die gleiche Bedeutung gehabt, die wir jetzt in ihnen erkennen. Wir lernten sehr schnell das Gesicht unserer Mutter wiederzuerkennen, da ihre Anwesenheit Nahrung und Wohlbehagen ankündigte. Später streiften wir in unserer Umgebung herum und lernten dabei die physische Natur von Raum und Gegenständen kennen. Diese körperlich gefärbte sensomotorische Kenntnis wurde schrittweise in unsere optischen Informationen einbezogen, so daß wir im Laufe der Zeit eine visuelle Raum- und Formwahrnehmung erhielten.

Auch als wir noch gar nichts sehen konnten, hatten wir aufgrund der

164   Störungen der sensorischen Integration

Schwerkraftempfindung bereits eine Vorstellung des Raumes, der uns um-
gab. Im Mutterleib informierte uns die Erregung unserer Schwerkraftrezeptoren, wo oben und unten war. Die Bewegungen unserer Mutter reizten unsere Sinnesorgane für die Körperbewegung, so daß wir eine
Vorstellung von Bewegungsrichtung und Geschwindigkeit erhielten. Auf
diese Weise begann bereits unser fetales Gehirn, die Welt außerhalb des
Mutterleibs in „Landkarten" zu ordnen.

Obwohl die Rezeptoren für die Eigenwahrnehmung der Muskeln und
Gelenke bereits ausgebildet waren, um Informationen an das Gehirn zu
übermitteln, verhinderte die Enge in der Gebärmutter die meisten Bewegungen, welche entsprechende Muskel- und Gelenkempfindungen auslösen. Mit dem Augenblick der Geburt aber stand uns plötzlich wesentlich
mehr Raum um unseren Körper zur Verfügung, in den wir uns hineinbe-
wegen konnten und in dem wir plötzlich viele Dinge sahen und hörten.

Alle unsere körperlichen Aktionen vollziehen sich in Beziehung zu
dem Raum, den wir zur Verfügung haben. Unsere Fähigkeiten, die Aus-
dehnung des Raumes zu erfassen, und die Beziehungen unseres Körpers
zum Raum sind Verarbeitungsprozesse, die wir zu lernen hatten. Wenn ein
Kind nicht gelernt hat zu erkennen, wieviel Raum ihm zur Verfügung steht
und wie es sich in diesem Raum zu orientieren hat, wird es ihm schwerfallen, sich mit seiner physikalischen Umwelt auseinanderzusetzen. Am
deutlichsten wird diese Schwierigkeit sichtbar in der Art, wie es mit Bunt-
stiften umgeht oder mit einer Feder schreibt, wie es einer Druckschriftlinie
folgen kann, wie es einen Ball wirft oder wie es sein Zimmer zu Hause in
Ordnung hält. Beim Spielen mit anderen Kindern oder beim Stehen in einer Reihe kann es sein, daß man diese schlechten Raumwahrnehmungen,
die solche Probleme verursachen, nicht so gut erkennen kann.

Die Dinge, die wir um uns herum sehen, bekommen erst dann einen
richtigen Sinn, wenn unser Gehirn darüber informiert ist, wo sich die Erde
befindet und ob der Kopf und der Körper bewegt werden. Das Gehirn
muß die Augen und den Kopf stillhalten, damit wir ein klares Bild von unserer Umgebung bekommen können. Gleichzeitig muß das Gehirn auch
in der Lage sein, mit den Augen die Bewegungen von Gegenständen und
Menschen zu verfolgen. Jede Störung in der Verarbeitung von Sinnesinformationen aus dem Gleichgewichtssinn, von den Augen und der Halsmuskulatur wird wahrscheinlich die visuelle Wahrnehmung erheblich beeinträchtigen.

Kapitel 8. Störungen der visuellen Wahrnehmung, des Hörens und der Sprache   165

Selbstbestimmte Bewegungen

Durch Anpassungsreaktionen und den daraus sich entwickelnden Sinneswahrnehmungen lernen wir, den Raum und unsere körperlichen Beziehungen zum Raum wahrzunehmen. Dr. Richard Held und Dr. Alan Hein haben sehr interessante Experimente durchgeführt, welche die Wichtigkeit von Anpassungsreaktionen für die Entwicklung der visuellen Wahrnehmung aufzeigen.

Ein Experiment wurde mit neugeborenen Kätzchen durchgeführt, die in einem großen Käfig an ein Gerät angeschlossen wurden. Einige der Kätzchen konnten im Käfig herumlaufen und die Geräte mit sich umherziehen, während die anderen nur passiv auf den Geräten sitzen konnten. Sie wurden herumgetragen, liefen jedoch nicht aktiv im Käfig umher. Beide Versuchsgruppen hatten die gleichen optischen Eindrücke innerhalb ihres Käfigs. Diejenigen Kätzchen, die passiv bewegt wurden, entwickelten zwar Sehvermögen, aber sie konnten dieses nicht benutzen, um ihre Bewegungen sinnvoll einzusetzen. Sie konnten ihre Pfoten nicht richtig setzen, und sie konnten sich auch nicht von einem Ort, auf den sie fielen, wegbewegen. Wenn sich ihnen ein Gegenstand näherte, blinzelten sie mit den Augen.

Dagegen zeigten die Kätzchen, die sich aktiv bewegten und das Gerät mit sich herumschleppten, eine völlig normale Entwicklung ohne alle diese Probleme. Es bedeutet also, daß passive Bewegungen und Sehvermögen allein nicht ausreichen, sondern das Individium muß seine eigenen Bewegungen vollführen, damit es den Sehvorgang mit der Reizverarbeitung durch Bewegungen kombinieren kann.

Nachdem man auch die Kätzchen, die passiv herumgetragen wurden, von dieser Vorrichtung befreite, fingen sie an, sich normal zu bewegen, und sehr schnell entwickelten sie dann auch die Funktionen, die sie zu einem regelrechten Dasein benötigten.

Held und Hein stellten auch Untersuchungen mit Menschen an, die Prismengläser trugen, wodurch alle Gegenstände auf dem Kopf standen. Nach einiger Zeit konnte sich das Gehirn an diese verkehrten Seheindrücke adaptieren, so daß die Dinge wieder richtig herum zu stehen schienen. Es wurde jedoch festgestellt, daß nur die Personen die Fähigkeit der Adaptation lernten, die sich aktiv während dieser Zeit bewegten und das, was sie sahen, mit dem, was sie berührten und fühlten, von ihren Bewegungen her in Beziehung setzen konnten.

Anpassung durch Evolution

Millionen Jahre lang haben Tiere Räume und Formationen der Natur durchstreift. Ihr Sehvermögen entwickelte sich durch Anpassungsreaktionen, die lebenswichtig für das Überleben in dieser natürlichen Umwelt waren. Überleben umfaßt das Finden oder Jagen von etwas Eßbarem und das Vermeiden, daß man selber zur Nahrung für ein anderes Tier wird.

Für die frühen Wirbeltiere, die Fische und Amphibien, bedeutete visuelle Wahrnehmung nicht viel mehr als die Fähigkeit, Gegenstände zu erkennen, die sich in einer bestimmten Weise bewegten. Ein Frosch z. B. sieht lediglich Objekte, die sich wie Fliegen bewegen oder aber wie Tiere, die Frösche verzehren. Ein hungriger Frosch übersieht die saftigste Fliege, wenn sie sich nicht bewegt. Jedoch wird er sofort nach jedem kleinen zappelnden Gegenstand springen.

Das war der fortgeschrittenste Zustand visueller Wahrnehmung für mehrere Millionen Jahre, da es zu dieser Zeit nicht nötig war, feinere Einzelheiten bei unbewegten Objekten zu erkennen. Puzzle-Spiele und das Alphabet waren damals noch nicht erfunden.

Als nächstes entwickelte sich die Fähigkeit der Raumwahrnehmung, so daß Reptilien sich effektiver umherbewegen konnten. Bei Fischen, Amphibien und Reptilien wird der optische Eindruck fast vollständig im Hirnstamm verarbeitet, da diese Tiere nur sehr kleine Großhirnhemisphären haben. Wenn sich eine Eidechse bewegt, speichert ein Abschnitt ihres Hirnstammes Bilder von allem, was sie sieht. Diese Information kann laufend benutzt werden, so daß die Eidechse ihren Weg gut finden kann. Sie rempelt Gegenstände nicht an, kann vor einem Raubtier davonlaufen und wird immer ein gutes Versteck finden.

Die frühen Wirbeltiere lebten auf Bäumen, wo sie sich vor die Aufgabe gestellt sahen, viele Dinge aus allen Richtungen wahrnehmen zu müssen. Dieses Leben auf Bäumen zwang das optische System, in der Entwicklung des Gehirns eine Hauptrolle zu übernehmen. Primaten – wie die Affen, die Menschenaffen und die Menschen selbst – entwickelten ein höheres Niveau optischer Verarbeitung mit Hilfe der Ausbildung der Fovea (die Stelle des schärfsten Sehens der Netzhaut) und der Großhirnrinde. Die Fovea enthält spezielle Sinneszellen, die schmale Segmente des Gesichtsfeldes unterscheiden und kleine Einzelheiten bei unbewegten Gegenständen auflösen können. Die Großhirnrinde verarbeitet diese winzigen optischen Einzelheiten. Voraussetzung dazu ist jedoch, daß der Hirnstamm und niedrigere Ebenen der Großhirnhemisphären den Gesamteindruck des gesehenen Raumbildes vorordnen.

Kapitel 8. Störungen der visuellen Wahrnehmung, des Hörens und der Sprache   167

Im Laufe der Evolution standen Hunderte von Jahrmillionen zur Verfügung, um durch vollausgelebte Körperbewegungen und die Integration von Sinneswahrnehmungen des Gleichgewichtes, der Berührung und der Tiefenwahrnehmung den Weg für die Entwicklung derjenigen Nervenprozesse zu ebnen, die kleinste Einzelheiten und ihre symbolische Bedeutung zu erkennen vermochten.

Die neurologischen Voraussetzungen zur Wahrnehmung feiner Einzelheiten und Symbole entwickelten sich auf dem Niveau älterer fundamentaler Nervenprozesse so wie man ein Haus auf Fundamenten errichtet. Ein Haus kann stehen, auch wenn das Dach noch wackelt, aber es fällt zusammen, wenn das Fundament nicht sicher genug ist. Die Behandlung der sensorischen Integration stellt deshalb eine naturgemäße Hinwendung zu den Problemen dar. Wir vollziehen im Groben den gleichen Weg nach, den die Natur während der Evolution der Wirbeltiere beschritten hat. *Wir bauen zunächst das sensomotorische Fundament auf und arbeiten erst danach auf den höheren Ebenen der Hirnfunktion, denn das ist die Art und Weise, in der das Gehirn sich entwickelte.*

Die zwei Arten der visuellen Wahrnehmung

Es gibt zwei Hauptebenen der Hirnaktivität, in der menschliche Wesen optische Eindrücke verarbeiten: den Hirnstamm und die Großhirnhemisphären. Im Hirnstamm werden Sinnesreize vom Gleichgewichtsorgan, der Eigenwahrnehmung von den Augenmuskeln, dem Hals und Körper sowie der optische Sinnesreiz zu einem zusammengesetzten sensorischen Verarbeitungsprozeß vereinigt. Die Empfindungen der Halsmuskeln, die den Kopf aufrechthalten, sind ganz besonders wichtig für diesen Verarbeitungsprozeß.

Vestibuläre, propriozeptive und optische Informationen also werden miteinander kurzgeschlossen, um eine „Landkarte" zu bilden, die benötigt wird, um den Körper erfolgreich im Raum zu „navigieren". Ohne diese Landkarte hat die betreffende Person Schwierigkeiten z. B. beim Laufen keine Gegenstände anzurempeln, einen Ball zu einem Freund zu werfen oder eine gerade Linie auf dem Papier zu ziehen.

Nachdem vestibuläre, propriozeptive und optische Sinneseindrücke im Hirnstamm vereint sind, ziehen sie weiter zu verschiedenen Abschnitten der Großhirnrinde, wo sie der spezielleren Verarbeitung unterzogen werden. Diese im Großhirn stattfindende Verarbeitung ermöglicht uns, einen kleinen Ausschnitt als große Einzelheit in Beziehung zu seinem Hintergrund abgrenzen zu können. Sie hilft uns auch, unsere Augen willkürlich auf Gegenstände zu richten. Die Augenmuskeln dirigieren die Fovea

168 Störungen der sensorischen Integration

genau richtig, um Einzelheiten der Buchstaben des Alphabets erkennen zu können. Wenn Empfindungen des Gleichgewichts und der Eigenwahrnehmung nicht gut geordnet sind, um die Augen gleichmäßig zu bewegen, empfindet das Kind erhebliches Mißbehagen beim Lesen eines Buches ähnlich dem Mißbehagen, das uns befällt, wenn wir Filmtitel lesen wollen, und der Film flimmert oder das Bild steht nicht ruhig auf der Leinwand.

Wenn der visuelle Bereich in der Großhirnrinde keine gute Verbindung zum vestibulären System sowie zur Eigenwahrnehmung und den Berührungsempfindungen der Haut hat, wird das optische Unterscheidungsvermögen sehr schlecht. Aus diesem Grunde haben Kinder, die keine genaue Körperwahrnehmung haben, oft Schwierigkeiten mit ihrer visuellen Wahrnehmung. Kinder, deren Hauptproblem in der Verarbeitung von Gleichgewichtsreizen besteht, haben oftmals – wenn auch nicht immer – schlechte Ergebnisse bei Untersuchungen des Sehvermögens.

Ein Kind läuft auf dem Spielplatz auf eine Rutschbahn zu. Es hat eine Vorstellung von der Rutschbahn in seiner Hirnrinde. Die Bedeutung dieses Bildes stammt sowohl vom Hirnstamm als auch vom Großhirn. Damit es an der Leiter in der richtigen Stellung zu klettern anfangen kann, muß sein Hirnstamm sowohl Gleichgewichtsinformationen als auch Eigenwahrnehmung und optische Eindrücke ordnen. Das Kind weiß, daß es die Leiter sicher besteigen kann, da es früher schon ähnliche Gegenstände bestiegen hat, und kann den optischen Eindruck der Leiter sowie ihre physikalische Struktur mit seinen eigenen sensomotorischen Fähigkeiten in Beziehung setzen. Es erklettert die Leiter bis oben, ohne seine Orientierung zu verlieren, da sein Hirnstamm ihm ermöglicht, seine Stellung im Raum zu erkennen. Die Zusammenfassung von optischen, propriozeptiven und vestibulären Informationen hilft ihm, seinen Körper in eine Sitzposition an der Spitze der Rutschbahn zu bringen. Es rutscht herab und hat Vergnügen an der dabei auftretenden Erregung seines Gleichgewichtssinnes.

Ein Kind mit einer mangelhaften sensorischen Integration rutscht nicht besonders gern, da sein Nervensystem mit einigen der eben aufgezählten Aufgaben oder vielleicht auch mit allen Schwierigkeiten hat. Es ist nicht in der Lage, sich eine genaue Vorstellung über die Höhe der Rutschbahn zu machen, und es hat Furcht, die Leiter so hoch vom Erdboden weg zu erklettern, um an die Spitze der Rutschbahn zu gelangen. Es kann unter Umständen seinen Körper auf der Leiter nicht gut bewegen, da seine Eigenwahrnehmung ungeordnet ist und es über die Stellung seiner Muskeln und Gelenke keine klare Vorstellung gewinnt. Die kleine Plattform an der Spitze der Rutschbahn erscheint ihm als gefährlicher Platz, da es nur schlechte Haltungs- und Gleichgewichtsreaktionen besitzt.

Kapitel 8. Störungen der visuellen Wahrnehmung, des Hörens und der Sprache   169

Für ein Kind, das eine Schwerkraftverunsicherung hat, kann schon das langsame Herunterrutschen einer sehr flachen Rutsche das Gefühl erwecken, als ob es von der Erde weggeschleudert werden würde. Wenn dagegen das Gleichgewichtssystem bei einem Kind unterempfindlich ist, rutscht es wieder und immer wieder, da sein Gehirn nicht genug von dieser Gleichgewichtserregung bekommen kann.

Wenn man Kinder mit visuellen Wahrnehmungsstörungen behandeln will, muß man die beiden Ebenen im Hirnstamm und der Großhirnrinde als gemeinsame Reaktion auf vestibuläre, propriozeptive und visuelle Erregung einbeziehen. Die Halsmuskeln benötigen besondere Beachtung, da die Sinneswahrnehmungen aus ihnen einen erheblichen Beitrag zur visuellen Wahrnehmung liefern. Wenn ein Kind auf dem Bauch liegt und seinen Kopf entgegen der Schwerkraft anhebt, erzeugen die Muskelkontraktionen eine starke Eigenwahrnehmung, die zum Hirnstamm gelangt und zur Verarbeitung optischer Reize beisteuert. Während es diese Position einnimmt, erhalten die Schwerkraftrezeptoren unterschiedliche Reizimpulse, und wenn sich das Kind bewegt, kommen weitere Gleichgewichtsempfindungen dazu, die ebenfalls dem Hirnstamm zugeleitet werden und zusätzlich zur Wahrnehmung des Gesehenen beitragen. Aus diesem Grund wird ein großer Teil der Behandlung in *Bauchlage* des Kindes und *während es sich bewegt* durchgeführt.

Alle therapeutischen Aktivitäten, die Sinnesorgane im Innenohr, in den Muskeln, Gelenken und in der Haut erregen, können dazu beitragen, das Sehvermögen zu entwickeln. Die intensivste Verbesserung des Sehvermögens erhält man, wenn die Funktionsstörung in den Hirnstamm lokalisiert ist. Wenn erst einmal die elementaren sensorischen Systeme in der Lage sind, wirksam die höheren Ebenen der Hirnfunktion zu unterstützen, kann man allmählich anfangen, Puzzle-Spiele sowie Bleistift- und Federzeichnungen heranzuziehen, um das Sehvermögen zu verbessern. Liegen nach einer solchen Behandlung immer noch Störungen des Sehvermögens vor, sollte man einen Augenarzt hinzuziehen, der Erfahrungen hat, um Augenmuskeln zu einer geordneteren Tätigkeit zu bringen.

Eine Liste von visuellen Wahrnehmungsstörungen

Wenn Ihr Kind eines oder mehrere dieser aufgeführten Symptome aufweist, kann es unter Umständen einen Mangel an Verarbeitungen optischer Eindrücke haben.

1. Als Kleinkind spielt es nicht gut mit Bausteinen.
2. Kann Puzzle-Spiele nicht so gut zusammensetzen wie andere Kinder.

170   Störungen der sensorischen Integration

3. Es zögert beim Auf- und Abgehen von Treppen oder Bordsteinkanten.
4. Es hat Schwierigkeiten, sich von einem Ort zu einem anderen zu begeben, und verläuft sich leicht.
5. Es ist nicht gerne an fremden Plätzen, weil es weiß, daß es sich leicht verirrt.
6. Es zeichnet nicht so gut mit einem Bleistift oder Federhalter und auch nicht so frühzeitig, wie das andere Kinder tun.
7. Es hat Schwierigkeiten, Ähnlichkeiten oder Unterschiede bei Mustern oder Zeichnungen zu erkennen.
8. Es kann eine bestimmte Figur vor einem unruhigen Hintergrund nicht gut abgrenzen.
9. Es kann seine Buchstaben nicht gut zwischen die vorgedruckten Linien oder in die richtigen Wörter bringen.

Hör- und Sprachprobleme

Die sensorischen Systeme entwickeln sich in Abhängigkeit voneinander. Das Gehör arbeitet sehr eng mit dem Gleichgewichtssinn zusammen. In Kapitel 5 hatten wir von einer Untersuchung von Stilwell, Crowe und McCallum berichtet, bei welcher sie feststellten, daß Kinder mit Sprech- und Sprachproblemen auch eine verkürzte Dauer des postrotatorischen Nystagmus aufwiesen. Darüber hinaus bestehen zwar weniger offensichtliche, jedoch durchaus bedeutsame Verbindungen zum Tastsinn und der Eigenwahrnehmung. Wenn mehrere sensorische Systeme an einem Problem beteiligt sind, weist das Hörorgan oft diese Störung am deutlichsten auf. So ist es unvermeidlich, daß Therapeuten für sensorische Integration in gleicher Weise mit Hör- und Sprachproblemen konfrontiert werden, obwohl sich für dieses Gebiet Logopädinnen und Sprachheiltherapeuten spezialisiert haben.

Das Gehirn arbeitet als Ganzes, und jeder Teil des Gehirns arbeitet mit vielen anderen zusammen. Für denjenigen Hirnabschnitt, der Sprache und Sprechvermögen steuert, ist es besonders wichtig, über guten Kontakt mit dem übrigen Gehirn zu verfügen – besonders mit dessen sensorischen und motorischen Abschnitten. Nur im gesamten Großhirn ablaufende einwandfreie Prozesse ermöglichen dem Kind eine leichte und sinnvolle Bewegungsplanung.

Sprechen und im besonderen Sprechenlernen erfordert eine sehr komplexe Bewegungsplanung. Es verlangt die Fähigkeit, aus eigenem inneren Antrieb eine motorische Handlung aufzunehmen. Außerdem muß man die Bewegungsabläufe so ordnen, daß der dabei entstehende Ton ein Wort

Kapitel 8. Störungen der visuellen Wahrnehmung, des Hörens und der Sprache   171

bildet. In seinem eigenen Gehirn muß das Kind entscheiden, welches Wort dem anderen folgt. Ganz spezifische Bewegungen des Mundes, der Zunge und der Lippen sind für eine gute Artikulation erforderlich.

Diese Forderungen sind im wesentlichen ebenso wichtig wie die, welche man für die Planung einer Handlung des gesamten Körpers benötigt. Es wird deshalb verständlich, daß ein Kind mit Sprach- oder Sprechproblemen oftmals auch eine Entwicklungsdyspraxie aufweist. Wenn vorwiegend Artikulationsschwierigkeiten bestehen, kann die auslösende Ursache eine *orale Apraxie,* also ein Mangel an Beweglichkeit der Mundmuskulatur sein.

Es ist dann ebenso logisch, daß eine Therapie, welche dem dyspraktischen Kind zu einer besseren sensorischen Integration und Bewegungsplanung verhilft, auch hilfreich ist, um Sprache zu entwickeln. Diese Behandlung kommt der Verarbeitung akustischer Eindrücke zugute und hilft damit auch, Sprechbewegungen planen zu können. Für ganz spezielles Training von Sprache und Sprechvermögen sollte das Kind allerdings Hilfe von einer Logopädin erhalten.

Da Sprache und Sprechvermögen ein Endprodukt sensorischer Integration darstellen, benutzt man sie oft, um die Wirksamkeit einer Therapie mit sensorischer Integration zu beurteilen. Außerdem ist Sprachverständnis leichter zu prüfen als z. B. psychisch beeinflußtes Verhalten oder Selbstachtung, welche zweifellos ebenso wichtig wie Sprache und Sprechen sind.

Die Ebenen der Verarbeitung von Hörvorgängen

In der gleichen Weise, wie es mehrere Ebenen für die Verarbeitung optischer Sinneseindrücke gibt, stehen auch mehrere Ebenen für die Verarbeitung akustischer Reize zur Verfügung. Auf der Ebene des Hirnstammes bestehen für die Kerne, die die hauptsächlichen Verarbeitungszentren für Hörimpulse darstellen, Verbindungen mit Sinnesempfindungen vom Gleichgewichtsorgan, der Eigenwahrnehmung, dem Tastsinn und den Vibrationsreizen. Darüber hinaus erhalten die Vestibularkerne im Hirnstamm auch akustische Reizinformationen und koordinieren diese beiden Arten miteinander.

Die Hirnstammverarbeitung ist genauso wichtig für ein gut entwickeltes, Feinheiten unterscheidendes Gehör, wie sie es für die Verarbeitung optischer Eindrücke ist. Wie bei den optischen Funktionen stellt auch hier der Hirnstamm mit seinen Verarbeitungsprozessen das Fundament für die komplexeren, auf höheren Ebenen erfolgenden Funktionen her, die notwendig sind, um Sprache zu bilden.

172   Störungen der sensorischen Integration

Man kann sich durchaus denken, daß die Therapie mit sensorischer Integration dem Sprechvermögen und der Sprache dadurch in ihrer Entwicklung hilft, daß sie die Wirksamkeit der Verarbeitungsprozesse auf niedrigere Ebene fördert. *Wenn ein Kind mit Sprachstörungen eine Therapie mit Stimulierung des Gleichgewichtssinnes erhält, sieht man oft eine Verbesserung der Lautbildung.*

Untersuchungen bei Kindern mit Lernstörungen im Zusammenhang mit Hör-Sprach-Problemen ergaben immer dann eine Verbesserung ihrer Lesefähigkeit, wenn diese einer Behandlung mit sensorischer Integration unterzogen wurden. Diese konnte sich auf vestibuläre, taktile und propriozeptive Stimulierung einschließlich Bewegungsplanung ohne eigentliches Sprachtraining beschränken. Diese Bevorzugung der auf den Hirnstamm ausgerichteten sensorischen Integration half den Großhirnhemisphären, mit den Sprachforderungen beim Lesen fertig zu werden. Die verbesserte Fähigkeit für Bewegungsplanung sowie die Fähigkeit, Anpassungsreaktionen zu entwickeln, wirkt sich auch günstig auf die kognitiven Funktionen der höheren Hirnebenen aus.

Wenn ein Kind mit 2½ oder 3 Jahren noch nicht sprechen kann, sollte es von einem Diagnostiker untersucht werden, der mit den Methoden der sensorischen Integration vertraut ist. Sofern die Störung vorwiegend die Hirnstammverarbeitungsprozesse betrifft, ist eine Therapie, welche diesen Vorgängen Hilfe bietet, sicherlich die geeignete Behandlung, um die Sprachentwicklung des Kindes zu fördern. Zusätzliche Beurteilung durch eine Logopädin ist zu empfehlen.

Literatur

Ayres A. Jean (1972) Improving academic scores through sensory integration. J Learning Disabilities 5: 336–343
Held Richard (1965) Plasticity in sensory-motor systems. Scientific American 213: 84–94
Held Richard, Hein Alan (1963) Movement-produced stimulation in the development of visually guided behavior. Comp Physiol Psychol 56: 872–876

Kapitel 9

Das autistische Kind

Autismus ist eine verhältnismäßig seltene Störung des Gehirns, die Fachleuten und Eltern erhebliche Rätsel seit dem Zeitpunkt aufgab, als sie das erste Mal beobachtet wurde. Das autistische Kind zeigt zahlreiche Symptome einer mangelhaften sensorischen Verarbeitung, wie sie auch bei Kindern mit leichten Hirnfunktionsstörungen gesehen werden. Seine Auseinandersetzungen mit der körperlichen Umwelt sind in gleicher Weise schlecht. Das autistische Kind hat jedoch zusätzliche Probleme, und zwar sowohl im sensomotorischen Bereich als auch auf anderen Gebieten.

Autismus ist charakterisiert durch einen Mangel an Beziehungsaufnahme zu anderen Menschen mit der möglichen Ausnahme von ein oder zwei sehr nahestehenden Bezugspersonen. Das autistische Kind wird gemeinhin beschrieben als ein Wesen, das „in seiner eigenen Welt" lebt, und es wünscht nicht, daß sich andere Menschen in diese Welt hineindrängen. Wenn es zu sprechen lernt, ist sein Sprechvermögen oft sehr beschränkt. Die Artikulation der Worte ist zwar im allgemeinen in Ordnung, aber den Worten mangelt es an Intonation, und sie klingen monoton und papageienhaft. Darüber hinaus hat das autistische Kind Probleme, die sein Gemütsleben betreffen.

Manchmal hat es zu wenig Gemüt und zeigt kaum Regungen von Liebe oder Furcht. Manche autistischen Kinder dagegen sind sehr gefühlsbetont, haben Wutanfälle, werden extrem aggressiv und verletzen andere Leute. Einzelne Therapeuten haben mit sensorischer Integration versucht, autistische Kinder zu behandeln. Doch im allgemeinen besteht wenig Berufserfahrung in der Anwendung einer sensorisch integrativen Therapie für autistische Kinder. Einige junge autistische Kinder haben offenbar von dieser Behandlung Vorteil gehabt, während bei anderen nur eine Verbesserung sehr geringer Art erreicht werden konnte, zum Teil auch überhaupt nichts. Es ist schon ermutigend, wenn es überhaupt gelingt, eine nützliche Veränderung in die Hirnorganisation eines autistischen Kindes zu bringen, besonders da medikamentöse Beeinflussung des Problems nur sehr geringfügige Besserung ergab. Die Techniken einer Verhaltensänderung erreichen lediglich eine Überwachung des kindlichen Verhaltens, ohne jedoch die Bedingungen zu verändern, die sein Gehirn zu einem solchen Verhalten bringen.

Die Störung der Verarbeitung von Sinnesreizen

Wenn autistische Kinder bereit sind, mit dem Untersucher zusammenzuarbeiten, um die Standardteste vornehmen zu lassen, entsprechen ihre Untersuchungsergebnisse gewöhnlich denen von dyspraktischen Kindern. Sie haben Schwierigkeiten, Berührungsreize zu lokalisieren und anzugeben, wo sich ihre Hände befinden, wenn sie sie nicht sehen können. Sie haben sehr viele Schwierigkeiten mit der Bewegungsplanung, wie sich in einem Test erkennen läßt, in welchem der Untersucher eine ungewöhnliche Position einnimmt und das Kind auffordert, diese Position nachzuahmen.

Obwohl die Haltungsreaktionen des Kindes nicht sehr gut entwickelt sind, sind sie jedoch oft besser als bei den lernbehinderten Kindern. Das ist ein Hinweis dafür, daß der Hirnstamm des Kindes die Sinneseindrücke des Gleichgewichtssystems und der Eigenwahrnehmung, die für die meisten Haltungsreaktionen benötigt werden, gut verarbeitet. Es scheint auch so zu sein, daß die Nervenbahnen, die Informationen zu den sensorischen Abschnitten der Großhirnrinde transportieren, gut funktionieren. Das Problem wird offenbar von einem anderen Teilbereich der sensorischen Verarbeitung verursacht. Irgendein anderer Hirnabschnitt arbeitet nicht richtig.

Es gibt drei Aspekte schlechter sensorischer Verarbeitung, die wir bei autistischen Kindern sehen können.

1. Der Sinneseindruck wird im Gehirn des Kindes nicht richtig „registriert", was soviel heißen will wie nicht richtig zur Kenntnis genommen. Und deshalb schenkt ein solches Kind den meisten Dingen nur sehr wenig Aufmerksamkeit, während es zu anderen Zeiten überreagiert.
2. Das Kind kann Sinneseindrücke nicht richtig modulieren, was besonders für Gleichgewichts- und Berührungsempfindungen gilt. Deshalb besteht eine Schwerkraftverunsicherung und eine Berührungsabwehr.
3. Derjenige Teil seines Gehirns, der das Bedürfnis nach Beschäftigung mit neuen oder unterschiedlichen Dingen wachhält, arbeitet nicht normal, so daß das Kind nur wenig oder überhaupt kein Interesse an sinnvoller und konstruktiver Tätigkeit besitzt.

Die „Registrierung" von Sinneseindrücken

Jedem von uns ist es schon passiert, daß er zahllose Male eine ihm vertraute Straße entlang gefahren ist, und plötzlich bemerkt er eines Tages etwas, was er vorher nie gesehen hat. Wir fragen uns, ob das Zeichen oder Gebäude – oder was immer es ist – neu ist, und sind erstaunt, herauszufinden, daß es die ganze Zeit über da war. Unser Gehirn hat vorher einfach nie „entschieden", daß der Gegenstand wert war, bemerkt zu werden.

Wir sind uns auch nicht bewußt, warum der Gegenstand diesmal unsere Aufmerksamkeit auf sich gezogen hat. Es kann vielleicht daran liegen, daß er sich etwas anders darstellt als sonst – vielleicht wird er heute intensiver von der Sonne angestrahlt. Und dieser leichte Unterschied veranlaßt unser Gehirn, dieses Bild, das vorher ignoriert wurde, urplötzlich zu bemerken.

Es gibt einen Abschnitt in unserem Gehirn – im limbischen System –, der „entscheidet", welcher Sinneseindruck aufzunehmen ist und uns zum Bewußtsein gebracht werden soll, und der auch ebenso entscheidet, ob wir mit dieser Information etwas anfangen werden. Bei einem autistischen Kind arbeitet dieser Abschnitt des Gehirns nicht richtig, so daß es viele Dinge gar nicht zur Kenntnis nimmt, die bei jedem anderen Aufmerksamkeit erregen. Je schlechter dieser Hirnabschnitt arbeitet, um so geringer wird das autistische Kind auf eine Behandlung reagieren.

Akustische und optische Sinnesreize werden häufiger als die anderen Arten sinnlicher Wahrnehmung entweder „ignoriert" oder nicht registriert. Das autistische Kind wird gewöhnlich nur wenig Aufmerksamkeit auf ein Glockenläuten oder ein anderes Geräusch lenken. Es wird sogar verpassen zu registrieren, was man zu ihm sagt. Zeitweilig beschließt das Gehirn, einen Nervenreiz zu speichern, und das Kind zeigt dann eine entsprechende Reaktion. Manchmal hat man den Eindruck, daß es ein Geräusch lauter hört als die anderen. Die meisten Menschen nehmen ein konstantes Geräusch, das sich in seiner Stärke nur wenig ändert, nach einiger Zeit praktisch nicht mehr wahr. Das autistische Kind gewöhnt sich nicht an ein konstantes Geräusch und kann es nicht „abschalten". So ist es gezwungen, diesen Geräuschen mehr Aufmerksamkeit zu widmen. Manchmal wird ein Geräusch von ihm zu stark registriert, ein anderes dafür zu schwach.

Das autistische Kind scheint auch optische Umwelteinwirkungen zu ignorieren. Es blickt durch Leute hindurch und vermeidet, ihnen in die Augen zu sehen. Oft beachtet es seine Spielsachen überhaupt nicht, aber manchmal entscheidet sein Gehirn, eine ganz eingehende und langdauernde Aufmerksamkeit einem winzigen Detail zu geben, z. B. einem Fleck

176   Störungen der sensorischen Integration

am Fußboden. Sein Gehirn hat es schwer, zu erkennen, welche optische Information wichtig ist und welche nicht.

Es gibt eine Art von optischem Stimulus, nämlich sich bewegende Streifen, die die Aufmerksamkeit fast aller autistischer Kinder erregen. Wenn man diese abwechselnd bunt und weiß gefärbten Streifen schnell an den Augen vorbeibewegt, erzeugen sie einen *„optokinetischen Nystagmus“*, welcher seinerseits die vestibulären Kerne im Hirnstamm erregt.

Wir haben in den früheren Kapiteln bereits den sogenannten *postrotatorischen Nystagmus* erwähnt, welcher in Hin- und Herbewegungen der Augäpfel besteht, die durch vestibuläre Reizung erzeugt werden. Der optokinetische Nystagmus zeigt ähnliche Augenbewegungen, die jedoch durch optische Reizeinwirkungen ausgelöst werden. Wir nehmen an, daß die Reizung der vestibulären Kerne durch diese bewegten Streifen das Gehirn unterstützt, den optischen Reizeindruck besser aufzunehmen und ihn für das Kind bedeutungsvoll zu machen.

Das autistische Kind hat darüber hinaus Schwierigkeiten, andere Reizempfindungen zu registrieren. Bei einem unserer Teste pusten wir dem Kind etwas Luft in den Nacken. Die meisten Menschen – auch Kinder mit leichten Hirnfunktionsstörungen – empfinden dies als etwas Unangenehmes und ziehen ihre Schultern hoch oder drehen sich nach hinten um, damit sie sehen, was mit ihnen geschieht. Viele autistische Kinder zeigen auf diesen Luftzugtest keinerlei Reaktion.

Offenbar registrieren auch viele von ihnen keine Gerüche und haben nur wenig Geschmackseindrücke. Sie reagieren auch oft nicht auf Hinfallen oder Sichstoßen, so als ob sie gar keine Schmerzen empfinden – außer wenn der Sturz sehr intensiv war. Auf der anderen Seite sind autistische Kinder übertrieben empfindlich gegenüber der Beschaffenheit von Gegenständen. Wenn sie klein sind, lehnen sie unter Umständen feste Nahrung ab, weil sie deren Zusammensetzung nicht lieben. Sie können auch durchaus negativ reagieren, wenn sie von einer anderen Person angerührt werden. Solche sensorischen Verarbeitungsprobleme haben manchmal auch Kinder mit stark ausgeprägter Apraxie.

Sehr starke Druckberührung ist die Art von Tastempfindungen, die oft eine positive Reaktion bei autistischen Kindern erzeugt. So lieben sie z. B., zwischen zwei Matten zu liegen und irgendeinen schweren Gegenstand z. B. ein großes Polster – über sich hinwegrollen zu lassen. Ein autistisches Kind kann auch seine Hände unter verhältnismäßig schwere Dinge schieben und freut sich dann an den Druckempfindungen, die jedes andere Kind bereits schmerzen würden. Es wünscht etwas zu fühlen, aber offenbar können in seinem Gehirn nur sehr starke Gefühlseindrücke bewußt gemacht werden. Manche Kinder benutzen ihre Hände nach kurzer Zeit wieder, obwohl diese noch wehtun, und der starke Druck veranlaßt sie offenbar, sich insgesamt besser zu fühlen. Auch die dyspraktischen Kinder haben einen festen Berührungsdruck gern; es scheint aber, daß bei ihnen die Reizeindrücke schneller zum Bewußtsein gelangen als bei einem autistischen Kind.

Ein autistisches Kind fühlt Reizinformationen seiner Muskeln und Gelenke intensiver als Reize auf Augen und Ohren. An Armen und Beinen gezogen werden reizt die entsprechenden Rezeptoren in den Gelenken und Muskeln, und autistische Kinder halten den Therapeuten öfters ihre Arme und Beine hin, damit sie daran ziehen sollen. Wir interpretieren diese Handlung in dem Sinne, daß die dadurch ausgelösten Empfindungen Befriedigung verschaffen. Allerdings scheint es oft so zu sein, daß nur sehr starke Reizeindrücke - nämlich solche, die stark genug sind, daß andere Kinder sich davon bereits schmerzhaft abwenden würden - von dem autistischen Gehirn bewußt gemacht werden können.

Entweder suchen autistische Kinder Bewegungs- und Gleichgewichtsreize begierig, oder sie weisen sie vollständig zurück. Keine dieser Reaktionen ist als normal zu bezeichnen. Einige autistische Kinder wünschen ein großes Bewegungsangebot und scheinen davon Vergnügen herzuleiten. Auch Bewegungen wie Drehen und Schwingen machen sie weder schwindlig noch seekrank. Das läßt vermuten, daß ihre Gehirne vestibuläre Reizeinwirkungen nicht so bewußt aufnehmen, wie sie es sollten.

Praktisch alle autistischen Kinder zeigen eine kurze Dauer des postrotatorischen Nystagmus, wenn man sie mit geöffneten Augen bei Tageslicht untersucht. Wie es auch bei den Kindern, die beidseitige Gleichgewichtsstörungen haben, der Fall ist, weist die kurze Dauer des Nystagmus darauf hin, daß ein wichtiger Verbindungsweg für vestibuläre Reize nicht gut genug benutzt wird. Möglicherweise hemmt auch ein Hirnabschnitt die vestibulären Kerne im Hirnstamm zu stark.

Das muß aber nicht besagen, daß der gesamte Zustrom an Gleichgewichtsempfindungen nicht zum Bewußtsein gelangt. Denn manche autistischen Kinder mit verkürzter Nystagmusdauer lassen auch eine Schwerkraftverunsicherung erkennen. Das bedeutet, daß ein Teil der vestibulären Impulse zwar aufgenommen, aber nicht in der richtigen Art und Weise abgestimmt - also moduliert - wird, wodurch bei dem Kind ein zusätzliches Unbehagen entsteht.

Der Prozeß der Bewußtwerdung von Reizeinwirkungen ist beim autistischen Kind für Außenstehende ziemlich verwirrend. Man fragt sich, warum sein Gehirn an dem einen Tag beschließt, einen bestimmten Umgebungsreiz wahrzunehmen, und derselbe Eindruck an einem anderen Tag nicht aufgenommen wird. Diese Unbeständigkeit führt dazu, daß Eltern

178 Störungen der sensorischen Integration

sagen: „Er könnte hören, wenn er nur wollte" oder „Warum liebt er so, mit einem meiner Schuhe zu spielen, während er seine eigenen Schuhe gar nicht beachtet?" oder „Wenn er ein Ei für sich selber braten kann, warum weigert er sich, den Tisch zu decken?" Man gewinnt den Eindruck, als ob dieses Kind absichtlich Widerstand leistet oder versucht, seinen Eltern das Leben schwer zu machen. Aber das ist gewöhnlich nicht der Fall. *Das autistische Kind hat einfach nicht das effektiv tätige Gehirn, das es uns ermöglicht, von einem Tag zum anderen beständig zu sein und unsere Arbeiten eine nach der anderen durchzuführen.*

Man kann ein autistisches Kind öfters dazu veranlassen, etwas bewußt aufzunehmen und entsprechend normal zu reagieren, wenn man ihm einen Ansporn dazu vermittelt. Das ist die Methode, nach der Verhaltensmodifikationstechniken der Psychologen oder Psychiater bei diesen Kindern wirksam werden können. Die Behandlung mit sensorischer Integration versucht ebenfalls die Kinder dazu anzuspornen, Sinneseindrücke bewußt werden zu lassen. Aber dieser Anreiz kommt aus dem inneren Antrieb des Kindes und entwickelt sich völlig natürlich. Das Vergnügen, das ein Kind bei Erregung des Gleichgewichtssinnes während der Behandlung empfindet, hilft mit, das Kind zu motivieren, und es hilft auch, im Gehirn andere Sinneswahrnehmungen besser zu verarbeiten, besonders visuelle. So erreicht der Therapeut, daß ihm das autistische Kind während oder nach intensiven Körperbewegungen, die reichlich vestibuläre Stimulation enthalten, in die Augen sehen kann, was es unbehandelt gemeinhin nicht tut.

Die Abstimmung der Sinnesreize

Das autistische Gehirn kann aufgenommene Sinnesreize nicht nur nicht zum Bewußtsein kommen lassen, sondern in manchen Fällen fällt es ihm auch schwer, diese Reize, und zwar besonders die vom Gleichgewichtssystem und Tastsinn, so abzustimmen, daß das Nervensystem in der richtigen Weise mit ihnen umgehen kann.

Viele autistische Kinder führen Bewegungen nur widerstrebend durch und sind schwerkraftverunsichert, weil sie nicht in der Lage sind, die Reizeindrücke des Gleichgewichtsorgans im erforderlichen Ausmaß abzustimmen. Manchmal fühlen sie sich, wenn sie auf dem Schoße ihrer Eltern auf einer Schaukel sitzen, durchaus wohl. Das läßt vermuten, daß es nicht immer nur die Bewegung allein ist, die das Mißbehagen des autistischen Kindes auslöst, sondern vielleicht ein Mangel an „Bodenkontakt". Das autistische Kind scheint extrem ängstlich im Hinblick auf seine Beziehungen zur Schwerkraft und zum Raum zu sein. Sie sind hochgradig abwehrend, wenn jemand versucht, sie auf den Kopf zu stellen oder sie auf einen hohen Platz zu heben oder sie in eine sonstige ungewohnte Lage zu bringen. Ein Kind, das schwerkraftverunsichert ist, verarbeitet aber zumindest einen kleinen Anteil der aufgenommenen Reizeinwirkungen, und das bedeutet, daß eine Behandlung in diesen Fällen aussichtsreich erscheint.

Wir haben schon festgestellt, daß die meisten autistischen Kinder Tastempfindungen nicht bewußt erleben, sofern diese Eindrücke nicht sehr stark erfolgen. Es ist jedoch so, daß sie manchmal Berührungsempfindungen nicht nur bemerken, sondern auf sie in einer abwehrenden Weise reagieren.

Die Integration der Empfindungen

Da das autistische Kind nicht in der Lage ist, viele Reizeinwirkungen seiner Umgebung bewußt zu erleben, kann es diese Gefühle auch nicht in sein Nervensystem einbauen. Deshalb bekommt es keine klare Wahrnehmung des umgebenden Raumes und seiner eigenen Beziehungen zu diesem Raum. Es braucht eine lange Zeit, bis das Kind eine visuelle Wahrnehmung ausgebildet hat, und selbst wenn das Kind dann etwas sieht, kann es durchaus sein, daß es das betreffende Objekt nicht gut genug erkennt.

In gleicher Weise kann es passieren, daß ein autistisches Kind sich weigert, einen neuen Pullover anzuziehen, da es noch keine entsprechende Wahrnehmung von ihm entwickeln konnte, also noch nicht mit diesem Pullover vertraut ist. Es kann jedoch den Pullover bereitwilliger überziehen, nachdem es ihn mehrmals gesehen hat. Es kann auch hilfreich sein, den Pullover zunächst nur eine Zeitlang über die Schulter zu legen, bevor man das Kind veranlaßt, ihn anzuziehen. Die Empfindungsqualitäten, die der Pullover auf der Haut im Schulterbereich auslöst, können dem Kind helfen, die Wahrnehmung des Pullovers zu vervollständigen, was durch den optischen Eindruck alleine offenbar nicht möglich war.

Jede neue Situation - und dazu gehören auch die ersten Minuten einer Therapie - überfällt das Kind mit einem verwirrenden Angebot ungeordneter Sinneseindrücke, besonders optischer Reize. Es pflegt darauf mit Bestürzung und Ablehnung zu reagieren, so lange, bis es durch wiederholtes Kennenlernen dieser Umgebung mit ihr vertraut ist und sicher weiß, daß es in dieser Situation gut aufgehoben ist.

Manche Kinder haben eine so schlechte Fähigkeit, die Raumelemente ihrer Umgebung bewußt einzuordnen, daß sie völlig aufgeregt reagieren, wenn irgend etwas in ihrem Zimmer oder in ihrem Hause verändert wurde

180   Störungen der sensorischen Integration

oder auch nur in der Durchführung der Behandlung. Jeder Wechsel in der Anordnung von Dingen erzeugt in ihnen das Gefühl einer Unsicherheit, weil sie den umgebenden Raum neu kennenlernen und mit ihm vertraut werden müssen. Manchmal genügt es, daß die Mutter während einer Behandlung an einer anderen Stelle als gewöhnlich sitzt, um das Kind sehr unruhig und aufgeregt werden zu lassen.

Wir Erwachsenen müssen sehr viel Geduld und Verständnis haben, wenn wir autistischen Kindern helfen wollen, ihr Leben mit den wenigen Empfindungsqualitäten, die sie aufnehmen können, zu meistern.

Da bei diesen Kindern die Speicherung von Höreindrücken im Gehirn unzureichend ist, ist auch die Ausbildung einer Sprachwahrnehmung begrenzt. Ebenso kann natürlich ein solches Kind, dem Reizeindrücke die von der Haut, den Muskeln, Gelenken und dem Gleichgewichtssystem stammen, nicht bewußt werden, keine klare Körperwahrnehmung entwickkeln. Es fehlen ihm die entsprechenden im Nervensystem eines normalen Menschen eingebetteten „Landkarten" sowohl von ihm selbst als auch von der Welt, die es umgibt. Aus diesem Grunde kann es mit sich und der Welt nichts anfangen. Es kann keine Körperplanung entwickeln, da es seinen eigenen Körper nicht ohne Schwierigkeiten empfindet und auch nicht die richtige Eigenwahrnehmung hat, wenn es aktiv ist. Es fehlt ihm einfach die körperliche Voraussetzung zur Entwicklung seines „Ego".

Der Wunsch, etwas zu tun

Die meisten von uns haben von Zeit zu Zeit das Gefühl, überhaupt nichts tun zu wollen. Vielleicht wenn der Wecker läutet und wir noch sehr müde sind, oder wenn ein Kind schreit, und wir haben uns nach einem ermüdenden Arbeitstag gerade hingelegt. Wir wissen genau, daß wir aufstehen und in Aktion treten sollen, aber irgend etwas in unserem Gehirn äußert den Wunsch, liegen zu bleiben und die Welt zu ignorieren. *Dieses Gefühl, das jeden Menschen von Zeit zu Zeit einmal befällt, ist ungefähr so ähnlich wie der Zustand, in dem sich ein autistisches Kind die meiste Zeit seines Daseins befindet.*

Die Hirnfunktion – „Ich will es tun!" –

In unserem Gehirn gibt es einen Abschnitt, der mit dem Bedürfnis verknüpft ist, unser Verhalten anzutreiben, auf Reizeinwirkungen zu reagieren, indem man etwas anderes oder Neues anfängt. Dieser Hirnabschnitt hat einen energieerzeugenden Effekt, welcher den Befehl „Tu es!" den an-

Kapitel 9. Das autistische Kind 181

deren Hirnabschnitten erteilt, die die Körpermuskeln veranlassen, sich zu bewegen. Dieses System wirkt eng mit demjenigen System zusammen, das die Aufmerksamkeit auf Nervenreize lenkt oder sie bewußt werden läßt. Das Ergebnis des Bewußtmachens von Sinneseindrücken führt dann jedes Mal zu der Entscheidung, entweder mit diesen Empfindungen irgend etwas anzufangen oder sie absichtlich beiseite zu legen.

In der gleichen Weise wie das System, das Empfindungen bewußt werden läßt, bei einem autistischen Kind schlecht funktioniert, geschieht dieses auch mit dem „Ich will es tun"-System. Es dreht sich nicht darum, daß das Kind überhaupt nichts tun will, als vielmehr, daß es sich nicht dazu aufraffen kann, eine Sache zweckmäßig oder sinnvoll zu Ende zu bringen. Sein Spiel besteht lediglich in ganz einfachen, ständig wiederholten Handlungen. Oftmals geschieht für eine lange Zeit nichts weiter, als daß es Gegenstände in die Hand nimmt, sie hin- und herdreht und wieder in einer Reihe ablegt. Zu komplizierteren Handlungen ist es nicht in der Lage. Wenn jemand ihm etwas vormacht, hat es gewöhnlich kein Bedürfnis, dieses nachzuahmen.

Das Kind hat durchaus einige Fähigkeiten, mit Spielsachen zu spielen oder mit seiner Umgebung Kontakt aufzunehmen. Und wenn man ihm genügend Anlaß gibt, sein „Ich will es tun"-System „einzuschalten", kann es auch durchaus in der Lage sein, komplexere Dinge zu tun – wie z. B. auf einen Spielplatz durch Hindernisse hindurch zu laufen – wofür entsprechende Bewegungsplanung erforderlich ist. Doch dieses System ist die meiste Zeit „ausgeschaltet", und sein Gehirn trifft nur selten die Entscheidung, alles das zu tun, was es kann.

Auch dieses „Ich-will-es-tun"-System erscheint bei den autistischen Kindern reichlich unberechenbar, ähnlich wie dasjenige für die bewußte Aufnahme von Sinnesreizen. Eine Mutter kann sich abquälen, ihrem autistischen Kind etwas ganz Einfaches, wie eine Socke anziehen, beizubringen, während das Kind dasitzt und so tut, als ob es das nie lernen wird oder sich weigert, überhaupt mitzumachen. Die Mutter hat dann den Eindruck, daß das Kind ihren Bemühungen absichtlichen Widerstand entgegensetzt, während es in Wirklichkeit so ist, daß sein Gehirn einfach sein „Ich will es tun"-System zu dieser Zeit nicht einschalten kann. Ein wenig später kann es durchaus sein, daß es eingeschaltet ist und daß dieselbe Socke vom Kinde mit Leichtigkeit angezogen wird.

Ein Teil der Ursache, daß ein Kind dieser Art mit bestimmten Teilen seiner physikalischen Umwelt nicht in Kontakt tritt, liegt wahrscheinlich daran, daß ihm die Bedeutung oder auch der mögliche Gebrauch vieler Dinge nicht bewußt wird. Zu wissen, wie man sich auf ein Dreirad setzen muß, um es zu fahren, erfordert Kenntnis über den eigenen Körper und wie er tätig werden kann; darüber hinaus auch eine geringe Fähigkeit zum abstrakten Denken. Man muß vom Sehen des Objektes her ableiten, daß sich auf dem Dreirad ein Sitz befindet, auf den man sich setzen kann, und zwar so, daß die Füße an die Pedale heranreichen, und daß man die Pedale im Kreis treten muß, wenn man will, daß das Dreirad sich bewegt.

Diese abstrakten Denkvorgänge sind für ein autistisches Kind schwer durchführbar. Wenn es das Dreirad sieht, und selbst wenn es das optische Bild von dem Dreirad bewußt aufnimmt, um ihm entsprechende Aufmerksamkeit zu schenken, bemerkt es durchaus noch nicht unbedingt, daß da etwas ist, auf das man sich setzen und auf dem man mit Vergnügen fahren kann. Solange der „Ich-will-es-tun"-Abschnitt seines Gehirns nicht richtig arbeitet, wird es jedem Versuch anderer Personen, es auf das Dreirad zu setzen, widerstehen.

Wenn Sie einem autistischen Kind etwas anbieten, dürfen Sie annehmen, daß es die motorische Fähigkeit besitzt, es auch zu gebrauchen. Jedoch sein „Ich-will-es-tun"-System kann gerade in dem Zustand sein, daß es nichts Neues oder anderes tun möchte. Wenn das Kind dagegen inzwischen gelernt hat, sich am Dreiradfahren zu freuen und Spaß daran zu finden, kann es sein, daß es das diesmal tut. Es kann aber Widerstand leisten, wenn man ihm stattdessen ein Rollbrett anbietet. Bevor es nämlich auf solch einem Rollbrett fahren kann, muß es die Wahrnehmung in seinem Gehirn bereits so gut geordnet haben, daß ihm dieser Gegenstand vertraut ist. Um damit vertraut zu werden, muß es auf ihm sein, es muß es fahren, es muß es fühlen, und es muß seine Körperlage und Bewegung auf dem Brett durch die Sinneseindrücke der Berührung, der Eigenwahrnehmung und der Bewegung verarbeitet haben. *Das bloße Ansehen eines Rollbretts hat für ein autistisches Kind nicht dieselbe Bedeutung, die sie für die Eltern oder andere Kinder hat.*

Autistische Kinder lernen am besten, indem sie eine Sache selber tun. Das autistische Kind hat wahrscheinlich nicht dieselbe Freude, auf irgend etwas zu fahren wie ein normales Kind, wenn es dies zum ersten Mal tut. Sein Gehirn macht ihm unvertraute Körperempfindungen nicht als angenehm bewußt. Es muß diese Gefühle viele Male erlebt haben, bevor sie ihm Spaß machen. Es passiert auch oft unter der Behandlung, daß die autistischen Kinder, wenn sie mit etwas Neuem konfrontiert werden, dieses zunächst ablehnen, aber nach einigen Therapiestunden fangen sie an zu lächeln, und schließlich lachen sie als Ausdruck des Vergnügens, den ihnen die Aktivität bereitet.

Wenn überhaupt irgendein Fortschritt erreicht werden soll, müssen sowohl die Therapeuten als auch die Eltern sich mit der ablehnenden Haltung des Kindes abfinden bis es bereit ist, eine neue therapeutische Handlung zu akzeptieren. Meist kann sich die Therapeutin allerdings nicht auf den inneren Antrieb des autistischen Kindes verlassen, wie dies bei den lernbehinderten Kindern der Fall ist, denn der innere Antrieb - das „Ich will es tun"-System ist bei autistischen Kindern oft genau dasjenige, was am schlechtesten entwickelt ist.

Die Bewegungsaktivitäten des Kindes können auch durch die schlechte Abstimmung der Schwerkraft und der Bewegungsempfindungen beeinflußt sein. Bekanntlich erzeugen Schwerkraftverunsicherungen sehr unangenehme Empfindungen, sofern die Therapeutin oder die Eltern das Kind nicht sehr sorgsam bewegen.

Wenn es die Gleichgewichtserregung nicht entsprechend abstimmen kann, gibt es sich völlig unbeweglich. Diese Unbeweglichkeit ist eins der ersten Symptome, mit dem sich die Therapeutin während der Behandlung auseinanderzusetzen hat. *Bevor die Therapie es nicht erreicht hat, daß Gleichgewichtsempfindungen als angenehm und vergnügenbereitend empfunden werden können, müssen wir damit rechnen, daß das Kind jeder Bemühung, es zu Bewegungsaktivitäten zu veranlassen, die eine Änderung der Körperhaltung oder Bewegungen beinhalten, Widerstand entgegensetzt.*

Die Entwicklung der Bewegungsplanung

Eine schlechte Verarbeitung von Sinnesreizen behindert die Entwicklung einer Fähigkeit für Bewegungsplanung von vielen Seiten her. Das betreffende Kind kann keine vollständig klare optische Wahrnehmung von dem Gegenstand, der sich vor ihm befindet, bekommen. Es hat keine gut entwickelte Körperwahrnehmung, die es als Voraussetzung für eine Bewegungsplanung benötigt, es hat Schwierigkeiten, sich die Möglichkeiten eines Gegenstands abstrakt vorstellen zu können, es hat einen inneren Widerstand, sich in sinnvollen Aktivitäten einzuspannen, es widersetzt sich, irgend etwas Neues oder bisher Unbekanntes zu tun, und wenn es dieses dann doch tut, hat es kein Vergnügen daran. *Für ein autistisches Kind gibt es nicht das Gefühl, etwas tun zu müssen aus reinem Spaß an der Aktivität, wie das bei Kindern mit normalem Gehirn der Fall ist.*

Da es seinen angeborenen Wunsch, etwas zu tun, nicht ausdrücken kann und am Tun selbst kein Vergnügen empfindet, entwickelt das autistische Kind auch keine Fähigkeiten zur Beziehungsaufnahme mit seiner Umwelt. Es ist jedoch so, daß einige autistische Kinder sehr viel Befriedigung und Freude an vestibulärer Stimulation haben. Sie spielen oftmals lange Zeitabschnitte auf bewegten Behandlungsgeräten, allerdings ohne sich deshalb in der Entwicklung ausgeprägterer Interessen oder entsprechender Anpassungsreaktionen zu verbessern. Selbst wenn sie sich Mühe geben, etwas motorisch zu planen, finden sie dieses schwierig, da sie auch eine dyspraktische Veranlagung haben, also aufgrund ihrer Störung ungeschickt sind.

Ein sehr wesentlicher Teil menschlichen Verhaltens dient dem Aufbau der körperlichen Wahrnehmung und seiner Reaktionen auf diese Wahrnehmungen. Ein Mensch, der seine körperliche Umwelt nicht gut genug wahrnehmen kann bzw. nicht in der richtigen Weise auf seine Umwelt reagiert, entbehrt der Grundvoraussetzungen für die Entwicklung komplexeren Verhaltens.

Auch wenn das autistische Kind normale zentral vorprogrammierte Bewegungen haben kann und es nicht durch unwillkürliche Muskelkontraktionen behindert wird, wie das z. B. bei spastischen Kindern der Fall ist, fällt es ihm schwer zu lernen, wie es seinen Körper den Erfordernissen entsprechend einsetzen kann. Es hat Schwierigkeiten in verschiedenen Bereichen einschließlich der Sprache, sowie der Fähigkeit, für sich selbst zu sorgen und gefühlsmäßig ausgeglichenes Verhalten an den Tag zu legen. Da es schon die einfachen motorischen Anpassungsreaktionen nicht geordnet ausführen kann, hat es natürlich noch wesentlich mehr Schwierigkeiten mit komplexeren Verhaltensweisen.

Das Ziel der Behandlung eines autistischen Kindes ist die Verbesserung der sinnlichen Wahrnehmungsverarbeitung, so daß mehr Sinneseindrücke wirklich bewußt aufgenommen und an die Situation des Nervensystems angepaßt werden können. Daneben soll sie das Kind ermutigen, einfache Anpassungsreaktionen zu entwickeln, um sein Verhalten besser in den Griff zu bekommen.

Wenn es durch die Behandlung gelingt, hier nur geringe Veränderungen zu erreichen, kann sich das Alltagsleben des Kindes beachtlich zum Guten verändern. Zur Zeit erreichen wir mit unserer Therapie allerdings meist keine nennenswerte Verbesserung der Situation. Wenn wir jedoch die Behandlung mit autistischen Kindern fortsetzen, finden wir vielleicht Zugang zu den neurologischen Problemen und können Methoden entwickeln, mit denen wir ihr Gehirn auch für das bewußte Erleben von Sinneseindrücken bereitmachen.

III. Was kann beim Auftreten solcher Störungen getan werden?

Kapitel 10
Sensorische Integrationsbehandlung

Sobald Probleme in der Gesellschaft auftreten, versucht man sie zu lösen. Da die Häufigkeit von Lernstörungen und Hirnfunktionsstörungen bei Kindern zunimmt, beschäftigen sich immer mehr Fachleute damit und versuchen herauszufinden, was die Ursache des Problems ist und wie man einen Weg finden kann, es zu korrigieren. Die erste Erkenntnis, die man über dieses Problem gewann, war, daß lernbehinderte Kinder öfters einen Mangel an auditiver und visueller Wahrnehmung aufwiesen. Weitere Studien haben gezeigt, daß eine mangelhafte Integration der Reizeinwirkungen seitens des Körpers und des Gleichgewichtssystems die Basis einiger auditiver und fast aller visueller Probleme ist.

Die Beschäftigungstherapie wurde ursprünglich entwickelt, um Menschen mit motorischen Störungen und Abweichungen in ihrem Verhalten zu Anpassungsreaktionen zu verhelfen, die es ihnen ermöglichen könnten, ihre eigene Situation zu verbessern. Einige Beschäftigungstherapeutinnen modifizierten diese Techniken, um sie bei Kindern mit Problemen der sensorischen Integration anwenden zu können. Diese Bemühungen wurden praktisch erst in den letzten 20 Jahren vorgenommen, sie sind noch nicht Allgemeingut geworden und werden nicht überall eingesetzt. Forschungsergebnisse zeigten, daß diese Behandlungsmethoden für viele Kinder mit Verhaltens- und Lernproblemen erfolgreich sein können, allerdings nicht für alle.

Zahlreiche Forscher auf anderen Gebieten haben untersucht, inwieweit Reizeinflüsse vom eigenen Körper und der Auseinandersetzung mit der körperlichen Umwelt das Wachstum und die Entwicklung des betreffenden Individuums beeinflussen können. Wir werden uns in diesem Kapitel anfänglich mit den Forschungsergebnissen über dieses Gebiet befassen. Dann beschreiben wir die Behandlung, in welcher die Stimulation durch bestimmte Reizeinwirkungen und körperliche Auseinandersetzung mit der Umwelt benutzt wird, um die Integration von Sinneswahrnehmungen des betreffenden Individuums und dadurch das Lernvermögen zu steigern und normale Verhaltensweisen zu erreichen.

Es ist wichtig, daran zu denken, daß unsere Umwelt Gelegenheiten für zahlreiche Reizempfindungen wie optische und akustische Eindrücke sowie Geschmack und Geruch, ferner Schwerkraft und Berührungsempfindungen liefert. Unser Körper liefert dabei die Bewegungsempfindungen und durch die Bewegung wiederum die übrigen Berührungsqualitäten, die wir erhalten, wenn wir uns in der Welt bewegen. Durch die Bewegung erzielen wir Muskel- und Gelenkempfindungen, die sogenannte Tiefensensibilität oder Eigenwahrnehmung, die aus dem Inneren des Körpers stammt. Alle diese Empfindungsqualitäten zusammengenommen, sowie die Reaktionen des Organismus auf sie, tragen zu einer normalen Hirnentwicklung bei. *Eine Therapie, die auf sensorischer Stimulation und den körperlichen Reaktionen auf diese Stimulation aufgebaut ist, zeigt oftmals bessere Behandlungsergebnisse als Medikamente, Psychoanalyse oder das Versprechen von Belohnungen bzw. die Androhung von Strafen. Sie hilft dem schlecht funktionierenden Gehirn, seine mangelhafte Leistung aus sich heraus zu beseitigen.*

Die Behandlung mit sensorischer Integration ist absolut naturgegeben. Völlig naturgemäße Auseinandersetzungen des Organismus mit einer normalen Umgebung liefern die Sinnesreize und die sich daraufhin einstellenden Anpassungsreaktionen, die ausreichend sind, das Gehirn der meisten Kinder zu entwickeln.

Von Natur aus ist das Gehirn so konzipiert, daß es sich unter normalen Umweltbedingungen selbständig entwickeln kann. Wenn jedoch irgend etwas diese natürliche Entwicklung bereits im Mutterleib oder während der ersten Lebensjahre beeinträchtigt, ist es am besten zu versuchen, durch natürliche Mittel diese Schädigung zu beseitigen. Manche Kinder haben in ihrem frühen Leben eine schlechte sensorische Integration, gleichen dieses Problem jedoch weitgehend selbständig durch die natürlichen Anpassungsreaktionen während des Kleinkindalters und der Kindheit aus. Erst wenn ein Kind ein Problem mit seiner sensorischen Integration hat, das sich zu Hause oder während des Spielens nicht von allein normalisiert, benötigt es diese spezielle Behandlung.

Integration und Qualifikation durch Auseinandersetzung mit der Umwelt

Bis nach dem zweiten Weltkrieg haben die meisten Philosophen und Wissenschaftler angenommen, daß die Wechselwirkungen des Kindes mit seiner Umwelt keinen Einfluß auf seine Intelligenz und sein Lernvermögen haben. Manche dachten, daß die Lernfähigkeit bereits vor der Geburt – also genetisch – festgelegt sei, so daß der Mensch nicht in der Lage ist, seine eigenen Fähigkeiten zu verbessern. Andere glaubten, daß das Kind durch Dinge, die seitens der Umwelt mit ihm geschehen, konditioniert wird und daß seine eigenen Aktivitäten diese Umwelteinflüsse nicht nennenswert verändern würden.

Der Schweizer Psychologe Jean Piaget war einer der ersten, die erkannten, daß die wechselseitige Auseinandersetzung des Kindes mit seiner Umwelt einen bestimmenden Faktor in seiner Entwicklung darstellt. Piaget sah, daß Kinder einer festgelegten Reihenfolge von Entwicklungsschritten folgen, in denen das Lernen als Reaktion auf Dinge, die sich ereignen, stattfindet. Er hebt hervor, daß das Lernen uns nicht einfach zufällt, sondern daß wir unsere eigenen Lernprozesse immer wieder selbst erschaffen, indem wir auf Ereignisse reagieren.

Einige sehr spezifische Verhaltensweisen sind fast vollständig Folge des Aufbaus des Nervensystems. so wie es von Natur aus geschaffen wurde. Die anderen sind das Resultat der Verhältnisse, unter denen das betreffende Individuum aufwächst. Aber der größte Anteil der Intelligenz ist weder genetisch vorbestimmt noch durch die Verhältnisse bedingt. Intelligenz ist zum großen Teil das Produkt der wechselseitigen Auseinandersetzung des Individuums mit seiner Umwelt.

Wie Piaget es beschreibt, fügt sich das Kind in seine Umwelt ein, indem es seine Umwelt an sich anpaßt. Diese Kombination von Geben und Nehmen erzeugt eine Anpassungsreaktion, die sowohl erfolgreich als auch ausgeglichen und befriedigend ist. Die beiden Leistungen – nämlich sowohl das Sicheinfügen in seine Umgebung, als auch das Sich-diese-Umgebung-gefügigmachen – steuern einen großen Teil zur sich entwickelnden Intelligenz bei.

Ein Kind mit schlechter sensorischer Integration kann sich nicht situationsgerecht, ausgeglichen und mit innerer Befriedigung in seine normale Umgebung einfügen. Sein Gehirn hat die für die Verarbeitung der Sinneseindrücke erforderlichen Prozesse nicht entwickelt. Es benötigt eine hochgradig spezialisierte Umwelt, die maßgeschneidert für sein Nervensystem ist. Sobald seine Umwelt entsprechend ausgebildet ist, wird das Kind in

190 Was kann beim Auftreten solcher Störungen getan werden?

der Lage sein, Empfindungen zu integrieren, die sein Nervensystem zuvor nicht hatte verarbeiten können. Wenn ihm die Gelegenheit dazu gegeben wird, beginnt das Gehirn, sich selbst in der geeigneten Weise zu ordnen.

Fördernde Umweltbedingungen und das normale Gehirn

In den vergangenen 15 Jahren zeigten Hirnforscher, daß die wechselseitige Auseinandersetzung zwischen dem Individuum und seiner Umwelt zu einer tatsächlichen Verbesserung sowohl der Struktur und des elementaren chemischen Verhaltens als auch der Leistungen des Gehirns beisteuert. Die Forschung wurde zum größten Teil an Ratten im Laboratorium durchgeführt.

Das Rattenhirn ist zwar wesentlich einfacher als unser Gehirn, aber die grundlegenden Prozesse der Synapsenbildung – wie diese in Kapitel 3 beschrieben wurden – sind übereinstimmend. In gleicher Weise wie das menschliche Gehirn hat auch das Rattenhirn einen inneren Antrieb, sich selbst zu entwickeln. Wenn die Hirnforscher einem Rattenhirn bessere Gelegenheiten bieten, sich zu entwickeln, tut es dies effektiver als ein Hirn, das sich unter ungünstigeren Bedingungen entwickeln muß.

Die Pioniere dieser Art von Forschung waren Dr. Mark Rosenzweig und seine Mitarbeiter an der Universität von Kalifornien in Berkeley. Sie haben allerdings den Hinweis gegeben, daß ein italienischer Anatom Michele Gaetano Malacarne ähnliche Experimente bereits im 18. Jahrhundert vorgenommen habe. Er fand, daß Hunde und Vögel, die man über längere Zeit trainiert hatte, mehr Einkerbungen in ihrem Kleinhirn aufwiesen als untrainierte Individuen. Seine Ergebnisse legen die Vermutung nahe, daß die durch körperliches Training ausgelösten Sinneseinwirkungen die natürliche Entwicklung des Gehirns steigern könne. Bis in die Fünfziger Jahre unseres Jahrhunderts besaßen die Hirnwissenschaftler keine Techniken, um Änderungen in der Zellstruktur des Gehirns nach entsprechenden sensorischen Reizeinwirkungen zu messen.

In den Versuchen, die Rosenzweig und seine Mitarbeiter durchführten, befand sich eine Gruppe von Ratten in einer sogenannten „günstigen Umgebung", während eine andere Gruppe in einer „reizverarmten Umgebung" aufgezogen wurde. Die günstige Umgebung bestand aus einem Käfig mit zahlreichen Betätigungsmöglichkeiten wie Klettergerüsten, Laufen in Tretmühlen, Spazieren über Borsten von Bürsten und das Erforschen von Labyrinthgängen. Die Ratten in diesem Käfig wurden auch herausgenommen und von ihren Wärtern entsprechend hantiert.

In der reizverarmten Umgebung befanden sich die Ratten in einem nackten Käfig ohne die geringste Möglichkeit einer vestibulären, taktilen

Kapitel 10. Sensorische Integrationsbehandlung   191

oder propriozeptiven Reizeinwirkung. Nach einiger Zeit wurden die Ratten getötet, ihre Gehirne herausgenommen und untersucht.

Rosenzweig und seine Mitarbeiter sowie verschiedene andere Hirnforscher führten diese Experimente mit zahlreichen Veränderungen der Umgebungssituation für die Ratten durch. In nahezu jedem Falle fanden sie, daß die Ratten aus einer günstigeren Umwelt eine schwerere Hirnrinde aufwiesen sowie mehr Bioelemente, die ihr Gehirn gesund erhielten, ferner sowohl chemische Substanzen, welche den Reiztransport durch die Synapsen ermöglichen als auch zahlreichere Verbindungen zwischen den Neuronen untereinander. Jeder dieser Faktoren ließ erkennen, daß die Ratten eine größere Fähigkeit für die Empfindungsverarbeitung und den sinnvollen Gebrauch von Sinneswahrnehmung erworben hatten.

Darüber hinaus wurden Ratten der beiden unterschiedlichen Umgebungseinwirkungen auch motorische Aufgaben gestellt. Bei den meisten dieser Teste zeigten die Ratten, die in einer günstigeren Umwelt groß geworden waren, ein rascheres Erlernen und Durchführen der gestellten Aufgaben.

Dabei müssen die Ratten nicht die ganze Zeit über in einer günstigen Umwelt leben, um diese besseren Voraussetzungen zu entwickeln. Rosenzweig und Mitarbeiter fanden, daß täglich zwei Stunden Aufenthalt im Käfig mit einem besseren Angebot an Betätigungsmöglichkeiten für die Dauer eines Monats ausreichten, um signifikante Änderungen im Rattengehirn hervorzurufen. Die Verbesserungen ließen sich bei Ratten jeden Alters erreichen; sie waren jedoch bei sehr jungen Ratten deutlich ausgeprägter. Ähnliche Untersuchungen mit Hunden und Affen zeigten die gleichen positiven Ergebnisse.

Aufgrund dieser Untersuchungsergebnisse fangen Forscher nunmehr an, die Idee zu akzeptieren, daß die wechselseitige Auseinandersetzung mit der Umgebung die Handlungsfähigkeit des Gehirns verbessert. *Der bloße Anblick günstiger Lebensbedingungen konnte diese Veränderungen im Gehirn nicht erzeugen. Die Ratten mußten ihre Umgebung mit ihren Sinnesorganen und ihren Bewegungen voll erleben.* Die Wissenschaftler, die die Experimente durchführten, konnten das Rattenhirn nicht verbessern, die Ratten mußten es von sich aus tun. Im gleichen Sinne verfahren wir mit unseren Therapiemaßnahmen. *Das Kind muß sein eigenes Gehirn selbständig arrangieren. Wir können ihm nur die Mittel dazu zur Verfügung stellen.*

Über die Auswirkungen der wechselseitigen Auseinandersetzung mit der Umgebung auf das normale menschliche Gehirn gibt es wesentlich weniger Untersuchungen, und natürlich gibt es keine, welche die Experimente mit Ratten auf den Menschen übertragen. Die bisher geleisteten

Aktivitäten zeigen jedoch, daß das menschliche Kleinkind die gleichen Reaktionen erkennen läßt wie Tierkinder. Dr. David Clark und Mitarbeiter an der Staatsuniversität von Ohio fanden, daß die Stimulation des Gleichgewichtssinnes sowohl normalen Kindern als auch Kindern mit neurologischen Problemen halfen, bessere Bewegungsfähigkeiten zu entwickeln. Dr. Claudette Gregg und Mitarbeiter an der Stanford Universität in Kalifornien fanden, daß leichtes Hin- und Herbewegen der Kleinkinder oder Saugen am Schnuller ihre Fähigkeit, bewegte Objekte mit den Augen zu verfolgen, günstig beeinflußten.

Dr. J. McVicker Hunt unterzog zahlreiche Untersuchungen über den Effekt von Umweltfaktoren auf die Entwicklung von Kindern einer Prüfung. Er kam zu folgendem Ergebnis: „Geistige Fähigkeiten scheinen aus frei verfügbaren Gelegenheiten, etwas zu untersuchen, zu handhaben und Fragen zu stellen, zu entstehen. Aufgeschlossene Mütter fördern die Entwicklung ihrer Kinder, indem sie ihnen eine Umgebung schaffen, die viele gut zu handhabende und optisch eindrucksvolle Objekte enthält. Gegenstände, auf die man heraufklettern kann, die die Bewegung anregen, und eine reiche Auswahl von Dingen, die den Kindern zum Ansehen geboten werden." Er ist der Meinung, daß eine solche Umgebung den Intelligenzquotienten eines Kindes beachtlich erhöhen kann.

Günstige Umwelt als Verbesserungsmaßnahme

Stimulation des Gleichgewichtsorgans bei Frühgeborenen. Sofern sich eine Schwangere normal bewegt, ist der Aufenthalt für das Kind im Mutterleib eine Umwelt mit ausreichenden Bewegungsreizen. Die Bewegungen der Mutter wiegen das Kind, das voll ausgetragen wird, neun Monate lang hin und her. Ein Kind, das vorzeitig geboren wird, hat oft Schwierigkeiten, sich gut zu entwickeln, da es für das Leben außerhalb des Mutterleibs noch nicht voll ausgerüstet ist. Einige Forscher konnten feststellen, daß zusätzliche Reizung der Gleichgewichtsorgane und des Berührungssinnes bei Frühgeborenen diesen hilft, sich wie normal ausgetragene Kinder zu entwickeln.

Dr. Mary Neal von der Universität Maryland, Säuglingsschwesternschule, brachte im Inkubator eine Hängematte an und schaukelte jedes Frühgeborene dreimal täglich jeweils eine halbe Stunde. Dr. Neal fand, daß diese Kinder schneller als ungeschaukelte einen besseren Muskeltonus, ausgiebigere Kopfbewegungen, Strecken und Beugen von Armen und Beinen sowie akustische und optische Reaktionen entwickelten. Sie nahmen auch schneller an Gewicht zu.

Andere Untersucher benutzten Wasserbetten, um den Frühgeborenen zusätzliche Gleichgewichtsreizung zu vermitteln. Auch diese Kinder zeigten eine verbesserte Bewegungskoordination, besseren Gewichtsanstieg, weniger Schwierigkeiten beim Stillen und regelmäßigere Atmung.

Sie werden sicher fragen, warum das Schaukeln in einer Hängematte oder auf einem Wasserbett eine so vielfältige Verbesserung bewirkt? Oberflächlich betrachtet hat eine Reizung des Gleichgewichtsorgans nur wenig mit dem Körpergewicht oder der Atmung zu tun. Jedoch zu Ende gefragt stellt die Gleichgewichtsreizung eine elementare Kraft dar, die alle vom Nervensystem gesteuerten Vorgänge aufeinander abstimmt. Für die frühgeborenen Kinder ist die Zunahme des Körpergewichts ein sichtbarer Hinweis dafür, daß das Nervensystem zahlreiche Aufgaben gut bewältigt.

Dr. Ruth Rice hat einige Mütter dazu veranlaßt, ihr vorzeitig geborenes Kind viermal am Tag für die Dauer von einem Monat, nachdem sie aus der Klinik nach Hause kamen, zu streicheln, zu massieren und zu liebkosen. Eine andere Gruppe von Müttern von Frühgeborenen tat diese Dinge nicht. Auch in diesem Falle zeigten die Kinder, die eine zusätzliche Sinnesreizeinwirkung von den Müttern erhielten, eine bessere Gewichtszunahme sowie eine bessere neurologische und geistige Entwicklung. Andere Untersuchungen haben ergeben, daß eine solche Stimulierung mit zusätzlichen Sinnesreizen das frühgeborene Kind in die Lage versetzen kann, in gleicher Weise aufzuwachsen wie zum regulären Termin geborene Kinder, manchmal überholen sie diese sogar in ihrer Entwicklung.

Dr. Jerry White und Dr. Richard Labarda stellten fest, das vorzeitig geborene Kinder besser aßen und entsprechend auch mehr an Gewicht zunahmen, wenn man ihnen zusätzliche Berührungsreize und Stimulation des Gleichgewichts vermittelte. Dr. Marlene Kramer fand, daß zusätzliche Berührungsreize die Frühgeborenen zu besserer Kontaktaufnahme mit anderen Kindern veranlaßten.

Günstige Bedingungen und Besserung von Hirnschäden. Tierexperimente zeigten, daß eine günstige Umwelt dem Gehirn im Falle eines aufgetretenen Nervenschadens zur Erholung und Wiedergewinnung gesunder Tätigkeiten verhelfen kann. Damit geschädigte Nerven sich erholen können, müssen sie benutzt werden. Das ist genauso, wie in der normalen Hirnentwicklung der beständige Gebrauch des Nerven seine Funktion verbessert. Wenn das visuelle System einen Schaden erleidet, ist Reizung der Sehbahnen erforderlich, um das Sehvermögen wiederzugewinnen. Wenn im Gehirn diejenigen Teile geschädigt wurden, die der Verarbeitung des Schalles dienen, braucht das Gehirn Hörimpulse, um seine Hörtätigkeit neu ordnen zu können. *In allen diesen Fällen haben jedoch gleichzeitige vestibuläre und taktile Reizeinwirkungen einen günstigen Effekt auf das gesamte Nervensystem.*

Die Ärzte Dr. Roger Walsh an der Stanford Universität Kalifornien und Dr. Robert Cummins an der Universität von Queensland überblicken eine große Anzahl von Arbeiten über solche Behandlungsmaßnahmen. Sie fanden, daß der elementarste Faktor zur Wiederherstellung geschädigter Abschnitte des Nervensystems eine aktive körperliche Auseinandersetzung mit den Sinneseinwirkungen der Umwelt ist. Wenn jemand in dieser Situation nur passive sensorische Stimulation erhielt, konnte sich das Gehirn nicht erholen. *Der Patient muß sich selbst als eigener Reizursprung dienen. Das Hirn muß seine eigene Gesundung lenken, indem es sich neu an Reize anpaßt und sich selbst immer mehr Reize beschafft.* Keine andere Person kann das dem Patienten abnehmen. Dasselbe gilt auch für die Behandlung von Kindern mit Störungen der sensorischen Integration.

Piaget betont, daß Reiz und Reizbeantwortung einen geschlossenen Kreis darstellen. In einer Umgebung, die viele Stimulationen bietet, reagiert das Individuum häufiger und in unterschiedlicher Weise und schafft sich dadurch selbst einen größeren Anteil sowie eine größere Vielfalt an Reizeindrücken. Während einer Behandlung mit sensorischer Integration lernen Kinder oft unbeabsichtigt besondere Fähigkeiten oder Verhaltensmuster, die nicht das Ziel der Behandlung sind. Stattdessen wünschen wir uns körperliche Aktivitäten, die Empfindungsqualitäten erzeugen, welche zu Anpassungsreaktionen führen, die ihrerseits weitere Gefühlseindrücke erzeugen, die wiederum neue und umfassendere Anpassungsreaktionen hervorlocken. Auf diese Weise verbessert das Gehirn seine allgemeine Leistungsfähigkeit.

Die Natur der sensorischen Integrationsbehandlung

Wenn die Auseinandersetzung mit der Umwelt für die Hirnentwicklung von Nutzen ist und das Gehirn sich selbständig ordnen kann, sobald ihm die Gelegenheit dazu gegeben wird, erhebt sich die Frage: Warum muß man ein Kind überhaupt einer solchen Behandlung zuführen? Warum behandelt es sich selbst nicht schon dadurch ausreichend, daß es zu Hause oder auf dem Spielplatz herumtollt? In diesem Kapitel wollen wir versuchen, Antworten auf diese Fragen zu finden.

Das gesunde Kind braucht keine Therapie, weil sein Spielen ihm die Sinnesreize liefert, die sein Gehirn benötigt, und ihm gestattet, auf diese Umweltreize sinnvoll zu reagieren. Die Nervenstörungen, die bei einem Kind mit einer leichten Hirnfunktionsstörung oder auch einer Störung der sensorischen Integration bestehen, verhindern, daß es die bei seinem Spielen empfangenen Empfindungen in der richtigen Weise verarbeiten kann.

Kapitel 10. Sensorische Integrationsbehandlung   195

So kann das Kind nicht die entsprechenden Anpassungsreaktionen entwickeln, die erforderlich sind, um eine organische Gliederung seines Gehirns zu bilden. Mit anderen Worten: *Das behinderte Kind kann noch so viel spielen, es tut dies nicht in der Weise, die erforderlich ist, um seine Sinnesorgane zu vervollständigen. Dieses Kind benötigt eine ganz bestimmte speziell auf seine Bedürfnisse ausgerichtete Umwelt, damit es mit seinen Schwierigkeiten zurechtkommt. Eine solche Umwelt ist jedoch gewöhnlich weder zu Hause noch in der Schule anzutreffen.*

Die Gesellschaft legt in erster Linie Wert auf eine gute Sprache, gutes Lernvermögen und eine gute geistige Entwicklung und wesentlich weniger auf die Ausbildung der sensomotorischen Grundelemente, die für diese höheren Funktionen die Voraussetzung darstellen. Das Fernsehen nimmt die Kinder gefangen, so daß sie wesentlich weniger Zeit auf Schaukeln oder in Sandkästen verbringen. *Kindergärten werden dazu angehalten, daß sie den Vorschulkindern bereits das Lesen beibringen sollen. Wichtiger wäre, daß sie die Gelegenheiten liefern, mit deren Hilfe ein Kind seinen Gleichgewichtssinn verbessern kann. Die bessere vestibuläre Funktion würde ihm später in der Schule das Lesenlernen erleichtern.*

Eine Therapeutin für sensorische Integration ist so weit über die Zusammenhänge der Hirnforschung informiert, daß sie eine Diagnose stellen kann, in welchem Ausmaße die Sinnesorgane des Kindes zufriedenstellend tätig sind. Dadurch kann sie ihm eine entsprechende Umgebung schaffen, die es dem Kind ermöglicht, sich erfolgreicher mit ihr auseinanderzusetzen, als es das jemals zuvor getan hat.

Viele Kinder mit Störungen der sensorischen Integration lassen das für andere Kinder typische „dem eigenen inneren Antrieb folgen" vermissen, und deshalb muß die Therapeutin sie ermutigen, ihnen schmeicheln, sie locken und so beeinflussen, daß sie von sich aus die Aktivitäten ergreifen, die ihrem Gehirn zu seiner Vervollständigung verhelfen können. *Die Therapeutin kann das Gehirn des Kindes nicht ordnen; es muß dieses von sich aus tun. Es ist jedoch offensichtlich, daß das Kind eben diese Ordnung ohne die Hilfe der Therapeutin nicht erreichen kann.*

Die Hauptprinzipien der Behandlung

Die leitende Vorstellung der Behandlung ist, Sinneseinwirkungen zu schaffen und richtig zu dosieren, und zwar besonders Sinneseinwirkungen seitens des Gleichgewichtssystems, der Muskeln und Gelenke - also der Tiefensensibilität - und der Haut - also des Tastsinnes -, und zwar in einer solchen Weise, daß das Kind spontan Anpassungsreaktionen an diese

Reize bildet, die zu einer Integration der dabei erlebten Empfindungen in das Nervensystem führen. Um diese Idee bei einem Kind mit einer entsprechenden Funktionsstörung in die Tat umzusetzen, bedarf es einer befähigten Therapeutin und eines großen Raumes mit einer Menge sehr einfacher, aber doch sehr spezieller Ausrüstungsgegenstände. Wenn die Therapeutin ihre Sache sehr gut macht und das Kind dabei sein Nervensystem vervollständigt, sieht es für den Außenstehenden so aus, als ob das Kind nur spiele. Das Leben ist eben voller Paradoxien; dieser Eindruck ist eine von ihnen.

Denn die Therapie ist dann am wirksamsten, wenn das Kind seine Handlungen selbst bestimmt, während die Therapeutin unaufdringlich die Umgebung des Kindes lenkt. *Am intensivsten kommt eine Integration von Sinneseindrücken zustande, wenn das Kind von sich aus einen bestimmten Reiz wünscht und eine Tätigkeit einleitet, durch die es die gewünschten Empfindungen erhalten kann.* Sobald ein Kind eine bestimmte Aktion wünscht, ist sein Gehirn auch zumeist in der Lage, die Gefühle, die mit dieser Tätigkeit verbunden sind, sinnvoll aufzunehmen und einzubauen. Das Gehirn ist so geschaffen, daß es sich selbst die Erfahrungen bereitet, die notwendig sind, um seine eigene Entwicklung zu vervollständigen. Alle Wirbeltiergehirne haben ihre Reifung seit 500 Millionen Jahren der Evolution in dieser Weise vollzogen, und jedes neugeborene Kind durchläuft auch heute noch mit seiner Hirnentwicklung den gleichen Weg.

Kinder, die an schwereren Störungen leiden, besonders aber autistische Kinder, benötigen mehr Hilfe von außen und klarer gegliederte Strukturen. Zeitweise verhindern Furcht, Ablehnung oder andere Gefühle ihre Selbstverwirklichung. Die Therapeutin hilft dann diesem Kind, seine negativen Gefühle zu verringern, indem sie ihm die Sinneseindrücke vermittelt, die es benötigt und die ihrerseits entsprechende Anpassungsreaktionen erzeugen, welche diese Sinneswahrnehmungen zu verarbeiten gestatten. Das Schlagen und Treten gegen einen Pappkarton kann auf diese Weise sowohl sensomotorischen als auch emotionalen Wert für das Kind haben.

Wir versuchen auf keinen Fall, dem Kind die Tätigkeit seiner Handlung beizubringen, und zeigen ihm auch keinerlei Bewegungstricks. Körperbeherrschung zu lehren, ist die Aufgabe von Turnlehrern. Unsere Absicht ist es, dem Kind zu helfen, körperlich, gefühlsmäßig und geistig besser zu funktionieren. Wir wollen ihm helfen, zum Erlernen jeder Geschicklichkeit oder Verstandesleistung oder jedes situationsgerechten Benehmens, das es in seinem Leben braucht, fähiger zu werden.

Motorische Betätigung ist wertvoll für die Bildung von Sinneseindrükken, die für die Gliederung von Lernprozessen hilfreich sind – in der gleichen Weise wie Körperbewegungen der frühen Tiere zur Evolution eines Gehirns führten, das am Ende seiner Entwicklung in der Lage war, zu lesen, zu schreiben und zu denken.

Diagnose

Bevor wir ein Kind behandeln, müssen wir sein Problem erkennen. Um zu beurteilen, wie leistungsfähig die Verarbeitung von Sinneseindrücken bei einem Kind im Alter von 4 bis 9 Jahren ist, benutzen die meisten amerikanischen Therapeuten den Southern California Sensory Integration Test (SCSIT). Der Test zeigt, wie weit die Integration von Reizeindrücken des Gleichgewichtssinnes, der optischen und der Berührungsempfindungen sowie der Eigenwahrnehmung entwickelt ist, in welchem Ausmaße das Kind seine Bewegungsplanung treffen kann, wie ausgeprägt die Augen-Hand-Kontrolle ist und ob es Haltungs- und Augenmuskelreaktionen in der richtigen Weise durchführen kann.

Die Therapeutin kann mit diesem Test beurteilen, welche Sinnessysteme schwach reagieren und welche zu intensiv. Sie überprüft das kindliche Sehvermögen sowie auch manchmal die auditive Wahrnehmung, sofern andere Untersucher dies nicht schon getan haben. Sie findet heraus, ob ein Kind eine normale Seitenbevorzugung seiner Handaktionen mit einer entsprechenden Seitigkeit (Lateralität) von Hirnfunktionen entwickelt hat.

Mit Hilfe dieses Tests und ihrer eigenen Beobachtung des Kindes erkennt die Therapeutin, wo das Problem liegt und welche therapeutischen Maßnahmen dem Kind helfen können.

Manche Kinder benötigen vor allen Dingen Reize seitens des Gleichgewichtsorgans; andere brauchen zusätzlich zu dieser vestibulären Leistungssteigerung auch einen erheblichen Anteil von Berührungsreizen und Tiefensensibilität. Andere bedürfen einer verbesserten Modulation des sensorischen Inputs – also der Anpassung der in ihr Gehirn einströmenden Reizeindrücke –, die sie, wenn sie nicht in die richtigen Dimensionen umgewandelt werden, überaktiv, unkonzentriert, berührungsablehnend und/oder schwerkraftverunsichert werden lassen. Alle Kinder mit einer Funktionsstörung der sensorischen Integration benötigen Erlebniserfahrungen, durch welche sie die entsprechenden Anpassungsreaktionen entwickeln können. Doch jedes Kind bedarf seiner besonderen Art von Anpassungsreaktion.

Direkte Anwendung von Reizeinwirkungen (sensorischer Input)

Obwohl die Behandlung gewöhnlich die Selbststeuerung seitens des Kindes einschließt, können einige sensorische Bedürfnisse von der Therapeutin dem Kind wirkungsvoller angeboten werden, indem man gewisse Sinneseindrücke ihm unmittelbar verabfolgt. So erzeugen Bürsten oder Reiben der Haut kräftige Hautreize, die an viele Stellen des Gehirns gelangen. Diese taktile Stimulation kann sowohl einen bahnenden als auch hemmenden Effekt haben, und zwar in Abhängigkeit davon, welche Körperteile gebürstet oder gerieben werden, und ebenso in Abhängigkeit davon, ob die Reizung nur oberflächlich oder mit entsprechendem Druck zur Auslösung eines Tiefeneffekts ausgeführt wurde.

Man muß sich vergegenwärtigen, daß die Berührungseffekte wesentlich intensiver sein können, als man erwartet. Aus diesem Grunde sollten ungeübte Personen das Bürsten der Haut des Kinder nicht von sich aus durchführen, sofern sie nicht unter einer strengen Überwachung seitens einer Therapeutin stehen, die Erfahrungen mit sensorischer Integration besitzt.

Tiefe Druckempfindungen helfen bei einem taktil abwehrenden, hyperaktiven oder leicht ablenkbarem Kind oft, sich besser zu organisieren. Wir schaffen die Möglichkeiten für tiefe Druckempfindungen, indem wir das Kind zwischen zwei Matten legen und ihm sagen, wir machen einen Sandwich oder Hamburger mit ihm. Die Therapeutin drückt dann von oben auf das Kind und gibt vor, Ketchup, Senf, Gewürz, Zwiebelringe, Tomaten und alle anderen Arten von Zutaten auf den Hamburger zu bringen. Manche Kinder kommen aus diesem „Hamburger" ruhiger und geordneter heraus, als sie vorher waren. Während anderer Behandlungstätigkeiten preßt die Therapeutin die Extremitäten in ihren Gelenken zusammen, oder manchmal zieht sie an diesen Extremitäten, um die Gelenke zu strecken, wodurch die Rezeptoren in den Gelenken gereizt werden.

Ein ausgezeichneter Weg, um die Sinnesrezeptoren in den meisten Körpergeweben, besonders aber in denen, die mit den Knochen verbunden sind, zu stimulieren, stellt die Vibration dar. Dafür benutzen wir einen ganz normalen Gesichtsvibrator oder ein motorgetriebenes Vibrationsbrett, auf welchem das Kind liegt, sitzt oder auch steht. Vibrationen der Knochen senden Reize an das Gleichgewichtsorgan. Im Kapitel 3 beschrieben wir, wie die vestibulären und akustischen Sinnesorgane sich aus denjenigen Sinnesorganen bei den frühen Tieren entwickelten, die Vibrationen im Wasser oder auf dem Erdboden wahrnehmen mußten. Vibrationen müssen mit Vorsicht angewandt werden, da sie unter Umständen auf die Wachstumszonen im Knochen der Kinder Einfluß ausüben können.

Kapitel 10. Sensorische Integrationsbehandlung   199

Eine andere Form direkter Sinnesreizung kann über den Geruchssinn erfolgen. Starke Gerüche reizen das Wecksystem in der retikulären Zone des Hirnstamms. Julia Fox fand, daß blinde Kinder Gegenstände in ihrer Hand genauer identifizieren konnten, nachdem Duftstoffe (Fichtennadelextrakt) in die Luft versprayt worden waren. Die eine Gefühlserregung hilft in diesem Falle dem Gehirn, die Sinneseindrücke eines anderen Organsystems besser zu verarbeiten. Eine Erklärung für diesen Effekt ergibt sich aus der Tatsache, daß das retikuläre Wecksystem im Hirnstamm alle Arten von Sinnesorganen beeinflußt.

Der Gleichgewichtssinn erhält bei Durchführung einer sensorischen Integrationsbehandlung die meisten Reizeinwirkungen. Dies ist wahrscheinlich der Grund, weshalb die Behandlung mit sensorischer Integration auch dann noch Nutzen bringt, wenn Kinder behandelt werden, die mit anderen Therapieformen keine Besserung zeigten. *Es ist das beste, das Kind sich selbst „als seine eigene Reizquelle" ansehen und selber entscheiden zu lassen, welches Spielzeug oder welchen Ausrüstungsgegenstand es herausgreift, um seine Gleichgewichtsorgane zu stimulieren.*

Wenn es bestimmte Abschnitte seines Gleichgewichtssystems anregen muß, wird es sich wahrscheinlich Geräte wählen, auf denen es sich sehr schnell und in verschiedenen Richtungen bewegen kann. Wenn es dagegen überstarke Gleichgewichtsreize, die auf sein Hirn einwirken, modulieren muß, vermeidet es möglicherweise alle zusätzlichen Bewegungen, und die Therapeutin muß dann durch entsprechende Behandlungsmaßnahmen zusätzliche propriozeptive und taktile Reizeinwirkungen herbeiführen, da diese die überstarken Einwirkungen des Gleichgewichtssystems modulieren können.

Die Reaktionen des Kindes auf Reizeinwirkungen sind eine gute Richtschnur zur Beurteilung, in welchem Ausmaße das Gehirn in der Lage ist, Reizeindrücke vollständig aufzunehmen, da die Reaktionen ziemlich konstant sind. Die Therapeutin beobachtet jedes Kind sehr aufmerksam, um den Effekt ihrer Reizsetzung zu sehen. Manchmal stellt sich ein entsprechender Effekt nicht sofort ein, sondern tritt erst nach einer halben Stunde oder auch später auf. (Manchmal sogar erst während der Nacht. Deshalb sollte man die Eltern auf solche Reaktionen vorbereiten.)[1]

Reizeinwirkungen seitens des Gleichgewichtsorgans sind teilweise sehr kräftig und können ebenso gut fördernd wie hemmend wirksam werden. Sie haben Einwirkungen auf die Atmung und den Herzschlag. Wenn ein Kind diese Reize nicht richtig verarbeiten kann, wird es durch zu starke Reizung des Gleichgewichtsorgans unter Umständen bewußtlos oder zeigt Krämpfe, sofern eine Krampfneigung bei ihm besteht.

---

1 Ergänzung der Übersetzer.

200 Was kann beim Auftreten solcher Störungen getan werden?

Weder Eltern noch Lehrer oder Sporterzieher sollten einem Kind Gleichgewichtserregungen aufzwingen, wenn es diese nicht haben will. (Man soll deshalb ein Kind nicht länger schaukeln, als es dies haben mag – unter Umständen überhaupt nicht, wenn es dies von Anfang an ablehnt. Man wartet dann am besten eine andere Zeit ab, bis es das Bedürfnis zu schaukeln von selbst zum Ausdruck bringt.)[2] Wegen der Gefahr negativer Reaktionen sollte die Anwendung von Gleichgewichtsreizen zum Zwecke einer Beeinflussung der Hirntätigkeit Beschäftigungstherapeutinnen oder Krankengymnastinnen mit entsprechender sensorisch integrativer Erfahrung vorbehalten bleiben.

Behandlungsaktivitäten

Sensorische Integration erfolgt immer dann, wenn ein Kind von sich aus auf eine entsprechende Reizeinwirkung eine erfolgreiche Anpassungsreaktion plant und ausführt. Wir wir am Anfang des Kapitels bereits feststellten, muß das Kind sich *aktiv* wechselseitig mit seiner Umwelt auseinandersetzen, um eine korrekte Gliederung seines Nervensystems zu erreichen. Der Wunsch, „etwas zu tun", muß aus dem Inneren des Kindes herauskommen, auch wenn es dieses „Etwas" nie zuvor erfolgreich durchführen konnte. Jeder Entwicklungsschritt muß vom Kind selbst durchlaufen werden, auch dann, wenn die Entwicklung in der Vergangenheit Schwierigkeiten bereitete. Die Geräte, die man für die Behandlung mit sensorischer Integration benutzt, sind so entworfen, daß sie das Kind zu Tätigkeiten reizen, die Empfindungen erzeugen, die zu einer Reifung jugendlicher Gehirne beitragen können.

Die Behandlung mit sensorischer Integration ist ein ganzheitlicher Ansatz. Sie schließt den gesamten Körper mit all seinen Sinnen und dem gesamten Zentralnervensystem mit ein. Wenn Muskeln zusammenarbeiten, um eine angepaßte Körperbewegung hervorzurufen, übermitteln diese Muskeln und ihre Gelenke dem Großhirn wohlgeordnete Empfindungen. Ganzkörperbewegungen liefern darüber hinaus eine Menge von Gleichgewichtsinformationen, welche die anderen Sinnesorgansysteme gegenseitig aufeinander abstimmen läßt. Die Fähigkeit, Körperempfindungen im richtigen Sinne zu interpretieren und entsprechende Reaktionen einzuleiten, hilft dem Gehirn, auch andere Funktionen zu ordnen. Aus diesem Grunde sagen manche der Behandelten nach Ablauf einer Therapie z. B.: „Die Behandlung half mir, mein Leben zu bewerkstelligen", oder: „Ich war gewöhnt, eine Menge Dinge zu planen, doch mit nichts kam ich zuwege; jetzt läuft es."

---

2 Anmerkung der Übersetzer.

Kapitel 10. Sensorische Integrationsbehandlung   201

Wir wollen jetzt zwei Standardgeräte, die bei der sensorischen Integrationsbehandlung angewendet werden, eingehender besprechen. Beide erscheinen sehr einfach, aber sie wurden ganz speziell entwickelt, um bestimmte Sinnesorgansysteme zu reizen und spezifische Reaktionen auf diese Reizung auszulösen. Reaktionen geben für gewöhnlich Bewegungsmuster aus den frühesten Lebensjahren wieder. Diese Bewegungsmuster bilden wichtige Grundlagen für die komplexeren Reaktionen, die von dem älteren Kind erwartet werden.

Das Rollbrett. Das Rollbrett besteht aus einem Holzbrett, an das vier Räder so angebracht sind, daß das Brett frei rollen und sich in jeder Richtung drehen kann. Es ist in Abb. 3 dargestellt. Das Brett ist groß genug, um den mittleren Teil des Körpers eines Kindes aufzunehmen und zu unterstützen, während sein Kopf, der obere Teil der Brust und die Beine herabhängen. Es ist gepolstert – entweder mit einem Teppich oder einer Matte –, so daß das Liegen auf dem Brett bequem ist.

Abb. 3   Foto U. Kiesling

Für gewöhnlich liegen die Kinder in Bauchlage auf dem Rollbrett. Sie fahren damit am Fußboden entlang oder aber eine Rampe herunter, wobei sie die beiden Körperenden entgegen der Schwerkraft angehoben halten müssen. Das schnelle Fahren mit einem Rollbrett stellt eine gewisse Herausforderung dar und bereitet viel Vergnügen.

Die Bauchlage ist diejenige Stellung, in welcher gesunde Kinder viele der Haltungs- und Bewegungsreaktionen ausbilden, die zum Stehen, Gehen und anderen sensomotorischen Handlungen des späteren Lebens führen. Den Körper in Bauchlage mit seinen beiden Körperenden vom Fußboden hochzuhalten, ist für ein 4-6 Monate altes Kind ein wichtiger Schritt zur Entwicklung sensorischer Integration. Die Fähigkeit, diese „Flugzeughaltung" ohne große Anstrengung beibehalten zu können, ist ein Test zur Überprüfung der Wirksamkeit des Gleichgewichtssystems. Die Kräfte, welche einem Säugling die Entwicklung dieser Fähigkeiten ermöglichen, sind auch bei älteren Kindern wirksam, und deshalb haben wir während der Behandlung das Bestreben, viele Dinge in Bauchlage vorzunehmen. Glücklicherweise haben die meisten Kinder Vergnügen an der Bauchlage.

Bestimmte Schwerkraftrezeptoren werden in Bauchlage stimuliert. Wenn das Kind eine schiefe Ebene mit seinem Rollbrett herabrollt, werden von den dabei auftretenden Beschleunigungskräften andere Schwerkraftrezeptoren und ebenso die Sinnesorgane in den Bogengängen des Innenohrs in Erregung versetzt. In dem Moment, wo das von der Rampe heruntersausende Kind auf das Fußbodenniveau auftrifft, bahnt der dabei entstehende Erregungsreiz des Gleichgewichtsorgans neue Nervenbahnen zu vielen anderen Abschnitten des Zentralnervensystems. Diese sehr starke Nervenerregung aktiviert Reflexbögen, die in der Vergangenheit bei den Kindern meist noch nie ausgebildet worden waren. Die gleichen Reflexe sorgen dafür, daß Kopf und Beine entgegen der Schwerkraft angehoben werden können. Die Kontraktionen der Nackenmuskeln und die Bewegungen der Augen, welche die Vorgänge verfolgen, schicken Sinneserregungen der Eigenwahrnehmung von den Muskeln und Gelenken zum Hirnstamm, wo sie sich mit den vom Gleichgewichtsorgan stammenden vermischen. Die auf diese Weise erfolgende Integration vielfältiger Sinneseindrücke ist sehr vorteilhaft für die visuelle Wahrnehmung.

Alle diese Impulse sind ganz besonders wichtig für die Verarbeitung sensorischer und motorischer Vorgänge im Hirnstamm. Der Hirnstamm steuert entscheidende Vorstellungen über die Stellung unseres Körpers im Raum bei. Dies schließt die Lokalisation eines Gegenstandes oder eines Geräusches in Beziehung zu uns selbst ein, so daß mit Hilfe dieser sensorischen Information eventuell erforderlich werdende Handlungen entsprechend koordiniert werden können. Falls auditive und visuelle Sinnesverarbeitung in Verbindung mit der Verarbeitung von Körper- und Schwerkraftempfindungen nicht einigermaßen gut im Hirnstamm entwickelt sind, geschieht eine solche Reizverarbeitung auch nicht gut genug in den Großhirnhemisphären.

Die Ganzkörperbewegungen auf dem Rollbrett und die damit verbundenen Sinneswahrnehmungen und ihre Verarbeitung bauen die Grundelemente für Großhirnprozesse auf, die die Voraussetzung für Sprache und Lesen sind.

Kapitel 10. Sensorische Integrationsbehandlung   203

Desgleichen liefern Ganzkörperbewegungen auf dem Rollbrett die Grundlage für Hand- und Fingerbewegungen, wie sie nötig werden, um schreiben zu lernen und auch Werkzeuge benutzen zu können.

Das Kind, das über eine entsprechende sensorische Integration verfügt, benutzt das Rollbrett elegant und ohne nennenswerte Anstrengung, weil die dabei entstehenden Empfindungen die gestreckte Körperhaltung unterstützen. Ein Kind dagegen mit einem *untererregbaren* Gleichgewichtssystem läßt seinen Kopf hängen und schleift seine Beine auf dem Fußboden entlang. Es braucht wesentlich mehr Anstrengung, wenn es auf dem Rollbrett fährt, und ermüdet rasch in gleicher Weise, wie es sich auch bei der Schularbeit mehr anstrengen muß und deshalb schneller ermüdet.

Ein Kind mit einer *Übererregbarkeit* des Gleichgewichtssystems fürchtet sich vor dem Herabfahren auf einer schiefen Ebene. Ein *dyspraktisches* Kind hat bereits Schwierigkeiten, seinen Körper auf das Rollbrett zu legen, und fällt dabei oft herunter.

Das Rollbrett löst Sinneswahrnehmungen und Bewegungsreaktionen aus, die man bei einem Kind nicht erreichen kann, wenn es sitzt oder steht. In dem Maße, in dem das Kind Schritt für Schritt die beim Rollbrettfahren auftretenden Empfindungen und Bewegungsreaktionen zu meistern lernt, begreift sein Gehirn auch, die Sinneseindrücke entsprechend anzupassen und eine genauere Körperwahrnehmung zu entwickeln. Glücklicherweise vermittelt das Rollbrettfahren viel Vergnügen; das ist wichtig, da in einem gestörten Nervensystem eine einmalige Fahrt keine nennenswerte Besserung bringt. Es bedarf sehr vieler Rollbrettfahrten, um die Nervenverbindungen zwischen dem Gleichgewichtssystem und all den anderen Hirnabschnitten, die vestibuläre Erregung benötigen, zu stärken. Viele Fahrten sind notwendig, um die bahnenden und hemmenden Kräfte, die durch diese neugewonnenen Nervenverbindungen wirksam werden, in der richtigen Weise zu ordnen.

Die Therapeutin kann das Kind zu mehr Rollbrettfahrten animieren, indem sie Pappkartons im Abstand von einigen Metern vor die Rampe stellt, so daß das Kind in diese Kartons hineinfahren und sie dabei zusammendrücken kann. Das Zerquetschen solcher Pappkartons gibt dem Kind das Gefühl einer gewissen Stärke, und das wiederum gibt ihm die Erfahrung, auf seine Umgebung Eindruck zu machen. Es ist dies eine Erfahrung, die sich jedes Kind wünscht und die es auch zu seiner Persönlichkeitsentwicklung benötigt.

Wenn das Kind gelernt hat, die mit der Rollbrettfahrt auf der Rampe verbundenen Anforderungen zu bewältigen, und der Reiz des Neuen verschwunden ist, geben wir ihm andere Aufgaben, die etwas komplexere Sinnesverarbeitung und Anpassungsreaktionen einschließlich einer Bewegungsplanung enthalten. Beispielsweise kann die Therapeutin einen Tunnel aufbauen, durch den das Kind mit seinem Rollbrett durchfahren muß. Oder sie läßt einen Ball von der Decke herabhängen, den das Kind beim Vorbeifahren anstoßen soll. Das Sehen allein ist nicht ausreichend, um das Kind zur Ausführung dieser Aufgaben zu bringen; es gehört dazu auch die vestibuläre Erregung des Rollbrettfahrens, die ihm die Wahrnehmung des Tunnels oder des Balles in Beziehung zu der Lage seines eigenen Körpers vermittelt.

Beim normalen Kind setzt sein Gehirn Reizempfindungen vom Gleichgewichtssinn, von der Eigenwahrnehmung und vom Tastsinn so zusammen, daß das Kind automatisch fühlen kann, wie es eine gestellte Aufgabe ausführen soll. Wenn diese Integration nicht oder aber nur zögernd stattfindet, kann das Kind nicht eindeutig fühlen, wohin es fährt. Es weiß nicht genau, wie es das Rollbrett führen muß, um den Ball zu erreichen oder aber den Tunnel zu passieren, ohne an seine Wandungen zu stoßen.

Wenn man veranlaßt, daß das Kind diese Rollbrettspiele wieder und immer wieder durchführt, bildet sein Gehirn Sinneserfahrungen von jedem Teil seines Körpers aus. Diese Empfindungen und die daraus resultierenden Bewegungsanordnungen hinterlassen Gedächtniseindrücke in seinem Gehirn, mit deren Hilfe das Kind schrittweise seine Körperwahrnehmung genauer ableiten kann. Die inneren Gefühls-„Landkarten", die sich auf dem Rollbrett entwickeln, helfen dem Kind, seine Bewegungsplanung zu Hause oder in der Schule besser durchzuführen. Seine verbesserte Sinneswahrnehmung und sensorische Integration hilft den Teilen des Nervensystems, die seine Gedanken und Emotionen gliedern. Darüber hinaus vermittelt ihm das Gefühl, diese Aufgaben erfolgreich durchführen zu können, ein zunehmendes Selbstvertrauen.

Der vestibuläre und der propriozeptive Sinnesreiz vom Rollbrettfahren hilft bei einem berührungsabwehrenden Kind, den Tastsinn zu normalisieren. Die beim Fahren ausgelöste Erregung dieser Sinnesorgane dämpft die Berührungsüberempfindlichkeit des Kindes und regt das Nervensystem zu sinnvoller Aktivität an. Nachdem das Kind eine Zeit lang auf dem Rollbrett gefahren ist, erscheint es uns sehr oft viel ruhiger und konzentrierter als zuvor und bleibt auch eine ganze Weile in diesem Zustand.

Für Eltern dürfte es manchmal etwas schwierig einzusehen sein, daß das Rollbrettfahren ihrem Kind tatsächlich dazu verhelfen kann, Fortschritte hinsichtlich Sprache, Lesen oder Verhalten zu machen. Oberflächlich gesehen denkt man, daß es für ein solches Kind wichtiger sei, Sprachtherapie zu erhalten, Nachhilfestunden im Lesen zu bekommen und daß es sich im ganzen etwas disziplinierter verhalten sollte. Man muß jedoch immer daran denken, daß das Gehirn komplex zusammengesetzt ist, so

Kapitel 10. Sensorische Integrationsbehandlung   205

daß seine Funktionsabläufe nie von der Oberfläche der Dinge her zu betrachten sind. *Wenn Sprache, Lesen oder Verhalten deswegen schlecht sind, weil das Gehirn nicht richtig arbeitet, ist es absolut sinnvoll, zunächst nur die elementaren Voraussetzungen zu schaffen, auf denen das Gehirn mit einer besseren Arbeit aufbauen kann.* Wenn das Kind nach einer ausreichenden sensorisch-integrativen Behandlung immer noch Schwierigkeiten hat, kann es sinnvoll sein, ihm zusätzlich einen Hauslehrer zuzuteilen.

Die gepolsterte Schwebeschaukel

Diese therapeutisch verwendete Polsterrolle besteht aus einem festen inneren Kern, der mit Schaumstoff gefüttert ist und einen Stoffüberzug besitzt. Sie ist etwa 1½ m lang und hat einen Durchmesser von etwa 30 cm. Diese Rolle hängt an festen Seilen oder Ketten, die an beiden Enden mit Haken befestigt sind.

Abb. 4   Foto: U. Kiesling

Ein Kind kann die Schwebeschaukel sowohl im Liegen benutzen, wobei es seine Arme und Beine herunterhängen läßt, als auch rittlings auf ihr sitzen. Es kann an den Seilen ziehen und damit die Schwebeschaukel hin- und herbewegen, oder aber die Therapeutin setzt die Schaukel in Bewegung.

Um auf dem Polster liegen und die Arme herunterhängen zu lassen, benötigt man ein gutes Beugemuster. Beugung bedeutet die Fähigkeit, Arme und Beine in den Gelenken abzuknicken. *Das Beugemuster ist sehr intensiv in das Nervensystem eingebettet.* Seine Bedeutung kann man leicht erkennen, wenn man junge Äffchen beobachtet, die ein starkes Beugemuster haben müssen, um sich an ihren Müttern, während sich diese bewegen, festklammern zu können.

Festklammern ist die erste vollständige Körperbewegung, die ein neugeborenes Kind macht, wobei es zahlreiche Bausteine für die weitere Entwicklung sensomotorischer Funktionen bildet. Einige Kinder mit einer angeborenen Ungeschicklichkeit (Dyspraxie) haben kein gutes Beugemuster entwickelt. Sich an ein Polster klammern zu müssen, liefert diesen Kindern einige elementare Entwicklungsschritte nach und erleichtert ihnen die Entwicklung von Bewegungsplanung.

Das Beugemuster ist ganz besonders stark von der Integration sowohl des Tastsinns als auch des Gleichgewichtssinns und der Eigenwahrnehmung abhängig. Wenn sich das Kind am Polster anklammert, bekommt es von dem Polsterüberzug zahlreiche Berührungsreize, ferner propriozeptive Stimulation von den Muskeln, die sich kräftig kontrahieren müssen, damit sich das Kind auf dem Polster festhalten kann. Weitere Stimulationen in den betreffenden Gelenken und eine starke Gleichgewichtserregung entstehen durch die Schaukelbewegung auf der Schwebeschaukel.

Beim intensiveren Schaukeln kommt auch noch die Erregung hinzu, welche durch das limbische System und die Wecksysteme im retikulären Kern des Hirnstamms ausgelöst werden und das Kind veranlassen, sich fester anzuklammern. Die Therapeutin und das Kind können sich dabei vorgaukeln, daß das Polster ein bockiges Pferd oder aber ein Boot auf einer hohen Flutwelle resp. beim Zusammentreffen mit einem Wal wäre. Der Phantasie sind hier keine Grenzen gesetzt. Manche Kinder wünschen dabei ein gewisses Gefühl der Meisterschaft auf der Schaukel zu entwickeln, und sie bitten die Therapeutin, schneller und immer schneller zu schaukeln, damit sie herausfinden, bis zu welchem Tempo sie sich anklammern können.

Das Reiten auf dem Polster, als ob es ein Pferd wäre, hilft bei der Entwicklung von Haltungs- und Gleichgewichtsreaktionen. Wenn dem Kind die Fähigkeit abgeht, sich selbstständig zu betätigen, hilft die Therapeutin so lange, bis sein Gehirn besser geordnet ist. Sie setzt sich gemeinsam mit dem Kind auf die Schaukel, indem sie ihm sagt, daß jetzt zwei Cowboys nach Mexiko reiten oder zu einem anderen aufregenden Ort, und bewegt dabei die Schwebeschaukel, indem sie ihre Füße gegen den Fußboden drückt und dabei das Kind an den Hüften festhält, damit es nicht herabfallen kann.

Kapitel 10. Sensorische Integrationsbehandlung   207

Die Bewegung auf der Schaukel stellt Anforderungen an die Gleichgewichtsreaktionen des Kindes, wobei gleichzeitig die vom Gleichgewichtsorgan erzeugten Erregungsimpulse es dem Kind erleichtern, solche Reaktionen zu entwickeln. Die Therapeutin muß sehr gut beobachten und
genau erfühlen, wie gut das Kind sein Gleichgewicht halten kann. Wenn
sich die Gleichgewichtsreaktionen verbessern, lockert sie langsam den
Griff an der Hüfte des Kindes und überläßt es ihm allmählich, sich selbst
zu kontrollieren. Das Kind muß seine Unabhängigkeit schrittweise lernen,
und dafür braucht es die richtige Unterstützung zur rechten Zeit.

Ein Kind, das gut auf der Schaukel sitzen kann, wird von der Therapeutin mit der Schaukel in alle Richtungen bewegt, um so viele Gleichgewichtsrezeptoren in den Bogengängen des Innenohres wie möglich zu aktivieren. Falls das Kind erst noch Haltungs- und Gleichgewichtsreaktionen entwickeln muß, wird sie sehr vorsichtig mit dem Schaukeln sein,
damit das Kind nicht herunterfällt.

Für ein solches Kind bedeutet das Herabfallen eine nicht angepaßte
Reaktion, und diese würde seinem Gehirn in keiner Weise helfen, besser
zu arbeiten. Dieses Kind bedarf der Erfahrung, daß sein Körper in der
Lage ist, eine Situation zu meistern. Andererseits gibt es Kinder, die fallen
wollen und welche die dadurch ausgelösten starken Druckempfindungen
und die Gefühlserregung des Herunterstürzens auf die Bodenmatte brauchen. Falls dieses Stürzenwollen dazu beitragen kann, daß sich das Gehirn
des Kindes fortentwickelt, muß man die räumliche Umgebung so vorbereiten, daß ein Sturz ohne Verletzung des Kindes erfolgen und auch wiederholt durchgeführt werden kann.

Die gepolsterte Schwebeschaukel kann auch zur Verbesserung der Bewegungsplanung herangezogen werden. Die Therapeutin streut „Fische"
aus Schaumgummi auf die Fußbodenmatte unter und um die Schaukel
herum. Dann schaukelt sie das Kind, welches sich an der Schaukel hän-
gend von einem Ende zum anderen fortbewegt und dabei eine Hand nach
unten hält, um die „Fische" zu fangen. Taktile, propriozeptive und vestibuläre Sinneserregungen helfen dem Kind dabei, die Bewegungsplanung
für diesen „Fischzug" auszuführen. Der Spaß an einer solchen Aktivität
steigert seinerseits den *inneren Antrieb* des Kindes, welcher für eine Verbesserung der Gliederung des Nervensystems notwendig ist.

Ungeübte Beobachter stellen lediglich fest, daß das Kind Spaß hat und
sich motorisch betätigt. Die Therapeutin kann dabei gleichzeitig erkennen,
daß bestimmte sensorische Systeme eine gezielte Stimulation erhalten und
bestimmte Bewegungsreaktionen eintreten bzw. auch nicht eintreten. Sie
vergleicht diese Reaktionen mit den Ergebnissen der diagnostischen Teste,
die bei dem Kind vor Einleitung der Therapie durchgeführt wurden. Sie

208 Was kann beim Auftreten solcher Störungen getan werden?

hat sowohl geschriebene Berichte als auch ihre eigenen Erinnerungen über die Art und Weise, in welcher das Kind gegenüber früheren Behandlungsperioden Fortschritte gemacht hat. Während sie das Kind beobachtet, stellt sie Beziehungen zu all den Informationen über dieses Kind her mit den Erfahrungen, die sie mit anderen Kindern, die an einer ähnlichen Funktionsstörung litten, gesammelt hat. Sie berücksichtigt dabei auch die Veröffentlichungen anderer Therapeuten, die über die ganze Welt verstreut an der gleichen Materie arbeiten sowie die Forschungsergebnisse der Hirnforscher. Für einen naiven Beobachter kann der Eindruck entstehen, *daß sie nichts weiter tut, als mit dem Kind zu spielen. In Wirklichkeit aber arbeitet sie sehr hart daran, um mit diesem „Spiel" das Nervensystem des Kindes zu verbessern. Eine gute Therapeutin zu sein, bedeutet, sehr viel Erfahrung, Vorstellungskraft und Sensibilität zu besitzen.*

Andere Verfahren. Jedes Kind hat unterschiedliche neurologische Bedürfnisse, und diese ändern sich von Zeit zu Zeit, so daß die Behandlung ein weitgestecktes Angebot unterschiedlicher Möglichkeiten für Empfindungen und Bewegungen liefern muß. Aus diesem Grund haben die Therapeutinnen ganze Sammlungen von Geräten zum Schaukeln, Drehen, Rollen, Klettern, Kriechen, Reiten und andere Geräte, um Ganzkörperbewegungen durchführen zu können angelegt. Sie müssen auch Dinge haben, die ein Kind aufheben und handhaben oder mit denen es werfen kann. *Das elementarste Ausrüstungsstück allerdings ist der Körper des Kindes.*

Wenn das Kind dazu in der Lage ist, sucht es sich seine eigenen Geräte aus. Ist dies nicht der Fall, führt ihm die Therapeutin eine passende Auswahl zu. Nicht alle therapeutischen Maßnahmen können dabei unterhaltsam sein. Manchmal sind die Dinge, die getan werden müssen, sogar sehr langweilig und müssen sorgfältig überwacht werden. Darüber hinaus muß die Therapeutin auch das Kind veranlassen, Übungen zu machen, die seinen neurologischen Bedürfnissen dienlich sind.

Sie muß sehr vorsichtig sein, wenn sie dem Kind Sinneserregungen anbietet, und muß sehr genau wissen, wann ein Kind mit Empfindungen überhäuft wird. Eine Überhäufung mit Sinneswahrnehmungen ist für das Nervensystem nicht von Vorteil, und sie erfolgt wesentlich leichter und schneller bei einem gestörten Nervensystem. Aus diesem Grunde sollten Eltern und Lehrer keinesfalls dem Kind Sinneserregungen aufdrängen, ohne daß eine sorgfältige Überwachung durch eine Beschäftigungstherapeutin oder Krankengymnastin besteht.

Eine Behandlungsstunde. Kinder mit Störungen der sensorischen Integration sind oft in der Lage, genau diejenige Art von Aktivität auszusuchen,

Kapitel 10. Sensorische Integrationsbehandlung   209

die ihnen die Sinneserregungen liefert, die sie brauchen und die ihnen auch das Bewegungsangebot liefert, welches das Kind zur Verarbeitung dieser Sinneserregungen benötigt. Hirnforscher haben zeigen können, daß sowohl bei Tieren als auch bei Menschen *innere Signale* vorhanden sind, die sie dazu veranlassen, das für den betreffenden Moment richtige zu tun, obwohl die einzelnen Individuen sich oft dieser Signale nicht bewußt sind.

So sucht sich ein Tier, dem bestimmte Vitamine in der Nahrungszusammensetzung fehlen, die Nahrung, welche die fehlenden Vitamine enthält, selbst wenn diese Art von Nahrung für das Tier nicht seine gewohnte Ernährung darstellt. Hat der Körper dieses Tieres genügend von den Vitaminen aufgenommen, kehrt es zu seiner angestammten Ernährung zurück. Offensichtlich weiß das Tier nichts über die Bedeutung von bestimmten Stoffen in der Ernährung und hat keinen bewußten Grund, plötzlich eine solche Nahrungsauswahl zu treffen. Aber sein Körper teilt ihm mit, was es zu fressen hat und wieviel es davon benötigt.

Solchen inneren Signalen folgen offenbar auch die Kinder, wenn sie sich in der Behandlung befinden. Ihre Aktionen sind zweifelsohne zweckgerichtet, obwohl das Kind annimmt, daß es nichts anderes macht als spielen. Oftmals bildet es dabei „Bausteine" für seine Entwicklung in der weiteren Zukunft.

Im folgenden wollen wir uns mit einem Kind befassen, dem wir den Namen Fritz geben. Es handelt sich um ein lernbehindertes Kind mit einer kurzdauernden Nystagmusfolge, und wir wollen beobachten, was für Spiele es sich während einer Behandlungsstunde aussucht. *Die Therapeutin könnte für Fritz keine bessere Wahl treffen, und wenn sie es tun würde, bestünde die Gefahr, daß das Kind die Tätigkeiten mit weniger Begeisterung und entsprechend auch geringerem Erfolg durchführen würde.*

Als erstes wählte Fritz das Spiel „Netzhockey" gemeinsam mit der Therapeutin. Jeder von ihnen lag dabei auf dem Bauch in einem Netz, welches an Haken, die an der Decke befestigt sind, hing. Sie schwebten im Abstand von etwa 3 m von einander so über dem Fußboden, daß sie sich mit ihren Händen vom Fußboden abdrücken konnten. Mit Hockeystöcken aus Plastik schlugen sie einen Ball auf dem Fußboden hin und her, manchmal auch gegen die Wand. Um den Ball zu erreichen, mußten sie sich mal in die eine, mal in die andere Richtung, manchmal hin- und her und zeitweilig auch in einem Bogen bewegen.

Durch diese Bewegungen ergab sich eine starke Variabilität von Sinneserregungen des Gleichgewichtssystems. Da die Gleichgewichtsreaktionen bei Fritz nur schlecht ausgebildet waren – er gehörte zu den Kindern, die als unterreagierend zu bezeichnen sind –, wurde sein Kopf ihm immer schwerer, und seine Nackenmuskeln ermüdeten. Doch die durch das Spielen verursachte Aufregung spornte ihn an, den Kopf weiterhin hochzuhalten. Die starken Kontraktionen der Nackenmuskeln, die den Kopf entgegen der Schwerkraft hochhalten mußten, erzeugten reichlich Eigenwahrnehmung in den Muskeln und betroffenen Gelenken. Das gleiche erfolgte auch durch die Augenmuskeln, die in beständiger Aktion waren, um mit den Augen dem rollenden Ball folgen zu können.

Sowohl vestibuläre als auch propriozeptive Empfindungen halfen Fritz, mit seinem Hockeystock nach dem Ball zu zielen. Sein Hirnstamm und die Großhirnhemisphären arbeiteten zusammen, um die Erregungen, die vom Gleichgewichtsorgan, der Eigenwahrnehmung und den Augen einflossen, in der richtigen Weise zu verarbeiten.

Als nächstes entschied sich Fritz, zusammen mit einem anderen Kind, auf dem „Helicopter" zu fahren. Dieses Gerät wird so genannt, weil zwei Kinder aufrecht auf getrennten Sitzpolstern sitzen und herumwirbeln können wie die Schraubblätter von einem Hubschrauber bzw. Helikopter. Die Zentrifugalkräfte, die bei diesem Drehen im Raum auftraten, stimulierten die Schwerkraftrezeptoren von Fritz in einer völlig anderen Art und Weise, als dies zuvor beim Liegen in einem Netz der Fall war.

Kopf und Körper gegen diese Drehung aufrechtzuhalten, verlangt eine relativ starke Kontraktion der Beugemuskeln an der vorderen Halsseite und am Rumpf, die entgegengesetzt zu den Muskelkontraktionen sind, die bei der vorigen Übung benötigt wurden, um Kopf und Körper vom Fußboden wegheben zu können. Die „inneren Signale" von Fritz führten ihn somit zu zwei verschiedenen Tätigkeiten – nämlich dem Netzhockeyspiel und dann dem Helikopterspiel – welche völlig unterschiedliche Rezeptoren im Gleichgewichtsorgan und den Muskeln und Gelenken reizten und sich in dieser Weise in hervorragender Weise ergänzten. Dadurch wurde eine für den Jungen gut abgerundete Wirkung erzielt.

Das Helikopterspiel lieferte sehr intensive Gleichgewichtserregungen, und Fritz brauchte offensichtlich eine Menge davon, denn er blieb mehr als zehn Minuten auf diesem Gerät. Dann wählte er als nächstes die „Spielboje". Dies ist eine Plastikboje, die sich frei an zwei Seilen von ungefähr 5 m Länge hin- und herbewegen läßt. Fritz hielt das eine Ende der beiden Seile, während die Therapeutin das andere Ende festhielt. Jeder von den beiden muß Hände und Arme in einer koordinierten Weise nach oben werfen, um die Boje an den Seilen entlang zu seinem Partner zu schicken. Während dies geschieht, müssen sich die Augen von Naheinstellung auf Ferne umstellen und umgekehrt wieder von fern auf nah.

Wie viele Kinder, die eine verkürzte Dauer des Nystagmus aufweisen, hatte auch Fritz Schwierigkeiten, die beiden Hälften seines Körpers und

Kapitel 10. Sensorische Integrationsbehandlung   211

seine beiden Augen in einer gut koordinierten Weise benutzen zu können. Nachdem er jedoch sein Gehirn mit einer so intensiven Gleichgewichtsstimulierung durch das „Hubschrauberspiel" aktiviert hatte, war er in der Lage, die von der Spielboje in ihm ausgelösten Empfindungen und Bewegungen wirksamer zu verarbeiten, als er dies bei voraufgegangenen Behandlungsstunden der Fall war.

Als nächstes ritt Fritz auf dem „Wal". Dies ist ein Sitz, der an einem elastischen Seil befestigt ist. Das Kind sitzt so, daß es sich mit den Füßen nach oben abstoßen kann und sich mit dem Sitz aufwärts und abwärts bewegt, als ob es auf dem Rücken eines Walfisches durch die Meereswellen reitet. Diese Bewegungen liefern Fritz Gleichgewichtserregung in senkrechter Richtung, wodurch die voraufgegangenen horizontalen Stimulierungen durch das Netzhockey und die Drehbewegungsstimulierungen durch den Hubschrauber sinnvoll ergänzt werden. Während Fritz an dem federnden Seil auf und ab schwingt, spricht er und blickt auf seine Therapeutin. Diese Situation zwingt ihn, seine Augenbewegungen effektiv zu stabilisieren, da die Blickrichtung seiner Augen auf das ruhende Ziel, welches das Gesicht der Therapeutin darstellt, fokussiert werden muß. Gleichzeitig bewegt sich sein Körper mehr als einen Meter aufwärts oder abwärts.

Nach diesen drei Spielen hatte Fritz offensichtlich seinem Gehirn so viele vestibuläre Reizung angeboten, wie dieses bewältigen konnte. Er entschloß sich deshalb als nächstes, ein Gebäude aufzubauen, indem er Bodenmatten über ein kleines Klettergerüst legte. Diese Tätigkeit erfordert optische Raumerfassung, und zweifellos haben die voraufgegangenen Sinneserregungen des Gleichgewichtsorgans und der Eigenwahrnehmung dazu beigetragen, daß sein Gehirn jetzt gut vorbereitet war, um visuelle Wahrnehmung in richtiger Weise verarbeiten zu können. Dabei versteckte sich Fritz vor seiner Krankengymnastin hinter seinem Gebäude und kam dann mit einem lauten „Wuh" hervorgesprungen.

Verstecken und Suchen ist eine allgemeine Entwicklungsstufe, durch die alle Kinder hindurchgehen. Dieses geschieht sowohl bei normaler kindlicher Entwicklung als auch innerhalb eines Behandlungsablaufs, sobald die verbesserten vestibulären Funktionen den Kindern eine ausreichende visuelle Raumwahrnehmung gestatten. Sichverstecken bereitet dem Kind das Gefühl, daß es sowohl den Raum als auch die Menschen, vor denen es sich versteckt, meistern kann.

Kinder erreichen dieses Verstecken- und Suchenstadium spontan und ohne daß sie dazu angeregt werden oder es bei anderen sehen müssen. *Manchmal strapazieren sie die Geduld ihrer Mitmenschen damit, weil sie nicht die volle Bedeutung dieses Spieles für das wachsende Gefühl der Selbstidentifikation des Kindes realisieren.* Obwohl dieses Spiel sicherlich für therapeutische Zwecke nicht bedeutsam ist, gibt es dem Kind doch in vielen Fällen das, was es gerade benötigt.

Während der Zeit, in der sich Fritz in der Behandlung befand, verbesserte sich sein Lernvermögen sehr eindrucksvoll. Bereits nach einigen Monaten zeigte er in der Schule deutliche Erfolge; das ist sehr rasch für Kinder, deren psychische Entwicklung und Gefühlswelt mit ihrem Bedarf an sensorischer Integration in Konflikt gerät. Fritz besserte sich so rasch, weil er einen starken inneren Antrieb hatte, diejenigen Reize auszuwählen und immer wieder zu suchen, die er benötigte, und weil er fähig war, seinen inneren Signalen zu folgen.

Die Atmosphäre während einer Behandlung

Eines der Ziele der Behandlung ist, die inneren Signale eines Kindes so zu verstärken, daß es in die Lage versetzt wird, sein Leben selbst in die Hand zu nehmen. Erziehung wird zumeist von außen her eingeleitet, und wahrscheinlich muß das auch die meiste Zeit über so sein. Aber Kinder müssen auch eine eigene innere Einstellung in ihrer Beziehung zur physikalischen Umwelt und anderen Menschen entwickeln. Selbstvertrauen beruht auf der Fähigkeit, sich selbst leiten zu können.

Der Zeitpunkt des Auftretens einer Selbstkontrolle bildet sich im zweiten und dritten Lebensjahr. Das Kind beginnt zu realisieren, daß seine Person und die Mutter zwei verschiedene Dinge sind und daß es eine gewisse Verfügungsgewalt über sich selbst besitzt. Wie wir in Kapitel 2 sahen, beruht die Selbständigkeit des Kindes in diesem Alter auf der Fähigkeit laufen und ein wenig klettern zu können, kleine Gegenstände aufzubauen und Dinge in seiner physikalischen und sozialen Umwelt zu verändern. Das Kind kann in diesem Alter von seiner Mutter weglaufen, und es kann auch „nein" zu ihr sagen. *Je vollständiger das Nervensystem des Kindes integriert ist, desto besser ist es in der Lage, seine Unabhängigkeit auszubilden.*

Die meisten Kinder mit Störungen der sensorischen Integration haben nur ein sehr schwach ausgebildetes Selbstvertrauen. Es ist schwierig, mit sich selbst ins reine zu kommen, wenn dieses „Selbst" nicht richtig funktioniert. Darüber hinaus macht die Funktionsstörung sie im Vergleich zu anderen Kindern unzulänglicher. Als kleine Kinder entdeckten sie bereits, daß sie Dinge nicht tun konnten, die ihre Freunde durchführten, und wenn sie sich mit ihnen verglichen, schnitten sie unvorteilhaft ab. So entwickelten sie Unterlegenheitsgefühle und empfanden sich als macht- oder kraftlos, äußeren Einwirkungen unterworfen und zu Unfähigkeit verurteilt. Zahlreiche jugendliche Straftäter sind mit diesen Gefühlen aufgewachsen.

Kapitel 10. Sensorische Integrationsbehandlung   213

Manche Kinder, die zu einer Behandlung kommen, scheuen sich, etwas anderes zu tun als gerade die elementarsten Tätigkeiten. Sie scheuen sich sogar, Dinge zu tun, die sich gut innerhalb ihrer Leistungsgrenze befinden. Sie wollen anderen nicht zeigen, wie armselig sie in ihren Möglichkeiten sind, und tun deswegen am liebsten gar nichts. Sie haben die Erfahrung gemacht, daß andere Leute gewöhnlich zuviel von ihnen erwarten oder aber immer gleich Fehler entdecken. Sie haben Angst, daß auch ihre Therapeutin sich so verhalten könnte.

Diese Bedenken veranlassen das Kind, seine eigenen inneren Bedürfnisse zu unterdrücken. Auf diese Weise vermeiden sie leider auch alle Tätigkeiten, die ihnen helfen könnten, ihre sensomotorischen Funktionen im Gehirn besser auszubauen. Wenn ein solcher Zustand vorliegt, muß die Therapeutin viel Zeit aufbringen, um den inneren Widerstand des Kindes abzubauen. Sie muß zunächst dem Kind das Vertrauen zu ihr vermitteln und auch zu der für das Kind neuen Behandlungseinrichtung.

Da nur das Kind selbst sein eigenes Gehirn in die Lage versetzen kann, richtig zu arbeiten, muß die Therapeutin versuchen, den inneren Antrieb des Kindes dadurch hervorzulocken, daß sie ihm zunächst nur Aufgaben stellt, die es gut bewältigen kann. Dabei müssen die innerhalb des Behandlungsspielraumes erreichbaren Tätigkeiten auf die Bedürfnisse und Fähigkeiten der sensorischen Integration des Kindes abgestimmt sein. Sie müssen in jedem Falle mehr reizvoll als angsterzeugend für das Kind sein, da dieses sehr leicht einzuschüchtern ist. Die Aufgabe der Therapeutin ist es, dem Kind diejenigen vestibulären, propriozeptiven und taktilen Erfahrungen zu vermitteln und die daraufhin einsetzenden Anpassungsreaktionen anzuregen, die über dem Niveau, welches das Kind bisher erreicht hatte, liegen sollen.

Sobald die Umweltbedingungen für die Entwicklung des Kindes optimal sind, empfindet es die Behandlung als „Spaß" und wird darauf erpicht sein, zur Behandlung zu kommen. Wenn es erst einmal seine versteckten Möglichkeiten wahrzunehmen beginnt und Selbsterfüllung mit seinem zunehmend besser geordneten Nervensystem erfährt, wächst sein Gefallen an den Behandlungsaktivitäten. Diese Freude am Spiel vermittelt der Therapeutin die Sicherheit, daß ihre Maßnahmen dem Gehirn des Kindes die Impulse geben, die es zu seiner Weiterentwicklung benötigt.

Ein Kind mit einem gut geordneten Nervensystem zeigt seine Freude am Spiel eigentlich während der ganzen Zeit des freien Spielens. Es macht Spaß, die Einwirkungen der Schwerkraft, der Körperbewegungen und der Bewegungsplanung herauszufordern. Erwachsene haben dieselbe Freude, wenn sie ihrem inneren Drang nach aufregenden Gefühlen oder Bewegungen nachgeben. Manche benötigen sehr intensive Stimulation ihres

Gleichgewichtssystems und der Eigenwahrnehmung, um dieses Gefühl zu empfinden, und deshalb klettern sie auf hohe Berge, springen mit dem Fallschirm ab oder machen Hindernisrennen. Für andere sind die sanfteren Gefühlserregungen beim Tanzen, Schwimmen oder Dauerlaufen ausreichend.

Der innere Drang, seine sensorische Integration zu vervollkommnen, ist in den meisten Kleinkindern vorhanden, wird jedoch oft unter dem Gefühl der Unzulänglichkeit und des Mißlingens begraben. Es bedarf einer Menge Geschicklichkeit und Phantasie, um eine spielerische Umgebung aufzubauen, die keine Angst verbreitet und in welcher ein solches Kind sein eigenes Wachstum in die Hände nehmen kann. Es verlangt Selbstüberwindung, ein Kind in einem Zustand zu belassen, der den Eindruck erweckt, als ob es seine Zeit sinnlos verschwendet, indem es scheinbar sinnlos an seinen Spielsachen „herumfummelt", sich Vorschlägen widersetzt und nur seinem eigenen Weg folgt. *Im Falle, daß das Kind seinen eigenen Weg nicht finden kann, soll die Therapeutin eingreifen, aber nur helfend und Mut zusprechend, um aus ihm herauszubringen, was es von sich aus offenbar nicht schafft.*

Die Therapeutin versucht, vorsichtig die vorgegebene Struktur und die darin befindlichen Freiheiten so auszubalancieren, daß sie das Kind zu einer weiterführenden Selbsterfahrung bringen. Dieses Gleichgewicht ist nicht leicht zu erreichen. Ungeordnetes Spielen führt nicht von sich aus zu einer besseren sensorischen Integration. Wenn dies der Fall wäre, hätten viele Kinder mit Funktionsstörungen ihre Probleme selbständig lösen können. Wenn man einem solchen Kind jedoch zu strukturierte Anweisungen gibt, fördert man es ebenfalls nicht. Es bedarf einer guten Ausgewogenheit zwischen strukturiertem Angebot und freier Entscheidung des Kindes, damit die Therapeutin einen positiven Einfluß sowohl auf die nervale Ordnung als auch den inneren Antrieb des Kindes ausüben kann.

Dem Kind wird so viel Eigenständigkeit über die Behandlung gegeben, wie es bewältigen kann, und so lange, wie seine Tätigkeit einen therapeutischen Zweck erfüllt. Die Therapeutin überwacht die Umgebung und die Behandlungsgeräte, während das Kind seine eigenen Aktionen in der ihm möglichen Art und Weise durchführt. Selbstvertrauen oder zumindest eine verbesserte Einstellung zu sich selber sind oft die ersten Änderungen, die Eltern an ihren Kindern beobachten, nachdem sie die Behandlung begonnen haben. Das Kind lernt, sich selbst besser in die Gewalt zu bekommen, da sein Nervensystem leistungsfähiger wird.

Vergleich zwischen sensorischer Integrationsbehandlung und anderen Behandlungsmöglichkeiten

Die sensorische Integrationsbehandlung ist ein Spezialgebiet der Beschäftigungstherapie, eines Berufes, der besonderen Wert darauf legt, das menschliche Verhalten von einem neurobiologischen Standpunkt aus zu verstehen. Der Begriff „Beschäftigung" bedeutet, daß die Therapeutin dem Patienten hilft, sinnvolle Tätigkeiten auszuführen. Die meisten Tätigkeiten im Rahmen einer sensorischen Integrationsbehandlung sind sinnvoll angelegt, damit das Kind ein Ziel darin sieht, sie auszuführen. Sinnvolle körperliche Betätigungen durchzuführen, ist die beste Möglichkeit, menschliches Funktionieren zu verbessern, sofern das Problem durch die Art und Weise, wie das Gehirn arbeitet, verursacht wird – *besser, als über die Probleme nachzudenken oder über sie zu reden.*

Psychotherapie. Die sensorische Integrationsbehandlung unterscheidet sich von der klassischen Psychotherapie insofern, als sie den Versuch unternimmt, dem Kind zu helfen, mit den Forderungen des Lebens durch eine leistungsfähigere Hirnfunktion fertig zu werden. Die Psychotherapie beschäftigt sich im allgemeinen damit, die Beziehungen zwischen dem Patienten und seiner Umwelt zu analysieren und darüber zu sprechen, warum Menschen die Dinge gerade so tun und nicht anders. Auf der Couch eines Psychotherapeuten zu liegen, ist keine gute Möglichkeit, einem Gehirn, das nervale Stimulation und entsprechende körperliche Anpassungsreaktionen benötigt, in seiner Entwicklung zu helfen. Sie kann jedoch später eine gute Möglichkeit sein, um die Situation eines Menschen vom intellektuellen Standpunkt aus begreifbar zu machen.

Beide Therapieformen haben jedoch einige Dinge gemeinsam. In beiden Fällen muß der Hilfesuchende die eigentliche Arbeit an sich selbst eigenhändig leisten, während der Therapeut lediglich anwesend ist, um dieses Geschehen zu ermöglichen. In beiden Behandlungsarten gibt es Zeiten, in denen sich der Hilfesuchende „im Kreise dreht" und den Eindruck erweckt, als ob er keinen oder nur sehr geringe Fortschritte im Rahmen der Behandlung macht. Da jedoch der einzige Weg, körperlich oder geistig zu wachsen, über die eigene selbständig durchgeführte Leistung geht, ist das Wachstum eines Menschen sowohl schnelleren als auch langsameren Perioden des Fortschritts unterworfen. Das ist das Beste, was man machen kann.

Spieltherapie. Innerhalb der Psychotherapie für Kinder gibt es eine Untergruppe, die als „Spieltherapie" bekannt ist. Da die sensorische Integrationsbehandlung oft den Eindruck erweckt, als stelle sie ein Spielen dar, könnte man denken, es handle sich bei ihr um diese Art von Spieltherapie. Das ist nicht der Fall. Spieltherapeuten sind sich über die Einwirkungen ihrer Arbeit und den Einfluß, den sie auf das Gehirn des Kindes hat, nicht im Klaren, und sie haben keine Ausbildung, um die sensorische Integration des Kindes planmäßig zu verbessern.

Spieltherapie ist eine psychodynamische Behandlungsmethode: Der Therapeut versucht, dem Kind bestimmte psychische und soziale Erfahrungen zu vermitteln. Selbstverständlich umfaßt auch die sensorische Integrationsbehandlung psychisches und soziales Wachstum des Kindes, aber *nicht als primäre Behandlungsmaßnahme, sondern als Endprodukte der wesentlich elementareren Funktionen der Verarbeitung von Sinneseindrücken im Zentralnervensystem.*

Motorisches Wahrnehmungstraining. Die sensorische Integrationsbehandlung ist auch kein motorisches Wahrnehmungstraining, wobei dem Kind bestimmte Wahrnehmungen und Fertigkeiten beigebracht werden, z. B. das Zusammensetzen von Puzzle-Spielen oder „Himmel und Hölle-Hüpfen". Bestimmte Bewegungsabläufe beherrschen zu lernen, kann um ihrer selbst willen sinnvoll sein. Man darf jedoch davon nicht erwarten, daß sie dem Kind zu einem besseren Lernvermögen in der Schule verhelfen. Lehrer und Körperertüchtiger können dem Kind die Einübung solcher Geschicklichkeiten im Sichbewegen verschaffen, aber es fehlt ihnen die Ausbildung, um dem Kind systematisch zu einer Verbesserung seiner Hirnleistung zu verhelfen.

Schulerziehung. Lehrer sind dafür ausgebildet, ein Kind vom Verstand her anzusprechen, ohne Rücksicht darauf, ob das Kind die nervlichen Voraussetzungen für die entsprechende Verstandesleistung besitzt. Deshalb sind auch die meisten Erziehungsaufgaben auf diejenigen Kinder ausgerichtet, die eine normale sensorische Integration besitzen. Viele dieser Aufgaben überfordern jedoch Kinder, bei denen eine geringfügige Störung der Hirnfunktion besteht.

Schulerziehung beschäftigt sich damit, „was ein Kind lernt". Sensorische Integrationsbehandlung dagegen beschäftigt sich mit dem „wie es lernt" oder „warum es etwas nicht lernt". Die Therapeutin bemüht sich, das gesamte Kind zu fördern, damit es überhaupt etwas innerhalb seiner geistigen Möglichkeiten aufnehmen kann.

Warum hilft die sensorische Integrationsbehandlung?

Die zu Beginn dieses Kapitels besprochenen Ergebnisse der Hirnforschung helfen uns bereits, die Frage zu beantworten. Für Kinder mit Störungen der Hirnfunktion bedarf es jedoch noch einiger weiterer spezieller Hinweise. Das Gehirn - und besonders das sehr junge Gehirn - ist anpassungsfähig und in der Lage, sich unter natürlichen Einwirkungen zu verändern. Mit zunehmender Hirnreifung geht ein Teil dieser Anpassungsfähigkeit verloren. Wenn ein Kind noch jung genug ist, um neue Verbindungsbahnen zwischen seinen Neuronen zu entwickeln - es ist dies hauptsächlich der Zeitraum innerhalb der ersten zwei Lebensjahre -, kann ihm die Behandlung dazu verhelfen, solche Verbindungswege aufzubauen. Beim älteren Kind scheint die Behandlung die Übertragung von Nervenreizen von einem Neuron zum anderen zu bahnen, so daß die Nerveninformationen leichter und wirksamer die Nervenbahnen passieren können.[3]

Selbst wenn sehr viele hemmende Einflüsse im Gehirn vorliegen, kann infolge der besseren Übertragungsbahnung die sinnliche Wahrnehmung die Hemmvorgänge im Gehirn überwinden. Bei einem Kind, das überstark reagiert, helfen diese Sinneseindrücke und die daraufhin ablaufenden Anpassungsreaktionen, die Aktivität in den bereits vorhandenen Nervenverbindungen zu modulieren.

Die sensorische Integrationsbehandlung hilft deshalb, weil das Gehirn so aufgebaut ist, daß die Funktionen, die gebraucht werden können, genau diejenigen Funktionen sind, die es zu entwickeln gilt. Sie hilft deshalb, weil die Behandlungsgeräte und der Behandlungsraum dem Kind Vergnügen bereiten und es dadurch seine Sinneseindrücke in einer Weise zu verarbeiten lernt, wie sie zuvor von ihm nie benutzt worden waren. Sie arbeitet auch deshalb, weil praktisch alle menschlichen Wesen den inneren Antrieb haben, ihre Sinneswahrnehmungen verarbeiten zu wollen, und die Behandlung nichts weiter als eine Fortsetzung dessen ist, was die natürlichen Gegebenheiten des Kindes und seine Umgebung nicht erreichen konnten.

Es gibt einige Kinder, denen mit der sensorischen Integrationsbehandlung nicht geholfen werden kann, obwohl ihrem Problem eine Lernstörung oder aber eine Schwierigkeit der Sinnesverarbeitung zugrunde liegt. Bei einigen sind die Störungen sehr ausgeprägt, und wir haben nicht genü-

---

3 Anmerkung der Übersetzer: Neuere Forschungsergebnisse haben gezeigt, daß die Ausbildung von Verbindungen zwischen den Neuronenverzweigungen auch im späteren Alter und praktisch während des ganzen Lebens in einem beschränkten Umfange möglich ist (Herschkowitz).

gend Kenntnisse gesammelt, um mit der Schwere des Problems fertig zu werden. Bei anderen können wir die Art der Schwierigkeit nicht mit genügend Klarheit bestimmen, um ein wirksames Programm für das Kind auszuarbeiten. Manchmal ist das Problem in einen Hirnabschnitt lokalisiert, der weniger abhängig von der Verarbeitung körperlicher Empfindungsqualitäten ist. Diese Kinder bedürfen einer speziellen Heilerziehung (Heilpädagogik).

Ein Behandlungsfall

Robert – ein fiktiver Name für einen wirklich existierenden Jungen – war 8 Jahre und 11 Monate alt, als er zum ersten Mal im Hinblick auf seine sensorische Integration getestet wurde. Als Therapeutin möchte man ein Kind gern in einem viel früheren Alter zur Behandlung bekommen, da jüngere Gehirne mehr Möglichkeiten haben, sich zu verändern. Robert befand sich in seinem 4. Schuljahr, aber seine Leistungen entsprachen denen eines Erstkläßlers. Sein Buchstabieren und Rechnen waren die gleichen wie bei einem Kind, das die 2. Klasse durchlaufen hatte. Sein Intelligenztest war ungefähr genauso gut wie bei Kindern seiner Altersgruppe. Robert wurde deshalb in einer Spezialklasse für Kinder mit Lernschwierigkeiten untergebracht.

Diagnose

Robert wurde hinsichtlich seiner sensorischen Integration, seiner Sprachfähigkeit und seines Lernvermögens getestet. Sein postrotatorischer Nystagmus (siehe Kapitel 5 – Seite 101) war von kurzer Dauer. Er hatte Schwierigkeiten, auf einem Bein mit geschlossenen Augen zu stehen, obwohl seine Haltungs- und Gleichgewichtsreaktionen im allgemeinen altersentsprechend, jedoch nicht besonders gut waren. Er konnte die meisten Kinderspiele auf dem Spielplatz mitmachen, ohne sich dabei besonders unbegabt zu fühlen, obgleich er während des Testens bei den Aufgaben der Bewegungsplanung nicht besonders gut abschnitt.

Er hatte kein Problem, zu sagen, welcher Finger berührt wurde, wenn seine Hand abgedeckt war, und hatte ein gutes Gefühl über die Stellung seiner Hände im Raum, ohne sie anzusehen. Es bereitete ihm jedoch Schwierigkeiten, Berührungsqualitäten auseinanderzuhalten, und manchmal konnte er nicht erkennen, ob sich ein Viereck oder ein Dreieck in seiner Hand befand. Seine visuelle Wahrnehmung von Raum und Form war im Vergleich zu seinem Alter schlecht. Darüber hinaus war er überaktiv, leicht ablenkbar und berührungsabweisend.

Roberts Ergebnisse hinsichtlich akustischer Teste und Sprachprüfungen waren ebenfalls unter der erwarteten Norm für Kinder seines Alters und seiner Intelligenz. Er hatte beachtliche Schwierigkeiten, zu verstehen, was man ihm sagte, besonders wenn gleichzeitig Hintergrundgeräusche vorhanden waren. Ein anderer Test zeigte, daß beide Seiten seines Großhirns Sprachlaute gleich gut verarbeiteten. Auch beide Hände hatten annähernd die gleichen Fertigkeiten, jedoch war keine Hand besonders geschickt.

Aufgrund dieser Testergebnisse und der klinischen Beobachtungen kamen wir zu dem Ergebnis, daß Roberts hauptsächliches Defizit der sensorischen Integration sein *Gleichgewichtssystem* betraf. Dieses vestibuläre Verarbeitungsproblem war der Anlaß, daß er Lernschwierigkeiten und Probleme bei der Bewegungsplanung, der Augen-Hand-Koordination, der visuellen Wahrnehmung und der Sprachentwicklung hatte. Gleichzeitig waren die von seinem Gehirn nicht richtig verarbeiteten Gleichgewichtseindrücke die Ursache seiner Überaktivität, Unkonzentriertheit und der Berührungsabweisung.

Behandlung

Glücklicherweise zeigte Robert ein großes Bedürfnis nach vestibulärer Stimulation, die er zur Besserung seiner Störungen vorwiegend benötigte. Er verbrachte viele Stunden auf einer Schaukel, die an einem elastischen Seil hing, so daß er beim Schaukeln ebenso intensiv auf- und abwärts bewegt wurde wie hin und her und im Kreis herum. Wenn ich nicht gelernt hätte, auf das innere Bedürfnis und die Selbstentscheidung der Kinder zu vertrauen, würde ich ihnen nicht gestattet haben, so viele Zeit damit zu verbringen, immer wieder dasselbe zu tun. Manchmal hatte ich das Gefühl, daß ich vielleicht für sie ein etwas abwechslungsreicheres Programm gestalten sollte, aber ich überließ es zum Schluß dann doch dem inneren Bedürfnis des Kindes, zu entscheiden, was es tun wollte und wie lange.

Nach einiger Zeit wählte Robert sich eine andere Betätigung aus. Etwa nach 4 oder 5 Behandlungsmonaten fing er an, auf jeden nur brauchbaren Gegenstand zu klettern und dann von der Stelle herunter zu springen, auf die er gerade geklettert war. Offensichtlich hatte Robert sich selbst genug vestibuläre Nervenerregung auf der Schaukel vermittelt, um neue Nervenbahnen zu vielen anderen Hirnabschnitten zu eröffnen. Das Klettern gestattete ihm, diese neuen Verbindungen auszunutzen und Beziehungen zu anderen Dingen seiner körperlichen Umwelt aufzunehmen. Fast hätte er einige Unfälle gehabt, da das neu entdeckte Bedürfnis, seine sensomotorischen Möglichkeiten auszuloten, zeitweilig seine Fähigkeit zur Bewegungsplanung überstieg. Die durch die Gleichgewichtserregung eröffneten neuen Nervenverbindungen befähigten Robert, nun auch viel besser zu lesen. Bevor seine Behandlung endgültig abgeschlossen war, wurde Robert aufgrund seiner besseren Leistungen in eine Normal-Schulklasse versetzt.

Wie man es des öfteren erlebt, wenn das Nervensystem eines kleinen Jungen leistungsfähiger wird, entwickelte sich auch bei Robert nun das Bedürfnis, seine neu erworbenen Fähigkeiten zu beweisen, um auf diese Weise einen größeren Einfluß auf seine Umgebung zu haben. Er hängte sich an ein Seil, das von der Decke herabhing, und wirbelte sich im Kreis herum, wobei er eine Papptonne mit dem Fuß anstieß, welche umstürzte und mit viel Lärm durch das Zimmer rollte. Das Erlebnis, ein relativ großes Objekt in so schnelle und lautstarke Bewegungen versetzt zu haben, vermittelte ihm den Eindruck, daß er ein „toller Kerl" sei, und genau das war das Gefühl, das Robert in seiner Situation benötigte.

Da Robert sich in einem Behandlungsraum befand, war er in der Lage, solche Dinge zu tun und durch dieses für ihn notwendige Stadium einer gewissen Kraftmeierei hindurch zu gehen. Zu Hause oder in einem Klassenzimmer wäre eine solche Betätigung nicht möglich gewesen. Zur gleichen Zeit entwickelte Robert eine ausgeprägte Bereitwilligkeit, den Behandlungsraum in ordnungsgemäßem Zustand zu halten, als ob er wollte, daß dieser genauso gut geordnet sei wie nunmehr sein Gehirn.

Behandlungsergebnisse

Ein Jahr nach der ersten Testserie wurde Robert erneut einigen Testen unterzogen. Während dieses Jahres hatte er etwa 6 Monate lang eine Behandlung erfahren, jeweils 2½ Stunden pro Woche. Er zeigte eindeutige Fortschritte sowohl im Sprachtest als auch im visuellen Wahrnehmungstest. Die Dauer seines postrotatorischen Nystagmus hatte sich nicht verändert. Dieses Ergebnis wurde jedoch nicht so interpretiert, daß es bedeuten könne, sein vestibuläres System habe sich nicht verbessert. Angeborene und normale Hemmfaktoren beeinflussen den Nystagmus als Folge einer starken vestibulären Stimulation.

Sein Lesen entsprach jetzt dem eines Kindes des 4. Schuljahres; das bedeutet, daß er in 1 Jahr die vorher fehlenden 3 Jahre aufgeholt hatte. Sein Buchstabieren entsprach dem eines Kindes, das sich 2 Monate lang in der 4. Klasse befunden hatte – auch hier ein Fortschritt von 1½ Jahren. Sein Rechnen entsprach dem eines Kindes, das die 3. Klasse beginnt – hier betrug der Gewinn etwas weniger als 1 Jahr. *Aufgrund dieser Ergebnisse konnte man feststellen, daß die Behandlung Roberts allgemeines Lernvermögen, besonders aber das Lesen, deutlich verbessert hatte.*

Literatur

Chee Francis KW, Kreutzberg Jeffrey R, Clark David L (1978) Semicircular canal stimulation in cerebral palsied children. Phys Ther 58: 1071–1075

Clark DL, Kreutzberg JR, Chee FKW (1977) Vestibular stimulation influence on motor development in infants. Science 196 (4295): 1228–1229

Fox Julia VD (1965) Improving tactile discrimination of the blind. Am J Occ Ther, 1965, 19, 5–11.

Gregg Claudette L, Haffner M Ellen, Korner Anneliese F (1976) The relative efficacy of vestibular-proprioceptive stimulation and the upright position in enhancing visual pursuits in neonates. Child Develop 47: 309–314

Herschkowitz, Norbert (1983) Prinzipien der biochemischen Hirnreifung. Vortrag a.d. Europäischen Seminar f. Entwicklungsneurologie 14.–17.2. 83. Hamburg (im Druck)

Hunt, McVicker J (1976) Environmental programming to foster competence and prevent mental retardation in infancy. In: Walsh RN, Greenough WT (eds) Environment as therapy for brain dysfunction. New York, Plenum Press

Kantner Robert M, Clark David L, Allen Lynn C, Chase Marian F (1976) Effects of vestibular stimulation on nystagmus response and motor performance in the developmentally delayed infant. Phys Ther 56: 414–421

Korner Anneliese F, Kraemer Helena C, Haffner M Ellen, Cosper Lorna M (1975) Effects of waterbed flotation on premature infants: a pilot study. Pediatrics 56: 361–367

Kramer Marlene, Chamorro Ilta, Green Dora, Knudtson Frances (1975) Extra tactile stimulation of the premature infant. Nursing Res 24: 324–334

Montgomery Patricia, Richter Eilean (1977) Effect of sensory integrative therapy on the neuromotor development of retarded children. Phys Ther 57: 799–806

Neal Mary (1968) Vestibular stimulation and developmental behavior of the small premature infant. Nursing Res Rep 3: 1–5

Rice Ruth Diane (1977) Neurophysiological development in premature infants following stimulation. Devolop Psychol 13: 69–76

Rosenzweig Mark R (1976) Effects of environment on brain and behavior in animals. In: Schopler E, Reichler RJ (eds) Psychopathology and Child Development. New York, Plenum Press

Solkoff Norman, Matuszak Diane (1975) Tactile stimulation and behavioral development among low-birthweight infants. Child Psychiatry and Human Development 6: 33–37

Walsh Roger N, Cummins Robert A (1976) Neural responses to therapeutic environments. In: Walsh RN, Greenough WT (eds) Environment as therapy for brain dysfunctions. New York Plenum Press

White Jerry L, Labarba Richard C (1976) The effects of tactile and kinesthetic stimulation on neonatal development in the premature infant. Develop Psychobiol 9: 569–577

Kapitel 11

Was können Eltern tun?

Die Bedeutung des Elternhauses wird stark unterschätzt. Ausgeprägter als jeder andere können die Eltern die Umwelt ihres Kindes, das Lernstörungen oder Verhaltensprobleme zeigt, so verändern, daß sich seine sensorische Integration verbessert. Ohne Eltern, die das Kind verstehen und seine Entwicklung fördern, wird dieses viele Schwierigkeiten haben und wahrscheinlich unglücklich werden. Unter Umständen verläßt es sogar die Schule. Mit der Unterstützung und dem Verständnis ihrer Eltern dagegen können die meisten dieser Kinder ein angemessenes und befriedigendes Leben führen.

Die Prinzipien und Vorstellungen dieses Kapitels kann man auf jedes Kind anwenden. Bei den meisten Kindern gibt es noch Reserven, um Hirnfunktionen zu fördern. Bei denjenigen mit ausgeprägten neurologischen Störungen wird die Hilfe der Eltern oder der Therapeuten nur wenig nützen können. Aber die Vorschläge, die hier gemacht werden, helfen auch diesen Eltern, ihre Kinder richtig zu behandeln und für deren Bedürfnisse zu sorgen.

Es gibt fünf wichtige Dinge, die Eltern tun können:

1. Das Problem erkennen, damit sie wissen, was ihr Kind nötig hat,
2. Ihrem Kind helfen, sich mit sich selbst in Einklang zu fühlen,
3. Seine Umwelt in geeigneter Weise überwachen und gestalten,
4. Ihm helfen, spielen zu lernen,
5. Sich nach Hilfe von Fachleuten umsehen.

Das Problem erkennen

Mütter tun gewöhnlich das Richtige. Wenn etwas mit ihrem Kind nicht richtig läuft, fällt dies einer Mutter meistens auf. Sie kann zwar im allgemeinen nicht mit dem Finger darauf zeigen oder ihren Kinderarzt überzeugen, daß ein Problem besteht. Selbst wenn sie sich einredet, daß alles in Ordnung sei, wird sie sich trotzdem fragen, warum ihr Kind so viele Schwierigkeiten in seinem Leben hat. Wenn sie bereits andere Kinder erlebt hatte, fällt es ihr sicher auf, daß dieses Kind sich nicht wie die anderen entwickelt. Sie bemerkt, daß es häufig verwirrt ist, viele Dinge nicht ertragen kann und nicht leicht zufriedenzustellen ist.

Eine nur schwach ausgeprägte Störung der sensorischen Integration ist besonders schwierig zu erkennen. Ein solches Kind erscheint öfters vollständig normal – mit Ausnahme seiner ungewöhnlichen Schwierigkeiten mit den Schularbeiten –, und auf diese Weise hat niemand den Verdacht, daß eine Störung seiner Hirnfunktion vorliegen könne. *Wenn Ihr Kind intelligent genug zu sein scheint, aber den Anforderungen des Kindergartens im ersten Jahre nicht gewachsen ist, sollten Sie unbedingt eine Störung seiner sensorischen Integration in Erwägung ziehen.*

Kinder entwickeln sich unterschiedlich rasch, aber es ist *einer der größten Fehler, den Eltern machen können, wenn sie annehmen, daß ihr Kind die Störung mit zunehmendem Alter von selbst überwinden wird. Dadurch wird kostbare Zeit verloren, denn das Gehirn muß jung und bildungsfähig sein, wenn eine erforderliche Behandlung optimale Wirkung zeigen soll. Warten Sie bitte nicht, bis Ihr Kind älter geworden ist und dadurch die Vorteile einer frühzeitigen Behandlung einbüßt.*

Ein weiterer Fehler ist die Annahme, daß die Erziehung in der Schule oder Geistestraining allein Ihrem Kind helfen kann, ebenso wie die Annahme, es könne Dinge lernen, für die sein Hirn noch nicht bereit ist.

Wird ein lernbehindertes Kind zu früh in die Schule gegeben oder aber es kommt in eine Schule, die große Anforderungen an die Kinder stellt, vergleicht es sich selbst mit den anderen Kindern und entwickelt Minderwertigkeitsgefühle. Der beste Platz für ein Kind mit einer leichten neurologischen Funktionsstörung ist eine Kindergartenvorschule ohne Lernwettbewerb. Sie muß allerdings Lehrer haben, die in der Lage sind, sensomotorische Entwicklung zu fördern und Verständnis für die unterschiedlichen Entwicklungsstadien der Kinder aufzubringen und ihnen Rechnung zu tragen. Manchmal hilft es schon, das Kind erst dann in den Kindergarten zu schicken, wenn es ein Jahr älter geworden und auf diese Weise besser befähigt ist, mit den Schulproblemen fertig zu werden.

Wenn man das Problem im frühen Lebensalter des Kindes in den Griff bekommt, bedeutet dies nicht unbedingt, daß man für immer das Auftreten von Schwierigkeiten verhindert. Aber in jedem Falle gibt man damit dem Kind eine bessere Gelegenheit, die Auswirkungen, die das Problem auf sein weiteres Leben haben kann, zu verringern. Früherkennung hilft in jedem Falle der Familie, das Verhalten des Kindes im richtigen Ausmaß zu sehen, so daß sie ihm die zusätzliche Anerkennung und Beachtung sowie die Umweltstruktur geben kann, die es braucht.

224 Was kann beim Auftreten solcher Störungen getan werden?

Wenn Ihr Kind in seiner Entwicklung zurückgeblieben ist, kommen Sie deshalb bitte nicht sofort zu dem Schluß, daß es unbedingt Probleme haben muß. Sie sollten stattdessen etwas unternehmen, um seine sensorischen Integrationsprozesse zu fördern. Es ist wichtig, dabei daran zu denken, daß man ein Kind nicht zu Handlungen drängen soll, die es von seiner Entwicklung her noch nicht bereit ist auszuführen. Besser ist es, ihm Gelegenheit und auch Ermutigung für Leistungen zu geben, mit denen sein Zentralnervensystem fertigwerden kann.

Einer der häufigsten Fehler, der heute noch immer von Fachleuten gemacht wird, ist die Annahme, daß Verhaltensstörungen korrigiert werden können, ohne daß man etwas für die Änderung der Hirnstörung, die dieses Verhalten verursacht, unternehmen müßte. Der Psychotherapeut versucht, die Beziehungen innerhalb der Familie zu beeinflussen; der Schulberater möchte das Kind veranlassen, sein Verhalten zu ändern und hierfür neue Entschlüsse zu fassen; der Verhaltenspsychologe versucht, das Kind zu bestimmten Verhaltensweisen zu konditionieren.

Jeder dieser Ansätze ist zu manchen Zeiten gerechtfertigt, doch haben sie oft keinen Erfolg, weil die schlechte sensorische Integration des Kindes die Schwierigkeiten immer wieder hervortreten läßt. *Es ist nicht genug, lediglich das familiäre Zusammenleben oder Denkprozesse oder besondere Verhaltensweisen zu ändern. Mit Hilfe der sensorischen Integrationsbehandlung hilft der Therapeut dem Kind, Ordnung in sein Nervensystem zu bringen, und wenn das erreicht ist, verändern sich alle diese Dinge auf natürlichem Wege.*

Niemand lebt ohne Streß oder Anforderungen. Für niemanden geschehen alle Dinge von vornherein perfekt. Ein nicht gut integriertes Gehirn ist jedoch dazu verurteilt, ein Leben lang viele zusätzliche Schwierigkeiten zu haben. Ein Kind mit leichteren Funktionsstörungen ist erst dann in der Lage, zu seinen Mitmenschen ein gutes Verhältnis aufzubauen, wenn diese Verständnis aufbringen für die Ungereimtheiten, die in seinem Nervensystem ablaufen. Das Problem könnte den Eindruck erwecken, „psychologisch" bedingt zu sein, aber die Psyche wird vom Gehirn gesteuert. Bevor Sie viel Zeit und Geld verschwenden, *um die zwischenmenschlichen Beziehungen durch Psychotherapie zu ändern, ist es besser, einen Versuch zu unternehmen und dafür zu sorgen, daß das Gehirn Ihres Kindes besser arbeitet.* Wenn nach einem solchen Behandlungsversuch immer noch Probleme bestehen, kann die Psychotherapie gegebenenfalls weiterhelfen.

Unangenehmes Verhalten festzustellen, ist einfach. Doch ist es schwierig, die Konzeption des Nervensystems zu erkennen, die diesem Verhalten zugrunde liegt. Wenn ein Kind sich nicht situationsgerecht verhält, ist es

Kapitel 11. Was können Eltern tun? 225

wichtig, sich bewußt zu machen, daß ein großer Anteil dieses Verhaltens durch ganz gewöhnliche Empfindungsqualitäten verursacht sein kann, die das Kind nicht in der geeigneten Weise verarbeitet. Wenn es seine Empfindungen nicht in der richtigen Weise ordnen kann, wird das Kind auch sein Verhalten nicht anpassen können. Das ist der Grund, weshalb Lernstörungen und Verhaltensprobleme auch bei Kindern auftreten, die ausgeglichene familiäre Verhältnisse haben.

Eine Verzögerung der Sprachentwicklung ist ein weiterer Hinweis auf eine sensorische Integrationsstörung. Sprechen erfordert zahlreiche sensomotorische Funktionen, und so tritt das Sprechvermögen häufig verzögert auf, wenn irgendein Hirnabschnitt nicht effektiv arbeitet. Die Fähigkeit, Worte zu bilden, ist in besonderem Maße sowohl an das Gleichgewichtsorgan als auch an das Hörsystem gebunden.

Das Hauptanliegen dieses Buches ist es, Eltern von sich aus erkennen zu lassen, daß bei ihrem Kind sensorische Integrationsstörungen vorhanden sind. Von Ärzten kann man nicht verlangen, daß sie solche Störungen erkennen, da sie innerhalb ihrer Berufsausbildung diese Dinge nicht erfahren. Wenn ein Kinderarzt sagt, daß mit Ihrem Kind nichts auffällig sei, meint er damit, daß die Bereiche, die er mit seinen ihm zur Verfügung stehenden Untersuchungsmethoden überprüft hat, nichts Auffälliges erkennen ließen.

Aber überzeugen Sie sich selbst: Wenn eine sensorische Integrationsstörung vorhanden ist, werden Sie bestimmt einige der in diesem Buch beschriebenen Anzeichen feststellen können. Lernen Sie, die Fachleute sinnvoll zu nutzen. Ein Arzt kann helfen, wenn medizinische Probleme vorliegen. Verlassen Sie sich jedoch nicht allein auf ihn, wenn es sich um das Wohlergehen Ihres Kindes handelt.[1] Ein Lehrer kann ein Kind in normalen Schulangelegenheiten unterrichten, aber erwarten Sie nicht von ihm, daß er das Lernvermögen Ihres Kindes steigern kann.

---

1 Anmerkung der Übersetzer: In der Bundesrepublik liegen die Verhältnisse etwas anders als in den USA. Es gibt hier niedergelassene Kinderärzte und Institutionen, die sich speziell mit behinderten Kindern und Jugendlichen verschiedenster Ursache befassen und einschlägige Erfahrungen besitzen. Die Anschriften sind über die jeweiligen Ärztekammern oder Kassenärztlichen Vereinigungen zu erfahren.

226 Was kann beim Auftreten solcher Störungen getan werden?

Helfen Sie ihrem Kind, sich in seiner Haut wohlzufühlen

Eine neurologische Störung stellt bereits eine ausreichende Behinderung dar, aber als hervorstechendes Merkmal dieser Störung leidet das betroffene Kind gewöhnlich zusätzlich an der negativen Vorstellung, die es von sich selbst hat. Es gibt drei Dinge, die zu diesem negativen Selbstwertgefühl beisteuern, nämlich die Art und Weise, wie das Nervensystem funktioniert, im Gefolge davon auftretende Gefühle des Versagens und der Unzulänglichkeit, die sich einstellen, weil das Kind Dinge nicht richtig ausführen kann, und schließlich die ablehnenden Reaktionen anderer Menschen gegenüber dem unzulänglichen Handeln des Kindes. Eltern können den ablehnenden Reaktionen anderer Leute energisch entgegenarbeiten und dadurch die Versagensgefühle ihres Kindes vermindern helfen.

Ein körperliches Problem

Als erstes muß man sich der Tatsache bewußt werden, daß das Problem des Kindes körperlicher Natur ist. Es betrifft den Ablauf elektrischer und biochemischer Vorgänge in seinem Gehirn. *Eine Lernschwierigkeit oder ein Verhaltensproblem, das durch eine Minderleistung des Gehirns verursacht wird, ist genauso als körperliches Leiden aufzufassen wie ein gebrochenes Bein oder eine Infektionskrankheit.*

Wenn ein Mensch Masern hat, fühlt er sich krank. Er neigt zu leichter Irritierbarkeit und kann deshalb launisch und weniger liebenswert erscheinen. Es geht ihm allerlei schief, da das von den Masern verursachte körperliche Mißbehagen das Verhalten der betroffenen Person beeinflußt. Wir berücksichtigen dies bei jemandem, der Masern hat, ohne weiteres und sehen ihm das weniger liebenswerte Verhalten nach.

Ähnliches Verzeihen und die gleiche Nachsicht sind auch erforderlich für ein Kind, das ein Problem mit seiner sensorischen Integration hat. Seine Mißempfindungen sind nicht unähnlich. Niemand verlangt von Ihnen, daß Sie mit dem Verhalten des Kindes einverstanden sind, aber lassen Sie Ihre Ablehnung nicht das Kind so stark spüren, daß es in seiner Persönlichkeit geschädigt wird. Sagen Sie ihm ruhig, daß niemand ein schlechtes Benehmen schätzt, aber daß dieses nicht bedeutet, daß es deshalb nicht geliebt wird. Helfen Sie ihm, auch zu begreifen, welche Dinge innerhalb der Gesellschaft noch akzeptierbar sind, und zeigen Sie ihm, wie man diese Erwartungen erfüllt.

Wenn ein Kind krank ist und sich im Wohnzimmer auf dem Teppich erbricht, sagen Sie ihm: „Nächstes Mal versuch bitte, daß es im Badezimmer passiert." Aber bestrafen Sie das Kind nicht und machen es nicht unglücklich darüber, daß ihm dieses Mißgeschick unterlaufen ist. Bestrafen Sie es nicht dafür und verlangen nicht von ihm, sich zu schämen, weil es in seinen Bewegungen ungeschickt ist oder weil es nicht richtig lesen und schreiben lernen kann, weil es keine sichere Darmkontrolle hat oder weil es Dinge tut, die andere Kinder veranlassen, es nicht besonders zu mögen. *Ein solches Kind bedarf der elterlichen Liebe und Anerkennung wesentlich mehr als ein Kind, das keine Probleme hat. Ein Kind mit einer Hirnfunktionsstörung braucht eine ganze Welt voll emotionaler Zuwendung, um ihm zu helfen, liebenswert zu werden.*

Es ist zweifellos sehr schwer, mit einem Kind, das unberechenbar, stur, unkameradschaftlich, gemein und feindselig ist, einverstanden zu sein. Es überbeansprucht die Geduld auch der tolerantesten Eltern. Es bedarf oft mehr Geduld, als von irgendeinem Elternpaar erwartet werden kann. Wie soll man mit dieser Art von Verhalten fertig werden?

Wenn Sie sich bewußt sind, daß das Kind ein körperliches, wenn auch unsichtbares Gebrechen hat, fällt es Ihnen vielleicht leichter, sein Verhalten und seine besondere Art zu akzeptieren. Trotz all dieser Probleme können Sie auch ein solches Kind lieben, und es kann diese Liebe erwidern. Die Gefühle, die Ihr Kind für sich selbst entwickelt, spiegeln zumindest teilweise die Gefühle wider, die Sie ihm gegenüber empfinden.

Voraussehen von emotionalen Krisen

Beachten Sie, daß das Nervensystem Ihres Kindes nicht so stabil ist wie das der anderen Kinder. Dadurch ist es emotional sehr anfällig. Zuviel Stimulation – durch Bewegung, Personen, Verwirrung, Programmänderungen, Geräusch, Erwartungen, Krankheit – kann bewirken, daß es die Kontrolle über seine Gefühle verliert. Das ist ganz besonders dann der Fall, wenn ein Kind berührungsabweisend oder schwerkraftunsicher ist.

Sie müssen lernen zu spüren, wann Ihr Kind die Kontrolle über sich selbst verliert resp. zu verlieren droht. Beispielsweise anläßlich einer Geburtstagspartie, welche für manche Kinder eine der aufregendsten Unternehmungen darstellt. Sobald Sie spüren, daß Ihr Kind mit bestimmten Situationen oder Reizeinwirkungen nicht fertig werden könnte, halten Sie es davon fern oder dämpfen Sie die von seiner Umgebung ausgehenden Reize.

Kinder lieben es nicht, die Kontrolle über sich zu verlieren, da sie sich dann über sich selbst sehr unglücklich fühlen. Sie können Ihrem Kind helfen, eine sichere Selbsteinschätzung zu bewahren, indem Sie es geschickt an Situationen vorbeisteuern, die sein Nervensystem überfordern könnten. Sie können ihm auch schon dadurch helfen, daß Sie selbst ruhig bleiben; Sie sind der wichtigste Teil in der Umgebung Ihres Kindes, und die Art, wie Sie sich verhalten, wirkt auf sein Nervensystem zurück.

Anstatt zu strafen

Wenn Ihr Kind seine Selbstkontrolle verliert und ausfällig wird, führt Strafe lediglich dazu, daß seine labile Selbsteinschätzung weiter herabgesetzt wird. Das Kind fühlt sich schon schlecht genug darüber, daß es die Kontrolle über sich verloren hatte. Durch Bestrafung fühlt es sich darüber hinaus noch schuldig und verwirrt. Anstelle von Strafe benötigt das Kind etwas, das ihm helfen kann, seine Haltung wiederzugewinnen. Ein ruhiger Ort, z. B. sein eigenes Zimmer, abseits von aller Aufregung, wird ihm in einer solchen Situation mehr helfen als alles andere. *Denken Sie nicht an Strafe, wenn ein Gehirn ungeordnet reagiert. Denken Sie stattdessen daran, die von der Umgebung auf dieses Gehirn einwirkenden Nervenreize in die richtigen Bahnen zu leiten und dem Kind zu helfen, sein Gehirn wieder in Ordnung zu bringen.*

Dämpfen Sie als erstes die Reizüberflutung, und dann sorgen Sie für Empfindungen, die eine ordnende Funktion auf das verwirrte Gehirn haben. Ein Spielzeug zum Schmusen, wie ein Teddybär, eine von dem Kind geliebte Decke oder ein gewohntes Kissen zum Kuscheln erzeugen Empfindungen, die das Kind in einer solchen Situation benötigt. Für manche Kinder ist es besser, sie aufzunehmen und mit ihnen zu schmusen. Anderen hilft Schaukeln in einem Schaukelstuhl oder auf einer Schaukel.

Bei jüngeren Kindern kann ein mildes Bad in einer *nicht zu großen Badewanne* beruhigend wirken. Sanftes Reiben in der Mitte des Rückens von oben nach unten kann das Wiedergewinnen eines geordneten Hirnzustandes fördern. Man sollte jedoch nicht von unten nach oben reiben, da dadurch Haut und Körperhaare entgegengesetzt ihrem Wachstum bewegt werden, und das kann unter Umständen Abwehrreaktionen auslösen.

Auch Betätigungen außerhalb des Hauses, wie ein Spaziergang oder Spielen in einem Sandkasten, liefern Reizempfindungen seitens der Eigenwahrnehmung in den Muskeln und Gelenken, und das kann, wie wir oben beschrieben haben, das Nervensystem des Kindes beruhigen. Besonders günstig ist es dabei, wenn die Außentemperatur etwas kühl ist, da die frische Luft den Reizzustrom von der Haut modulieren kann und Überaktivitäten dadurch gemildert werden.

Kapitel 11. Was können Eltern tun? 229

Disziplin

All das Gesagte bedeutet nicht, daß Sie Ihrem Kind keine Disziplin beibringen sollen. Jedes Kind braucht zu bestimmten Zeiten ein Zurechtweisen in seine Grenzen. Belohnungen oder bestimmte Privilegien dem Kind wieder wegzunehmen – z. B. Fernsehen verbieten, weil das Kind sich schlecht benommen hat – sind Grundelemente, um das Kind zu einem gewissen Gehorsam zu bringen. Lassen Sie sich nicht in eine Debatte mit Ihrem Kind über Zucht und Ordnung ein; erzählen Sie ihm einfach, was Sie tun und warum Sie es tun. Wenn Sie einmal eine Entscheidung getroffen haben, ob Ihr Kind eine Sache tun kann oder nicht, dann bleiben Sie dabei. Deshalb sollten Sie sich zweimal überlegen, bevor Sie „ja" oder „nein" sagen.

Um wirksam zu sein, sollte die Disziplin dazu führen, das Gehirn des Kindes ordnen zu helfen; keinesfalls soll sie seine Ordnung stören. Deshalb müssen Sie beständig bleiben, sich genau dessen bewußt sein, was sie tun, und sensibel gegenüber den Wirkungen, die Sie auf das Zentralnervensystem Ihres Kindes ausüben könnten.

Erwartungen

Manchmal schädigen Eltern das Selbstwertgefühl ihres Kindes, indem sie Erwartungen an es richten, die es nicht erfüllen kann. Da man die Störung der sensorischen Integration nicht unmittelbar sehen kann, vergißt man leicht, daß das Kind eine Behinderung hat und nicht so gut funktionieren kann wie ein normales Kind. Überzeugen Sie sich immer davon, daß die Erwartungen, denen Sie Ihr Kind unterwerfen, innerhalb der Leistungsfähigkeit seines andersartigen Nervensystems bleiben.

Wenn ein Mensch blind ist, erwarten wir von ihm nicht, daß er etwas sieht, und wir bemängeln auch nicht sein Unvermögen. Im Gegensatz dazu erwarten wir von einem Kind, das sehen kann, daß es Gegenstände nicht anrempelt. Unglücklicherweise kann ein Kind, das eine Störung der Raum- und Formwahrnehmung hat, zwar sehen, es bekommt jedoch keine genaue Vorstellung von dem, was es sieht. Deshalb sieht es zwar einen Stuhl und rempelt ihn dennoch an, da es keine sichere Raumvorstellung von der Stellung seines Körpers innerhalb des Raumes besitzt. Da ihm das jedoch nicht immer passiert und es, wenn es sich sehr viel Mühe gibt, dieses Anrempeln auch vermeiden kann, meinen die Menschen seiner Umgebung, es verdiene Schelte, wenn es Gegenstände umstößt oder anrempelt.

Eine wesentlich bessere Handlungsweise wäre, das Kind daran zu erinnern, daß es immer sorgfältig in die Richtung blickt, in der es geht. Wenn es dabei etwas anstößt, genügt es gelegentlich „Hoppla" zu sagen. Es hat es kaum nötig, daß man ihm sagt, es soll nicht in Gegenstände hineinlaufen – das weiß es bereits. „Es ist schwer, das Anrempeln zu vermeiden, nicht wahr?" – würde dem Kind das Gefühl vermitteln, daß Sie wissen, was es durchmacht, und daß Sie „auf seiner Seite" sind.

Dasselbe Verständnis und guter Zuspruch sind notwendig, wenn ein dyspraktisches Kind seine Spielsachen zerbricht. „Ja, ja, manchmal ist es gar nicht so leicht zu wissen, wie man mit solchen Sachen spielen kann." Oder wenn ein schwerkraftverunsichertes Kind es ablehnt, mit anderen Kindern zu spielen. „Nicht wahr, du würdest gern dieses Spiel mitmachen, aber es macht dir Angst." Oder zu einem berührungsabweisenden Kind, das sich wehrt, wenn Sie es berühren: „Ich weiß, daß sich das nicht gut anfühlt."

Das Positive hervorheben

Sie können das Selbstwertgefühl Ihres Kindes verbessern, indem Sie alle positiven Dinge, die es tut, bemerken und entsprechend gut kommentieren. Das verstärkt das gute Verhalten und vergrößert die Wahrscheinlichkeit, daß das Kind bei nächster Gelegenheit dieses Verhalten wiederholen wird. Selbst wenn es sich nur um eine Kleinigkeit handelt, wird sich Ihr Kind sehr viel wohler fühlen, wenn Sie es dafür loben. Das Gute loben und das Schlechte ignorieren ist eine gute Regel mit Allgemeingültigkeit. Auch das Kind mit schweren Verhaltensproblemen tut ab und zu etwas Gutes. Heben Sie hervor, ihm mitzuteilen, daß Sie diese Dinge schätzen. Das wird ihm helfen festzustellen, daß es sich gut verhalten kann.

Ein Kind mit einer Störung der sensorischen Integration, das von seinen Eltern akzeptiert und unterstützt wird, kann seinen Weg im Leben gehen. Ein anderes Kind mit den gleichen Störungen, bei dem die Eltern das Problem nicht erkennen und das Kind wegen seiner Störungen kritisieren, wird bestenfalls ein Leben lang kämpfen müssen und schlimmstenfalls ein jugendlicher Krimineller werden.

Gestaltung der Umwelt

Für die Entwicklung eines jeden Kindes ist die Art des häuslichen Lebens, das ihm die Eltern bereiten, von außerordentlicher Bedeutung. Die Eindrücke, die das Kind im häuslichen Alltag erhält, wirken während der meisten Zeit des Tages auf das Gehirn des Kindes ein, während eine Behandlung nur wenige Stunden innerhalb einer Woche die Sinneswahrnehmungen des Kindes beeinflussen kann. Zweifellos wird die Behandlung dann am effektivsten sein, wenn das Kind die übrige Zeit des Tages in einer gut geordneten Umgebung verbringt.

Struktur

Eine gute Struktur der kindlichen Umwelt hilft einem labilen Gehirn oftmals, an Stabilität zu gewinnen. Eine gute Ordnung der Lebensführung und der häuslichen Umwelt fördern auch eine entsprechend gute Gliederung des Gehirns. Ordnung dreht sich um Zeit und Ort. Jede Tätigkeit braucht ihre Zeit, und jeder Augenblick hat seine eigene Tätigkeit. Jeder Gegenstand hat seinen bestimmten Platz, und meistens befindet sich der Gegenstand an diesem Platz. Älteren Kindern beizubringen, wie sie ihre Zeit einteilen sollen und ihre Dinge in Ordnung halten, ist eine der besten Handlungsweisen, mit denen Eltern ihrem Kind helfen können, die schlechte Ordnung in seinem Gehirn zu kompensieren. Richtige Ordnung ist eine Form der Selbstzucht, und ein Kind mit Problemen der sensorischen Integration wird diese Selbstbeherrschung lernen müssen, da so etwas normalerweise nicht von allein kommt.

Die taktile Umwelt

Die Teile der Umwelt, die die Haut des Kindes berühren, können auf sein Nervensystem sowohl negative als auch positive Wirkungen ausüben. Beachten Sie immer die Reaktionen Ihres Kindes auf Sinneseinwirkungen. Denken Sie daran, daß nicht jeder Mensch Sinnesreize in der gleichen Weise erlebt wie Sie. Was für Sie ein angenehmes Streicheln ist, kann auf Ihr Kind absolut unangenehm wirken. Es kann auch sein, daß es sich völlig ruhig verhält, wenn es von Ihnen gestreichelt wird, während es eine Abwehrreaktion zeigt, wenn jemand anderes es berührt. Kleidungsstücke, die Ihnen kuschelig erscheinen, können von Ihrem Kind als kratzig empfunden werden. Für das eine Kind liefert ein Pelztier gerade die richtige Empfindung, während es bei einem anderen Kind Abneigung hervorruft. Für das eine Kind kann ein zusätzliches Reiben der Arme und des Gesichts nach dem Waschen beruhigend wirken, während es bei einem anderen nichts verursacht.

Ein dunkler Tunnel aus Decken oder Stoffen kann eine großartige Gelegenheit sein, um hineinzukriechen und einer reizüberladenen Umwelt zu entgehen. Überzeugen Sie sich jedoch, daß genügend Luft durch die Stoffe oder Decken zum Atmen in den Tunnel gelangt. Man kann auch ein Kind in ein weiches Bettlaken einrollen, damit es Berührungs- und Druck-

empfindungen erhält, die sein Nervensystem beruhigen. Das Wohlbehagen, das von einer solchen „Sicherheitsdecke" ausgeht, wird durch Berührungsstimulation an vielen Stellen der Körperoberfläche verursacht und
hilft der Integration des Nervensystems. Kleine Kinder haben noch keinerlei unserer Zivilisation innewohnenden Tabus über Berührung entwik-
kelt, und so ist ihre körperliche Reaktion ein guter Maßstab, welche Art
von Berührungsreizen gut für ihr Nervensystem ist und welche nicht. Sie
brauchen nur Ihr Kind zu beobachten und auf seine Äußerungen zu hören.

Ausbleibende Reaktionen sind der Hinweis, daß das Kind besondere
Berührungsreize braucht, die ihm annehmbar sind. Schlafen in Badetü-
chern oder in Samtschlafanzügen liefert unter Umständen die Berührungsreize, welche die Aktivität innerhalb des Nervensystems ausbalancieren kann. Vielleicht genügt es schon, mit einem Extra-Kissen, das in ein
Handtuch eingewickelt wurde und neben seinem Kopf liegt, zu schlafen.
Bevor das Kind ins Bett geht, sollten Sie ihm eine leichte Rückenmassage
geben oder es im Anschluß an das Baden besonders lange mit einem
Handtuch abtrocknen. Beobachten Sie jedoch seine Reaktionen genau;
wenn es solche zusätzlichen Reize nicht wünscht, sollten Sie diese Ablehnung respektieren.

Machen Sie Ihre Angehörigen und Freunde darauf aufmerksam, daß
die Ablehnungshaltung Ihres Kindes gegenüber Küssen und Schmusen-
wollen nicht persönlich gemeint ist. Es kann durchaus eine Angelegenheit
seines Nervensystems sein, daß es sich bei solchen Gelegenheiten unbehaglich fühlt. Die Reaktion des Kindes würde in jedem Fall die gleiche
sein, ohne daß es damit etwas über die Zuneigung oder Ablehnung der
Person, die es streichelt, zum Ausdruck bringen will. Wenn Ihr Kind jemanden, der es versehentlich berührte, schlägt, erklären Sie diesem, daß es
sich um eine automatische Schreckreaktion handelte, die das Kind nicht
unter Kontrolle hat. Es wäre allerdings auch angemessen, wenn das Kind
sich für sein Verhalten entschuldigen würde.

Erfahrungen des Gleichgewichts und der Eigenwahrnehmung

Die Reaktionen von Kindern auf Gleichgewichtserregungen können
ebenso unterschiedlich sein wie die auf Berührungsreize. Manche lieben
sie, manche lehnen sie ab. Einem Kind vestibuläre Stimulation aufzudrän-
gen, die dieses nicht in der richtigen Weise anpassen kann, stört seine emotionale Entwicklung, und hilft seinem Nervensystem nicht, sich besser zu
entwickeln.

Erwachsene haben oft den Eindruck, daß es einem Kind Freude berei-

Kapitel 11. Was können Eltern tun? 233

ten müsse, wenn sie es in die Luft schleudern oder mit dem Kopf nach unten hin- und herschaukeln. Und wenn sie dieses Buch gelesen haben, können sie vielleicht sogar annehmen, daß es eine Art von Behandlung sei. Für ein Kind jedoch, das eine Schwerkraftverunsicherung hat, ist eine solche Erfahrung mit einem sehr starken Mißbehagen verbunden.

Das bloße Schaukeln in einem Schaukelstuhl kann bereits die Grenze dessen sein, was ein Kind ertragen kann. Manche Kinder fühlen sich wohl, wenn sie den Kopf beim Schaukeln in einer bestimmten Richtung halten, in der anderen Richtung dagegen ertragen sie Schaukeln nicht. Manche Kinder weigern sich, auf dem Bauch zu liegen, und müssen deshalb auf dem Rücken schlafen. Beobachten Sie Ihr Kind besonders beim Spielen. Jede nicht angepaßte Reaktion auf Gleichgewichtsreize sollte Veranlassung sein, fachkundige Hilfe von jemandem, der Erfahrung mit sensorischer Integration hat, einzuholen.

Wenn Ihr Kind reichlich vestibuläre Reizung braucht, dann geben Sie ihm eine Umgebung, in welcher es seinen Körper viel bewegen kann. Rennen, Springen, Klettern außerhalb des Hauses oder Spielen mit Geräten, die seinem Körper viel Bewegung verschaffen – und vor allen Dingen immer wieder Schaukeln – können ihm helfen, sein Nervensystem zu stabilisieren. Hausarbeiten, bei denen das Kind viele Dinge heben, tragen und ziehen muß, können eine zusätzliche willkommene Stimulation der Eigenwahrnehmung des Körpers sein. *Denken Sie daran, daß körperliche Arbeit mehr bewirkt, als lediglich die Muskeln zu kräftigen. Sie liefert die Sinneseindrücke und Anpassungsreaktionen, die notwendig sind, um ein Funktionieren des Nervensystems zu garantieren.*

Wir haben bereits festgestellt, daß die Beziehungen des Kindes zur Schwerkraft nahezu wichtiger sind als seine Beziehungen zu den Eltern. Diese Feststellung besagt natürlich nicht, daß die Eltern nicht wichtig seien. Ein großer Teil der Arbeit, die Eltern an ihrem Kind leisten können, besteht darin, ihm zu helfen, seine Beziehungen zur Schwerkraft aufzubauen. Ihrem Kinde vermitteln Sie Schwerkraft, indem Sie es hochheben, auf dem Arme tragen, hin- und herschaukeln, in eine Wiege legen, in einem Tuch tragen oder auf eine Kinderschaukel setzen.

Wenn das Kind älter wird, kann man diese Beziehungen zur Schwerkraft ausbauen, indem man es auf einer größeren Schaukel auf dem Hof schaukeln oder Ponyreiten, Schwimmen, Bergsteigen und Strandwanderungen durchführen läßt. Ein Kind, das diese Aktivitäten nicht mag oder aber schnell dabei ermüdet, gehört zumeist zu denjenigen Kindern, die diese Aktivitäten am dringendsten nötig haben. Sie sollten jedoch Ihr Kind niemals zu solchen Tätigkeiten zwingen, da es nur von sich aus in der Lage ist, sich die Reizeinwirkungen zu beschaffen, die notwendig sind, um sein Gehirn zu ordnen. Stellen Sie ihm die Möglichkeiten zur Verfügung, und erleichtern Sie sie ihm so, daß es damit fertig werden kann. Wenn es auch dann solche Aktivitäten noch nicht wahrnehmen kann, überlassen Sie ihm selbst, seine eigene Wahl zu treffen, womit und auf welche Weise es sein Gehirn stimulieren kann.

Auditive Wahrnehmungen und Riechempfindungen

Einige Kinder sind auf Geräusche oder Gerüche, die im Haus vorkommen, überempfindlich. Geräusche, die das Kind nicht angemessen an sein Nervensystem anpassen kann, können sehr irritierend wirken und die Aufmerksamkeit des Kindes voll in Anspruch nehmen. Für ein solches Kind können Kreischen und Schreien anderer sehr unangenehm sein. Manche Kinder leiden buchstäblich, wenn die Feuerwehr vorüberfährt. Wenn sich Ihr Kind unbehaglich zu fühlen scheint, hören Sie hin, ob Sie eine Ursache für dieses Mißbehagen finden. Manchmal hilft es einfach, das Fenster zu schließen oder das Kind in einen anderen Raum zu bringen. Versuchen Sie auch, Ihre eigene Stimme so zu regulieren, daß das Kind nicht übererregt wird. Sprechen im Flüsterton kann manchmal sein Nervensystem beruhigen.

Gerüche, die für Erwachsene oder andere Kinder nicht unangenehm sind, können für ein Kind mit einer Überempfindlichkeit für Geruchsreize geradezu widerwärtig oder ekelerregend sein. Solche Gerüche können von Nahrungsmitteln stammen oder von Chemikalien und Reinigungsmitteln für die Toilette oder die Küche, von Auspuffgasen und vielen anderen Geruchsquellen. Es kann auch vorkommen, daß Ihr Kind bestimmte Leute wegen eines besonderen Körpergeruchs, den nur es selbst wahrnimmt, nicht leiden mag.

Das wichtigste für die Eltern ist, sich darüber im klaren zu sein, daß ihr Kind einfach gewisse Dinge in einer anderen Weise wahrnimmt als sie selbst. Bis zu einem gewissen Grade kann man ein solches Kind vor zu starken Gefühlseinwirkungen bewahren, doch ist es für Eltern praktisch unmöglich, sich mit jedem Geräusch oder Geruch der Umgebung des Kindes eingehend zu beschäftigen.

Warnsignale

Ihr Kind wird Ihnen Warnsignale geben, sobald ihm jemand in seiner Umgebung zu hohe Anforderungen stellt. Zumeist wird es dann überaktiv und unkonzentriert. Es kann aber auch abweisend und aggressiv werden oder aber sich zurückziehen und weinerlich sein. Andere Menschen halten es dann für stur. Sein Verhalten kann sich auffallend verschlechtern. Manchmal können aufmerksame Eltern diese Warnzeichen erkennen und die Situation zu seinem Vorteil ändern, bevor sie schlechter wird. Zu anderen Zeiten kann vielleicht ihre Intuition ihnen schon einen Hinweis geben, die Situation zu ändern, bevor diese Warnsignale aufgetreten sind.

Ihrem Kind helfen zu lernen, wie man spielt

Unsere Gesellschaft neigt dazu, die Wichtigkeit des Spielens zu unterschätzen. Da die meisten Kinder ohne Hilfe der Eltern ihrem Alter entsprechend spielen können, und da es nicht einfach ist zu erkennen, wie sehr das Gehirn durch das Spiel entwickelt wird, denken manche Menschen, daß das Spiel nur der Unterhaltung des Kindes diene oder Ausdruck eines kindlichen Verhaltens sei. In Wirklichkeit ist das Spiel des Kindes, bevor es mit der Schule beginnt, für seine Entwicklung ebenso wichtig wie später die Schularbeiten.

Einige Mütter wissen ganz gut, wie sie einem normalen Kind helfen können, in der richtigen Weise zu spielen, aber sie haben oft große Schwierigkeiten, einem Kind zu helfen, das eine neurologische Behinderung aufweist. Wenn ein Kind nicht so vielfältige Dinge zum Spielen benutzt, wie das die anderen tun, denken die Eltern oft, daß ihr Kind halt nicht so interessiert an dieser Art von Spiel sei. Wenn jedoch ein Kind an einem normalen Spielen nicht interessiert ist, hat es wahrscheinlich Schwierigkeiten mit der Durchführung dieser Spiele, und das Problem betrifft zumeist eine Verarbeitungsstörung der Sinneswahrnehmung.

Das dyspraktische, ungeschickte Kind ist in seinem Spielen sehr beschränkt, da es Schwierigkeiten mit seiner Bewegungsplanung hat, und so muß es sich auf einfache und ihm vertraute Spiele beschränken.

Ein Kind, das Probleme mit dem Gleichgewicht hat, ist beim Spielen ebenfalls behindert, da es keine guten Haltungsreaktionen hat oder Angstgefühle entwickelt, weil es die beim Spiel auftretenden Gleichgewichtserregungen nicht modulieren kann.

Ein taktil-defensives, also berührungsabweisendes Kind vermeidet oft, mit anderen Kindern zusammen zu spielen, da es sich nicht gern von ihnen anfassen läßt.

Manche Kinder, deren Sinneswahrnehmung und -verarbeitung mangelhaft ist, schämen sich, wenn andere Kinder beim Spielen ihre Ungeschicklichkeit beobachten, und einige können sich nicht geschickt genug verhalten, um kreativ zu spielen.

Ein wesentlicher Bestandteil des Spielens ist die Möglichkeit des Kin-

236 Was kann beim Auftreten solcher Störungen getan werden?

des, seinem inneren Drang nach Selbsterfüllung als ein sensorisch und motorisch tätiges Individuum Ausdruck zu verleihen. Dabei ist das Ergebnis des Spielens, beispielsweise das Aufbauen eines Turmes aus Bausteinen oder einige Sprünge über ein Sprungseil zu machen, gar nicht das Wichtigste. Wichtig allein ist, daß das Kind seinem inneren Antrieb folgt, eine körperliche Aktivität zu entwickeln, in der es seinen Körper und seine Umgebung zu meistern lernt.

Körperliche Aktivität erzeugt Stimulation von Sinnesorganen und entsprechende Anpassungsreaktionen, die die Verarbeitungsprozesse im Gehirn zu fördern vermögen. Das äußerlich sichtbare Ergebnis muß dabei einem Erwachsenen nicht allzuviel sagen. Für das Kind bedeutet es jedoch einen wichtigen Fortschritt in seinem eigenen Wachstumsprozeß.

Durch das Spiel erhält das Kind die Sinneseindrücke sowohl von seinem Körper als auch seitens der Schwerkraft, die erforderlich sind, um die motorische und auch die psychische Reifung in Gang zu setzen. Das Erlebnis der Sinnesreize ist dabei dasjenige, was ihm Spaß macht. Rennen, Sichdrehen, Beugen, Gegenstände anfassen, etwas ziehen oder schieben, Rollen, Krabbeln, Klettern, Springen und ähnliche Tätigkeiten erzeugen viele Sinneseindrücke vom Gleichgewichtssystem, von der Eigenwahrnehmung und dem Tastsinn.

Einer der Gründe, warum Kinder spielen, ist das Bedürfnis nach diesen Sinnesreizen. Sie brauchen davon eine Menge, solange sie jung sind; als ältere Kinder weniger. Je mehr das Kind entdeckt, und zwar sowohl an sich selbst und seinen eigenen Möglichkeiten als auch in seiner Umgebung, desto mehr werden seine Sinnesorgane angesprochen, und desto komplexer sind die dadurch ausgelösten Anpassungsreaktionen. *Je abwechslungsreicher es sein Spiel gestalten kann, desto mehr fördert es seine eigene Entwicklung.*

Spielen ist eine gute Voraussetzung für die Entwicklung der Fähigkeit zur Bewegungsplanung. Beim Spielen bewegt das Kind alle Körperteile in ganz unterschiedlicher Weise, und die durch diese Bewegungen ausgelösten Empfindungen fügen neue sensorische „Landkarten" zu seiner Körperwahrnehmung. Durch weitläufige Ganzkörperbewegungen lernt es, wie es sich selbst zu dem ihn umgebenden Raum in Beziehung setzen kann. Durch die Handhabung kleiner Spielsachen lernt es, seine Hände und Finger geschickt zu betätigen. Das Spiel erweitert seine Fähigkeiten. Möglicherweise bedarf das Kind dieser Fähigkeiten erst später im Leben, *aber es wird als Erwachsener nicht sehr viel Geschicklichkeit entwickeln, wenn es als Kind nicht ausgiebig gespielt hat.*

Beobachten Sie einmal Ihr Kind aus der Nähe, während es spielt, und versuchen Sie, die Wichtigkeit dessen zu erfassen, was es dabei tut. Wenn

Kapitel 11. Was können Eltern tun? 237

es Spaß hat, kann diese Freude durch die sensomotorische Erfahrung verursacht sein, die sein Gehirn so nötig hat. Seien Sie glücklich mit ihm. Zeigen Sie ihm, daß Sie sich freuen, wenn es Anforderungen zu bewältigen versucht, mit denen es seinen Körper und seine Mitwelt zu meistern lernt. Es ist schon in Ordnung, wenn es dabei schmutzig wird oder blaue Flekken bekommt. Diese Dinge sind unvermeidbar, wenn es sich dazu drängt, immer perfektere Leistungen zu vollbringen.

Wenn Ihr Kind andererseits beim Spielen übererregt, traurig oder abweisend wird, sollten Sie daran denken, daß diese Reaktionen unter Umständen Ausdruck eines Mangels in der sensomotorischen Verarbeitung der Sinneseindrücke im Gehirn sein können. Es kann sein, daß Ihnen gar nichts auffällt, doch kann für Ihr Kind dieser Mangel an Wahrnehmungsverarbeitung bereits eine gravierende Zurücksetzung darstellen.

Solche Erfahrungen können ein Kind entweder vom Lernen abbringen, oder aber es können Schritte auf dem Wege zur Meisterung der Probleme sein. Wenn Sie Ihrem Kind viel emotionale Unterstützung geben, ohne zu versuchen, sein Handeln zu beeinflussen, wird es wahrscheinlich diese Tätigkeiten immer und immer wieder versuchen, bis sie von ihm beherrscht werden. Vor allem erwartet das Kind von Ihnen, daß Sie Verständnis für seine Probleme zeigen; nicht die Art von Verständnis, welche sagt: „Das solltest du tun, tu es jetzt!" –, sondern eine Art, welche Ihr Verstehen seiner Schwierigkeiten ausdrückt: „Ich weiß, daß du lernen kannst, wie man das tun muß. Und ich will alles tun, um es dir beizubringen, wenn du dazu bereit bist."

Erinnern Sie sich immer der Tatsache, daß das Spiel unmittelbar vom inneren Antrieb des Kindes aus gelenkt wird. Sobald Sie ihm das Spielen aufdrängen, gehen einige der Vorteile, die vom Spielen herrühren, verloren. Stattdessen sollten Sie eine entsprechende Spielsituation herstellen und dem Kind zeigen, wie man alle Dinge handhaben muß, bis es dies von selbst tun kann.

Es hat keinen Zweck, auf das Kind einzureden und ihm Erklärungen zu geben; zeigen Sie es ihm einfach. Geben Sie einige zustimmende Bemerkungen, die dem Kind das Gefühl vermitteln, daß es im Umgang mit dem Spielzeug Erfolg haben wird. Loben Sie jede positive Reaktion, und sehen Sie über das Danebengegangene hinweg. Phantasie und Einbildungsvermögen werden das Kind mit Freude beim Spiel halten und es veranlassen, Dinge immer und immer wieder zu versuchen. Ein Häufchen Sand wird dabei „die große Wüste", und Löchergraben bedeutet eine „Schatzsuche". *Benutzen Sie Ihre Phantasie, und Ihr Kind wird von seinem Spiel größeren Nutzen haben.* Erzeugen Sie im Kind nicht das Gefühl der Unzulänglichkeit, indem Sie Dinge von ihm erwarten, die es noch nicht

238   Was kann beim Auftreten solcher Störungen getan werden?

tun kann. Dadurch geht der Sinn des Spieles völlig verloren. Die Eltern haben oft die Tendenz, ihren Kindern Spielsachen oder Spiele anzubieten, die viel zu kompliziert für ein Kind mit einer Störung der sensorischen Integration sind. Wenn das Kind sich von manchen Spielarten zurückzieht, kann das sehr gut Ausdruck dessen sein, daß seine sensomotorische Leistungsfähigkeit durch sie überfordert wird. Versuchen Sie mit dem Kind, etwas Einfacheres zu spielen. Sicherlich ist es schwieriger, an einfachere Spielsachen zu denken, insbesondere da das Warenangebot in den Spielzeuggeschäften geradezu überwältigend ist.

Wenn Sie mit einem normalen Kind Ball spielen, können Sie voraussetzen, daß es beim Fortsetzen des Spieles den Ball mit mehr Geschick – zumindest aber mit demselben Geschick – fängt wie zu Beginn. Das normale Kind lernt durch Übung und behält das Erlernte, da es sein Nervensystem in Ordnung halten kann. Sie dürfen jedoch nicht die gleichen Erwartungen haben, wenn Sie mit einem Kind Ball spielen, das an einer Hirnfunktionsstörung leidet.

Die Unregelmäßigkeiten seiner sensomotorischen Verarbeitung im Gehirn machen auch die Durchführung seines Spielens unregelmäßig. Es kann durchaus sein, daß das Kind seine Fähigkeiten für einige Minuten oder auch Tage verbessert und daß es sich dann wieder verschlechtert. Seien Sie deshalb geduldig mit ihm und lassen Sie es herumstolpern – auch, wenn es den Ball verpaßt oder ihn in die falsche Richtung wegwirft. Es ist genau das, was das Kind braucht, um es besser zu lernen, und es wird wesentlich schneller etwas lernen können, wenn Sie Geduld haben.

Zeigen Sie ihm auch, wie man etwas besser machen kann. Auch wenn das Kind keine sehr eindrucksvollen Ballwürfe oder -fänge vollbringt, freut es sich doch an dem, was es tut, und wird wahrscheinlich einige „Bausteine" in seinem Gehirn aufeinandersetzen, die künftigen Verarbeitungsprozessen dienen. Ihre Aufgabe ist es, das Kind zu unterstützen und zu jedem Schritt auf dem Weg seiner Entwicklung zu bestärken.

Kinder brauchen keine teuren Spielsachen, um intensiv zu spielen. Viele Kinder ziehen es sogar vor, mit einem alten Löffel, einem Bettuch oder anderen Haushaltsgegenständen zu spielen. Und tatsächlich können Löffel und Bettücher Ihrem Kind unter Umständen zu mehr sensorischer Integration verhelfen als das teuerste Spielzeug. Spielzeug sollte dem Kind viel Gelegenheit bieten, seine Vorstellungskraft und Kreativität zu nutzen. Das Kind sollte sich nicht davor fürchten müssen, den Gegenstand, den es eingehend untersucht und mit dem es spielt, unter Umständen kaputt zu machen.

Leere Pappkartons oder Plastikflaschen, Autoreifen und Schläuche, lange Seile, Töpfe und Pfannen aus der Küche, Schaumgummistücke, Kissen und andere Dinge, die im Haus herumliegen, bieten zahlreiche wertvolle Möglichkeiten, zu spielen. Haben Sie keine Bedenken, was das Kind mit ihnen anstellen wird; in jedem Fall wird es sich etwas dabei denken.

Sandkästen sind etwas Großartiges. Schneiden Sie eine Blechdose oder einen Plastikseifenbehälter so auseinander, daß man sie als Schaufel benutzen kann. Wasser und Sand sind eine sehr gute Kombination; diesen Schlamm kann man gut schaufeln. Man kann Löcher hineingraben, Berge aufrichten und Tunnel hindurchgraben. Spielzeugautos können über diese Berge und durch Tunnel fahren. Das Graben im Sand oder im Schlamm erzeugt viele Sinneserregungen der Eigenwahrnehmung des Körpers und des Tastsinns. Sie sind die schmutzigen Hände und Kleider sowie die Arbeit, die sie der Mutter bereiten, wahrhaftig wert.

Ein einfaches Polster kann aus einer alten Decke gemacht werden oder indem man zwei Decken zu einer Rolle zusammenwickelt. Das Kind wird viel Spaß dabei haben, sich einfach über diese Rolle hinwegzuwälzen. Versuchen Sie, ein Hindernisgelände zu bauen, in welchem das Kind kriechen, krabbeln und klettern, hochsteigen, rückwärts laufen, springen und hüpfen muß. Tauschen Sie die Hindernisse immer wieder aus, wenn es erfolgreich alle überwunden hat, damit es neue Anpassungsreaktionen für die neuen Aufgaben entwickeln muß. Miteinander Raufen und Ringen erzeugt viele Berührungs- sowie Muskel- und Gelenkempfindungen infolge der starken Muskelkontraktionen, die dabei vorgenommen werden müssen.

Diejenigen Spiele, die die Kinder seit Jahrhunderten spielen, sind ganz besonders geeignet, um die sensorische Integration zu fördern. „Verstekken und Suchen" ist eine gute Methode, um Raumvorstellung und Körperwahrnehmung zu entwickeln, da sich das Kind nach einem Platz umsehen muß, der groß genug ist um seinen Körper zu verdecken. „Himmelund-Hölle-Hüpfen" fördert Gleichgewichtsreaktionen und Bewegungsplanung. Bohnensäcke oder Bälle hochzuwerfen und wieder aufzufangen, verlangt eine gute Augen-Hand-Koordination.

Wenn Sie Spielsachen kaufen, dann suchen Sie diejenigen aus, die entweder den ganzen Körper Ihres Kindes bewegen, oder aber Gegenstände, die es mit seinen Fingern und Händen handhaben muß. Dreiräder, Schubkarren, Springseile, Rutschen, Schaukeln, Schaukelpferde, Kletterbäume, Bauklötze, Puzzlespiele, Bastelarbeiten, Legospiele usw. sind alle gut hierfür geeignet. Spielzeug, das lediglich hin- und hergezogen wird, z.B. ein Hund auf Rädern, bietet nicht sehr viel sensorische Stimulation oder Anforderung an Anpassungsreaktionen für das Kind. Die besten Spiele sind diejenigen, die keinen bestimmten Zweck haben, aber bei ihrem Gebrauch dem Kind viele Abwechslung bieten, so daß es seine Phantasie walten lassen muß, um sein eigenes Spiel mit diesem Gegenstand zu entwickeln.

240 Was kann beim Auftreten solcher Störungen getan werden?

Spielgeräte, wie man sie in Hinterhöfen oder Gärten findet, bieten zweifellos grundlegende sensomotorische Erfahrung. Eine größere Stimulation des Gleichgewichtsorgans und der Eigenwahrnehmung erfolgt durch Geräte, wie sie auf Spielplätzen vorhanden sind. Wenn Sie Ihr Kind auf einen Spielplatz mitnehmen, müssen Sie sich der Tatsache bewußt sein, daß seine Reaktionen auf Drehen, Schaukeln, Gleiten usw. entweder zu schwach ausgebildet, überschießend oder auch unregelmäßig sein können. Unterstützen Sie es, seine inneren Bedürfnisse auf den Spielplatzgeräten ausleben zu können.

Achten Sie auch auf andere Kinder, die unter Umständen mit ihm zu rauh umgehen und oftmals sehr schnell merken, daß das Kind sich selbst nicht schützen kann. In gleicher Weise, wie es wichtig ist, die Reaktionen Ihres Kindes gegenüber Reizen zu beachten, muß man auch Sorge für seine Sicherheit tragen. Sie müssen immer annehmen, daß ein Kind mit Problemen seiner sensorischen Integration zu Unfällen neigt, auch wenn dies manche Kinder durch eine übertriebene Vorsicht kompensieren. Wenn Ihr Kind eine sensomotorische Störung hat, braucht es mehr Überwachung als andere Kinder, da es in seinem Gehirn nicht alle Sinneswahrnehmungen, die für seinen eigenen Schutz erforderlich sind, in geeigneter Weise verarbeiten kann.

Halten Sie deshalb Ausschau nach Gegenständen, an denen es sich schneiden oder verletzen könnte, oder auch Dingen, in die es hineinlaufen oder von denen es herabstürzen kann. Entweder müssen Sie das Kind von diesen Gefahren fernhalten, oder aber Sie müssen die Gefahrenquellen vorher beseitigen. Oder Sie müssen ihm helfen, aufmerksam zu sein, so daß es sich selbst nicht verletzen kann. Setzen Sie immer voraus, daß es einen Unfall geben kann, denken Sie nach, wo und wie es passieren könnte, und ergreifen Sie rechtzeitig Vorsorgemaßnahmen.

Sichstoßen und Verletzen sind unvermeidliche Dinge und völlig in Ordnung, wenn sie mit Erfahrungen verbunden sind, die zu ihrer Meisterung führen können. Regen Sie sich darüber nicht auf, solange diese das Spiel Ihres Kindes nicht unterbrechen. Kinder mit einer Berührungsabwehr zeigen auch schon bei geringen Hautverletzungen oft übertriebene Reaktionen. Wenn Ihr Kind wegen einer Verletzung weinen sollte, nehmen Sie es auf den Arm und streicheln es, oder geben Sie ihm vertrauten Zuspruch, und lassen Sie es dann weiterspielen. Machen Sie Ihrem Kind klar, daß blaue Flecke, kleine Schnitte und Kratzer keine großen Katastrophen darstellen. Helfen Sie ihm, daß es begreift, daß sein Körper widerstandsfähig ist und alles von selbst heilen wird. *Ein Gefühl des Vertrauens und des Sicherfühlens innerhalb seines eigenen Körpers ist die Grundlage für gut geordnete Hirnfunktionen.*

Suchen Sie Hilfe bei Fachleuten

Wenn Sie annehmen, daß Ihr Kind ein Problem mit seiner Sinneswahrnehmung und -verarbeitung haben könnte, bringen Sie es zu einer qualifizierten Therapeutin, die eine besondere Ausbildung in der Behandlung von Störungen der sensorischen Integration hat, um entweder Ihren Verdacht zu bestätigen oder zu entkräften. Selbstverständlich sollten Sie auch Ihr Kind vorher von einem Arzt untersuchen lassen, um auszuschließen, daß medizinische Probleme vorliegen. Erwarten Sie jedoch nicht, daß Ihr Arzt über sensorische Integrationsstörungen, Lernschwierigkeiten oder minimalen Hirnfunktionsstörungen viel weiß. Diese Gebiete werden im Rahmen der medizinischen Universitätsausbildung nicht gelehrt. Einige Ärzte, die sich speziell mit Kinderneurologie befassen, sind allerdings in der Lage, das Problem Ihres Kindes zu erkennen und ihm auch zu helfen.

Um eine Therapeutin mit Erfahrung in sensorischer Integration zu finden, die Ihr Kind untersuchen und einen Ratschlag über die einzuschlagende Therapie geben kann, setzen Sie sich mit Ihrem nächsten Kinderkrankenhaus in Verbindung, und fragen Sie nach der Abteilung für Beschäftigungstherapie. Wenn in Ihrer Gegend kein Kinderkrankenhaus liegt, versuchen Sie es in einem größeren Allgemeinen Krankenhaus oder bei ihrem Kinderarzt[2]. Denken Sie jedoch daran, daß die Behandlung der sensorischen Integration nur durch Beschäftigungstherapeuten oder Krankengymnastinnen ausgeführt werden kann, die speziell mit den Problemen der sensorischen Integration vertraut sind.

Wenn Sie ein Problem vermuten, warten Sie nicht ab, Hilfe zu suchen. Wenn Ihr Kind wirklich ein Problem der sensorischen Integration hat, wird es dies niemals „auswachsen". Sicherlich wird es lernen, wie man mit diesem Problem fertig wird und es durch andere Dinge kompensieren kann, und vielleicht gelingt es ihm, das Problem so unauffällig zu machen, daß Sie es gar nicht mehr bemerken. Aber seine Störung wird weiterhin in seinem Gehirn vorhanden sein und ihm das Leben schwer machen.

Zeigen sich bei Ihrem Kinde im Kindergarten oder im ersten Schuljahr Lernprobleme, warten Sie nicht, bis es sich als ein Versager empfindet oder bis die Lehrer in der Schule Ihnen berichten, daß Lernstörungen bestehen. Wenn ein Kind erst einmal denkt, es könne nichts lernen, blockiert es sich selbst von seiner Psyche her. Seine negativen Gedanken und Gefühle über sich selbst machen ihm das Lernen noch schwerer und enden möglicherweise in einem Persönlichkeitsproblem.

Je länger Sie mit dem Einsetzen der Behandlung warten, desto gerin-

---

2 vergl. dazu auch Fußnote S. 225.

242   Was kann beim Auftreten solcher Störungen getan werden?

ger ist der Effekt, den die Behandlung ausübt. Dann wird Ihr Kind *mehr* Behandlung benötigen, die ihm *weniger* hilft. Je jünger das Gehirn ist, desto anpassungsfähiger und leichter zu beeinflussen ist es. *Alles, was man in der frühen Kindheit tun kann, um dem Gehirn zu helfen, sich besser zu entwickeln, schenkt Ihrem Kind zusätzliche Möglichkeiten, mit den Lernaufgaben und den psychischen Anforderungen des späteren Lebens fertig zu werden.*

Erwarten Sie nicht von einem Lehrer, einem Gymnastik- oder Sportlehrer, daß er Ihrem Kind eine Behandlung angedeihen lassen kann. Sie haben ihre Ausbildung, um Kindern Geschicklichkeiten beizubringen und nicht um einem schlecht funktionierenden Gehirn zur Weiterentwicklung zu verhelfen. Lassen Sie sie ruhig ihre Arbeit tun.

Wenn Sie der Annahme sind, daß Ihr Kind ein Problem der sensorischen Integration haben könnte, informieren Sie seine Lehrer, wie Sie damit fertig werden können. Ein Lehrer kann seine Arbeit besser tun, wenn er weiß, daß einer seiner Schüler ein besonderes Problem hat, das er nicht ändern kann. Wenn Ihr Kind Lernprobleme hat und der Lehrer weiß dies, kann er vielleicht mit ihm auf einem angepaßten Niveau arbeiten, so daß das Kind mehr lernen kann.

Eltern tragen die Verantwortung für die Koordination der anlaufenden Erziehungsprogramme mit der Gesundheit ihres Kindes. Sie müssen darauf achten, daß medizinische Behandlungsmaßnahmen, Schule, Übungsprogramme und die eigentliche Therapie seiner Störung aufeinander abgestimmt sind. Je mehr die Eltern über jedes dieser Programme wissen, desto besser können sie alle aneinander anpassen, und desto mehr können sie auch zu Hause davon ausführen.

Die Bedeutung der sensorischen Integration ist eine neue Idee von Fachleuten, obwohl die natürliche Neigung von Kindern diesen Prinzipien schon immer gefolgt ist. Neue Ideen werden nicht bereitwillig von den schon lange Zeit etablierten Behandlungspraktiken übernommen. Die ärztlichen Berufe sind ganz besonders konservativ und lehnen neue Ideen so lange ab, bis sie sich schließlich nach einigen Generationen bewährt haben. Ihr Kind kann aber nicht so lange warten.

Dieses Buch wurde geschrieben, um Ihnen, den Eltern, zu helfen, sich ein eigenes Urteil zu bilden – um Ihnen zu helfen, daß Sie sich dafür verantwortlich fühlen und danach umsehen, daß Ihrem Kind die besten Möglichkeiten für seine Entwicklung geboten werden.

Kapitel 12

Einige Fragen, die Eltern stellen – und die Antworten

Haben alle schlecht koordinierten Kinder Lernprobleme – oder gut koordinierte keine?

Antwort: Nein. Man muß mit beidem rechnen. Schlechte motorische Koordination kann durch ganz verschiedene Dinge verursacht sein, manche davon haben nur wenig mit sensorischer Integration zu tun. Es ist sicherlich richtig, daß eine schlechte sensorische Integration öfters zu Koordinationsstörungen oder Tolpatschigkeit führt. Wir sehen jedoch viele Kinder mit Problemen der sensorischen Integration, die eine völlig ausgeglichene Koordination besitzen. Kinder, die sowohl Koordinationsstörungen als auch Lernprobleme haben, sollten von einer Therapeutin für sensorische Integration untersucht werden, um herauszufinden, ob ihnen eine Behandlung helfen könnte.

Sehen lernbehinderte Kinder spiegelbildlich?

Ich glaube nicht. Ich vermute, daß sie sich zeitweilig selbst für einen kurzen Moment nicht mehr an die Raumorientierung einer einfachen Szene oder eines Bildes erinnern können. Da sie optische Eindrücke nicht in exakter Weise aufnehmen und speichern können, verwechseln sie „b" mit „d" und umgekehrt. Es kann auch sein, daß sie das „b" zwar als „b" sehen, aber annehmen, es sei ein „d".

Was ist der Unterschied zwischen Wahrnehmungsbewegungstraining und sensorischer Integrationsbehandlung?

Beim Wahrnehmungsbewegungstraining werden dem Kind ganz bestimmte Wahrnehmungserinnerungen und Bewegungsgeschicklichkeiten beigebracht. Z.B. daß ein Dreieck entweder rechtsherum oder linksherum geht, wie man versteckte Figuren innerhalb komplizierter Zeichnungen herausfindet, wie man über ein schmales Brett hüpfen, es überspringen oder darauf herumspringen kann oder wie man auf ihm läuft. Es ist sicher sehr schön, diese Dinge zu lernen, aber indem man sie beigebracht bekommt, wird nicht notwendigerweise dem Gehirn geholfen, bei anderen Aufgaben effektiver tätig zu sein.

244   Was kann beim Auftreten solcher Störungen getan werden?

Im Gegensatz dazu ist das Anliegen des Therapeuten für sensorische Integration in erster Linie das Gehirn des Kindes zu besserer Leistung anzuregen – unabhängig davon, ob es neue Erkenntnisse oder Geschicklichkeiten erwerben will oder nicht.

Das sieht aber gar nicht wie eine Behandlung aus! Alles, was Sie mit dem Kind tun, ist spielen!

Die Kinder bei uns oder in jeder anderen Behandlungssituation machen viele Dinge, die ihrem Gehirn reichlich Stimulation des Gleichgewichtsorgans, der Eigenwahrnehmung und des Tastsinns vermitteln. Diese Stimulation erhält das normale Kind teilweise durch das übliche Spielen. Ein Kind mit Störungen der sensorischen Integration gibt sich selbst zu Hause fast nie die geeignete Stimulation, um sein Gehirn weiter zu entwickeln. Wenn dieses Kind von alleine in der Lage gewesen wäre, sich regulär zu entwickeln, dann wäre es auch nicht nötig, es zu behandeln. Ein Kind mit Störungen der sensorischen Integration muß zur Therapie kommen, damit es jemand an Dinge heranführt, die ihm helfen können, sein von den üblichen Kindern abweichendes Zentralnervensystem zu einer besseren Leistung zu bringen.

Die Therapeutinnen achten ganz besonders auf die sensorischen und motorischen Funktionen, die bei dem betreffenden Kind schlecht entwickelt sind. Sie versuchen, diesem Kind zu helfen, daß es Aktivitäten aufnimmt, die die Bedürfnisse seines Gehirns erfüllen und ihm erlauben, Anpassungsreaktionen zu entwickeln, die ihrerseits die Funktionen, die ihm schwerfallen, fördern. Wenn wir so tun würden, als wäre es kein Spiel, würde das Kind nicht mit einer solchen Begeisterung dabei sein. Diese Begeisterung brauchen wir, um einen günstigen Therapieeffekt auszulösen.

Niemand kann das Gehirn eines Kindes an seiner Statt zu besserer Arbeit bringen. Das Kind muß es selbständig tun. Es kann das aber lediglich tun, wenn es Dinge ausführt, die man „spielen" nennt. Es bedarf einer außerordentlichen Geschicklichkeit der Therapeutin, um diese Behandlung so aussehen zu lassen, als erfolge alles wie zufällig. *Es kann sein, daß es für Sie wie ein Spiel aussieht. Aber sowohl die Therapeutin als auch das Kind arbeiten sehr angestrengt. Alle während der Behandlungsstunde durchgeführten Aktivitäten sind zweckmäßig; sie sind alle auf ein bestimmtes Ziel ausgerichtet. Das Ziel ist die Selbstentwicklung und die Selbstordnung des kindlichen Gehirns.*

Kapitel 12. Einige Fragen, die Eltern stellen – und die Antworten   245

Was ist Selbstordnung?

Ein Kind ist dann von selbst geordnet, wenn es mit einem Gegenstand auf eine sinnvolle Weise eine vertretbare Zeitdauer spielen kann. Es ist nicht gut selbstgeordnet, wenn es mit einem Gegenstand zu spielen beginnt, ihn wieder beiseite legt und unvermittelt zu etwas anderem übergeht. Es ist ebenfalls nicht gut selbstgeordnet, wenn es nicht sinnvoll spielt – wenn es z. B. nur Bausteine um sich herumwirft, statt aus ihnen einen Turm oder ein Haus zu bauen. Es ist ebensowenig selbstgeordnet, wenn sein Lehrer es daran erinnern muß, daß es an seinem Tisch sitzen soll und eine Aufgabe durchführen soll, die ihm bereits gestellt wurde. *Kinder lernen, sich selbst durch Spielen zu ordnen, vorausgesetzt, daß ihr Zentralnervensystem dazu in der Lage ist.*

Kann mein Kind nicht dieselben Dinge durch Spielen zu Hause lernen? Wir haben im Hof Spielgeräte mit Schaukeln, einer Rutsche und einem Sandkasten.

Ausgezeichnet. Raten Sie den Kindern, alle diese Dinge zu benutzen. Aber es ist ein großer Unterschied zwischen dem, was Ihr Kind im Hof zu Hause machen wird, und dem, was es während der Therapiestunde tut. Zu Hause tut es nur Dinge, die es von sich aus kann, und sie werden es auch in irgendeiner Weise fördern. Für die meisten Kinder ist das Spielen zu Hause und im Hof absolut ausreichend. Jedoch bei Kindern mit Störungen der sensorischen Integration beeinträchtigt die unzureichende Ordnung im Gehirn die Verarbeitungsprozesse der Gefühlseindrücke beim Spielen und verringert auch das kindliche Wissen um die Art und Weise, wie es spielen soll.

Ein Kind, das mit einem Entwicklungsproblem aufgewachsen ist, benötigt wahrscheinlich zu seiner Besserung völlig andere Einwirkungen. Die Therapeutin kann ihm helfen, das Richtige zu tun. Sie ist dafür ausgebildet, um Kindern mit Störungen der sensorischen Integration Handlungen zu vermitteln, die ihr Nervensystem ordnen können. Zweifellos wird das Spiel zu Hause auch zu einer besseren Ordnung im Gehirn beitragen können. In jedem Falle sollten Sie das Schaukeln und Klettern im Hof unbedingt fortsetzen lassen.

Ist sein Gehirn geschädigt?

In einigen wenigen Fällen kann das Gehirn selbst geschädigt sein. Wir können jedoch nicht genau sagen, bei welchen dieser der Fall ist. Durch die Ergebnisse der diagnostischen Teste können wir lediglich feststellen, daß das Gehirn des Kindes nicht in der richtigen Weise funktioniert. Wir

246 Was kann beim Auftreten solcher Störungen getan werden?

benutzen lieber das Wort Störung als Schädigung. Dieser Begriff bedeutet, daß sein Gehirn nicht gut genug funktioniert, aber nicht, daß es an bestimmten Stellen zerstört ist. Wenn der Magen nicht gut arbeitet, sprechen wir ja auch von einer Verdauungsstörung und nicht von einer Magenschädigung. Die meisten Funktionsunregelmäßigkeiten, die im Gehirn auftreten, sind nicht durch einen Hirnschaden verursacht.

Einige Untersuchungsergebnisse haben gezeigt, daß wir, wenn ein wirklicher Hirnschaden vorliegt, mit unseren Therapiemaßnahmen weniger Änderung erreichen können, als wenn es sich lediglich um eine Funktionsstörung handelt. In beiden Fällen können wir jedoch nicht einen absolut perfekten Zustand des Gehirns erreichen; wir können lediglich die Dinge bessern.

Haben wir bei der Art, wie wir unser Kind großgezogen haben, etwas falsch gemacht?

Störungen der sensorischen Integration stammen gewöhnlich nicht von der Art und Weise ab, wie man ein Kind aufgezogen hat. Sie sind wesentlich häufiger das Ergebnis von Bedingungen, die wir noch nicht völlig durchschauen. Schlechte Ernährung, Chemikalien in unserer Nahrung oder in der Luft, Schwierigkeiten bei der Geburt und viele andere Faktoren können bei bestimmten Kindern die Ursache der Störung sein. Da wir aber in ein Gehirn nicht hineinsehen können, sind wir auch nicht in der Lage, das erkannte Problem bis zu seinem Entstehungspunkt zurückverfolgen zu können. Es dürfte schwierig sein, unserer modernen Zivilisation und den dadurch bedingten Schädigungsmöglichkeiten zu entfliehen. Aber die Behandlung mit sensorischer Integration ist ein natürlicher, medikamentenfreier Weg, um die Probleme zu bessern, wenn sie heutzutage bei Kindern auftreten.

Wachsen nicht viele dieser Kinder im Laufe der Zeit aus ihren Schwierigkeiten heraus?

Wenn ein Kind ein Problem der sensorischen Integration hat, wird es aus diesem nicht herauswachsen können. Mit sehr viel Übung und Mühe kann es sich sogenannte „Einzelgeschicklichkeiten" (vergleiche Kap. 4 – S. 95) aneignen, um seine schlechte sensorische Verarbeitung zu kompensieren und sein eigentliches Problem zu verdecken. Ein Kind mit ungeordneten Haltungs- und Augenmuskelreaktionen kann durchaus lernen, Fußball zu spielen und mit einem Federhalter zu schreiben. Doch es muß dieses trotz seiner neurologischen Störung tun. Das Erlernen von Einzelgeschicklichkeiten ist eine harte Aufgabe und läßt dem Kind nur wenig

Kapitel 12. Einige Fragen, die Eltern stellen – und die Antworten   247

Kraft und Zeit für andere Dinge übrig. Während der Behandlung versuchen wir, das Gegenteil zu erreichen, nämlich, daß die Dinge für das Kind leichter durchführbar werden. Und dieses kann lediglich dadurch geschehen, daß sein Gehirn mit besserer Integration arbeitet.

Wenn es sich wirklich anstrengt, kann es dann Erfolg haben? Es ist ein intelligentes und hart arbeitendes Kind.

Willenskraft aufzubringen ist nicht der zweckmäßigste Weg, um etwas fertig zu bringen, was das Nervensystem von sich aus nicht einfach tun kann. Sicherlich kann Ihr Kind seine gesamte Kraft der Schularbeit widmen, es kann lernen, sein Gleichgewicht zu halten, und es kann auch lernen, seine Augen zu bewegen und darüber nachzudenken, wie es sich bewegen muß. Aber auf diese Weise wird es wesentlich weniger Energie für andere Dinge zur Verfügung haben, z. B. seine Aufmerksamkeit darauf zu richten, was man zu ihm sagt. Willenskraft sollte für alle diese Funktionen nicht eingesetzt werden müssen. Sie sollten weitgehend automatisch und von selbst ablaufen.

Sicher kommt Willenskraft aus dem Nervensystem heraus, aber sie stammt nicht von denjenigen Abschnitten des Nervensystems, die Sinneseindrücke integrieren können. Es ist wesentlich besser, diejenigen Hirnabschnitte gut auszubilden, die die Verarbeitung von Sinneseindrücken erleichtern, als zu versuchen, Willenskraft zu trainieren. Die sensorische Integration läßt viele Dinge wesentlich leichter ablaufen, selbst wenn sie nicht leicht sind. *Willenskraft dagegen kann man nur für wenige Dinge aufbringen und immer nur für einen bestimmten Zeitpunkt.*

Hart zu arbeiten, kann sicher helfen, aber es ist nicht der Weg, um das bestehende Problem zu bewältigen, und auch Intelligenz ist hierfür nicht genug. Ein Kind kann sehr intensiv und mit einer ausreichenden Intelligenz arbeiten. Da es aber dieses Arbeiten und Denken mit einem schlecht geordneten Nervensystem durchführen muß, wird es immer Schwierigkeiten haben. *Der Versuch der Problembewältigung mit Hilfe einer Förderung der sensorischen Integration beruht darin, dem Gehirn zu helfen, effektiver zu arbeiten, so daß es gleichzeitig auch leichter arbeiten kann.*

Sie sagen, daß einem Kind erlaubt sein soll, seinem inneren Antrieb zu folgen. Bedeutet dies, daß man es herumrennen läßt, wann immer es sich das wünscht?

Der Antrieb etwas zu tun, sei es sich bewegen oder spielen, ist von elementarer Bedeutung für das normale Wachstum und die Entwicklung des Kindes. Auch Kinder mit neurologischen Störungen können dieses Bedürfnis haben. Ihre schlechte Hirnstruktur hindert sie jedoch dabei, kreativ tätig

248 Was kann beim Auftreten solcher Störungen getan werden?

zu werden, so daß ihnen dieser innere Antrieb wenig nützt. Nahezu alle Kinder haben das innere Bedürfnis, ihr Gleichgewichtssystem zu ordnen und weiter zu entwickeln. Jedes Kind liebt es herumzutollen und versucht zu klettern. Wenn es klettert und dabei herunterfällt oder wenn es herumläuft und über seine eigenen Füße stolpert, kann es das Vertrauen zu seiner sensomotorischen Fähigkeit verlieren. Sobald ein Kind, wenn es seinem inneren Antrieb folgt, sich bei den entsprechenden Tätigkeiten verletzt, ist es notwendig, daß Sie seine Umgebung so ausgestalten, daß es sich beim Ausleben seiner inneren Bedürfnisse nicht weh tun kann.

Planlos herumzurennen, bedeutet für das Kind nicht dasselbe, wie wenn es seinen inneren Bedürfnissen nachkommt. Ungezielte Aktivitäten wirken nicht ordnend auf das Gehirn. Viele Kinder, deren Gehirn nicht gut genug geordnet ist, benötigen eine festgefügte Umgebung und eindeutige Strukturen, an denen sie sich orientieren können. Wenn Sie ein Kind, das nicht gut geordnet ist, in einen weitläufigen Raum bringen, wird es überall in diesem Raume ziellos herumrennen, da es sich selbst in dem Raum nicht einordnen kann. Zwar gibt ihm dieses Herumrennen eine Menge vestibulärer und propriozeptiver Sinneseinwirkungen, aber es wird ihm nicht helfen, diese Empfindungen in der richtigen Weise zu ordnen.

Verletzen sich Kinder oft bei der Behandlung?

Nein, zumindest nicht ernstlich, aber sie bekommen schon mal kleine Schrammen oder blaue Flecken. Uns ist ständig bewußt, daß unsere kleinen Patienten unfallträchtig sind, aber damit ihre Entwicklung unter den gegebenen Bedingungen optimal ablaufen kann, muß es ihnen erlaubt sein, sich in Aktivitäten zu begeben, bei denen auch einmal Verletzungen möglich sind. Da wir die immer vorhandene Möglichkeit, sich zu verletzen, kennen, betreiben wir so viel Unfallverhütung wie möglich. Überall da, wo Kinder mehr als einige Zentimeter tief herabfallen können, befinden sich gepolsterte Matten. Die ganze Einrichtung ist mit Teppich ausgelegt. Die Therapeuten arbeiten auf der Grundlage: jeweils eine Therapeutin für ein Kind. Nur wenige Therapeutinnen, die auf diesem Gebiet arbeiten, berichteten von ernsteren Verletzungen. Diejenigen Therapeuten, die nicht ausreichend ausgebildet sind oder die die Verhaltensweisen eines funktionsgestörten Kindes nicht wirklich begreifen, bieten nicht den gleichen Schutz vor Unfällen wie die gut ausgebildeten Therapeutinnen.

Kapitel 12. Einige Fragen, die Eltern stellen – und die Antworten   249

Soll ich mein Kind auch dann zur Behandlung bringen, wenn es einen schlechten Tag hat?

Ja, vorausgesetzt, daß es nicht krank ist oder einen Unfall hatte. Eine Behandlungsstunde ist der beste Ort, wo Wutanfälle oder was immer sich ereignet hat, um dem Kind einen schlechten Tag zu bereiten, abreagiert werden können. Sie müssen auch immer daran denken, daß gemeinsam mit der Behandlung der Funktionsstörung des Gehirnes wir auch gleichzeitig neben der Psyche und Persönlichkeit des Kindes den übrigen Körper mitbehandeln. Wenn das Kind aus der Fassung geraten oder negativ gestimmt ist, arbeitet sein Nervensystem wahrscheinlich auch schlechter als gewöhnlich. Vielleicht kann die Therapie dazu beitragen, die Dinge wieder ins Lot zu bringen.

Wie soll ich dem Kind erklären, daß es zur Behandlung gehen muß?

Wenn das Kind alt genug ist, um zu verstehen, was Sie sagen wollen, erklären Sie ihm einfach, daß es dort zum Spielen hingeht und daß ihm dieses für sein Lesen von Nutzen sein wird, um leichter sprechen zu lernen oder auch nur um ein bißchen mehr Spaß zu haben. Wenn das Kind alt genug ist, versteht es vielleicht auch einiges von dem, was in diesem Buch erklärt wird. Ist es noch jung, wird es wahrscheinlich nur einmal fragen und mit der Antwort, daß es zum Spielen geht, zufrieden sein. Sorgen Sie dafür, daß das Kind mit viel Begeisterung zur Therapie kommt, da es die Vorteile der Behandlung nur voll ausschöpfen kann, wenn es von den bei der Behandlung angebotenen Spielen möglichst viel aus eigenem inneren Antrieb genießt. Allerdings wird das Kind nicht wegen der Erklärung, die Sie ihm geben, gerne zu einer Behandlung kommen, sondern nur aufgrund der Tatsache, daß es sich wohl dabei fühlt.

Was soll ich ihm sagen, um ihm zu helfen, mit der Schule und anderen Kindern zurechtzukommen?

Das wichtigste, was Sie Ihrem Kind bieten können, ist das immerwährende Bewußtsein, daß es geliebt und akzeptiert wird, geradeso wie es ist. Wenn das Kind zu Hause Liebe und Anerkennung findet, ist es in der Lage, ein Gefühl für sein Selbstvertrauen zu entwickeln. Selbstvertrauen kann ihm mehr als alles andere helfen, mit seinen Kameraden gut auszukommen und sein Alltagsleben in den Griff zu bekommen.

250   Was kann beim Auftreten solcher Störungen getan werden?

Letzte Woche kam er weinend nach Hause, weil niemand ihn für ein Fußballspiel haben wollte. Was würden Sie ihm sagen?

Ich würde sagen: „Ja, das ist gemein, nicht wahr?" Leugnen Sie nicht das bestehende Problem. Erkennen Sie an, daß es sich schlecht fühlt – so selbstverständlich wie möglich – und dann versuchen Sie, etwas zu finden, was das Kind mit sicherem Erfolg durchführen kann, um es von seinem Kummer abzulenken.

Welche Art von Spielzeug sollten wir ihm geben?

Große Dinge: Rutschen, Schaukeln, Wippen, Dreirad, Schubkarren, Spielautos, Kletterbaum, dann die Sachen, die wir bei der Behandlung benutzen, wie Rollbretter, Röhren oder Fässer, lange Matten, Polster. Bastelarbeiten sind gut, um in der Wohnung zu spielen. Die traurigsten Spielzeuge sind Dinge, die das Kind lediglich hin- und herziehen kann, oder gar diejenigen, die von Batterien angetrieben werden und alleine herumfahren oder laufen. Von Spielsachen, die das Kind nicht selber handhaben kann, hat es für die Weiterentwicklung seines Gehirns keinen Nutzen.

Spielsachen sollten die Phantasie anregen. Je einfacher ein Spielzeug ist, desto mehr Möglichkeiten kann es für vielfältige Spielarten abgeben. Viele der besten Spielsachen kann man aus Haushaltsgegenständen oder billigem Material selbst herstellen, wobei das Kind mitwirken kann.

Mein Kind sieht jeden Tag 5 Stunden fern. Was sollen wir machen?

Es gibt einige gute Kinderprogramme. Doch sobald das Kind zuviel Zeit mit dem Fernsehen zubringt, bekommt es nicht genügend Sinnesinformation, die es beim Spielen erhält. Das Spielen ist ein sehr bedeutsamer Anteil für die Entwicklung, und ich spreche dabei vor allen Dingen über den Wert der Auseinandersetzung mit großen Spielgeräten, die den gesamten Körper in Bewegung versetzen und zahlreiche Reaktionen auf Empfindungen erfolgen lassen, die durch das Gleichgewichtssystem, die Eigenwahrnehmung und den Tastsinn ausgelöst werden. Ein Kind mit einer Funktionsstörung der sensorischen Integration benötigt mehr und längere Spielperioden als ein Kind, das das Glück hatte, eine normale sensorische Integration zu entwickeln. Ein solches Kind braucht auch eine spezielle Anleitung zum Spielen, und man sollte ihm das bewegungsarme Sitzen vor dem Fernsehgerät nur für relativ kurze Dauer und brauchbare Kinderfernsehsendungen erlauben.

Kapitel 12. Einige Fragen, die Eltern stellen – und die Antworten   251

Kann die Kindergärtnerin in der Kinderkrippe oder im Kindergarten meinem Kind helfen, die richtigen Sinneseindrücke zu erhalten?

Kindergärtnerinnen in der Kinderkrippe oder im Kindergarten können selbstverständlich eine Menge zur Entwicklung des Kindes beitragen, doch sind sie nicht mit Hirnforschung vertraut. Sie haben andere wichtige Aufgaben, z. B. indem sie Kindern helfen, miteinander auszukommen. Von ihnen kann man nicht erwarten, daß sie Therapeuten sind. Bis vor kurzem waren alle Kinderkrippen Orte, wo Kinder spielen konnten, und in diesem Rahmen haben sie eine gute Arbeit geleistet. Ich würde es sehr begrüßen, wenn jede Kinderkrippe und jeder Kindergarten mehr Wert auf sensomotorische Aktivitäten und Sprachentwicklung legen würde, anstatt das Kind an ein Schreibpult zu setzen und ihm beizubringen, wie man lesen und rechnen kann.

Da Lernstörungen zunehmen, wäre es angemessen, daß Kindergärten einen wichtigen Beitrag leisten, um die sensomotorischen Grundlagen für ein besseres Lernvermögen auszubauen. Die zunehmende Betonung, die heutzutage auf möglichst frühzeitiges Lesenkönnen gelegt wird, ist sicherlich gut für diejenigen Kinder, deren nervale Strukturierung gut genug entwickelt ist, um mit diesem Problem fertig zu werden. Viele Kinder haben jedoch diese Stufe der Integration mit fünf Jahren noch nicht erreicht, und so erfahren sie frühzeitige Mißerfolgserlebnisse und einen Verlust ihres Selbstvertrauens.

Was halten Sie von heilpädagogischen Programmen?

Heilpädagogische Programme sind sehr wichtig. Selbst mit der erhöhten Wirksamkeit auf das Zentralnervensystem, die von einer sensorischen Integrationsbehandlung erreicht wird, benötigen die meisten Kinder noch zusätzliche Lernhilfe. Darüber hinaus bestehen bei manchen Kindern Schwierigkeiten, die durch die Behandlung selbst nicht beseitigt werden können. In diesen Fällen bietet die heilpädagogische Behandlung die besten Chancen. Man muß jedoch daran denken, daß es nicht sehr sinnvoll ist, einem Kind irgend etwas zu lesen zu geben, solange es noch ein Defizit in seiner Sinnesverarbeitung aufweist, das sich durch Weiterentwicklung beseitigen läßt. Es ist genauso, wie wenn man versuchen würde, einem schlecht gebackenen Kuchen durch einen kräftigen Zuckerguß einen besseren Geschmack zu geben. Heilpädagogik versucht, dem Kind trotz seines bestehenden Problems etwas beizubringen, anstatt etwas zu unternehmen, um das Problem zu beseitigen. Wenn Heilpädagogik von sich aus vollständig erfolgreich wäre, würden wir diese Kinder nicht zur Behandlung bekommen. Die sensorische Integrationsbehandlung wurde entwik-

252 Was kann beim Auftreten solcher Störungen getan werden?

kelt, um dem Kind auf eine wesentlich normalere und natürlichere Weise näherzukommen. Sie versucht, das Kind auf das Lernen vorzubereiten. Sie hilft vielen Kindern, leichter lernen zu können, doch sie hilft nicht allen, die betroffen sind.

Warum hat unser Arzt uns nichts über diese Probleme gesagt?

Ärzte sind nicht dafür ausgebildet, um die beschriebenen Typen von Funktionsstörungen zu erkennen, und deshalb sehen sie diese auch nicht. Ärzte sind geschult, Krankheiten oder andere Zustände, die ernster und offensichtlicher vom Normalen abweichen, zu erkennen. Selbstverständlich sollte jedes Kind, das irgendwelche Auffälligkeiten erkennen läßt, von einem Arzt untersucht werden, um medizinische Probleme als Ursache auszuschließen. Ärzte sind die angemessene Quelle für Heilmaßnahmen. Sie dürfen jedoch nicht darauf vertrauen, daß sie die sehr subtilen Verhaltensabweichungen, welche ein Problem der sensorischen Integration anzeigen, sehen können. Wir hoffen sehr, daß die medizinischen Ausbildungsstätten in der Zukunft ausreichend Wert und Zeit auch auf die minimalen Hirnfunktionsstörungen legen werden, um den Kinderärzten die Bedeutung des Problems bewußtzumachen und ihnen zu ermöglichen, mit den Eltern zu besprechen, ob ihr Kind von einer sensorischen Integrationsbehandlung Nutzen ziehen kann oder nicht.[1]

Was halten Sie von einem Psychologen in der Schule?

Schulpsychologen sind geübt im Erkennen von Lernstörungen, haben jedoch ebenfalls keinen wissenschaftlichen Hintergrund, um Nervenstörungen erkennen zu können. Sie können sehen, daß das Kind Schwierigkeiten mit seinem Lernvermögen oder seinem Verhalten hat, und sie haben Erfahrung, um angemessene Änderungen des Lehrplans vorzunehmen, damit das Kind damit zurechtkommen kann. Aber Sie können nicht erwarten, daß Psychologen über die Hirnfunktionsstörungen Bescheid wissen, die der Kern dieser Probleme sind. Vor allem erwarten Sie bitte nicht, daß sie eine sensorische Integrationsstörung behandeln können.

Kann meinem Kind durch Psychotherapie geholfen werden?

Ein Kind, dessen Gehirn nicht sehr leistungsfähig arbeiten kann, wird unvermeidlich Schwierigkeiten mit seinen Familienangehörigen und anderen Mitmenschen haben. Das Leben ist angefüllt mit Streßsituationen,

---

1 Anmerkung der Übersetzer: Siehe zu diesem Thema auch die Fußnote auf S. 225.

Kapitel 12. Einige Fragen, die Eltern stellen – und die Antworten   253

und man kann diesen nicht entgehen. Der Psychotherapeut sieht, daß das Kind Schwierigkeiten hat, mit seinem Leben fertig zu werden, und er versucht, die zwischenmenschlichen Beziehungen zwischen dem Kind und seinen Eltern zu analysieren und zu klären, damit beide Teile besser miteinander auskommen können.

Die sensorische Integrationsbehandlung und die Psychotherapie beschäftigen sich mit den gleichen Problemen, wobei die Psychotherapie versucht, mit den Problemen fertig zu werden, indem sie über sie spricht, während die sensorische Integrationsbehandlung zu einer besseren Hirnleistung beisteuert. Die sensorische Integration ist wesentlich elementarer als rationale Erkenntnisprozesse.

Ich schlage vor, daß Sie sich erst einmal ansehen sollten, wie weit wir Ihrem Kind helfen können, damit sein Gehirn etwas besser arbeitet. Wenn wir dieses lange genug intensiv getan haben und immer noch Probleme für das Kind bestehen, dann sollte der Psychotherapeut mit dem Kind sprechen. (Im Gegensatz zur sensorischen Integrationsbehandlung, die so früh wie möglich einsetzen sollte, kann die Psychotherapie in späteren Jahren erfolgen, und sie setzt auch ein gewisses Alter voraus, damit das Kind überhaupt verstehen kann, wovon der Psychotherapeut spricht.[2]) Wenn Sie sich jedoch sehr unbehaglich mit Ihrem Kind fühlen, dann lassen Sie beide Formen der Behandlung gleichzeitig stattfinden.

Gibt es Medikamente, die Lernvermögen oder schlechtes Verhalten bessern können?

Es gibt einige Ärzte, die Medikamente benutzen, um das Gehirn ruhigzustellen, besonders, wenn es sich um übererregbare Kinder handelt. Die Therapeuten, die sensorische Integration durchführen, benutzen keine Medikamente. Andere Leute schlagen vor, daß man sich um die Ernährung kümmern sollte, da deren Zusammensetzung einen grundlegenden Einfluß auf das Gehirn haben kann. Diese Themen liegen jedoch außerhalb meiner eigenen Arbeit, und so kann ich keine Empfehlungen über ihre Anwendung geben.

Sollten wir unser Kind zu Hause massiern oder bürsten?

Wenn die Therapeutin es empfiehlt, gibt es einige Dinge, die man als zusätzliche Stimulation der Beruhigungsempfindung der Haut heranziehen kann. Es ist jedoch besser, wenn man zunächst die Therapeutin ausprobieren läßt, wie das Kind auf diese Maßnahmen reagiert, bevor man sie zu

---

2 Ergänzung der Übersetzer.

Hause selbst anwendet. Selbstverständlich können Sie Ihr Kind liebkosen und streicheln, und das wird sicherlich ein guter Beitrag für die Entwicklung seines taktilen Systems sein. Jedoch sollten Sie nicht von sich aus Therapieversuche mit ihm anstellen. Es ist genug, wenn Sie liebevolle und zärtliche Eltern sind.

Gibt es irgend etwas, was eine schwangere Frau tun kann?

Ich empfehle, daß schwangere Frauen in einem Schaukelstuhl täglich zweimal 5–10 Minuten schaukeln. Das Gleichgewichtssystem des Kindes entsteht und reift im Mutterleib etwa von der zehnten Schwangerschaftswoche an. Das bedeutet, daß das vestibuläre System während der letzten sechs Monate der Schwangerschaft voll tätig ist. Zu jeder Zeit im Leben ist Schaukeln eine angenehme Art, um das Gleichgewichtssystem zu beeinflussen. Während der Schwangerschaft kann es eine gute Vorsorgemaßnahme sein. Einige Therapeutinnen haben während ihrer Schwangerschaft systematisch geschaukelt und festgestellt, daß dieses betreffende Kind eine bessere Haltungsentwicklung zeigte als ihre früher geborenen Kinder, die kein zusätzliches Schaukeln der Mutter während der Schwangerschaft erfahren hatten. (Da die Gleichgewichtsinformation und die Auseinandersetzung mit der Schwerkraft einen elementaren Einfluß auf die spätere Hirnentwicklung und die Verarbeitung von Sinneseindrücken haben, ist es gut, wenn diese Systeme so früh wie möglich bereits im Mutterleib gefördert werden. Schwangere Frauen sollten sich deshalb ausreichend bewegen und längere Perioden des Stilliegens – wenn möglich – vermeiden.[3])

---

3 Ergänzung der Übersetzer.

Erläuterungen von Begriffen, die in diesem Buch benutzt werden

Die Zahlen in Klammern beziehen sich auf die Kapitel, in welchen die Begriffe ausführlicher erklärt werden.

Abstützreaktion: = Abfanghaltung.
Ein Reflex, der zur Streckung der Arme führt und dem Schutz des Körpers und Gesichts beim Fallen dient.

Anpassungsreaktion: Eine angemessene Handlung, mit der ein Individuum sinnvoll auf eine aus seiner Umgebung stammende Einwirkung reagiert. Anpassungsreaktionen bewirken gute sensorische Integration, und sie fördern auch die durch Sinneseinwirkung hervorgerufenen Verarbeitungsprozesse. (1, 2)

Aphasie: Die Unfähigkeit zu sprechen und manchmal auch des Verständnisses eines gesprochenen oder geschriebenen Wortes. (5, 6)

Apraxie: Der Mangel an Geschicklichkeit oder Bewegungsplanung. Wenn man sie bei Kindern beobachtet, liegt eine Funktionsstörung der sensorischen Integration vor, welche die Planung und Ausführung dem Kind nicht vertrauter Aufgaben behindert. (6)

Asymmetrisch tonischer Nackenreflex: = ATNR.
Dieser Reflex bewirkt eine Streckung des Armes, wenn das Gesicht ihm zugewandt wird. Der andere Arm führt gleichzeitig eine Beugung im Ellbogengelenk durch. Dieser Reflex besteht normalerweise nur während der ersten Lebensmonate und sollte dann in die übergeordnete Funktion des Gehirns integriert werden. Er bleibt bei vielen Kindern mit Hirnfunktionsstörungen auch im späteren Kindesalter erhalten.

Auditiv: = akustisch. Den Sinn des Hörens betreffend. (3)

Autismus: Eine Form von Hirnstörung, die die Fähigkeit des Kindes herabsetzt, Beziehungen zu Personen, Gegenständen oder Ereignissen aufzunehmen. (9)

Autonomes Nervensystem: s. Vegetatives Nervensystem

Bahnung: s. Fazilitation

Beidseitige Gleichgewichtsstörung: Eine Störung der sensorischen Integra-

256   Erläuterungen

tion, welche durch unterreagierende Gleichgewichtsreaktionen verursacht wird. Sie ist charakterisiert durch einen kurzdauernden Nystagmus, mangelhafte Zuordnung der beiden Körperhälften zu den entsprechenden Gehirnabschnitten und Schwierigkeiten beim Erlernen von Lesen und Rechnen.

Beschäftigungstherapie: Ein Beruf, der sich damit befaßt, durch sinnvolle Aktivitäten dem Patienten zur Auslösung von Anpassungsreaktionen zu verhelfen, welche das Nervensystem in die Lage versetzen, effektiver tätig zu sein. (10)

Bewegungsplanung: s. Motorisches Planen

Cerebrale Dysfunktion: = Hirnfunktionsstörung

Cerebralparese: (Cerebrum = Gehirn, Parese = Lähmung). Eine durch Schädigung des Gehirns verursachte Bewegungsstörung. Da man keine eigentliche Muskellähmungen, sondern eine Koordinationsstörung mit Tonusänderungen in der Muskulatur der betroffenen Personen antrifft, spricht man besser von cerebraler Bewegungsstörung statt von Cerebralparese.

Dyspraxie: Mangelhafte Fähigkeit, die Extremitäten geschickt einzusetzen oder Bewegungsplanung durchzuführen. Sie ist eine schwächere Form der Apraxie und kommt häufiger vor. (6)

Eigenwahrnehmung: s. Propriozeption

Extension: Streckung. Der Vorgang der Streckung des gesamten Körpers oder eines Körperteils.

Fazilitation: Bahnung. Ein Nervenprozeß, welcher die Übertragung von Reizimpulsen und die Reaktion auf diese Impulse verbessert. Fazilitation ist der Gegensatz von Inhibition. (3)

Flexion: Beugung. Der Vorgang der Beugung des gesamten Körpers oder eines Körperteils.

Formatio reticularis: s. Reticularformation

Großhirnhemisphären: Die zwei großen Teile des Gehirns, welche oberhalb des Hirnstamms liegen. Die Hemisphären setzen die Verarbeitung von Sinneseindrücken, die in den niedriger gelegenen Hirnebenen aufgenommen werden, fort und tragen zur Auslösung willkürlicher Bewegungsreaktionen und zum Verhalten eines Menschen bei. (3, 4)

Großhirnrinde: Die äußere Schicht der Großhirnhemisphären. Sie enthält

Erläuterungen 257

Bereiche für die sehr genaue Verarbeitung von Sinneseindrücken, besonders visueller und auditiver Details sowie der Körperempfindungen. Sie steuert darüber hinaus die feineren willkürlichen Körperbewegungen und die Sprache. Sie ist auch beteiligt an Denkprozessen, geistigen Abwägungen und Zielen. (3, 4)

Grundhaltung für Bewegung: Die feinabgestimmte spontan eingenommene Anpassung der Körperhaltung, die zu einer Bewegungsausführung erforderlich ist.

Hemmung: s. Inhibition

Hirnnerven: Es gibt 12 Hirnnerven, die unter Umgehung des Rückenmarks mit ihren sensiblen Anteilen vom Kopf und Gesicht direkt zum Großhirn ziehen und mit ihren motorischen Fasern vom Großhirn zum Kopf und Gesicht.

Hirnstamm: Der unterste und verborgen gelegene Hirnteil. Der Hirnstamm enthält Kerne, welche Funktionen der inneren Organe des Körpers regulieren sowie den Wachheitsgrad des gesamten Zentralnervensystems und die elementare Verarbeitung sensomotorischer Vorgänge steuern. (3, 4)

Inhibition: = Hemmung. Ein Nervenprozeß, der die Nervenreizübertragung in bestimmten Synapsen hemmt, so daß einige der Nervenreize nicht übertragen werden können. Die Inhibition hat eine wichtige Bedeutung, indem sie überschießende Nervenaktivitäten herabsetzen kann. Der neurologische Ausdruck „Inhibition" = Hemmung hat im Gegensatz zu anderen Bereichen der Psychologie auf unserem Arbeitsgebiet keinen negativen Beiklang. (3)

Kleinhirn: Der Teil des Gehirns, welcher der Rückseite des Hirnstamms anliegt. Er verarbeitet propriozeptive und vestibuläre Empfindungen, die dazu beitragen, Körperbewegungen exakt ausführen zu können. Das Kleinhirn verarbeitet darüber hinaus alle anderen Arten von Empfindungen. (3)

Körperwahrnehmung: Die Wahrnehmung, die eine Person von ihrem eigenen Körper hat. Sie setzt sich zusammen aus den Sinneseindrücken des Körpers, die in Form von „Landkarten" im Gehirn gespeichert werden. Sie wird auch Körperschema, Körperabbild oder das Nervenmodell des Körpers genannt. (3, 6)

Kokontraktion: Die gleichzeitige Zusammenziehung aller Muskeln, die an einem Gelenk ansetzen und dieses dadurch stabilisieren.

258   Erläuterungen

Labyrinth: Von dem griechischen Wort für „Irrgarten" abgeleitet. Eine sehr kompliziert aufgebaute knöcherne Struktur des Innenohrs. Es enthält sowohl die Sinnesorgane für das Gleichgewichtssystem als auch für das Gehör. (3, 5)

Lateralität = Seitigkeit.
Die bevorzugte Verarbeitung bestimmter Prozesse in einer Großhirnhemisphäre. Bei den meisten Menschen werden räumliche und musikalische Wahrnehmungsmuster effektiver in der *rechten* Großhirnhemisphäre verarbeitet, während die *linke* Hemisphäre bevorzugt Wortbildungs- und Denkprozesse berücksichtigt.

Lernstörung: Die Schwierigkeit, lesen, schreiben und rechnen zu lernen oder die Schulaufgaben zu bewältigen, sofern diese nicht auf ein schlechtes Seh- oder Hörvermögen oder aber eine geistige Entwicklungsverzögerung zurückzuführen ist. (1, 4)

Lernvermögen: Die Änderung der Nervenfunktion als Folge erlebter Erfahrungen. (1, 2, 3, 10)

Limbisches System: Diejenigen Teile des Gehirns, die sich mit gefühlsbedingtem Verhalten und Gefühlsreaktionen auf Sinneseinwirkungen befassen. Das Limbische System erhält und verarbeitet Reizeinwirkungen von allen Sinneskanälen.

Modulation: Die vom Gehirn selbst durchgeführte Regulation seiner eigenen Aktivität. Die Modulation beruht auf einer Bahnung bestimmter Nerveninformationen, um eine ausgeprägtere Wahrnehmung oder Reaktion zu erzielen, oder aber auf einer Hemmung anderer Reizeindrükke, um außergewöhnliche Aktivitäten zu dämpfen.

Motorisch: Eine durch Zusammenziehung oder Erschlaffung eines Muskels oder von Muskelgruppen ausgelöste Bewegung betreffend. Dabei muß die Zusammenziehung einer Muskelgruppe synchron mit der Erschlaffung der entgegengerichteten Muskelgruppe erfolgen. Hierfür ist eine genau abgestimmte Dosierung des Spannungszustandes (Tonus) eines jeden Muskels die Voraussetzung.

Motorisches Planen: = Bewegungsplanung.
Die Fähigkeit des Gehirns, sich eine Folge ungeübter Handlungen vorzustellen, ihren Bewegungsablauf zu ordnen und auszuführen. Man spricht auch von Praxie. (Vergleiche Apraxie und Dyspraxie.) (6)

Neural: Synonym für nerval oder nervlich. Der Begriff „nervös" stellt in der nichtmedizinischen Umgangssprache einen nervlichen Erschöpfungszustand dar und wird zur Vermeidung von Verwechslungen in diesem Buch nicht zur Beschreibung nervlicher Vorgänge benutzt.

Neuron: Die strukturelle und funktionale Grundeinheit des Nervensystems. Es besteht aus einem Zellkörper mit zahlreichen sich verzweigenden Ästen, um Nervenimpulse von anderen Nerven aufnehmen zu können, und einer Nervenfaser, die in der Lage ist, ihrerseits Nervenimpulse auszusenden. (3)

Nucleus: = Kern.
Eine Ansammlung von Nervenzellen, die der Ordnung und Integration sinnlicher Erregungswahrnehmung und motorischer Nervenaktivitäten dienen. In einer bestimmten Weise sind Nuclei die „Schaltzentralen" für die Gehirnaktivität. (3)

Nystagmus: Eine Serie automatischer Hin- und Herbewegungen der Augen. Es handelt sich um einen Reflex, der durch unterschiedliche Vorgänge ausgelöst werden kann. Der übliche Weg, ihn auszulösen, beruht auf einem plötzlichen Abbremsen des Körpers nach einer Serie rascher Körperdrehungen. Die Dauer und Gleichmäßigkeit des „postrotatorischen" Nystagmus (siehe Kapitel 5) sind Anhaltspunkte, um eine Leistungsschwäche des Gleichgewichtssystems erkennen zu können. (5)

Praxie: s. Motorisches Planen

Propriozeption: = Eigenwahrnehmung = Tiefensensibilität
Vom lateinischen Wort *proprius:* selbst, eigen = Eigenwahrnehmung. Die Empfindungen, die von Sinnesrezeptoren in den Muskeln und Gelenken dem Gehirn zugeleitet werden. Die Eigenwahrnehmung vermittelt dem Gehirn, wann und in welchem Umfang sich Muskeln zusammenziehen oder strecken und wann und in welchem Ausmaß sich Gelenke beugen, strecken oder gezogen resp. gedrückt werden. Die Propriozeption ermöglicht dem Gehirn, in jedem Augenblick zu erkennen, wo jeder Körperteil sich befindet und wie er sich bewegt. (3, 6)

Reflex: Eine angeborene und automatische Reaktion auf einen Sinnesreiz. Wir haben Reflexe, die dafür sorgen, daß wir uns blitzartig von schmerzhaften Gegenständen, Dingen, die uns erschrecken oder überraschen, zurückziehen können. Andere Reflexe halten unseren Kopf und Körper als Reaktion auf Gleichgewichtssinneseindrücke aufrecht. Es gibt zahlreiche weitere Reflexe. (2, 3)

Reticularformation: = Formatio reticularis.
Der zentrale Kern des Hirnstamms und einer der komplexesten und

260 Erläuterungen

verwirrendsten Abschnitte des ganzen Gehirns. Von jedem Sinnesorgan erreichen Nervenimpulse die Reticularformation, welche ihrerseits Nervenbotschaften an alle übrigen Teile des Gehirns aussendet. (3)

Rezeptor: Reizempfänger. Eine Einzelzelle oder auch eine Gruppe von Zellen, die für einen bestimmten Sinnesreiz empfänglich ist. Der Sinnesempfänger resp. Rezeptor formt den Reiz in elektrische Impulse um, welche über die sensiblen Nervenbahnen des Rückenmarks dem Gehirn zugeleitet werden. Bei den Hirnnerven, die für Sehen, Hören und Gleichgewicht zuständig sind, erfolgt die Reizübertragung unter Umgehung des Rückenmarks direkt in das Gehirn. (1, 3)

Schwerkraftverunsicherung: Eine abnorme Ängstlichkeit oder Bedrängnis, die von schlechter Anpassung oder Hemmung von Empfindungen herrührt, die durch die Schwerkraftrezeptoren des Gleichgewichts ausgelöst werden, wenn diese durch Änderung der Kopfhaltung oder durch Kopfbewegung erregt werden. (5)

Seitigkeit: s. Lateralität

Sensomotorisch: Sinnesreize (*sensorische* Reaktion) und die dadurch veranlaßte Muskelreaktion (*motorische* Reaktion) betreffend.

Sensorisch: Sinnesreize oder Gefühlseindrücke bzw. Empfindungen aller Art betreffend.

Sensorische Integration: Die sinnvolle Ordnung und Aufgliederung von Sinneserregung, um diese nutzen zu können. Diese Nutzung kann in einer Wahrnehmung oder Erfassung des Körpers oder der Umwelt bestehen, aber auch in einer Anpassungsreaktion oder einem Lernprozeß oder auch in der Entwicklung bestimmter neuraler Tätigkeiten. Durch die sensorische Integration wird erreicht, daß alle Abschnitte des Zentralnervensystems, die erforderlich sind, damit ein Mensch sich sinnvoll mit seiner Umgebung auseinandersetzen kann und eine angemessene Befriedigung dabei erfährt, miteinander zusammenarbeiten.

Sensorische Integrationsbehandlung: Eine Behandlung, welche die Stimulation von Sinnesorganen und die Auslösung von Anpassungsreaktionen entsprechend den neurologischen Bedürfnissen des betroffenen Kindes vermittelt. Diese Therapie umfaßt gewöhnlich Ganzkörperbewegungen, welche eine Stimulation des Gleichgewichtssystems (*vestibuläres* System), der Eigenwahrnehmung (*propriozeptives* System) und des Tastsinns (*taktiles* System) umfaßt. Diese Therapie enthält gewöhnlich keine Aktivitäten, die an einem Schreibtisch durchgeführt werden wie

Erläuterungen   261

Sprachtraining, Leseunterricht oder Übung bestimmter geistiger oder motorischer Fertigkeiten. Das Ziel der Therapie ist die Verbesserung des Ablaufes der Hirnverarbeitungsprozesse und der sinnvollen Ordnung von Empfindungen. (10)

Sinneserregung: Englisch: sensory input.
Die Ströme elektrischer Impulse, die von den Empfangsorganen der einzelnen Sinnessysteme im Körper dem Gehirn direkt oder über das Rückenmark zufließen.

Southern California Sensory Integration Tests; SCSIT: Eine Serie von Testen, die entwickelt wurden, um den Zustand der sensorischen Integration oder auch ihrer Störung zu erkennen.

Störung der sensorischen Integration: Eine Unregelmäßigkeit oder auch Störung der Hirnfunktion, die die Verarbeitung und Integration sinnlicher Reizeinwirkungen erschwert. Störungen der sensorischen Integration sind die Grundlage für viele, wenn auch nicht alle Lernstörungen. (4)

Subcortical: Unterhalb der Hirnrinde gelegene Großhirnabschnitte, die dem Bewußtsein nicht unterworfen sind.

Synapse: Die Schaltstelle zwischen zwei Neuronen, die den elektrochemischen Kontakt und die Übertragung von Nervenimpulsen von einem Neuron zum anderen ermöglicht. Nervenimpulse durchqueren innerhalb ihrer Nervenbahnen mehrere Synapsen, und jede Synapse trägt zur Verarbeitung dieser Impulse bei. (3)

Taktil: Betrifft den Sinn der Berührung von Haut und Schleimhäuten. (3, 7)

Taktil-defensiv: = Berührungsablehnend oder -abweisend.
Eine Störung der sensorischen Integration, bei welcher Tast- oder Berührungsempfindungen überschießende und meist abwehrende Gefühlsreaktionen, allgemeine Überaktivität oder andere Verhaltensprobleme verursachen.

Tiefensensibilität: s. Propriozeption

Vegetatives Nervensystem: Nicht der willkürlichen Beeinflussung unterliegendes, „autonomes" Nervensystem, das die Funktion der inneren Organe, Eingeweide, aber auch der Muskulatur der Augenpupillen und der Blutgefäße steuert.

Vestibularnerv: Die Fasern des achten Hirnnerven, der die Gleichge-

262   Erläuterungen

wichtserregung von den Schwerkraftrezeptoren und den Bogengängen zu den vestibulären Kernen überträgt. (3, 5)

Vestibuläre Kerne: Eine Anhäufung von Zellen im Hirnstamm, die die Gleichgewichtssinneseindrücke verarbeiten und anderen Gehirnzentren übermitteln, um eine entsprechende Anpassungsreaktion vorzubereiten. Diese komplexen „Schaltstellen" integrieren auch die Sinneserregungen von den Gleichgewichtsempfängern mit denjenigen von anderen Sinnesorganen. (3, 5)

Vestibuläre Rezeptoren: Die Sinnesorgane, welche auf den Zug der Erdschwere und auf alle Bewegungen des Kopfes reagieren. Sie befinden sich im Labyrinth des Innenohrs. Jedes Innenohr enthält sowohl Schwerkraftreizempfänger, die sich in feinen Säckchen befinden, als auch Bewegungsrezeptoren in den Bogengängen. (3, 5)

Vestibuläres System: = Gleichgewichtssystem.
Das Sinnessystem, das auf die Kopfhaltung in bezug zur Schwerkraft der Erde sowie auf verlangsamte oder beschleunigte Bewegungen reagiert. (1, 2, 3, 5)

Vestibulo-spinal Trakt: Eine Nervenbahn, die Nervenbotschaften von den vestibulären Kernen zu den motorischen Neuronen im Rückenmark überträgt. Diese konstant vorhandenen vestibulospinalen Nervenimpulse tragen dazu bei, den Muskeltonus aufrechtzuerhalten, welcher die Streckstellung der Gelenke und damit unsere aufrechte Körperhaltung ermöglicht. (3, 5)

Visuell: = optisch.
Betrifft den Sinn des Sehens.

Viszeral: Die Eingeweide bzw. Verdauungsorgane betreffend.

Wahrnehmung: Die Bedeutung, die das Gehirn einem Sinneseindruck beimißt. Empfindungen sind objektiv; Wahrnehmung ist subjektiv. (3)

Zentrale Steuerung: Angeborene Nervenfunktionen; sie müssen in ihrem Funktionsablauf nicht erlernt werden. Das Kriechen auf Händen und Knien und das Gehen sind gute Beispiele zentralgesteuerter Handlungen.

Sachverzeichnis

Der Kursivdruck von Seitenzahlen bedeutet, daß das entsprechende Stichwort auf dieser Seite ausführlich erläutert wird.

Abenteuerspielplatz 109
Abfanghaltung s. Abstützreaktion
Ablehnung 179, 196, 234
Ablenkbarkeit 79
Abstützreaktion 103, *104*, 113, 255
Abwehr, taktile s. Berührungsabwehr
Abwehrreaktion 156f., 225, 231
Abwehrsystem 157
Ärger 108
Ärztekammer 225 (Fußnote)
Affen 166, 191
Affenjunges 56, 75f., 87, 109, 137, 159, 206
Aggression 108, 159, 234
Aktivität, zweckgerichtete 84, 91
Aktivitätsniveau 84f., 90, 105
Alarmbereitschaft 154
Alarmreaktion 21, 157
Allen, Lynn C. 221
Alphabet 133, 168
Altersgruppe 73
Amphibien 53, 58, 166
Anforderung 224
Angeborene Reaktion 20
Angst 120, 122f., 124, 213f., 235, 260
Anpassungsfähigkeit des Gehirns 217
Anpassungsreaktion 8, 9, 14, *17*, 18, 20, 23, 34, 52, 53, 59, 61, 77, 92, 98, 105, 111
Anpassungsregulation 98, 119, 217
Anrempeln 229
Ansporn 178
Antrieb, innerer 19, 25, 32, 108, 151, 158, 170, 178, 183, 190, 195, 207, 212f., 236, 247
Anziehen 17, 145, 147f., 160
Aphasie 72, 255
Apraxie 128, 149, 171, 176, 255
Artikulation 173
Artikulationsstörung 117

Assoziationsareal 43
Atmung 41, 51, 114, 159, 193, 199, 231
Aufknöpfen 146f.
Aufmerksamkeit 132, 175, 182
Aufmerksamkeitsspanne 84f., 90, 175
Aufmerksamsein 153, 175, 240
Aufrichten 25
Aufstehen 30
Augapfel 176
Augen 15, 24, 99ff., 106, 112, 168, 175, 202, 210
Augenarzt 169
Augenbewegung 84f., 176, 202, 211
Augen-Hand-Kontrolle 25, 34, 84ff., 92, 197
Augen-Hand-Koordination 239
Augenkontrolle 28, 197
Augenmuskeln 24, 99, 101, 113, 169, 210
Ausziehen 147f.
Autismus 108, *173*ff., 255
Ayres, A. Jean 127, 161, 172

Babbeln 29
Baden 148, 153, 160, 228, 232
Badewanne 228
Bahnung 63, 67, 99, 110, 111, 118, 198, 255
Balancehalten s. Gleichgewichthalten
Ballspielen 107, 116, 147, 164, 167, 209f., 238f.
Bastelarbeit 239
Bauchlage 25, 27, 59, 88, 113, 116, 169, 201f.
Bauchstreckhaltung 27
Bausteine (Bauklötze) 144, 147, 169, 236, 239
Bausteine der Entwicklung 19, 20, 22, 23, 25, 89, 98, 109, 206, 209, 238
Bedrohung 155

264 Sachverzeichnis

Behandlung s. Therapie, -maßnahme, Therapeut
Behandlungsaktivität 200, 245
Behandlungsatmosphäre 212
Behandlungsergebnis 220
Behandlungsfall 218
Behandlungsgeräte 217
Behandlungsprinzipien 195
Behandlungsraum 217, 220
Behandlungsstunde 208 ff., 211, 245, 249
Beidhändigkeit 115 f.
Belohnung 188, 229
Benehmen, schlechtes 226
Bergsteigen 214, 233
Berkson, Gershon 76, 95
Berührung 20, 26, 31, 47, 56, 84, 167
Berührungsabweisung (-abwehr) 152 ff., 158 f., 174, 179, 197, 204, 218 f., 227, 231, 240
Berührungsempfindung 44, 47, 57, 87, 136, 163, 167, 174, 178, 188, 239
Berührungslokalisation 31, 218
Berührungsreiz 55, 87 f., 137, 152, 154, 193, 198, 218, 231
Berührungsreizunterscheidung 136, 218
Berührungsrezeptor 158
Beschäftigungstherapie 215, 256
Beschäftigungstherapeutin 14, 23, 114, 187, 200, 256
Bestrafen 188
Bestürzung 179
Beugemuskeln 210
Beugemuster 206, 256
Beugung 256
Beule 149, 248
Bewegung 21, 31, 84, 126, 128 ff., 178
–, ausfahrende (choreoathetoide) 129
–, zentralgesteuerte (vorprogrammierte) 130, 150, 184
Bewegungsabwehr 120, 126, 157
Bewegungseinwirkungen 27, 164
Bewegungsempfindung 141, 163 f., 183
Bewegungsfähigkeit 192
Bewegungsgrundhaltung 257
Bewegungsinformation 146
Bewegungskoordination 128, 144, 193
Bewegungsmuster 129 f., 183, 201
Bewegungsplanung 73, 84, 85, 90, 118, 128 f., 130 f., 132 ff., 138, 141, 146, 150,

172, 174, 183, 206 f., 207, 214, 218, 235, 256, 258, 259
Bewegungsreaktion 201
Bewegungsrezeptor 92
Bewegungstrick 196
Bewußtlosigkeit 114, 199
Bewußtseinsebene 14
Bewußtseinsschwelle 45, 62
Beziehungsaufnahme 183
Bezugsperson 87, 173
Bits 5 f., 32
Blasenkontrolle 110
Bleistift 148, 169
Blutdruck 51, 114
Bodenkontakt 178
Bodenrolle 125
Bogengang 49, 97, 119, 126, 202, 207, 262
Brooks, R. 95
Buchstabieren 218, 220
Bürsten 158, 198, 253
Buntstift 169

Calciumcarbonatkristalle 49, 97
Casler, Lawrence 76, 95
Cerebralparese 74, 256
Chamorro, Ilta 221
Chase, Marian F. 221
Chee, Francis KW. 221
Clark, David 192, 221
Casper, Lorna M. 221
Crowe, Terry K. 117, 127, 170
Cummins, Robert 194

Darmkontrolle 110, 227
Dauerlaufen 214
Davonlaufen 155
Denken 197
–, abstraktes 35, 66, 84
–, cognitives 45, 66, 172
De Quiros, Julio B. 127
Diskriminierung, optische (visuelle) s. Unterscheidungsvermögen, optisches
–, taktile s. Berührungsreizunterscheidung
Disziplin 229
Drang, innerer 19, 22, 32, 108, 151, 158, 214
Drehbewegungsstimulation 211
Drehen 114 f., 116, 126 f., 177, 208, 210

Dreirad 144, 147, 181 f., 250
Dreiradfahren 182, 239
Druckempfindung 47, 156, 158, 176, 198, 207, 231
Druckschriftschreiben 148
Dysfunktion, cerebrale s. Hirnfunktionsstörung
Dyslexie 112
Dyspraxie 128, 132, 134, 138, *142*ff., 146ff., 171, 174, 176, 184, 203, 206, 230, 235, 256

Ebene, schiefe 202
Eiaufschlagen 148
Eidechse 166
Eigenwahrnehmung 42, 106, 124, 138, 164, 167 f., 180, 188, 202, 210, 228, 232, 256, 259
Einzelfähigkeit 95, 134, 145, 150
Einzelgeschicklichkeit s. -fähigkeit
Einzeller 55
Ekelgefühl 110
Eltern 222, 233, 243 ff.
Elternhaus 222
Emotionale Krisen 227
Empfindungsintegration 179
Endprodukt 20, 30, 44, 52, 83 f., 86, 91, 93 f., 117, 163, 171, 216
Entfernungsschätzung 28
Entwicklung, sensomotorische 9
Entwicklungsbausteine s. Bausteine der Entwicklung
Entwicklungsdyspraxie s. Dyspraxie
Entwicklungsniveau 85
Entwicklungsschritte 20, 93 f.
Entwicklungsstufe 19
Entwicklungsverzögerung 224
Erbrechen 227
Erdschwere 18, 32, 50, 57, 59, 88, 97
Erlebniserfahrung 197
Ermutigen 195
Ernährung 253
Erregung 137
Erwachsener 85, 109, 122, 137, 151, 180, 236
Eselsbrücke 93, 115
Essen 84 f., 253
Evolution 23, 53, 55, 56, 58, 61, 105, 166 f., 196
Extension 256

Fachleute 222, 224 f., 243
Fahrradfahren 17
Fallschirmspringen 214
Faß 144
Fazilitation 63, 255 f.
Fehlverhalten 3
Feinabstimmung 63
Feinarbeit 129
Feindseligkeit 108
Fernseher 195, 229, 250
Fertigkeit 216
Festklammern 206
Fetalleben 50
Fingerfarben 153, 160
Fische 166
Flexion 256
Fliegen 109
Flugzeughaltung 27, 113, 202
Formatio reticularis 41, 44, 47, 104 f., 119, 199, 256, 259
Formation, retikuläre s. Formatio reticularis
Formwahrnehmung, visuelle (optische) 218, 229
Fovea 166
Fox, Julia 199, 221
Frank, Jan 101, 127
Freude 108
Früherkennung 223
Frühgeborenes 192
Frühsymptome 11
Frustration 138
Funktion, cognitive 172
Funktionsspezialisierung 44
Furcht 108, 120 f., 122, 125, 151, 168, 173, 196
Fußballspielen 246, 250

Ganzkörperbewegung 202 f., 208, 236, 250, 260
Ganzkörperbewegungsmuster 21
Gebärmutter 164
Gedächtnis 110, 140, 204
–, motorisches 82
–, neurales 134 f., 140
–, visuelles (optisches) 82
Gedankenarbeit 133
Gefühlsreaktion 56
Gefühlsstabilität 85

266 Sachverzeichnis

Gehen 130, 145, 201
Gehirn 4, 10, 20, 22, 24, 47, 50, 52, 56, 65,
 71, 79, 82, 86, 88, 93, 104, 110, 131, 143
Gehirnfunktion s. Hirnfunktion
Gehör 57, 170, 225, 258
Gehörprobleme 170
Geistestraining 223
Gelenk 84, 92, 98, 124, 130, 138, 140
Gelenkempfindung 22, 35, 84, 88, 164,
 168, 239
Gelenkinformation 140, 164, 180, 239
Gelenkreize 26
Gemütsleben 173
Geräusch 23, 80, 147, 161, 175, 202, 234
Geruchsinn 23, 176, 188, 199, 234
Gerüche 161, 176, 199, 234
Geschicklichkeit 131 f., 135, 242, 244
Geschmacksinn 23, 188
Gesichtsvibrator 198
Gesichtwaschen 160
Gestalt 163
Gestreicheltwerden 31
Gewichtsverlagerung 130
Gideon, W. P. 95
Gleichgewicht 17, 45 f., 84, 130, 168, 232
Gleichgewichthalten 34, 85, 88, 96, 129
Gleichgewichtsänderung 98
Gleichgewichtsempfindung 163, 169,
 174, 178, 207
Gleichgewichtserregung 178, 183, 192 f.,
 207
Gleichgewichtsfunktion 91, 163
Gleichgewichtsinformation 50, 97, 117,
 121, 163
Gleichgewichtsnerv 49, 97, 106, 261
Gleichgewichtsorgan 21, 22, 23, 32, 58,
 60, 96, 111 f., 157, 202, 207, 225
Gleichgewichtsreaktion 102, 207, 218
Gleichgewichtsrezeptor 49, 97, 207
Gleichgewichtssinn 57, 61, 96, 98, 109,
 168
Gleichgewichtsstimulierung s. -erregung
Gleichgewichtsstörung 89, 91, 96, 106,
 112, 126
-, beidseitige 112 f., 177, 255
Gleichgewichtssystem 46, 49 ff., 58, 97,
 100, 105, 117, 130, 141, 180, 202, 219,
 258
Gravitationsfeld 20, 108, s. a. Erdschwe-
re, Schwerkraft

Green, Dora 221
Gregg, Claudette 192, 221
Greifen 25 f.
Greifreflex 21
Großhirn 41, 97, 131, 219
Großhirnhälfte s. -hemisphäre
Großhirnhemisphäre 36, 42, 48, 50, 54,
 56, 59, 93, 106, 108, 115, 133, 156, 166 f.,
 172, 202, 210, 256
Großhirnrinde 46, 66, 98, 166, 174, 256
Grundhaltung für Bewegung 257

Haareschneiden 157 f., 160
Haarewaschen 157 f., 160
Hängematte 192 f.
Hänseln 122
Haffner, M. Ellen 221
Halluzination 78
Halsmuskulatur 99, 113
Halsstellreflex 28, 59
Haltung 84 f., 103, 197, 228
Haltungsreaktion 88, 102 f., 113, 129,
 130 f., 168, 174, 197, 201, 207, 218, 235
Haltungsstabilisierung 103
Haltungsunsicherheit 119, 168
Handbewegung 92
Handfertigkeit 61
Hand- u. Fingerbewegung 202
Handlungsfähigkeit 128
Handschrift 129
Handwerkzeug 42, 115, 133, 145, 147
Harlow, Harry F. 56, 67, 76, 159
Hasenfuß 122
Hauslehrer 205
Haut 46, 55, 89, 92, 98, 130, 169, 280, 195,
 198
Hautinformation 141, 169, 180
Hautreiben 198
Heilpädagogik 218, 251
Heimkind 76, 109, 137
Hein, A. 165, 172
Held, R. 165, 172
Helicopterspiel 210
Hemmung 63 f., 67, 110, 111, 119, 137,
 198, 217, 257
Herschkowitz, N. 217, 221
Herumfummeln 214
Herzschlag 3, 41, 199
Himmel- und Hölle-hüpfen 34, 216, 239

Hindernisrennen 214
Hinfallen 171
Hinkeln 103, 133
Hirnaktion 76
Hirnanpassungsfähigkeit 217
Hirnentwicklung 44, 78, 92, 159, 188, 190
Hirnforscher 5, 208
Hirnforschung 44, 190, 208, 217
Hirnfunktion 10, 74, 78, 99, 117, 215
Hirnfunktionsstörung 238, 255
–, minimale 72, 80, 128f., 131, 136, 140, 143, 152, 173
Hirnhälfte s. Hirnhemisphäre
Hirnhemisphäre 93, 116, 155, 256
Hirnnahrung 78, 114, 137
Hirnnerven 257, 260
Hirnniveau 46, 137
Hirnreifung 44
Hirnrinde 44, 46f., 61, 106, 117, 137
Hirnrindenbezirke, sensorische 47, 137
Hirnschaden 71, 75, 193, 245
Hirnschwäche 44
Hirnspezialisation 93
Hirnstamm 36ff., 45, 47, 48, 50, 54, 63, 67, 98, 102, 133, 155, 166f., 171, 179, 199, 202, 210, 257
Hirnstammkerne 40, 46f.
Hirnverarbeitungsprozeß 119, 172
Hitzeempfindung 47
Hören 20, 46, 84, 101, 163, 170f., 193, 225
Hörimpulse 46, 171, 193
Hörinformation 46, 162, 170
Hörprobleme 170f.
Hörsprachproblem 172
Hörzellen 46
Hörzentrum 46
Hüpfen 103, 133, 148, 216
Hundeexperiment 77, 190
Hunt, McVicker J. 192, 221
Hyperaktivität s. Überaktivität

Ich-will-es-tun-System 180ff.
Identitätskrise 149
Impuls, taktiler 88
–, propriozeptiver 88
–, vestibulärer 88
Impulsfluß 97, 102
Individualität 149
Information, akustische (auditive) 101

–, optische (visuelle) 48, 54, 66, 89, 101
–, propriozeptive 102
–, sensorische 54, 61, 202
–, taktile 54
–, viszerale 51
Informationseinheit 5, 6, 32
Informationszufluß 45, 202
Inhibition s. Hemmung
Innenohr 21, 22, 23, 32, 46, 51, 58, 88, 96, 106, 121, 126, 169, 202, 207, 258, 262
Input, sensorischer 37, 74, 177, *198*
–, viszeraler 51
Integration 3, 46, 158, 179, 189, 202
–, sensorische 3, *6*, 9, 10, 11, 19, 22, 34, 35, 40, 56, 58, 64, 71, 74, 82, 90, 95, 105, 143, 168, 213, 222, 241, 260
Integrationsbehandlung, sensorische 15, 105, 109, 111, 114, 151, 153, 172, *187ff.*, 205, 215ff., 241, 260
Integrationsebene 87ff., 90, 93
Integrationsschritte 94
Integrationsstörung 3, 71, 79, 81, 83, 93, 95, 136, 144, 159, 168, 187, 194, 241, 261
Intelligenz 65, 72f., 116, 128, 150, 189, 218, 247
–, sensomotorische 32
Intelligenzquotient 112, 192, 218

Juckreiz 156
Jugendalter 83
Jugendlicher 109

Kälteempfindung 47
Kalziumkarbonatkristalle 49, 97
Kampf 155
Kampf- oder Fluchtreaktion 156f.
Kantner, Robert M. 221
Karussellfahren 109, 114, 120
Kassenärztliche Vereinigung 225 (Fußnote)
Katzenexperimente 165
Kehllaute 23
Kern, retikulärer 105
–, vestibulärer 42, 64, 102, 141
Kinaesthesie s. Tiefensensibilität
Kind, apraktisches 128, 171, 176
–, autistisches 108, 173ff., 178, 196

268 Sachverzeichnis

Kind, dyspraktisches (ungeschicktes)
128, 171, 174, 177, 203, 230, 235
–, lernbehindertes 209
–, spastisches 184
–, taktil–defensives (berührungsabweisen-
des) 204, 230, 235
Kinderarzt 222, 225, 241, 252
Kindergarten 223, 241, 251
Kindergartenvorschule 223
Kinderkrippe 251
Kinderneurologe 72, 225, 241
Kindheit 109, 242
Kitzeln 154f.
Klammerbewegung 21
Klassenclown 114
Klavierspielen 95
Kleinhirn 36ff., 46, 48, 50, 54, 64, 98, 190,
257
Kleinkind 13, 17, 19, 24, 93, 132, 169, 214,
242
Kleister 153, 160
Kletterbaum 144, 239
Klettern 32f., 109, 124, 126, 208, 212, 233,
248
Kneifzangengriff 28
Knochenvibration 49
Knudson, Frances 221
Körperbeherrschung 25, 196, 213
Körperbewegung 213, 239
Körperbildnis s. Körperschema
Körperertüchtigung 216
Körpergewicht 193
Körperhaltung 64, 119, 257
Körperkontakt 87, 239
Körperlandkarte 31, 90, 93, 135, 141, 164,
167, 180, 204, 236
Körpermuskulatur 102
Körperplanung 180
Körperreaktion 112
Körperschema s. Körperwahrnehmung
Körperseitenintegration 115, 211
Körperwahrnehmung 32, 86, 107, 134ff.,
138, 144, 147, 180, 183f., 203, 239, 257
Kokontraktion 103f., 257
Konditionierung 189, 224
Konfliktsituation 147
Kontaktaufnahme 33, 85
Kontraktion 48, 206
Koordination 81, 84f., 89, 130, 207, 243
–, motorische 114, 128

Kopfhaltung 59, 119, 121
Kopfkontrolle 25
Kopfstand 125
Korner, Anneliese 221
Krabbelbewegung, alternierende 22
Krabbeln 27, 86, 124, 129, 133, 236
Kraemer, Helena C. 221
Kraftmeierei 219
Kramer, Marlene 193, 221
Krampfneigung 199
Krankengymnastin 14, 23, 114, 200, 211
Kratzen 156
Kreiselkompaß 51
Kreutzberg, Jeffrey R. 221
Kriechen 27, 88, 129f., 208, 262
Krise, emotionale 227
Kritzeln 33
Küssen 159f., 232

Labarda, Richard 113, 221
Labyrinth 49, 63, 97, 121f., 126, 258
Landkarten des Körpers s. Körperland-
karte
Lateralität, -sation 44, 84, 93, 197, 258,
260
Laufen 86, 88, 97, 129, 145, 212
Lebenskontrolle 150
Lehrer 74, 122, 200, 216, 225, 241
Lernbereitschaft 152
Lernen 65f., 74, 89
Lernfähigkeit 61f., 82, 85, 111, 124, 152,
189, 195, 222, 241
Lernprobleme 44, 74, 99, 101, 103, 146,
187, 218, 222, 224, 241, 243
Lernprozeß 82, 189, 196
Lernschwierigkeit s. Lernprobleme
Lernstörung 100ff., 144, 187, 217, 222,
224, 241, 258
Lesefähigkeit 163, 172, 220, 251
Lesen 12, 74, 82, 96, 105, 110f., 162, 168,
195, 197, 202, 205, 220
Leseschwäche 101, 112, 218
Leseschwierigkeit 10, 96, 101, 116, 147,
152
Levine, Seymour 76, 95
Levinson, Harold N. 101, 127
Lichteindruck 80
Lichtwellen 5
Liebe 108, 153, 173

Limbisches System 42, 175, 258
Linkshänder 44
Lippen 91, 171
Logopädin 171 f.
Luftzugtest 176

Malacarne, Michele G. 190
Malen 147
Masern 226
Mason, William A. 76, 95
Massage 253
Matuszak, Diane 221
McCallum, L. W. 117, 127, 170
Medikamente 188, 253
Melzack, Ronald 77, 95
Minderwertigkeitsgefühl 223
Mißbehagen 154, 168, 177, 226, 233 f.
Mißempfindung 157, 160, 178, 226, 234
Mißerfolgserlebnis 151, 214, 251
Mißlingen 214
Modulation 63, 98, 106, 119, 121, 141, 157, 174, 177, 199, 228, 235, 258
Montgomery, Patricia 221
Motoneuron 36, 41, 57, 62
Mundmuskulatur 171
Muskel 84, 89, 92, 98, 102, 124, 128, 130, 138, 180, 239
Muskelbahnung 110
Muskelempfindung 22, 35, 84, 88 f., 140, 164, 180, 239
Muskelhemmung 110
Muskelkontraktion 48, 99, 102, 105, 132, 169, 184, 206, 218, 239
Muskelkoordination 114
Muskelreize 26, 28
Muskelspannung 113, 148 (s. a. Muskeltonus)
Muskelstreckung 48
Muskeltonus 64, 81, 84 f., 88, 102, 113, 141, 192
Mutter 87, 164
–, künstliche 56, 76, 87
Mutter-Kind-Bindung 21, 84 f., 87, 108

Nachhilfelehrer 113
Nacken 24, 28
Nackenmuskulatur 23 f., 30, 202, 210

Nackenreflex, asymmetrisch tonischer 22, 255
Nahrungsverweigerung 176
Neal, Mary 192, 221
Nervenbahn 39, 112, 129, 131, 174, 202, 219
Nervenbotschaft 134
Nervenbündel 39
Nervengedächtnis 134 f.
Nervennetz 53
Nervensystem 15, 61, 64 f., 73, 90, 99, 104, 114, 119, 124, 134, 145, 152, 168, 184, 189, 203, 208, 214
–, vegetatives 52, 255, 261
–, viszerales 51, 255
Nervenverbindungen 217
Netsky, Martin G. 60, 67
Netzhaut 23, 166
Netzhockey 209 f.
Neugeborener 17, 21, 61, 64, 87, 99, 108, 130, 135, 196, 206
Neurologie 72
Neuron 36 ff., 62, 64, 74, 104 f., 132, 191, 217, 259
–, motorisches 36, 41, 132
–, sensorisches 36
Neuronenmodell 134
Neurotisch 124
Nucleus 259
Nystagmus 101, 112, 117 ff., 176, 209 f., 220, 259
–, optokinetischer 176
–, postrotatorischer 101, 112, 117 ff., 170, 176, 218, 220, 259
Nystagmusdauer 101, 113, 116, 170, 177, 209, 220, 259

Ohren 15, 106
Optische Wahrnehmung 24, 29, 162
Optisches Rindenzentrum 43
Organisationsfähigkeit 84
Orientierung 124
Ottenbacher, Kenneth 12 f.

Papierfaltarbeiten 148
Pappkarton 203, 238
Papptonne 219
Parese 256

270   Sachverzeichnis

Persönlichkeit 74, 88, 102, 127, 226, 249
Persönlichkeitsdefekt 124
Persönlichkeitsentwicklung 127, 149, 203
Persönlichkeitsgefühl 94, 226
Phantasie 214, 237, 239
Piaget, Jean 35, 189, 194
Planen, motorisches s. Bewegungspla-
  nung
Praxie s. Bewegungsplanung
Primaten 166
Programmierung, zentrale 131, 145, 150
Propriozeption s. Eigenwahrnehmung u.
  Tiefensensibilität
Prozeß, neuraler 5
Psyche 224, 241, 249
Psychiater 178
Psychoanalyse 188
Psychologe 74, 178, 189, 224, 252
Psychotherapeut 124, 178, 215, 224, 253
Psychotherapie 215, 224, 252 f.
Purzelbaum 121
Puzzle-Spiel 12, 43, 81, 91, 169, 216, 239

Qualle 53
Quetschung 149
Quiros de, Julio B. 127

Radfahren 17, 86, 114, 184
Rampe 201, 203
Rassel 26, 132, 147
Rattenversuche 137, 190
Raufen 239
Raumerfassung, optische (visuelle) 211,
  218, 229
Raumorientierung s. Raumwahrnehmung
Raumvorstellung 107, 164 f.
Raumwahrnehmung 28, 32, 44 f., 50, 88,
  91, 107, 110, 124, 127, 163 f., 179, 211,
  218, 229
Rauschpegel 136
Reaktion, akustische (auditive) 192
–, angeborene 20
–, automatische 20, 156
–, motorische 62
–, optische (visuelle) 192
–, vestibuläre 117, 119
Rechnen 12, 74, 82, 110, 112, 116, 218,
  220

Rechtschreiben 117
Rechtshänder 44
Rechtshändigkeit 44
Rechts-Linksunterscheidung 115 f.
Reflex 259
Reflexablauf 20, 202
Reflexbewegung 20, 130
Reflexbogen 202
Regelkreis, äußerer 142
–, innerer 142
Reißverschluß 145
Reiten 205, 208, 233
Reiz, akustischer (auditiver) 90, 175
–, optischer (visueller) 90, 175
–, propriozeptiver 191
–, taktiler 190, 193
–, vestibulärer 190, 193
Reizempfänger s. Rezeptor
Reizinformation 137
–, taktile 137, 152
Reizquelle 194, 199
Reizüberflutung 228
Reizübertragung 62
Reizverarbeitung 78
–, akustische (auditive) 76, 143, 171
–, optische (visuelle) 171
–, taktile 76, 88, 143, 152
–, vestibuläre 143
Reizwahrnehmung, taktile s. Berührungs-
  reiz
Rendle-Short, John 127
Reptilien 53, 60, 166
Retikularformation 41, 44, 47, 104 f., 119,
  259
Rezeptor 36, 260
–, akustischer (auditiver) 49
–, propriozeptiver 146
–, taktiler s. Berührungsrezeptor
–, vestibulärer s. Schwerkraftrezeptor
Rice, Ruth Dianne 193, 221
Richter, Eileen 221
Riechempfindung 234
Rindenbezirk (– areal) 43
Rindenzentrum, optisches (visuelles) 43
Ringen 239
Rollbrett 104, 109, 182, 201 ff.
Rollerfahren 114, 118
Rosenzweig, Mark R. 190 f., 221
Rothschild, Cecilia 122
Rückenlage 88

Rückenmark 4, 36ff., 47f., 50, 52, 62ff., 102, 141, 257
Rückkopplungskreise 142
Rumpf 103, 130, 210
Rutschbahn 123, 168
Rutschen 109

Sandkastenspiel 228, 239, 245
Sarnat, Harvey B. 60, 67
Sauerstoffmangel 159
Saugen 23, 84f., 87, 192
Saugreflex 24
Schallwellen 5
Schaukel 205, 219, 228, 233, 239
Schaukelbewegung 18, 27, 104, 192, 205f., 228
Schaukeln 109, 114f., 120, 193, 195, 205, 208, 219, 228, 233, 239, 245, 254
Schaukelstuhl 104, 109, 228, 233, 254
Scherengriff 28
Scheue 108, 159
Schizophrenie 108
Schmeicheln 195
Schmerzäußerung 120
Schmerzrezeptor 62
Schmusen 56, 87, 153, 159, 193, 228, 232
Schnuller 192
Schrager, Orlando L. 127
Schreckreaktion, automatische 232
Schreiben 12, 82, 100, 110, 115, 129, 137, 145, 162, 197
Schreibmaschineschreiben 132
Schreibschwierigkeit 10
Schreibtischarbeit 103
Schuhzubinden 145, 148
Schulalter 94, 145, 223
Schularbeit 82, 101, 112, 203, 223, 235, 247
Schulberater 224, 252
Schulbildung 83, 85
Schule 94, 120, 127, 162, 235, 247
Schulerziehung 216, 223
Schulkind 12, 94, 101, 145, 223
Schulleistung 146
Schulprobleme 223
Schulpsychologe 112
Schulverlassen 82, 222
Schwangere 192, 254
Schwebeschaukel 205ff.

Schwerkraft 21, 28ff., 57, 66, 81, 84, 88, 91, 108, 119, 169, 210, 213
Schwerkrafteinschätzung 150
Schwerkraftempfindung (-einwirkung) 8, 15, 18, 21, 24, 27, 32, 104, 107, 119, 124, 141, 164, 183, 202, 210, 213
Schwerkraftrezeptor 49, 57, 92, 121, 126, 202, 210, 260, 262
Schwerkraftschwierigkeiten 3, 12, 112, 223
Schwerkraftsicherheit 84, 108
Schwerkraftunsicherheit (-verunsicherung) 119ff., 124, 126, 169, 174, 183, 197, 227, 230, 233, 260
Schwimmen 57, 214, 233
Schwindel 112, 114, 119, 177
Schwingen 91, 97, 177, 205, 211
Sehbahn 193
Sehen 20, 23, 27, 45, 101, 163
–, räumliches (stereoskopisches) 93
Sehtest 100, 162, 168
Sehvermögen 60, 74, 162, 164, 168, 193, 197
Sehzentrum 43, 46, 106
Seilspringen 147, 236
Seitigkeit 44, 84, 93, 197, 258, 260
Selbstachtung 86, 107, 171
Selbstbeherrschung 231
Selbstbewußtsein 163
Selbsteinschätzung 84, 94, 150, 222, 226f.
Selbsterfahrung 214
Selbstgefühl 32, 94, 117
Selbstidentifikation 212
Selbstkontrolle 84, 94, 155, 212, 227f.
Selbstordnung des Gehirns 245
Selbstüberwindung 214
Selbstvertrauen 84, 94, 114, 212, 249
Selbstverwirklichung 196
Selbstwertgefühl 32, 117, 212, 226, 229
Sensory input s. Sinneserregung
Serafetimides, E.A. 95
Shurley, J.T. 95
Sicherheit, taktile 87
Signale, innere 209f., 212
Sinneserregung 261
Sinnesorgane 84
Sinneswahrnehmung 45f., 102, 134, 146
Sitzen 27, 145
Sitzenbleiben (Schule) 82

Skifahren 109
Solkoff, Norman 221
Sonderschulklasse 218
Sonderschullehrer 113
Sonderschulpädagoge 113
Southern California Sensory Integration
Test (SCSIT) 197, 261
Spaßhaben 144, 213, 236, 249
Spastiker 184
Spezialisation 93, 115
Spielboje 210
Spielen 17, 29, 104, 114, 121, 124, 164,
181, 188, 195, 213, 222, 235 ff., 245
Spielgerät (-zeug) 109, 120, 144, 158, 181,
199, 230, 237, 240, 245
Spielplatz 123, 147, 194, 218
Spielplatzeinrichtung 109, 239 f.
Spieltherapeut 216
Spieltherapie 215
Sport 114, 129, 233
Sportlehrer 200, 216, 242
Sprache 35, 45, 84, 105, 112, 117, 162,
170 f., 184, 195, 202, 205
Sprachentwicklung 32, 44, 81, 90 f., 170 f.,
172, 251
Sprachentwicklungsverzögerung 12, 170,
225
Sprachprobleme 44, 72, 101, 117, 162,
172, 225
Sprachprüfungstest 219 f.
Sprachstörung, vestibuläre 117
Sprachtherapeutin (Logopädin) 171 f.
Sprachtherapie 204
Sprachtraining 172, 261
Sprachverständnis 90, 93, 162, 171
Sprachwahrnehmung 180
Sprachzentrum 117 f.
–, akustisches (auditives) 90
Sprechen 130, 162 f., 170, 225
Sprechvermögen 45, 72, 84, 90, 93, 112,
115, 117, 170 f., 225
Springen 33, 120, 124, 233, 248
Stabilität, emotionale 84, 89
Stehen 88, 201
Steinberg, Margaret 127
Steuerung, zentrale 262
Stilwell, Janet M. 117, 127, 170
Stimulierung (-ation), propriozeptive 172
–, taktile 172, 198, 231
–, vestibuläre 76, 105, 108 f., 118, 172, 183

Stolpern 120
Strafen 122, 188, 228
Straftäter, jugendlicher 83, 213, 230
Streicheln 56, 153, 193, 228, 232, 254
Streß 150, 159
Streßsituation 76, 149, 224, 252
Stürzen 207
Stürzenwollen 207
Sturheit 149
Subcortical 117
Synapse *62 f.*, 65, 67, 134, 190, 261
System, akustisches (auditives) 57, 60, 96,
142
–, limbisches 175, 258
–, optisches (visuelles) 60, 67, 134, 190,
261
–, propriozeptives 60, 64, 66, 81, 84, 87,
91, 106, 124, 260
–, sensorisches 55, 64, 146
–, taktiles 47, 66, 81, 84, 91, 260
–, vestibuläres 57, 64, 66, 81, 84, 87, 91,
96, 101, 141, 260

Takthalten 115
Tanzen 83, 103, 115, 214
Tassehalten 147
Tastempfinden 47, 135, 178
Tastinformation 31, 47, 135, 138, 178
Tastsinn 55 f., 61, 84, 87, 91, 135, 159, 195,
204, 236
Tastsinnesorgane 47
Teddybär 228
Teenagerprobleme 83
Thalamus 106
Therapeuten 106, 111, 113, 117 f., 119,
140, 158, 163, 173, 178, 183, 195, 203,
211, 218, 224, 241, 244, 253
Therapie 260 s.a. Integrationsbehand-
lung, sensorische
Therapiemaßnahme 292, 245, 260
Thompson, William R. 77, 95
Tiefensensibilität 42, 48 ff., 91, 138, 140 f.,
157, 163, 167, 188, 195, 202, 210, 259,
261
Tiefenwahrnehmung s. Tiefensensibilität
Tieftauchen 109
Tiere, niedere 105, 197
Tolpatschigkeit 96, 114, 116, 145, 147,
243

Tonne 144
Torkeligkeit 96, 112
Training, körperliches 190
Traurigkeit 108
Trommelschlagen 115
Turngerät 123
Turnlehrer 196

Übelkeit 110, 114, 126
Überaktivität 13, 79, 152, 159, 197f., 218f., 228, 234
Umgebung, günstige 190f., 192, 230
–, reizverarmte 190f.
Umwelt 183, 187, 189, 195f., 215, 222, 230
–, körperliche s. Umwelt, physikalische
–, physikalische 164, 181, 187, 212, 219
Umweltbedingungen 190, 192
Umwelteinfluß 74, 189, 192
Umweltfaktoren 192
Umweltgifte 75
Unbehagen 77, 177
Unbeweglichkeit 183
Unfallträchtigkeit 145, 148, 240, 248
Unflexibilität 149
Ungeschicklichkeit s. Dyspraxie
Unkonzentriertheit 147, 159, 197
Unsicherheitsgefühl 150, 180
Unterlegenheitsgefühl 145, 212, 226
Unterscheidungsvermögen, optisches 168
Urangst 120
Urteilsvermögen 73

Verarbeitungsmaschine, sensorische 9
Verarbeitungsproblem, sensorisches 176
Verdauung 3, 41, 51
Verdauungskanal 110
Vereinigung, Kassenärztliche 225 (Fußnote)
Verhalten 20, 105, 108, 111, 117, 127, 154, 171, 184, 205, 215, 223
Verhaltensänderung 173
Verhaltensmodifikationstechnik 178
Verhaltensmuster 194, 224
Verhaltensprobleme 74f., *80*, 97, 117, 154, 173f., 187, 222, 224
Verhaltenspsychologie s. Psychologie

Verhaltensstörung 3, 72, 74f., 111, 152, 173f., 222, 224
Verletzung 149, 248
Versagensangst 145, 226
Verstand 73
Versteckenspielen 211, 239
Vertebraten 52, 55, 60, 166
Verwirrung 150
Vestibuläre Kerne 42, 29f., 98, 171, 175, 262
Vestibularnerv 44, 97, 106, 261
Vestibularsystem 49, 124, 262
Vestibulo-Spinaltrakt 262
Vibration 49, 57, 97, 198
Vibrationsbrett 198
Vibrationsreize 171
Vibrationssinnesorgane 57, 171
Vorprogrammierung, zentrale s. Programmierung, zentrale
Vorschulalter 162, 195

Wachheitszustand 104
Wachstumszonen 198
Wahrnehmung 262
–, akustische (auditive) 54, 96, 105, 162, 187, 197, 234
–, optische (visuelle) 54, 64, 84, 91, 96, 105, 110, 140, 162, 166f., 179, 187, 202, 211, 218
–, propriozeptive 146, 163
–, sensorische 65
–, taktile 54, 152, 163
Wahrnehmungsbewegungstraining s. Wahrnehmungstraining
Wahrnehmungsinformation 16
Wahrnehmungsintegration 14, 16, 22
Wahrnehmungsprobleme 44, 163, 169
Wahrnehmungsprozesse 16
Wahrnehmungstest, visueller (optischer) 220
Wahrnehmungstraining, motorisches 216, 243
Wahrnehmungsverarbeitung 8, 13, 34, 59, 184
Walsh, Roger 194, 221
Wandtafel 100
Warnsignale 234
Warnsystem s. Weckzentrum
Warnzeichen 235

274 Sachverzeichnis

Waschen 231
Wasserbett 192
Weckzentrum 41, 47, 104, 199
Weglaufen 156
Werkzeuggebrauch s. Handwerkzeug
White, Jerry 113, 221
Wiege 22, 109, 233
Wiegen 109, 192
Willenskraft 132, 247
Willkürreaktion 43
Windle, William T. 75, 95, 159
Wippe 109
Wirbeltiere 52, 55, 60, 166
Wohlbefinden 226
Wohlbehagen 163
Wortaussprache 91
Wortbildungsfähigkeit 225
Wortblindheit 112
Worte 30, 122
Wortverständnis 117

Zärtlichkeit 153
Zahnbehandlung 160
Zappeligkeit 79
Zeichnen 86, 147
Zentrale Steuerung 262
Zentralnervensystem 3, 4, 130, 200, 202, 216, 224, 229
Zentralvorprogramm s. Programmierung, zentrale
Zentrifugalkraft 210
Zentrum, autonomes 110
Zerstreutheit 105, 120
Zitterbewegung 129
Zitterigkeit 129
Zivilsationsschaden 246
Zuknöpfen 146 f.
Zuneigung 153
Zunge 171
Zurückschlagen 156